D1918444

Michael Kolberg

Microsoft® Excel® 2010 auf einen Blick

Microsoft Press

Michael Kolberg: Microsoft Excel 2010 auf einen Blick

15 14 13 12 11 10 9 8 7 6 5 4 3 2 1
13 12 11 10

ISBN: 978-3-86645-872-7

Balthasarstraße 81, 50670 Köln

Umschlag: Hommer Design GmbH, Haar (www.HommerDesign.com)
Layout, Satz: Robert Ott Design, München (www.rodesign.de)
Fachlektorat und Korrektorat: Frauke Wilkens, München
Gesamtherstellung: Kösel, Krugzell (www.KoeselBuch.de)

Inhalt

11 Werte in Diagrammen darstellen 167

12 Zusätzliche Elemente einfügen 187

13 Drucken 203

1 Dieses Buch auf einen Blick

In diesem Kapitel:

- Für wen dieses Buch ist
- Der Inhalt im Überblick
- Arbeiten mit diesem Buch
- Die wichtigsten Neuheiten in Excel 2010

Willkommen zu »Microsoft Excel 2010 auf einen Blick«. Wenn Sie mit einem Minimum an Zeit- und Arbeitsaufwand das Beste aus Excel 2010 herausholen möchten, halten Sie genau das richtige Buch in Ihren Händen.

Es handelt sich um ein anschaulich geschriebenes und leicht verständliches Nachschlagewerk, das Ihnen helfen wird, Ihre Arbeit mit diesem Programm schnell und effizient zu bewältigen. Wir haben uns darin auf die Dinge konzentriert, die Sie im täglichen Umgang mit Excel brauchen könnten, und diese so dargestellt, dass sie leicht zu finden und einfach zu verstehen sind. Meist wird auch nur der jeweils einfachste bzw. der schnellste Weg zur Lösung eines Problems beschrieben. Denn wenn man nur herausfinden will, wie man eine bestimmte Aufgabe mit Excel in möglichst kurzer Zeit erledigen kann, ist nichts nerviger, als seitenlange Abhandlungen über verschiedene Möglichkeiten darüber lesen zu müssen.

Auf den folgenden Seiten dieses ersten Kapitels zeigen wir Ihnen, wie Sie mit diesem Buch am besten arbeiten, und wir liefern Ihnen auch einen Überblick über die wichtigsten Neuheiten in Excel 2010.

Für wen dieses Buch ist

Kenntnisse in Excel 2010 werden für die Arbeit nicht vorausgesetzt. Natürlich ist es dienlich, wenn Sie schon einmal mit diesem oder mit einem anderen Microsoft Office-Programm gearbeitet haben; notwendig für das Arbeiten mit diesem Buch ist das aber nicht.

Einige Voraussetzungen sollten Sie aber mitbringen, um mit dem Buch sinnvoll arbeiten zu können:

- Sie sollten schon einmal mit dem Computer gearbeitet haben und sollten sich mit der Bedienung von Tastatur und Maus auskennen.
- Dazu gehört auch, dass Sie sich mit den Grundbegriffen des Betriebssystems Windows auskennen. Begriffe wie Startmenü, Computer (Arbeitsplatz), Desktop, Laufwerke, Ordner und Dateien sollten Ihnen also geläufig sein.
- Einige Themen in diesem Buch setzen eine Verbindung des Rechners mit dem Internet voraus. Sie sollten also wissen, wie man eine solche Verbindung herstellt.

Mehr an Voraussetzungen gibt es nicht!

Siehe auch

Wenn Sie noch nie mit Excel gearbeitet haben, erklären Ihnen die Seiten 24 f. das Grundprinzip der Arbeit mit diesem Programm.

Der Inhalt im Überblick

In diesem Buch finden Sie in 15 aufgabenbezogenen Kapiteln alle wichtigen Informationen zu Microsoft Excel 2010 – eben: Wissen auf einen Blick!

- Die folgenden Seiten dieses einführenden Kapitels zeigen Ihnen, wie Sie mit diesem Buch am besten arbeiten, und liefern Ihnen auch einen Überblick über die wichtigsten Neuheiten in Excel 2010.
- Dann liefern wir Ihnen in Kapitel 2 einen Überblick über die Bildschirmelemente des Programms. Dazu gehören beispielsweise Hinweise zu den neuen Werkzeugen zur Programmsteuerung.
- Damit Sie mit den von Ihnen in Excel eingegebenen Daten auch später weiterarbeiten können, zeigen wir Ihnen in Kapitel 3 gleich, wie man Dateien in Excel speichert, wieder öffnet oder neue Dateien erstellt.
- In Kapitel 4 kommen wir zur Eingabe von Daten in Arbeitsblätter. Sie können darin Texte und Zahlenwerte unterschiedlicher Art – beispielsweise normale Zahlen, Datums- oder Uhrzeitangaben – eingeben.
- Kapitel 5 stellt Ihnen die Arbeit mit einzelnen Arbeitsblättern vor und sagt Ihnen auch, wie Sie diese in separaten Fenstern darstellen können.

- Eine der Hauptaufgaben des Programms Excel besteht darin, aus den eingegebenen Zahlenwerten mithilfe von Formeln neue Werte zu berechnen. Dafür gibt es viele Möglichkeiten und darüber reden wir in Kapitel 6.
- Neben den Formeln können Sie auch eine Vielzahl von Funktionen zur Berechnung benutzen. Beispielsweise berechnet die Funktion *=WURZEL(Wert)* die Quadratwurzel des Wertes. Excel stellt eine große Zahl solcher Funktionen bereit und Kapitel 7 liefert einen Überblick über die wichtigsten davon.
- Besonders beim Aufbauen größerer Tabellen werden Sie während der Arbeit feststellen, dass Sie bestimmte Bereiche darin anders organisieren, zusätzliche Bereiche einfügen oder andere löschen möchten. Kapitel 8 zeigt Ihnen, wie man das tut.
- Kapitel 9 beschreibt, wie man Tabellen formatiert. Unter diesem Begriff versteht man alle Tätigkeiten, die die optische Gestaltung der Tabelle betreffen. Dazu gehören sowohl Angaben für die Form der Anzeige – beispielsweise die Darstellung mit einem Prozent- oder Währungszeichen – als auch solche zu gestalterischen Fragen – wie beispielsweise die Wahl der Schriftart und -größe.
- In Kapitel 10 gehen wir auf das Arbeiten mit Listen und Excel-Tabellen ein. Eine Liste ist ein zusammenhängender Bereich in einer Tabelle, der als Datenbank verwendet werden kann. Sie können die darin vorhandenen Eintragungen beispielsweise sortieren oder filtern.
- Mit Excel haben Sie auch die Möglichkeit, Ihre Daten grafisch in Form von Diagrammen zu präsentieren. Viele Typen von Diagrammen stehen Ihnen dafür zur Verfügung und das Kapitel 11 erklärt, wie man damit arbeitet.
- Kapitel 12 zeigt, wie man zusätzliche Elemente in eine Tabelle oder in ein Diagramm einfügt. Eingefügt werden können beispielsweise Bilder und andere grafische Elemente, Textfelder oder Verweise zu anderen Datenbeständen, sogenannte Hyperlinks.
- Die von Ihnen eingegebenen Daten und daraus erstellten Diagramme können Sie natürlich auch ausdrucken. Darauf gehen wir in Kapitel 13 ein.
- Wenn Ihre Dokumente bei der Entwicklung nicht nur durch Ihre, sondern auch durch die Hände anderer Benutzer gehen, kommen zusätzliche Elemente ins Spiel. Hier geht es zunächst um Überlegungen, die Korrekturen und die Sicherheit der Arbeit und der in den Mappen enthaltenen Daten betreffen. Außerdem gehen wir in Kapitel 14 ausführlich auf das Thema der Freigabe von Dokumenten ein.
- In Kapitel 15 geht es dann zunächst um die Möglichkeiten zur individuellen Anpassung des Programms an Ihre Arbeitsgewohnheiten. Außerdem werden wir hier die Möglichkeiten zur Automatisierung von Excel ansprechen. Dafür stehen Ihnen zwei Werkzeuge zur Verfügung: Makros und die Programmiersprache Visual Basic for Applications – abgekürzt mit VBA.
- Auf den letzten Seiten dieses Buches finden Sie ein ausführliches Stichwortverzeichnis, das Ihnen beim Suchen nach bestimmten Themen hilft.

Arbeiten mit diesem Buch

Machen Sie sich vor der Arbeit mit diesem Buch mit seinen wesentlichen Elementen vertraut, damit Sie seine Vorzüge für Ihre Arbeit mit dem Programm Microsoft Excel 2010 nutzen können.

Fast alle Seiten in diesem Buch verfügen über dieselbe klare Struktur. Wenn Sie diese Form des Aufbaus gleich jetzt verinnerlichen, wird Ihre Arbeit schnell vorangehen.

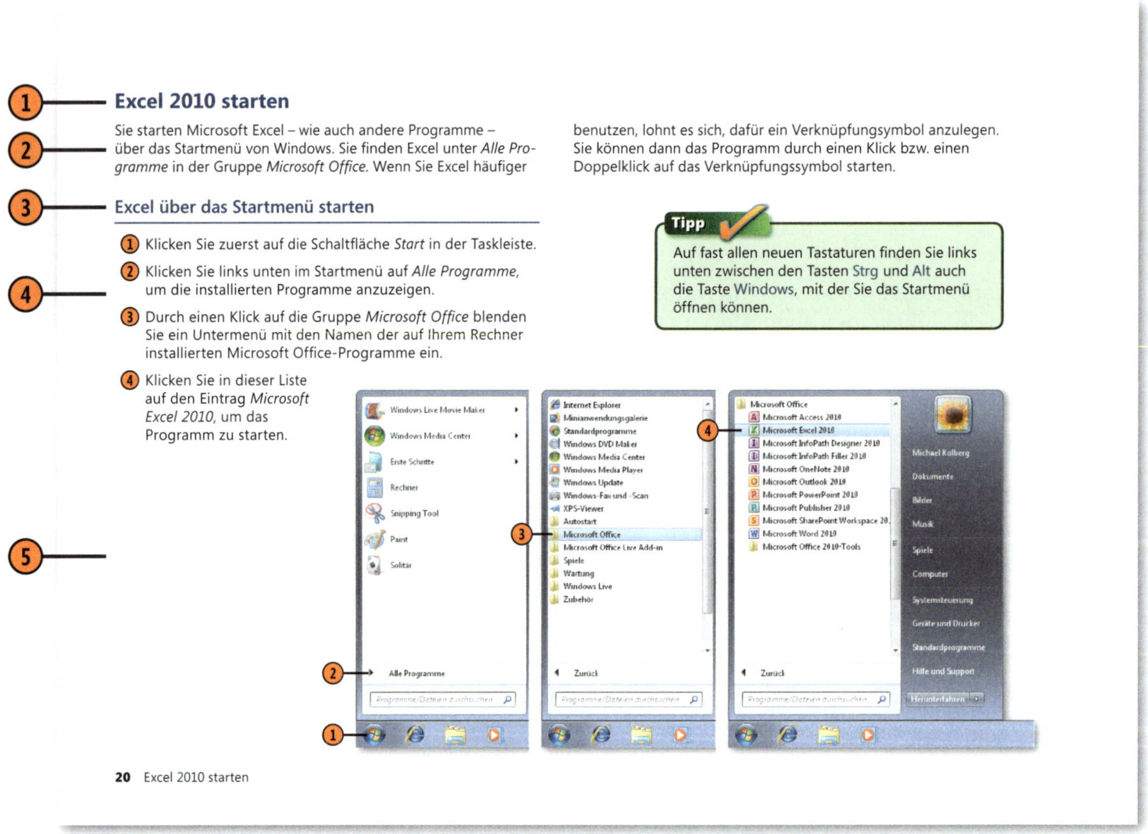
(1) Excel 2010 starten

(2) Sie starten Microsoft Excel – wie auch andere Programme – über das Startmenü von Windows. Sie finden Excel unter *Alle Programme* in der Gruppe *Microsoft Office.* Wenn Sie Excel häufiger benutzen, lohnt es sich, dafür ein Verknüpfungsymbol anzulegen. Sie können dann das Programm durch einen Klick bzw. einen Doppelklick auf das Verknüpfungssymbol starten.

(3) Excel über das Startmenü starten

(4)
1. Klicken Sie zuerst auf die Schaltfläche *Start* in der Taskleiste.
2. Klicken Sie links unten im Startmenü auf *Alle Programme,* um die installierten Programme anzuzeigen.
3. Durch einen Klick auf die Gruppe *Microsoft Office* blenden Sie ein Untermenü mit den Namen der auf Ihrem Rechner installierten Microsoft Office-Programme ein.
4. Klicken Sie in dieser Liste auf den Eintrag *Microsoft Excel 2010,* um das Programm zu starten.

(5)

Tipp

Auf fast allen neuen Tastaturen finden Sie links unten zwischen den Tasten Strg und Alt auch die Taste Windows, mit der Sie das Startmenü öffnen können.

20 Excel 2010 starten

Die Grundstruktur

1. Jede Seite oder Doppelseite beginnt mit einer Überschrift, die einen Themenkreis beschreibt. Beispielsweise finden Sie in Kapitel 2 einen Themenkreis mit dem Titel »Excel 2010 starten«.
2. Unterhalb einer solchen Überschrift finden Sie eine kurze Einführung in das jeweilige Thema. Lesen Sie diese zuerst durch, damit Sie wissen, worum es auf der jeweiligen Seite oder Doppelseite geht.
3. Zu jedem Themenkreis gehören mehrere mögliche Aufgaben – wenn wir beispielsweise über »Starten von Excel 2010« reden, müssen wir auf »Excel über das Startmenü starten« eingehen.
4. Wie man konkret vorgeht, um die jeweilige Aufgabe durchzuführen, wird in den Schritten darunter beschrieben. Die Reihenfolge der Schritte ist wichtig. Führen Sie sie in der angegebenen Reihenfolge durch.
5. Damit Sie wissen, welche Stellen auf dem Bildschirm Sie zum Durchführen dieser Schritte ansprechen müssen, finden Sie auf den Seiten Bildschirmabbildungen. Die Marken mit den Zahlen daran zeigen Ihnen, auf welches Bildschirmelement sich die genannten Schritte beziehen.

Weitere Elemente

- Hinweiskästchen mit der Überschrift »Tipp«, »Achtung« oder »Gewusst wie« sagen Ihnen, was Sie noch zusätzlich beachten müssen, sollen oder können. Wichtig ist hier besonders der Hinweis »Achtung«.
- Wenn ein Thema an einer anderen Stelle im Buch detaillierter angesprochen wird, finden Sie auch dazu Verweise mit der entsprechenden Seitenzahl in einem Kästchen mit der Überschrift »Siehe auch«. Schlagen Sie bei Bedarf dort nach.
- Auf einigen Seiten finden Sie auch Angaben zu den Tasten, die Sie drücken müssen, um eine Aktion durchzuführen – wie etwa Eingabe. Wenn zwei Tasten mit einem Pluszeichen verbunden sind – wie etwa bei Strg+Eingabe –, müssen Sie die beiden Tasten gleichzeitig drücken.
- Eine kursive Schreibweise kennzeichnet, dass es sich bei diesem Ausdruck um ein Element handelt, das Sie auch auf Ihrem Bildschirm wiederfinden.

Die wichtigsten Neuheiten in Excel 2010

Vielleicht kennen Sie Microsoft Excel schon von einer der früheren Programmversionen her. Wie jede Generation der Programme des Microsoft Office-Pakets verfügt auch die Version 2010 über eine Vielzahl von Neuheiten und mit diesen wollen wir Sie hier bekannt machen. Und da wahrscheinlich viele Anwender von der Version 2003 direkt auf die Version 2010 umsteigen werden, wollen wir an dieser Stelle auf die wichtigsten Neuerungen im Vergleich zu diesem Vorgänger hinweisen.

Das Menüband

Bis zur Version 2003 fanden Sie die wichtigsten Elemente zur Steuerung eines Microsoft Office-Programms wie Excel in den Menüs und den Symbolleisten. Um eine Aktion auszuführen, mussten Sie oft eine Reihe von Stellen mit der Maus anklicken: Sie mussten zuerst ein Menü öffnen und darin oft noch ein Untermenü anzeigen lassen. Dann konnten Sie erst den Befehl wählen. Die gewünschten Einstellungen mussten Sie in einem Dialogfeld festlegen, das oft über mehrere Registerkarten verfügte. Schließlich mussten Sie diese Angaben bestätigen.

Mit der Programmversion 2007 wurde dieses System durch die Multifunktionsleiste abgelöst. Diese Technik wurde in der aktuellen Version 2010 konsequent weiterentwickelt. Die Multifunktionsleiste trägt jetzt den einprägsamen Namen Menüband und Sie werden feststellen, dass Sie bedeutend weniger Mausklicks benötigen, um eine Aktion durchzuführen. Das Menüband besteht aus mehreren Registerkarten. Jede Registerkarte bezieht sich auf eine Art von Aktivität – beispielsweise enthält die Registerkarte *Einfügen* alle Werkzeuge, die Sie zum Einfügen von Elementen benötigen. Innerhalb einer Registerkarte sind die einzelnen Elemente in Gruppen zusammengefasst.

Neu in der Version 2010 ist die Möglichkeit, das Menüband an Ihre Wünsche anzupassen. Dadurch können Sie den Arbeitsbereich gemäß Ihren Vorstellungen einrichten, wiederkehrende Aufgaben schneller ausführen und schneller auf bevorzugte Befehle zugreifen.

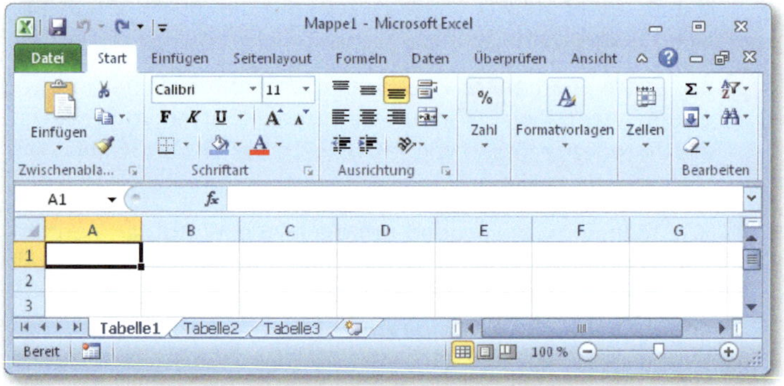

Siehe auch

Mehr Informationen zum Arbeiten mit dem Menüband finden Sie auf Seite 26 f. Wie man zum Anpassen des Menübands vorgeht, erfahren Sie auf Seite 238 f.

Die Registerkarte »Datei«

Eine Sonderrolle unter den Registerkarten des Menübands nimmt die Registerkarte *Datei* ein. Diese löst die Schaltfläche *Office* der Programmversion 2007 ab. Wenn Sie darauf klicken, wird bei allen Programmen der Microsoft Office-Familie die sogenannte Backstage-Ansicht angezeigt. Diese Ansicht dient zum Verwalten von Dateien und dateispezifischen Daten.

- Der Bereich *Informationen* bietet beispielsweise einige neue Funktionen, die das gemeinsame Bearbeiten von Dateien vereinfachen.
- Natürlich finden Sie auf der Registerkarte *Datei* auch alle Befehle, die Sie zum Speichern, Öffnen, Schließen und dem Anlegen von neuen Excel-Dateien benötigen.
- Die Optionen des Bereichs *Drucken* erlauben es, alle Druckaufgaben – inklusive der für den Ausdruck wichtigen Seiteneinstellungen – von einer zentralen Stelle her anzusprechen.
- Über den Bereich *Speichern und Senden* haben Sie Zugriff auf alle Befehle, die Sie zum gemeinsamen Bearbeiten Ihrer Dateien mit anderen Personen benötigen.
- Auch die *Optionen*, mit denen Sie das Programm an Ihre Vorlieben anpassen können, können Sie über die Backstage-Ansicht der Registerkarte *Datei* ansprechen.

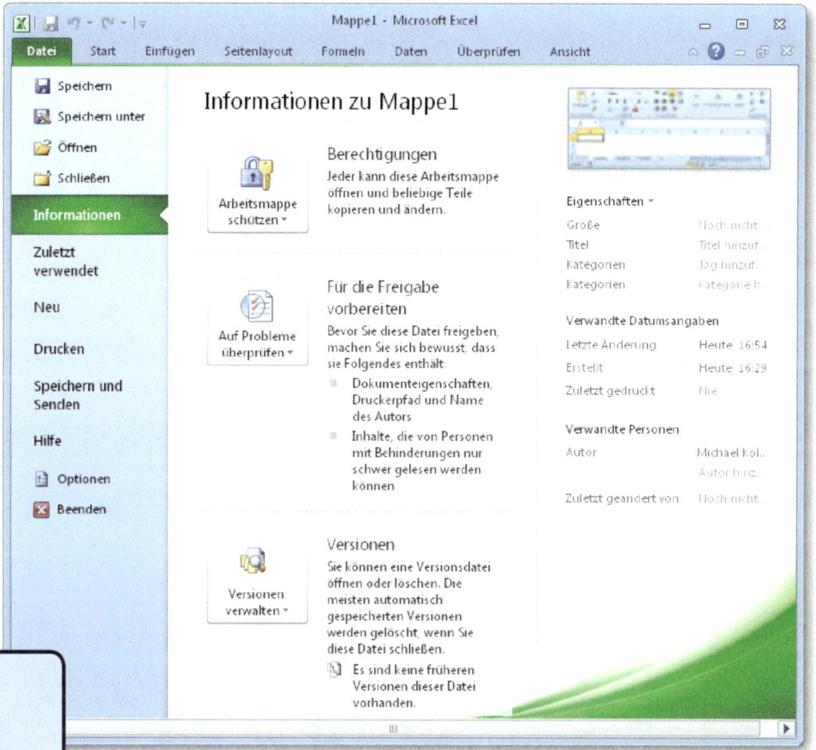

Siehe auch

Weitere Informationen zum Arbeiten mit den Elementen des Bereichs *Informationen* finden Sie auf Seite 226 f. Alle Befehle zum Verwalten von Dateien – zum Anlegen, Speichern, Öffnen usw. – weden auf den Seiten 35 ff. behandelt. Mehr zum Drucken erfahren Sie auf den Seiten 203 ff.

Zugriff auf nicht gespeicherte Dateien

Wenn Sie dem Programm genügend Zeit lassen, Ihre Eingaben in den Wiederherstellungsinformationen abzulegen, können Sie auf diese Daten auch dann noch zugreifen, wenn Sie das Speichern einmal vergessen sollten.

Neue Werkzeuge für die Kommunikation mit Bildern

Die Kommunikation von Ideen in Excel 2010 beschränkt sich nicht auf die Anzeige von Zahlen oder Diagrammen. Sie können auch Bilder benutzen und müssen kein Grafikdesigner sein, um professionell und elegant aussehende Ergebnisse zu erzeugen. An den eingefügten Bildern können Sie sehr einfach Korrekturen vornehmen und künstlerische Effekte darauf anwenden. Beispielsweise können Sie die Farbintensität und den Farbton von Bildern optimieren oder deren Helligkeit, Kontrast oder Schärfe anpassen, ohne ein zusätzliches Bildbearbeitungsprogramm verwenden zu müssen.

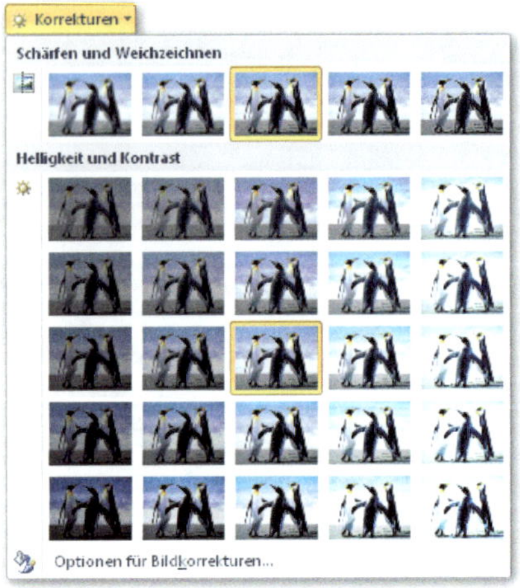

Siehe auch

Wie man die Daten in nicht gespeicherten Dateien wieder zugänglich macht, erfahren Sie auf die Seite 43.

Sparklines

Neu in Excel 2010 sind die sogenannten *Sparklines*. Das sind kleine Diagramme, die in eine Zelle passen und die neben den Daten eine visuelle Übersicht eines Trends in den Daten bereitstellen.

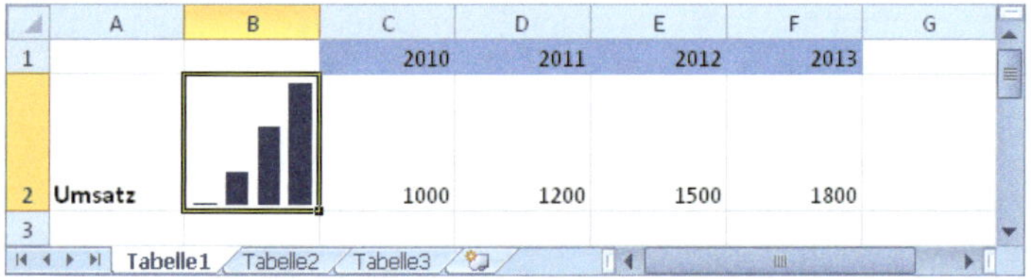

Siehe auch

Das Arbeiten mit Sparklines wird auf Seite 186 beschrieben.

Siehe auch

Wie man bei der Bearbeitung von eingefügten Bildern vorgeht, erfahren Sie auf den Seiten 190 f.

Mathematische Gleichungen

Wenn Sie anderen Personen klarmachen wollen, wie eine Formel zu interpretieren ist, können Sie die Formel zusätzlich in Form einer Gleichung auf dem Blatt als Text anzeigen lassen. Excel stellt dafür eine spezielle Funktion bereit, die auch die Darstellung von komplizierten mathematischen Zusammenhängen in einer grafisch ansprechenden Form ermöglicht. Dies hat aber keinerlei Bezug zur Berechnung, sondern dient nur der Illustration.

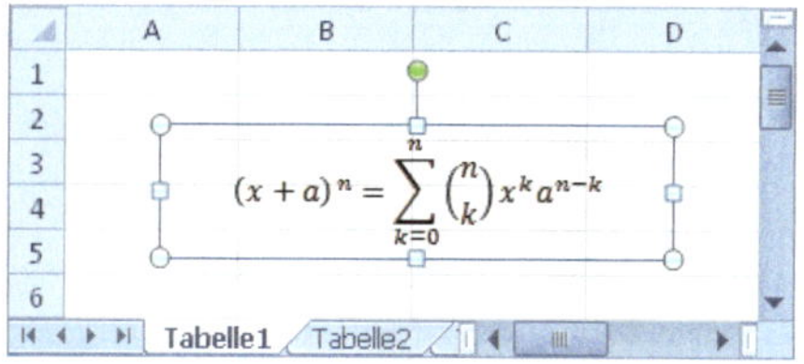

Siehe auch

Wie man mit solchen Formeldarstellungen arbeitet, erfahren Sie auf den Seiten 200 f.

Datenschnitte

Ein PivotTable-Bericht ist ein interaktiver Kreuztabellenbericht, der Daten zusammenfasst und analysiert. In früheren Versionen von Excel konnten Sie Berichtsfilter verwenden, um die Daten zu filtern, es war aber nicht einfach, den aktuellen Filterstatus zu erkennen. In Excel 2010 haben Sie die Möglichkeit, zum Filtern der Daten *Datenschnitte* zu verwenden. Die Funktion für Datenschnitte wird in Form von Schaltflächen bereitgestellt, auf die Sie klicken können, um Daten schnell zu filtern.

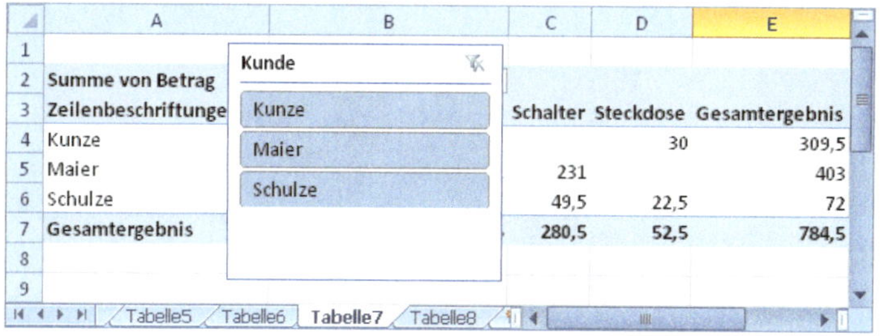

Siehe auch

Die Arbeit mit Datenschnitten wird auf den Seiten 164 f. beschrieben.

Die Einfügevorschau

Beim Einfügen von Daten aus der Zwischenablage können Sie bereits vor der eigentlichen Aktion entscheiden, wie bzw. in welcher Form die Daten eingefügt werden sollen.

Siehe auch

Wie man mit den Einfügeoptionen umgeht, wird auf Seite 116 beschrieben.

Erweiterungen für die bedingte Formatierung

Mithilfe der bedingten Formatierung können unter Verwendung von Datenbalken, Farbskalen und Symbolsätzen interessante Zellen oder Zellbereiche hervorgehoben, ungewöhnliche Werte herausgestellt und Daten visualisiert werden. Bei Excel 2010 wurden die Möglichkeiten der Arbeit mit diesen Elementen noch erweitert.

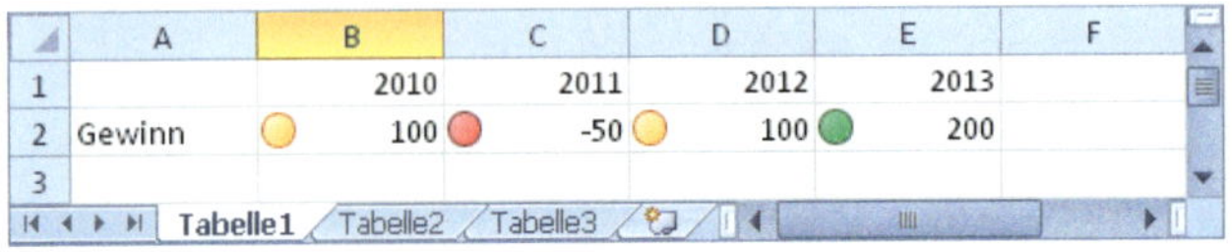

Siehe auch

Mehr zur bedingten Formatierung erfahren Sie auf den Seiten 144 ff.

Dokumente im XPS- oder PDF-Format erstellen

Sie können mit Excel 2010 XPS- oder PDF-Dokumente erstellen, die dann auch andere Anwender auf dem Bildschirm einsehen können, die nicht über Microsoft Excel verfügen.

Siehe auch

Informationen zum Erstellen von XPS- oder PDF-Dokumenten finden Sie auf den Seiten 206 und 233.

Neue Dateiformate

Seit der Version 2007 gibt es in Excel auch neue Dateiformate. Diese ermöglichen es Ihnen, die Daten auf verschiedenen Computersystemen mit höherer Sicherheit gemeinsam zu nutzen. Während die Dateien der Version 2003 noch die Namenserweiterung *.xls* trugen, lautet diese seit Version 2007 *.xlsx* bzw. *.xlsm*.

Die Vielfalt der Formate wurde mit der Programmversion 2010 noch vergrößert. Neu ist beispielsweise die Unterstützung des freien Dokumentformats OpenDocument in der Version 1.1.

Siehe auch

Mehr zum Speichern in anderen Dateiformaten finden Sie auf den Seiten 228 f.

Geringerer Bedarf an Ressourcen

Nicht zuletzt soll noch erwähnt werden, dass Excel in der Version 2010 – wie auch die anderen Programme der Microsoft Office 2010-Suite – spürbar flotter zu Werke geht als seine Vorgänger.

2 Das Programm kennenlernen

In diesem Kapitel:

- Excel 2010 starten
- Die Oberfläche von Excel 2010
- Das Grundprinzip von Excel verstehen
- Das Menüband mit den Befehlen zur Programmsteuerung
- Die Symbolleiste für den Schnellzugriff
- Die Fensterdarstellung regeln
- Der Zugang zu den Programmeinstellungen
- Die Programmhilfen kennenlernen
- Dateien schließen und Excel beenden

In diesem ersten Arbeitskapitel werden Sie mit den wichtigsten Elementen der Oberfläche von Microsoft Excel 2010 vertraut machen. Dabei dreht es sich einerseits um Standardaufgaben – wie das Starten vom Windows-Desktop aus, die Elemente des Programmfensters, den Zugriff auf die Programmhilfe und das Beenden des Programms. Diese Dinge kennen Sie vielleicht schon von Ihrer Arbeit mit anderen Programmen her, denn heutzutage verfügen fast alle Programme über gewisse Ähnlichkeiten bei solchen Grundfunktionen.

Die Programmoberfläche von Excel 2010 zeigt natürlich auch einige Besonderheiten und auch auf diese wollen wir hier gleich eingehen: Dazu gehört beispielsweise das Arbeiten mit dem Menüband und der Symbolleiste für den Schnellzugriff. Weitere Besonderheiten erklären sich aus der speziellen Aufgabenstellung dieses Programms. Excel dient zur Tabellenkalkulation und das verlangt eine andere Oberfläche als ein Programm für Textverarbeitung. Darum wollen wir Sie auch gleich mit dem Grundprinzip von Excel vertraut machen – dem Berechnen von Zahlenwerten in einem Tabellenblatt.

Excel 2010 starten

Sie starten Microsoft Excel – wie auch andere Programme – über das Startmenü von Windows. Sie finden Excel unter *Alle Programme* in der Gruppe *Microsoft Office*. Wenn Sie Excel häufiger benutzen, lohnt es sich, dafür ein Verknüpfungsymbol anzulegen. Sie können dann das Programm durch einen Klick bzw. einen Doppelklick auf das Verknüpfungssymbol starten.

Excel über das Startmenü starten

1. Klicken Sie zuerst auf die Schaltfläche *Start* in der Taskleiste.
2. Klicken Sie links unten im Startmenü auf *Alle Programme*, um die installierten Programme anzuzeigen.
3. Durch einen Klick auf die Gruppe *Microsoft Office* blenden Sie ein Untermenü mit den Namen der auf Ihrem Rechner installierten Microsoft Office-Programme ein.
4. Klicken Sie in dieser Liste auf den Eintrag *Microsoft Excel 2010*, um das Programm zu starten.

Tipp

Auf fast allen neuen Tastaturen finden Sie links unten zwischen den Tasten Strg und Alt auch die Taste Windows, mit der Sie das Startmenü öffnen können.

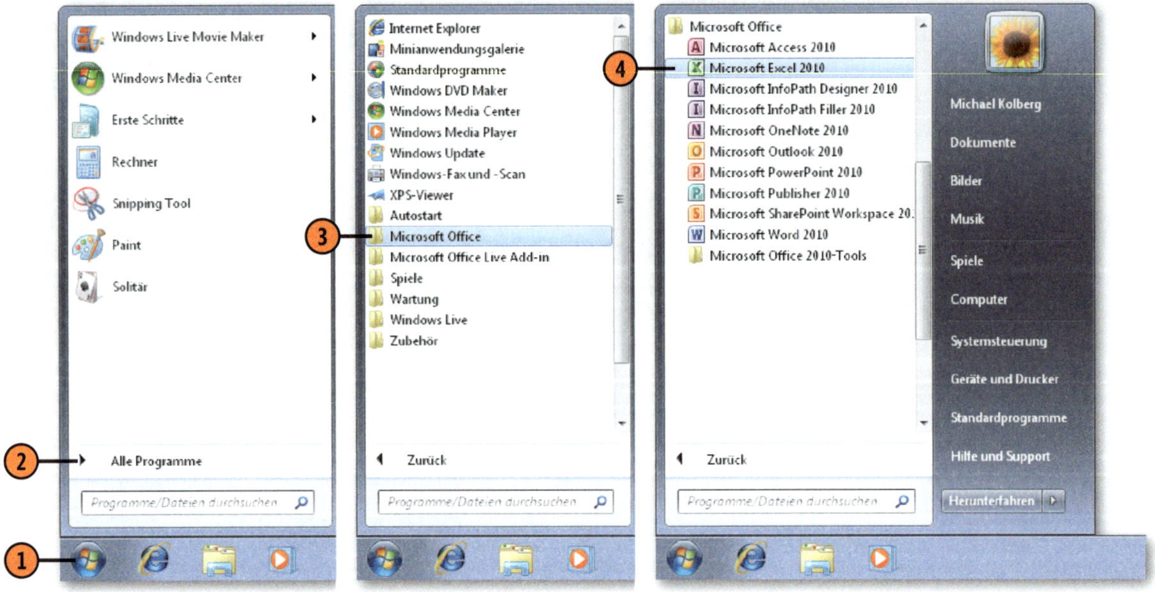

Verknüpfungen zu Excel erstellen

1. Klicken Sie mit der rechten Maustaste in der Gruppe *Microsoft Office* auf *Microsoft Excel 2010*. Damit öffnen Sie das Kontextmenü dazu.
2. Wenn Sie eine feste Verknüpfung im Startmenü erstellen wollen, klicken Sie im Kontextmenü auf *An Startmenü anheften*.
3. Falls Sie eine Verknüpfung in der Taskleiste wünschen, klicken Sie auf *An Taskleiste anheften*.
4. Sie können auch eine Verknüpfung auf dem Desktop anlegen, indem Sie auf *Senden an* klicken und dann *Desktop (Verknüpfung erstellen)* wählen.

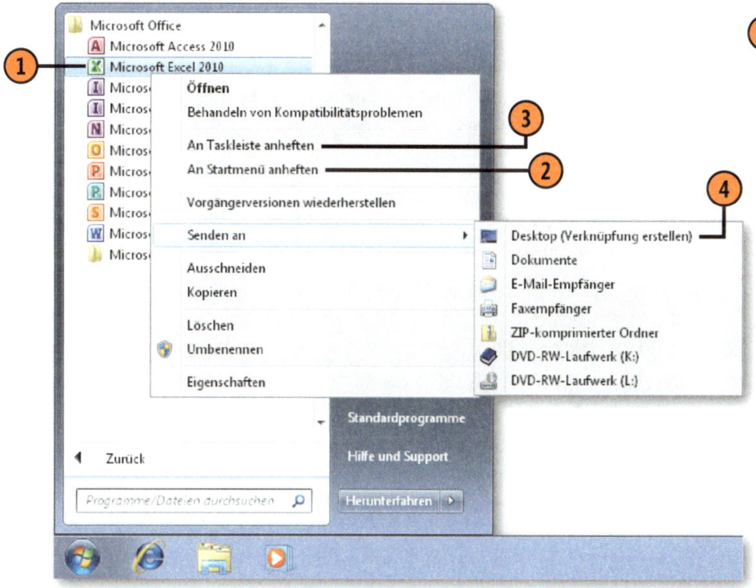

Verknüpfung zum Starten von Excel benutzen

1. Wenn Sie Excel an das Startmenü angeheftet haben, klicken Sie hier, um das Programm zu starten.
2. Wenn Sie eine Verknüpfung zu Excel in der Taskleiste abgelegt haben, klicken Sie hier.
3. Wenn Sie eine Verknüpfung zu Excel auf dem Desktop abgelegt haben, doppelklicken Sie auf das entsprechende Symbol.

Gewusst wie

Sie können in der Taskleiste oder im Startmenü angelegte Verknüpfungen wieder entfernen, indem Sie mit der rechten Maustaste auf die Verknüpfung klicken und *Aus Liste entfernen* wählen.

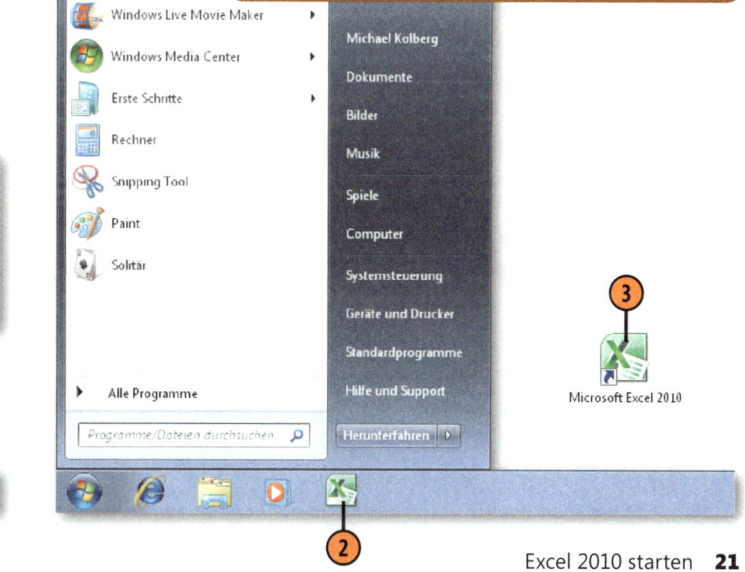

Die Oberfläche von Excel 2010

Nach dem Starten von Excel wird – nach einer kurzen Einblendung des Programmlogos – die Oberfläche des Programms angezeigt.

- Das Programmfenster von Excel ist der durch den äußeren Rahmen umschlossene Bereich. Es beinhaltet ein als Arbeitsmappe bezeichnetes Dokument.
- Diese Arbeitsmappe hat zunächst den allgemeinen Namen *Mappe1*, der in der Titelleiste des Programmfensters angezeigt wird.
- Oben im Programmfenster finden Sie das Menüband, das die Menüs und die Symbolleisten der früheren Versionen ersetzt.
- Eine Arbeitsmappe beinhaltet mehrere – standardmäßig drei – Arbeitsblätter, die auch als Tabellenblätter bezeichnet werden. Zwischen diesen Blättern können Sie durch Klicken auf eines der Blattregister *Tabelle1*, *Tabelle2* und *Tabelle3* im unteren Bereich des Fensters wechseln.
- Ein Tabellenblatt selbst besteht aus einem rechteckigen Gitternetz mit 16.384 Spalten und bis zu 1.048.576 Zeilen.
- Die Spalten sind von links nach rechts mit den Buchstaben *A* bis *Z* beschriftet. Nach *Z* wird die Beschriftung mit *AA* bis *AZ* fortgeführt, dann *BA* bis *BZ* usw. bis *XFD*.
- Die Zeilen sind von *1* bis *1048576* nummeriert. Damit stehen 1.500 % mehr Zeilen und 6.300 % mehr Spalten als bei Excel 2003 zur Verfügung.

Siehe auch

Einige Elemente der Oberfläche können Sie ändern; beispielsweise können Sie eine andere Farbgebung der Oberfläche einstellen. Wie Sie das tun, lesen Sie auf Seite 30 f.

Sie sollten sich mit den Elementen dieser Oberfläche und ihren Namen vertraut machen, damit Sie sich in diesem Buch und mit Excel allgemein schnell zurechtfinden.

- Die Schnittflächen der Spalten und Zeilen werden als Zellen bezeichnet. Eine Zelle ist die Grundeinheit der Tabelle. Darin werden die einzelnen Daten eingegeben. Mindestens eine der Zellen ist immer markiert. Diese erkennen Sie an der stärkeren Umrandung.
- Zellen werden mit den Bezeichnungen der dazugehörenden Spalte und Zeile benannt. Beispielsweise trägt die Zelle in der oberen linken Ecke – also die in der ersten Zeile der ersten Spalte – den Namen *A1*. Diese Angabe wird auch als Zelladresse bezeichnet. Welche Zelle gerade markiert ist, wird im Namenfeld angezeigt.
- Der Mauszeiger hat die Form eines Kreuzes, solange er sich innerhalb der Tabelle befindet. Wenn Sie diesen Mauszeiger auf eine Zelle bewegen und dann die linke Maustaste drücken, wird diese Zelle aktiviert. Den Erfolg erkennen Sie an der stärkeren Umrandung der Zelle.
- In der Bearbeitungsleiste erscheinen während der Eingabe die eingegebenen Zeichen. Später werden hierin die Inhalte der gerade markierten Zelle angezeigt.
- Am unteren Rand des Excel-Fensters befindet sich die Statusleiste, die nützliche Informationen und zusätzliche Elemente zur Steuerung bereithält.
- Über die Bildlaufleisten können Sie den im Fenster angezeigten Bereich der Tabelle wie üblich verschieben: Klicken Sie auf die entsprechende Pfeilschaltfläche, um eine weitere Zeile oder Spalte anzuzeigen; verschieben Sie das Bildlauffeld, um größere Bereiche zu überspringen. Durch Klicken auf den Bereich zwischen Bildlauffeld und Pfeilschaltflächen erreichen Sie eine Bewegung um die Breite bzw. Höhe des Bildschirms.

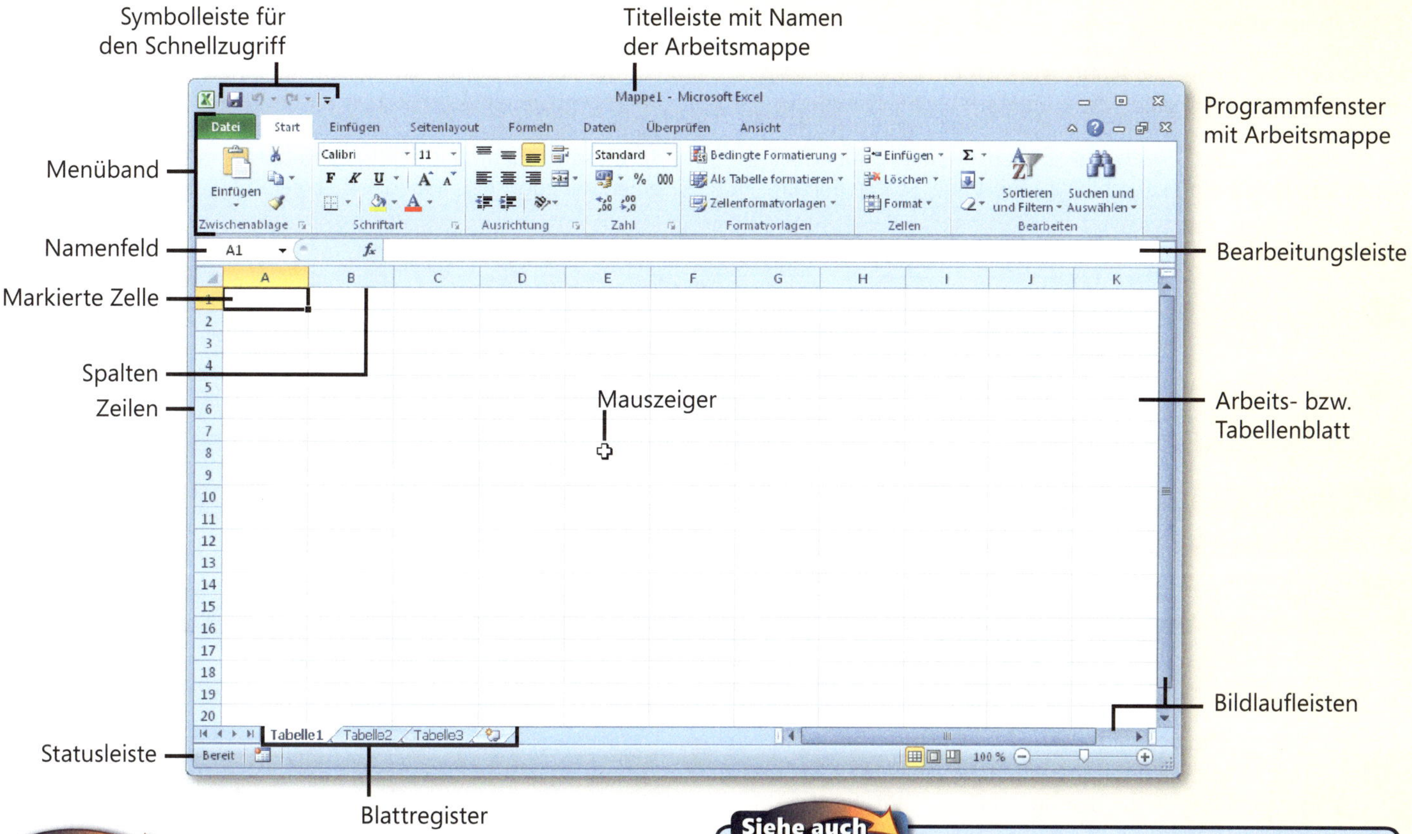

Siehe auch

Das Menüband kann in einer minimierten Form angezeigt werden. Hinweise zur Arbeit mit diesem Werkzeug liefert die Seite 26 f.

Auch einen anderen Vergrößerungsmaßstab können Sie einstellen. Darüber gibt die Seite 77 Auskunft.

Siehe auch

Die Anzahl der Tabellen im Blattregister können Sie ebenfalls regeln. Auf Seite 69 erfahren Sie, wie man das tut.

Einige Bildschirmelemente können Sie abschalten. Dazu gehören die Bearbeitungsleiste, die Zeilen- und Spaltenüberschriften und das die Zellen trennende Gitternetz. Wie man das bewerkstelligt, erfahren Sie auf Seite 77.

Das Grundprinzip von Excel verstehen

Wahrscheinlich wissen Sie schon, wie man mit Excel im Prinzip arbeitet: In die Zellen einer Excel-Tabelle können Sie Texte und Zahlenwerte eingeben. Die Texte dienen meist nur dazu, die Bedeutung der Zahlenwerte anzugeben, mit den Zahlenwerten selbst können Sie dann anschließend rechnen. Solche Berechnungen führen Sie im Allgemeinen durch, indem Sie eine Formel eingeben, die die Adressen der Zellen benutzt, in denen die Zahlenwerte stehen. Das hat den Vorteil, dass die eingegebene Formel auch dann das richtige Ergebnis liefert, wenn Sie später einen der zugrunde liegenden Zahlenwerte ändern.

Texte eingeben

1. Klicken Sie auf die Zelle, in der Sie den Text eingeben wollen – beispielsweise auf die Zelle *A1*.
2. Geben Sie den Text **Umsatz** ein. Der Text erscheint sowohl in der Bearbeitungsleiste als auch in der Zelle selbst.
3. Drücken Sie nach Abschluss der Eingabe die Taste Eingabe. Die Zelle *A2* darunter wird automatisch markiert.
4. Schreiben Sie auf diese Weise noch die Texte **Kosten** und **Gewinn** in die Zellen *A2* und *A3*. Bestätigen Sie jeweils mit Eingabe.

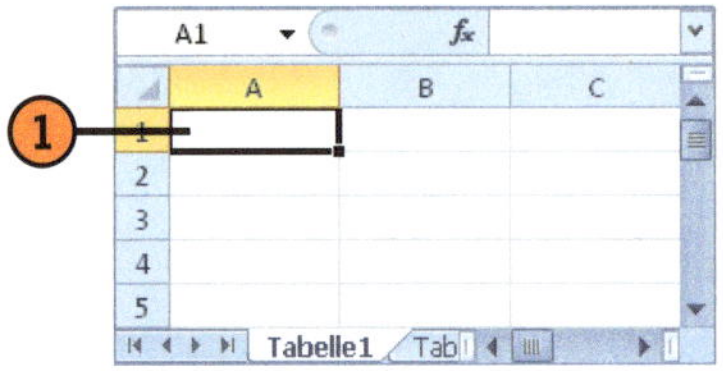

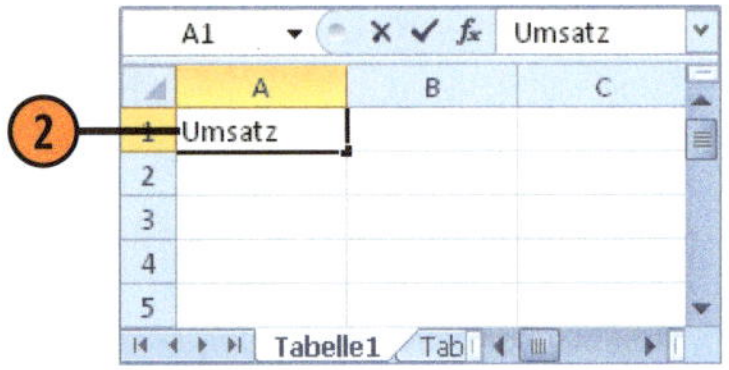

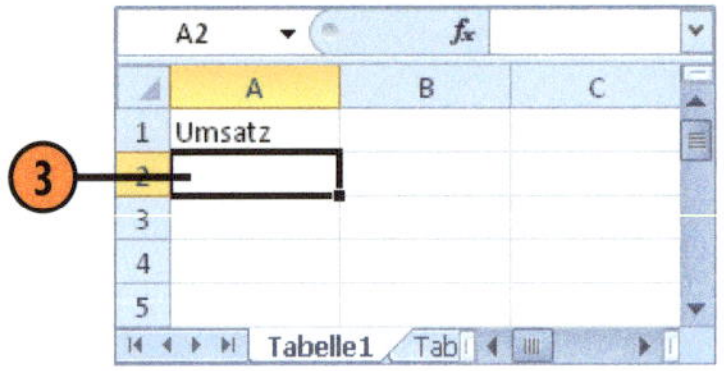

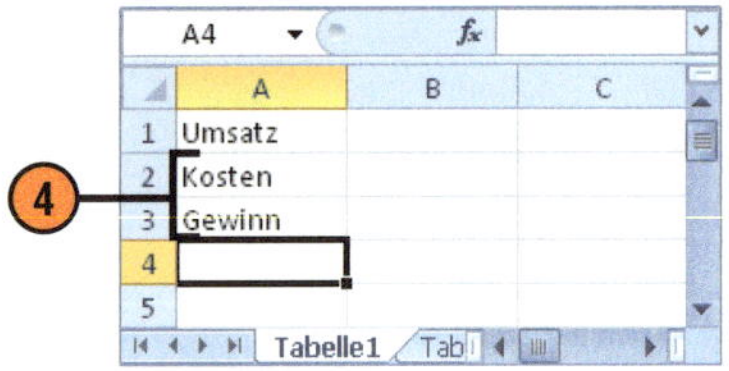

Zahlenwerte eingeben

1. Klicken Sie auf die Zelle, in der Sie die Zahl eingeben wollen – beispielsweise auf die Zelle *B1*.
2. Geben Sie die Zahl ein **1000** ein. Die Zahl erscheint sowohl in der Bearbeitungsleiste als auch in der Zelle selbst.
3. Drücken Sie nach Abschluss der Eingabe die Taste Eingabe. Die Zelle *B2* wird markiert.
4. Geben Sie dort den Wert **900** ein und drücken Sie wieder die Taste Eingabe.

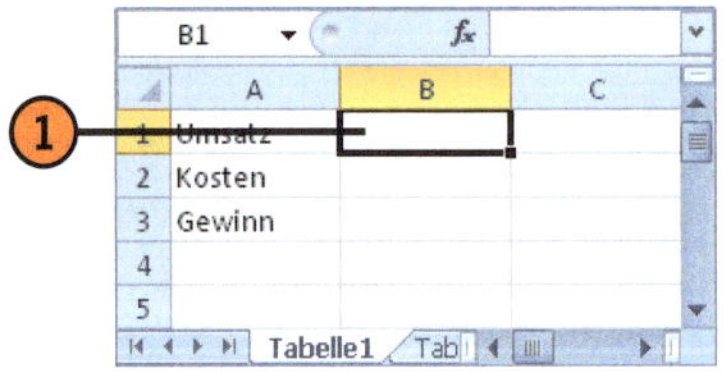

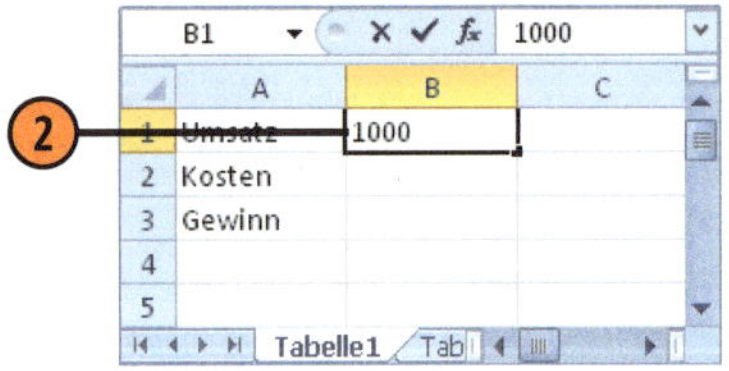

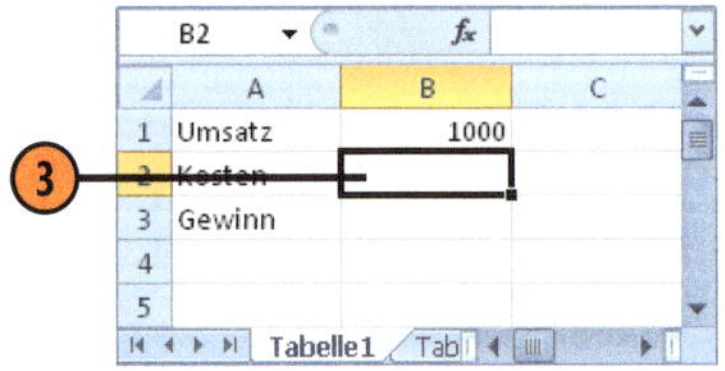

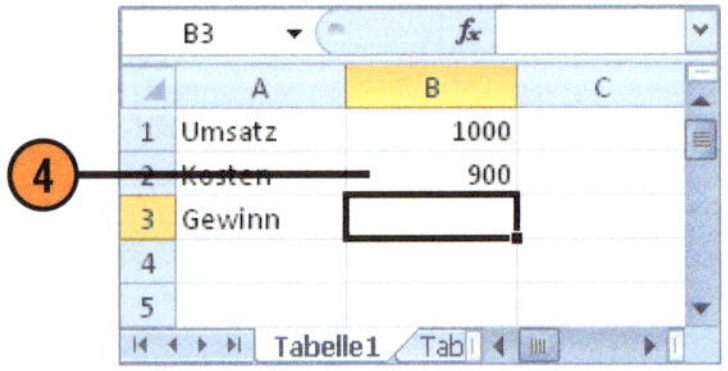

Eine Berechnungsformel eingeben

1. Klicken Sie auf die Zelle, in der Sie die Formel eingeben wollen – beispielsweise auf die Zelle *B3*.
2. Geben Sie dort die Berechnungsformel **=B1-B2** ein. Damit weisen Sie Excel an, dass Sie den Inhalt der Zelle *B2* vom Inhalt der Zelle *B1* abziehen wollen.
3. Drücken Sie nach Abschluss der Eingabe die Taste Eingabe. Das Ergebnis der Berechnung erscheint in der Zelle, die Zelle darunter wird markiert.
4. Wenn Sie die Formel wieder einsehen wollen, klicken Sie auf die Zelle, in der sie steht – die Zelle *B3*.

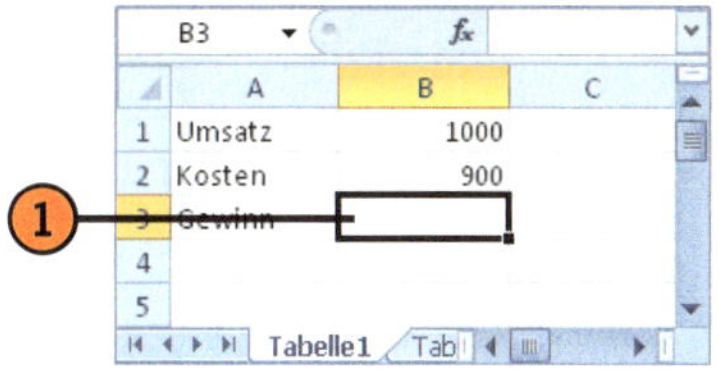

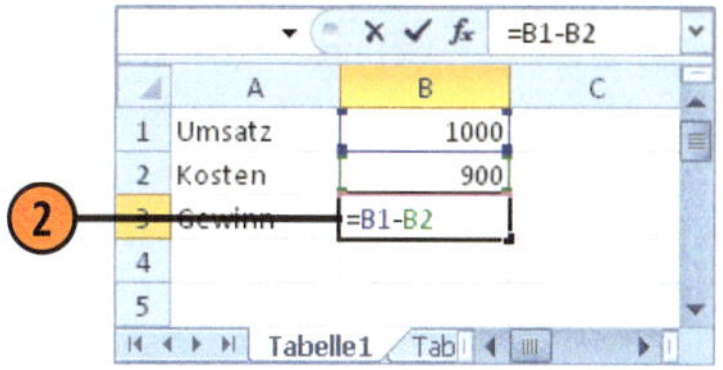

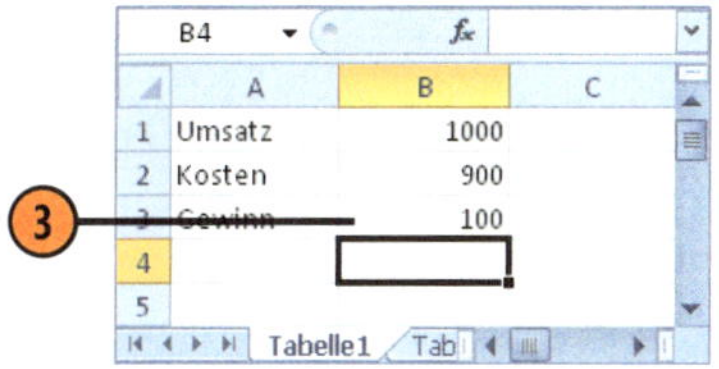

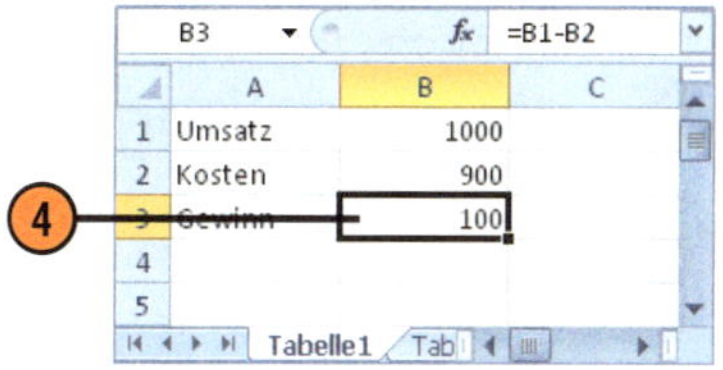

Einen Zahlenwert ändern

1. Klicken Sie auf die Zelle, in der Sie den Zahlenwert ändern wollen – beispielsweise auf die Zelle *B2*.
2. Geben Sie dort den neuen Zahlenwert ein – beispielsweise **800**. Damit überschreiben Sie den bisherigen.
3. Drücken Sie nach Abschluss der Eingabe die Taste Eingabe. Beachten Sie, dass die Formel weiterhin richtig funktioniert und auch nach der Änderung das richtige Ergebnis – jetzt lautet es *200* – liefert.

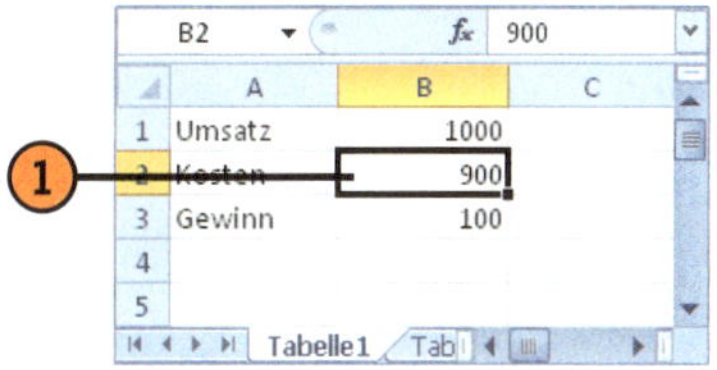

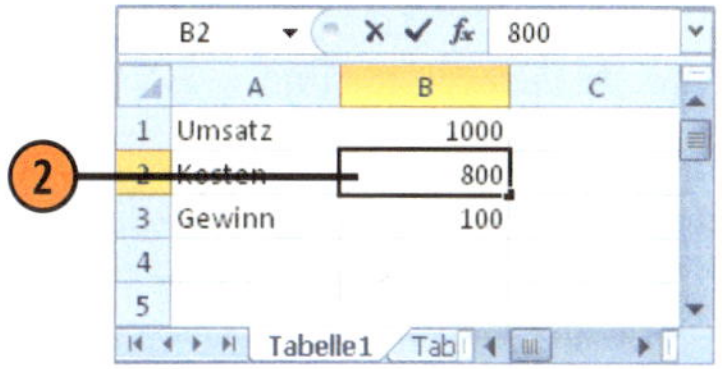

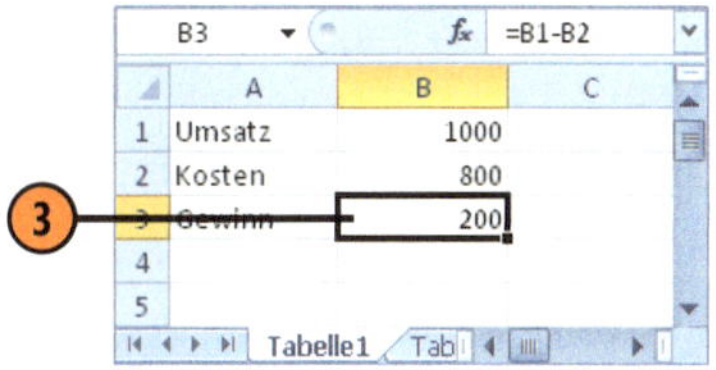

Siehe auch

Weitere Hinweise zur Eingabe von Daten in eine Tabelle finden Sie auf den Seiten 53 ff. Anweisungen zum Gebrauch von Formeln und Funktionen zur Berechnung liefern die Seiten 79 ff. bzw. 99 ff.

Das Menüband mit den Befehlen zur Programmsteuerung

Das Menüband stellt die wichtigste Befehlsschnittstelle in allen Programmen der Microsoft Office-Familie dar. Das Menüband besteht aus mehreren Registerkarten. Jede Registerkarte bezieht sich auf eine Art von Aktivität – beispielsweise enthält die Registerkarte *Einfügen* alle Werkzeuge, die Sie zum Einfügen von Elementen benötigen. Innerhalb einer Registerkarte sind die einzelnen Elemente in Gruppen zusammengefasst. Innerhalb einer Gruppe finden Sie Schaltflächen für die einzelnen Befehle. Davon gibt es unterschiedliche Typen.

Die Elemente über die Maus ansprechen

1. Beim Öffnen des Programms wird immer die Registerkarte *Start* angezeigt.
2. Klicken Sie hier, um beispielsweise die Registerkarte *Einfügen* anzuzeigen.
3. Bei einigen Befehlen im Menüband handelt es sich um Umschalter, die durch einen Klick darauf ein- und ausgeschaltet werden können. Beispielsweise schaltet die Schaltfläche *Fett* diese Formatierung ein- und aus. Eine unterschiedliche Farbgebung kennzeichnet den jeweiligen Status eines Schalters.
4. Manche Schaltflächen liefern Listen mit weiteren Optionen. Sie erkennen diese daran, dass sie mit einer nach unten zeigenden kleinen Pfeilspitze ausgestattet sind. Sie lassen diese Liste anzeigen, indem Sie auf die Pfeilspitze klicken. Anschließend können Sie eine der in der Liste angezeigten Optionen auswählen, indem Sie darauf klicken.
5. Andere Befehlsschaltflächen klappen ein Menü oder einen Katalog mit weiteren Befehlen auf.
6. Wenn Sie die Breite des Excel-Fensters verringern, werden die Elemente des Menübands anders angeordnet. Bei einem schmalen Fenster müssen Sie einige Gruppen erst durch einen Klick auf die betreffende Schaltfläche aufklappen.

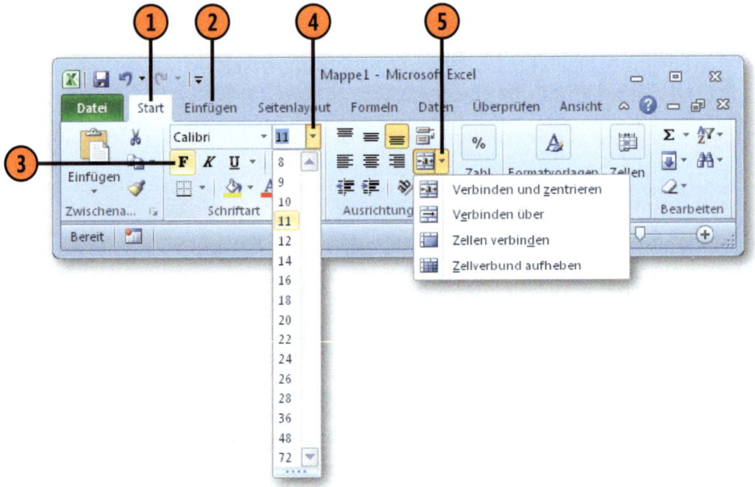

Die Tastatur zur Steuerung verwenden

1. Drücken Sie die Taste Alt und lassen Sie sie wieder los. Die Information zu den Zugriffstasten der obersten Ebene wird angezeigt.
2. Drücken Sie dann die Zugriffstaste für den gewünschten Bereich – beispielsweise R für die Registerkarte *Start*.
3. Je nach gedrückter Taste werden weitere Zugriffstasteninfos angezeigt. Drücken Sie die Taste(n), um den entsprechenden Befehl anzusprechen. In einigen Fällen müssen Sie zwei Tasten nacheinander drücken.

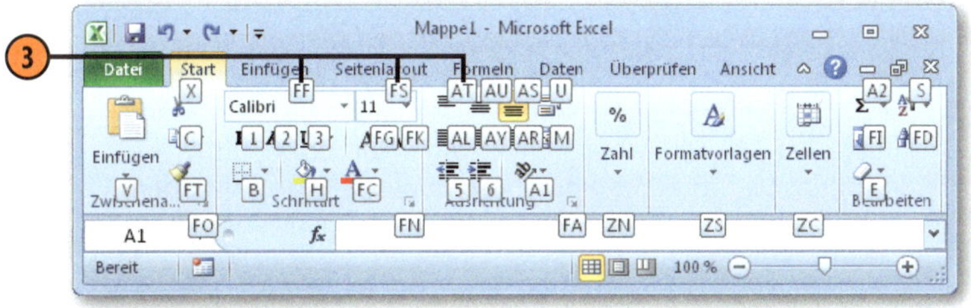

Tipp

Um die Zugriffstasteninfos wieder auszublenden, drücken Sie die Taste Esc.

Das Menüband minimieren

1. Klicken Sie auf die Schaltfläche *Menüband minimieren* rechts neben den Namen der Registerkarten.
2. Die Elemente des Menübands verschwinden bis auf die Namen der Registerkarten. Klicken Sie auf einen solchen Namen, um die Elemente wieder anzuzeigen. Nach der Wahl eines Befehls wird das Menüband wieder minimiert.
3. Um die Elemente wieder vollständig und permanent anzuzeigen, klicken Sie auf die Schaltfläche *Menüband erweitern*.

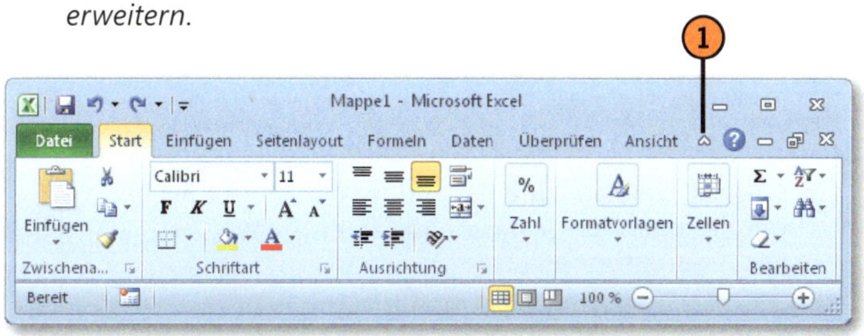

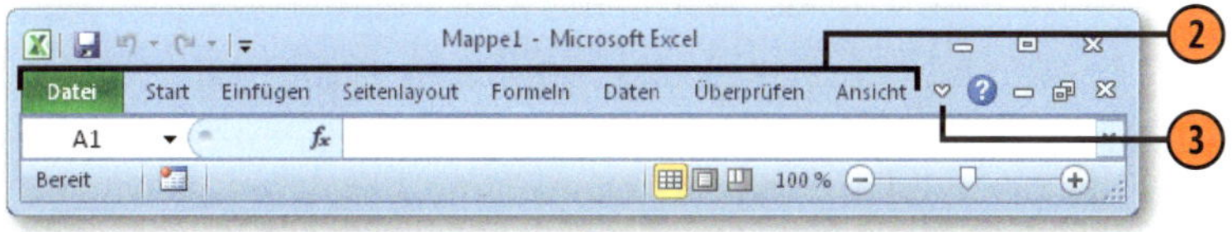

Gewusst wie

Sie können auch auf eine beliebige Registerkarte doppelklicken, um das Menüband zu minimieren. Um die Elemente wieder vollständig anzuzeigen, führen Sie nochmals einen Doppelklick auf dem Namen einer beliebigen Registerkarte aus.

Die Symbolleiste für den Schnellzugriff

Links oben in der Titelliste oberhalb des Menübands befindet sich die sogenannte Symbolleiste für den Schnellzugriff. Das ist die einzige übrig gebliebene Symbolleiste. Sie beinhaltet Schaltflächen für Befehle, die Sie wahrscheinlich sehr häufig verwenden werden. Sie können aber auch selbst festlegen, welche Schaltflächen darin angezeigt werden sollen.

Die Symbolleiste anpassen

1. Klicken Sie auf die Schaltfläche *Symbolleiste für den Schnellzugriff anpassen*. Eine Liste mit Optionen wird geöffnet. Die mit einem Häkchen versehenen Optionen in der Liste werden in der Symbolleiste angezeigt.
2. Klicken Sie auf eine Option ohne Häkchen, um die betreffende Schaltfläche in der Symbolleiste für den Schnellzugriff anzeigen zu lassen.
3. Oder klicken Sie auf eine Option mit einem Häkchen, um diese aus der Symbolleiste zu entfernen.

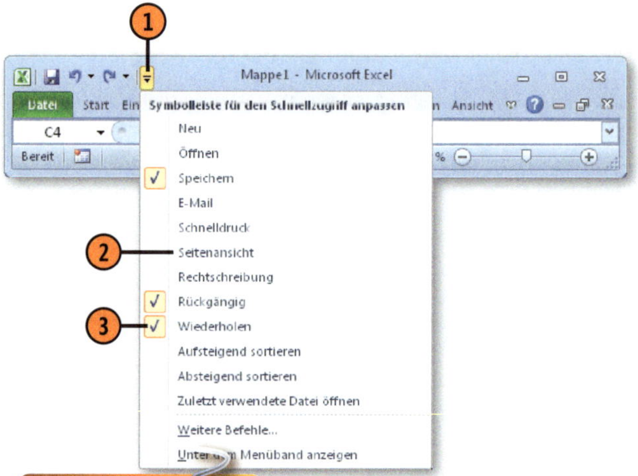

Die Schaltflächen der Symbolleiste

Speichern: Speichert die aktuell geöffnete Arbeitsmappe. Wurde vorher noch nicht gespeichert, wird das Dialogfeld *Speichern unter* angezeigt.

Rückgängig: Macht einen gerade gewählten Befehl oder eine gerade durchgeführte Eingabe wieder rückgängig.

Wiederholen: Wiederholt einen rückgängig gemachten Befehl oder eine Eingabe.

Symbolleiste für den Schnellzugriff anpassen: Erlaubt es, weitere Befehle in der Symbolleiste anzeigen zu lassen.

Gewusst wie

Die Schaltflächen *Rückgängig* und *Wiederholen* verfügen über nach unten weisende Pfeilspitzen. Darüber können Sie auch mehrere nacheinander ausgeführte Befehle oder Eingaben in einem Arbeitsschritt widerrufen bzw. diese wiederholen. Mehrere hintereinander durchgeführte Aktionen können aber nur insgesamt widerrufen werden.

Siehe auch

Über die Option *Weitere Befehle* in der Liste zur Schaltfläche *Symbolleiste für den Schnellzugriff anpassen* lassen Sie die Excel-Optionen anzeigen; mehr dazu auf Seite 240.

Die Fensterdarstellung regeln

Die Methoden zur Regelung der Fensterdarstellung kennen Sie wahrscheinlich schon: Am rechten Rand der Titelleiste des Programms finden Sie drei – für Windows-Anwendungen typische – Schaltflächen, über die Sie die Darstellung des Fensters regeln oder auch das Programm schließen können.

Größe und Position des verkleinerten Fensters ändern

1. Zum Ändern der Position eines Fensters auf dem Bildschirm setzen Sie den Mauszeiger auf die Titelleiste und ziehen das Fenster mit gedrückter Maustaste an die gewünschte Position.
2. Um die Breite zu ändern, setzen Sie den Mauszeiger auf den rechten oder linken Fensterrand und ziehen diesen mit gedrückter Maustaste in die gewünschte Richtung.
3. Entsprechend können Sie die Höhe des Programmfensters ändern, indem Sie den oberen oder unteren Fensterrand mit gedrückter Maustaste auf eine neue Größe ziehen.

Verkleinern, Maximieren, Minimieren

Minimieren: Reduziert das Fenster zum Symbol in der Taskleiste. Ein Klick auf dieses Symbol zeigt den Inhalt wieder an.

Maximieren: Schaltet von der Fensterdarstellung auf die volle Bildschirmgröße um. Damit nutzen Sie den zur Verfügung stehenden Platz voll aus.

Verkleinern: Schaltet von der vollen Bildschirmgröße zur vorher eingestellten Fensterdarstellung um.

Schließen: Schließt Microsoft Excel. Vorher sollten Sie Ihre Eingaben in diesem Programm speichern.

Sollte das Excel-Programmfenster in der Fensterdarstellung die Aussicht auf die anderen Fenster versperren, können Sie es an eine andere Stelle auf dem Bildschirm verschieben oder auch seine Breite und/oder seine Höhe ändern. Auch das kennen Sie bestimmt schon von anderen Anwendungen.

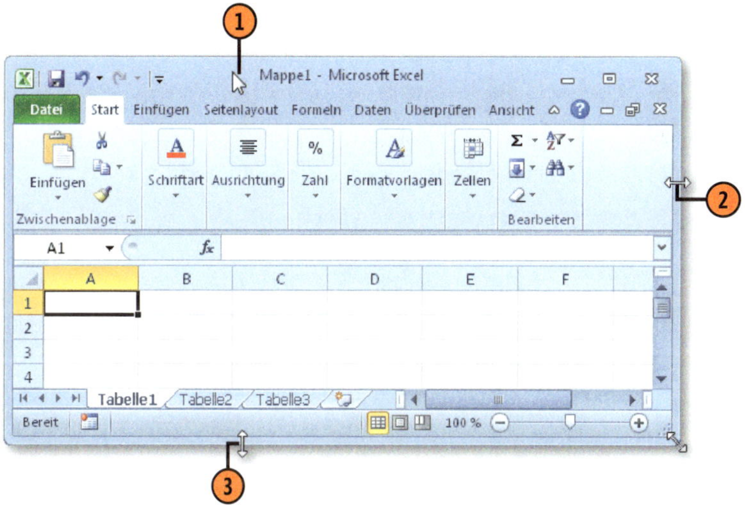

Siehe auch

Excel verhält sich insofern anders als manches andere Programm, als es die gleichzeitige Darstellung mehrere Arbeitsmappen als einzelne Dokumentfenster erlaubt. Deswegen finden Sie die Schaltflächen zum Regeln der Fensterdarstellung nicht nur in der Titelleiste, sondern auch im Bereich darunter. Verwechseln Sie aber diese Bereiche nicht. Darauf gehen wir auf Seite 74 noch näher ein.

Der Zugang zu den Programmeinstellungen

Excel verfügt über eine Vielzahl von Einstellmöglichkeiten, mit denen Sie das Programm an Ihre persönlichen Wünsche anpassen können. Sie finden diese Programmoptionen in einem separaten Dialogfeld, das über mehrere Kategorien verfügt. Die Optionen, die ein typischer Anwender am häufigsten ändern wird, sind in der Kategorie *Allgemein* zusammengefasst.

Die Excel-Optionen anzeigen lassen und einstellen

1. Klicken Sie auf die Registerkarte *Datei*.
2. Klicken Sie auf *Optionen*.
3. Wählen Sie eine Kategorie.
4. Führen Sie die Änderungen in den Optionen durch.
5. Bestätigen Sie durch einen Klick auf *OK*.

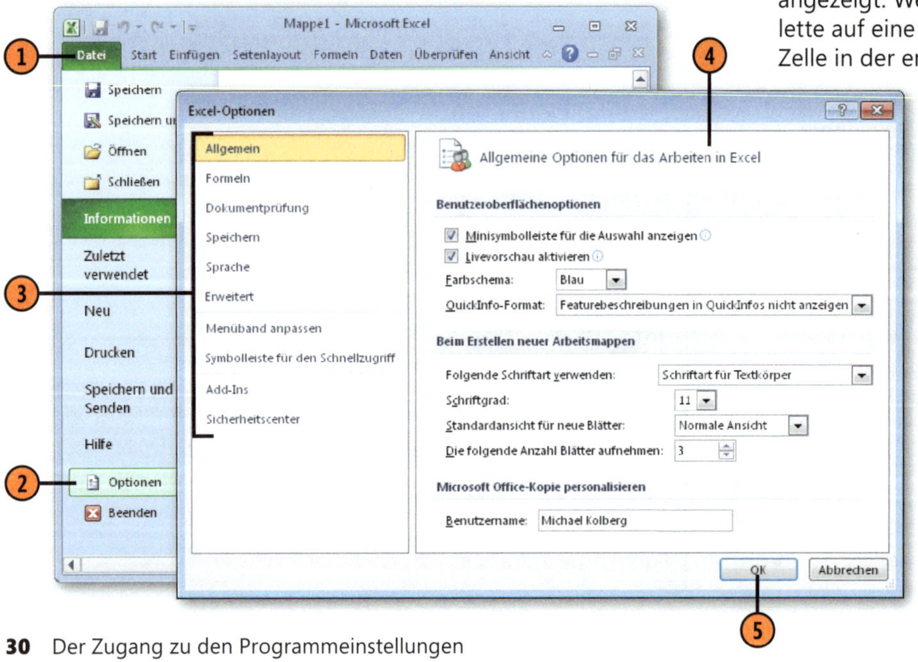

Wichtige Optionen in der Kategorie »Allgemein«

- *Minisymbolleiste für die Auswahl anzeigen*: Die Minisymbolleiste wird eingeblendet, wenn Sie mit der rechten Maustaste auf eine Zelle klicken. Über die Schaltflächen darin können Sie beispielsweise die Zelle schnell formatieren.
- *Livevorschau aktivieren*: Wenn Sie diese Option auswählen, werden die Auswirkungen einer Option noch vor dem Klick auf die entsprechende Schaltfläche im Menüband im Arbeitsblatt angezeigt. Wenn Sie z.B. den Mauszeiger in der Schriftfarbpalette auf eine Farbe führen, wird der Inhalt der gerade aktiven Zelle in der entsprechenden Farbe angezeigt.
- *Farbschema*: Für das Farbschema der Programmoberfläche stehen drei Optionen zu Verfügung.
- Im Feld *Benutzername* kann der Anwender seinen Namen eintragen und ändern. Dieser Name findet an mehreren Stellen im Programm Verwendung, z.B. in eingefügten Kommentaren.

Siehe auch

Wie man mit der Minisymbolleiste arbeitet, erfahren Sie auf Seite 134.

Die weiteren Kategorien der Excel-Optionen

- Die Kategorie *Formeln* erlaubt das Festlegen von Berechnungsoptionen. Sie können darin beispielsweise bestimmen, ob die Tabelle bei jeder Eingabe automatisch neu berechnet werden soll.
- Die *Dokumentprüfung* liefert die Standardeinstellungen für die Rechtschreibprüfung.
- Über *Speichern* legen Sie die Standardoptionen für das Speichern von Dokumenten fest.
- Über die Kategorie *Sprache* legen Sie die Spracheinstellungen für Excel und andere Office-Programme fest.
- Die Kategorie *Erweitert* liefert viele Möglichkeiten zur Anpassung des Verhaltens von Excel an Ihre persönlichen Vorlieben. Beispielsweise können Sie hier festlegen, zu welcher Zelle gewechselt wird, wenn Sie die Taste Eingabe drücken.
- Über die Kategorie *Menüband anpassen* können Sie zusätzliche Befehle zur Anzeige im Menüband auswählen. Sie können darüber auch weitere Registerkarten erstellen.
- *Symbolleiste für den Schnellzugriff* liefert die Möglichkeit, weitere Befehlsschaltflächen in dieser Symbolleiste aufzunehmen.
- In der Kategorie *Add-Ins* können Sie weitere Programmmodule aktivieren, um den Funktionsumfang von Excel zu erweitern.
- Im *Sicherheitscenter* legen Sie Sicherheitseinstellungen fest. Beispielsweise können Sie hier einen vertrauenswürdigen Speicherort einstellen.

Tipp

Sie sollten im Dialogfeld *Excel-Optionen* erst dann auf die Schaltfläche *OK* klicken, nachdem Sie alle gewünschten Änderungen in allen Kategorien durchgeführt haben. In der Mehrzahl der Fälle ist die Änderung dann sofort wirksam. In einigen wenigen Fällen müssen Sie zuerst Excel schließen und dann wieder neu starten.

Siehe auch

Auf die Arbeit mit einigen dieser Kategorien werden wir später noch intensiver eingehen: Hinweise zum Einstellen der Berechnungsoptionen liefert die Seite 90 f.

Wie man die Dokumentprüfung benutzt, erfahren Sie auf den Seiten 62 f.

Wie man das Menüband und die Befehlsschaltflächen in der Symbolleiste für den Schnellzugriff anpasst, wird auf den Seiten 238 ff. beschrieben. Dort finden Sie auch Informationen zum Sicherheitscenter.

Die wichtigsten Optionen in der Kategorie *Erweitert* werden auf den Seiten 236 f. angesprochen.

Die Programmhilfen kennenlernen

In der Programmhilfe können Sie auf verschiedene Arten nach benötigten Informationen suchen – beispielsweise indem Sie durch die einzelnen Ebenen der Hilfe navigieren, die Suchenfunktion benutzen oder das Inhaltsverzeichnis verwenden.

Microsoft Office 2010 unterscheidet übrigens zwischen der Offlinehilfe – dabei handelt es sich um Hilfethemen, die sich bereits auf Ihrem Computer befinden – und der Hilfe über Office.com, die Sie zusätzlich über das Internet abrufen können.

Die Programmhilfe anzeigen und einstellen

1. Klicken Sie auf die Schaltfläche *Microsoft Excel-Hilfe* rechts oben im Programmfenster oder drücken Sie F1.
2. Das Hilfefenster wird geöffnet.
3. Stellen Sie ein, woher Sie die Informationen beziehen wollen:
   - Klicken Sie auf das Feld *Verbindungsstatus*.
   - Wählen Sie, ob Sie die *Inhalte von Office.com* oder *Inhalt nur auf diesem Computer anzeigen* wollen.
4. Es kann vorkommen, dass Sie bei einer generellen Verwendung von *Offline* vorübergehend Hilfeinhalt online suchen möchten – oder umgekehrt.
   - Klicken Sie dazu auf den Pfeil der Schaltfläche *Suchen*.
   - Geben dann an, welche Inhalte durchsucht werden sollen.
5. Um das Hilfefenster wieder auszublenden, klicken Sie auf die *Schließen*-Schaltfläche des Fensters.

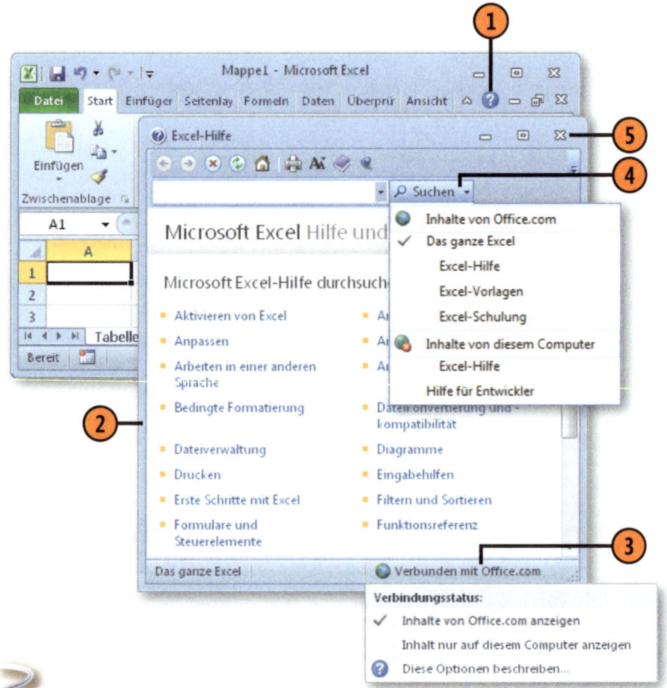

Gewusst wie

Sie können im Hilfefenster auf eine Überschrift klicken und gelangen damit um eine Ebene tiefer. Auf diese Weise können Sie fortfahren, bis Sie zur Ebene mit den einzelnen Hilfeseiten können.

Nach Informationen in der Hilfe suchen

1. Klicken Sie im Hilfefenster in das Feld für die Suche und geben Sie darin Stichwörter oder eine Frage ein, z.B. **Wie kann ich Arbeitsmappen speichern?** Natürlich reicht auch eine Kurzform wie **Speichern**.
2. Starten Sie die Suche über Eingabe oder klicken Sie auf *Suchen*.
3. Excel blendet eine Liste mit Themen an, die zu Ihrer Frage passen könnten. Klicken Sie auf das Thema, das zu Ihrer Frage passt – beispielsweise das Thema *Speichern einer Datei*.
4. Der Hilfetext wird angezeigt.

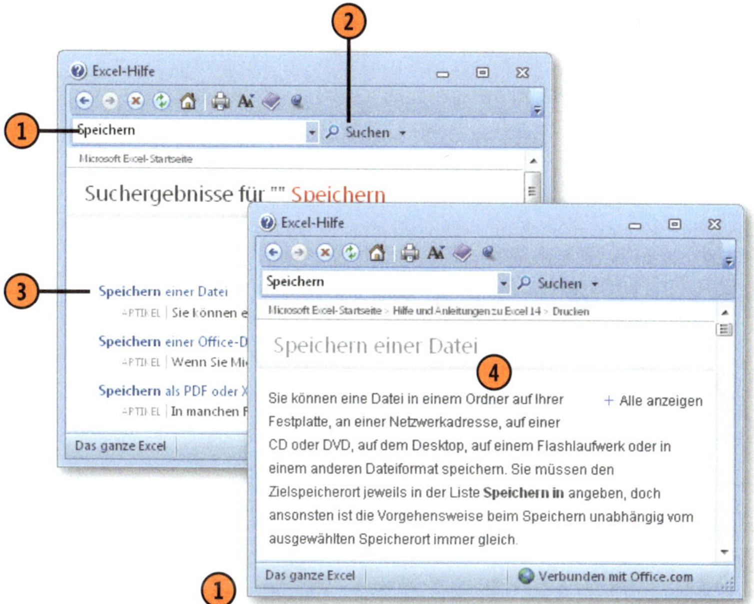

Das Inhaltsverzeichnis benutzen

1. Klicken Sie im Hilfefenster auf die Schaltfläche *Inhaltsverzeichnis* – das ist die mit dem Buchsymbol. Das Verzeichnis wird dann angezeigt.
2. Ein geschlossenes Buch im *Inhaltsverzeichnis* signalisiert, dass zu diesem Themenbereich weitere Unterthemen existieren. Klicken Sie auf das Buch, um die Themen anzuzeigen.
3. Unterhalb von einem Symbol mit einem geöffneten Buch werden die Unterthemen aufgelistet. Ein Klick darauf zeigt das Thema an.

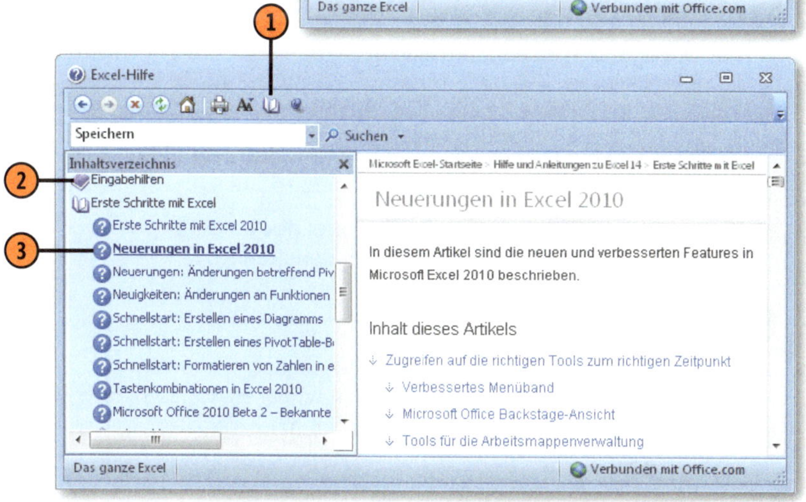

Tipp

Um das Inhaltsverzeichnis wieder auszublenden, klicken Sie nochmals auf die Schaltfläche *Inhaltsverzeichnis*.

Dateien schließen und Excel beenden

Um eine geöffnete Datei zu schließen und um Microsoft Excel zu beenden, steht u.a. das unter Windows übliche Verfahren zur Verfügung.

Eine Excel-Datei schließen oder Excel beenden

1. Zum Schließen der aktuell angezeigten Arbeitsmappe klicken Sie auf die *Schließen*-Schaltfläche für die Datei ganz rechts neben den Namen der Registerkarten des Menübands.
2. Zum Beenden der Arbeit mit Excel klicken Sie auf die *Schließen*-Schaltfläche ganz rechts in der Titelleiste des Excel-Fensters.

Eingaben speichern, verwerfen oder abbrechen

1. Klicken Sie auf *Speichern*, wenn Sie speichern wollen. Wenn die Datei bisher noch nicht gespeichert wurde, wird das Dialogfeld *Speichern unter* angezeigt. Anderenfalls wird kommentarlos erneut gespeichert.
2. Klicken Sie auf *Nicht speichern*, wenn Sie Excel beenden wollen, ohne die Daten zu speichern. Die Daten sind dann ggf. trotzdem noch verfügbar (siehe hierzu Seite 43).
3. Klicken Sie auf *Abbrechen*, wenn Sie Excel doch nicht beenden und die Datei auf dem Bildschirm behalten wollen.

Tipp

Für diese Aufgaben können Sie auch über die Registerkarte *Datei* arbeiten: Um die aktuelle Mappe zu schließen, wählen Sie dort den Befehl *Schließen*, um die Arbeit mit Excel zu beenden, wählen Sie *Beenden*.

Falls Sie die in der aktuellen Datei vorgenommenen Eingaben oder Änderungen noch nicht gespeichert hatten, müssen Sie in beiden Fällen angeben, wie mit den Daten verfahren werden soll.

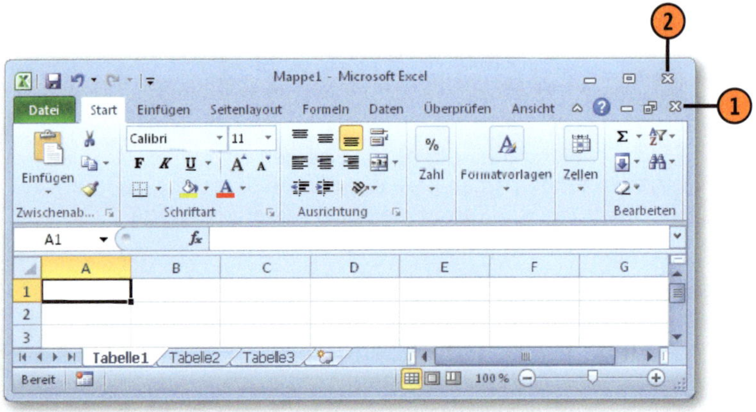

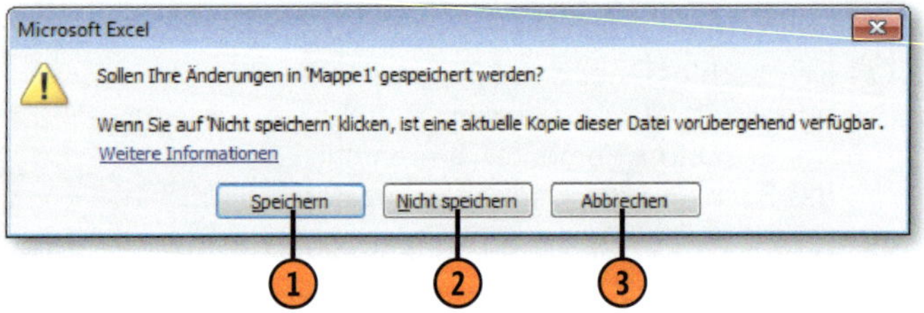

Siehe auch

Mehr zum Speichern erfahren Sie auf den Seiten 36 ff.

3 Excel-Dateien verwalten

In diesem Kapitel:

- Excel-Dokumente speichern
- Den Speicherort einstellen
- Erneut mit anderen Parametern speichern
- Kennwörter und Sicherungsdateien
- Die Standardeinstellungen zum Speichern
- Eine Arbeitsmappe wieder öffnen
- Die zuletzt verwendeten Arbeitsmappen wieder öffnen
- Eine Arbeitsmappe suchen
- Neue Arbeitsmappen erstellen
- Mit Vorlagen arbeiten
- Die Wiederherstellung von Dateien

Die in Microsoft Excel eingegebenen Daten werden in Dateien gespeichert, die als Arbeitsmappen oder auch – wie allgemein sonst bei Microsoft Office üblich – als Dokumente bezeichnet werden. Bevor Sie sich daranmachen, Daten einzugeben, sollten Sie wissen, wie man diese Dateien speichert und wieder öffnet. Beim Speichern geben Sie der Datei einen endgültigen Namen und legen auch den Speicherort fest. Anschließend können Sie die Datei schließen. Um mit den vorgenommenen Eingaben zu einem späteren Zeitpunkt weiterzuarbeiten, öffnen Sie die Datei wieder. Die Daten erscheinen dann genau so, wie Sie sie gespeichert haben. Sollten Sie die Datei nicht auf Anhieb finden, können Sie sich der Suchfunktion bedienen.

Wenn Sie während einer Sitzung mit Excel eine weitere Arbeitsmappe benötigen, können Sie eine solche erstellen. Dabei können Sie von einer noch vollständig leeren Mappe ausgehen oder aber eine Vorlage benutzen, die bereits gewisse Eingaben, Elemente und Formateinstellungen enthält.

Diese grundlegenden Techniken zum Verwalten dieser Dateien entsprechen bei Excel denen der Arbeit mit Dokumenten in anderen Programmen des Microsoft Office-Pakets. Die Befehle dazu finden Sie auf der Registerkarte *Datei*.

Excel-Dokumente speichern

Damit Sie später an einem Excel-Dokument weiterarbeiten können, müssen Sie es speichern, bevor Sie es schließen oder Excel beenden.

Erstmaliges Speichern eines Excel-Dokuments

1. Zum erstmaligen Speichern klicken Sie auf die Schaltfläche *Speichern* in der Symbolleiste für den Schnellzugriff.
2. Excel zeigt dann das Dialogfeld *Speichern unter* an. Hierin können Sie alle benötigten Speicherparameter festlegen.
3. Im Feld *Dateiname* wird zunächst der von Excel automatisch festgelegte vorläufige Name der Mappe – beispielsweise *Mappe1* – übernommen. Wenn Sie einen bestimmten Dateinamen wünschen, geben Sie ihn hier ein.
4. Klicken Sie dann auf *Speichern*. Das Dokument wird gespeichert und das Dialogfeld geschlossen.

Datei erneut speichern

1. Ist das Dokument schon einmal gespeichert worden, führt ein Klick auf die Schaltfläche *Speichern* in der Symbolleiste für den Schnellzugriff zu einer kommentarlosen weiteren Speicherung. Das Dialogfeld *Speichern unter* wird dabei nicht mehr angezeigt.

Tipp

Haben Sie im Dialogfeld *Speichern unter* das Kontrollkästchen *Miniaturansicht speichern* aktiviert, wird als Dateisymbol eine Miniatur eines Tabellenblatts der Mappe verwendet.

Beim ersten Speichern geben Sie der Datei einen speziellen Namen, unter dem Sie die Daten später wiederfinden können.

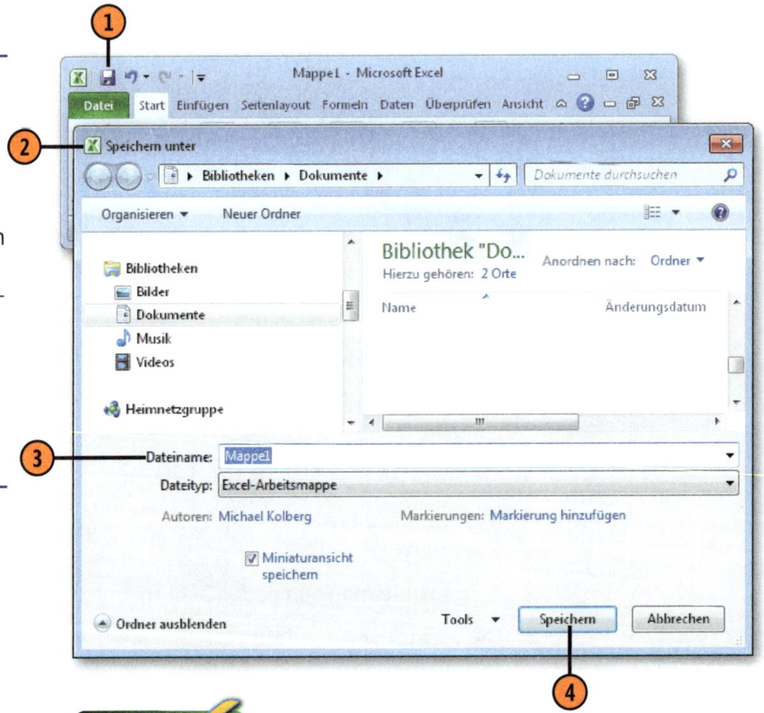

Tipp

Nach dem Speichern wird der anfangs automatisch vergebene Name – beispielsweise *Mappe1* – durch den von Ihnen eingegebenen Namen der Datei ersetzt und in der Titelleiste des Excel-Fensters angezeigt.

Den Speicherort einstellen

Excel-Dokumente werden standardmäßig in einem bestimmten Ordner abgelegt. Welcher das ist, hängt auch vom verwendeten Betriebssystem ab. Wenn Sie einen anderen Ort wünschen, müssen Sie diesen erst einstellen.

Der Standardspeicherort

1. Unter Windows 7 ist der Standardspeicherort der Ordner *Dokumente* innerhalb der Bibliotheken.
2. Eine bereits gespeicherte Excel-Datei erkennen Sie an dem Programmsymbol.

Einen anderen Speicherort einstellen

1. Wenn Sie die Datei auf einem anderen Laufwerk ablegen wollen, klicken Sie auf den Pfeil neben dem Eintrag *Computer*. Die vorhandenen Laufwerke werden dann angezeigt.
2. Wählen Sie das Laufwerk aus, indem Sie darauf klicken. Der Inhalt des Laufwerks wird dann rechts angezeigt.
3. Wenn Sie dort einen neuen Ordner anlegen wollen, klicken Sie auf die Schaltfläche *Neuer Ordner*.
4. Ein Ordner wird angelegt. Geben Sie ihm den gewünschten Namen.
5. Um zu einem vorhandenen Ordner zu wechseln, doppelklicken Sie auf das betreffende Symbol.

Zur Wahl des Speicherorts verwenden Sie den Navigationsbereich links im Dialogfeld *Speichern unter*. Sie können darüber beispielsweise ein anderes Laufwerk oder einen anderen Ordner einstellen.

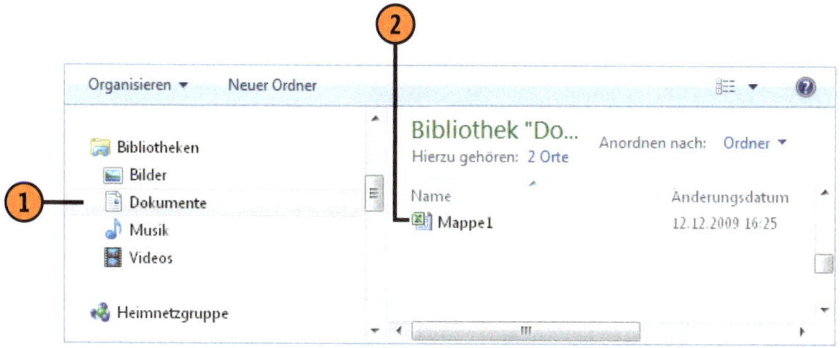

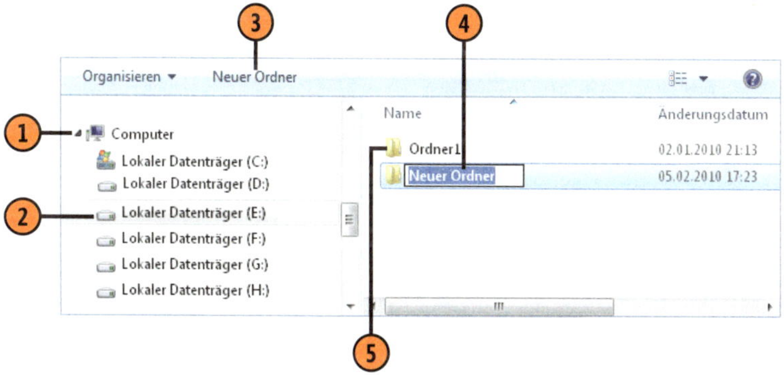

Siehe auch

Sie können eine Excel-Datei auch auf einem Speicherplatz im Internet ablegen. Wie man das tut, erfahren Sie auf Seite 230 f.

Erneut mit anderen Parametern speichern

Wenn Sie eine bereits gespeicherte Datei später noch einmal unter einem anderen Namen oder an einem anderen Ort speichern wollen, benötigen Sie dazu auch wieder das Dialogfeld *Speichern unter*. Da ein Klick auf die Schaltfläche *Speichern* jetzt nur noch die Datei kommentarlos erneut speichern würde, müssen Sie etwas anders vorgehen und das Dialogfeld gezielt aufrufen.

Erneut speichern

1. Öffnen Sie die Registerkarte *Datei*.
2. Klicken Sie auf *Speichern unter*. Das öffnet wieder das Dialogfeld *Speichern unter*.
3. Wechseln Sie – wenn gewünscht – das Laufwerk und/oder den Ordner.
4. Geben Sie dann den gewünschten – neuen – Namen für die Datei an.
5. Klicken Sie auf *Speichern*. Das Dokument wird mit den neuen Parametern gespeichert und das Dialogfeld geschlossen.

Achtung

Nach dem erneuten Speichern bezieht sich die gerade geöffnete Mappe jetzt auf die so erstellte, neue Datei.

Einige Gründe für ein erneutes Speichern

- Sie möchten eine weitere Version der Arbeitmappe anlegen, um damit experimentieren zu können, ohne die Originaldaten zu zerstören.
- Sie möchten die Datei zusätzlich an einem anderen Speicherort sichern – beispielsweise auf einem USB-Laufwerk.

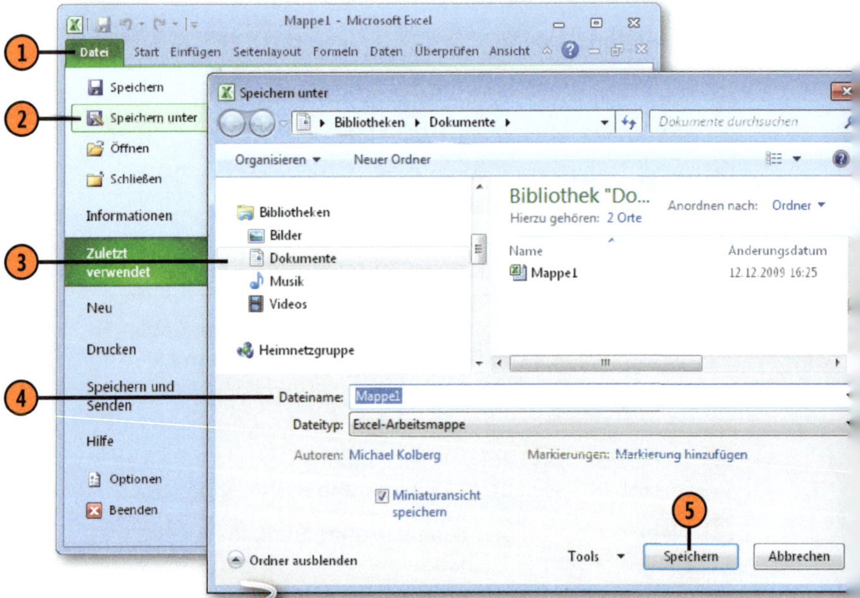

Gewusst wie

Wenn Sie eine Datei einfach nur umbenennen wollen, erledigen Sie das besser über ein Windows-Explorer-Fenster: Navigieren Sie zu dem Speicherort, an dem die Datei abgelegt ist, markieren Sie die Datei und wählen Sie *Umbenennen* im Menü zur Schaltfläche *Organisieren*. Der bisherige Dateiname wird dann markiert und kann geändert oder ersetzt werden.

Kennwörter und Sicherungsdateien

Zum Speichern gibt es einige Optionen, die Sie anzeigen können, indem Sie im Dialogfeld *Speichern unter* auf die Schaltfläche *Tools* klicken. Beispielsweise können Sie darüber ein Kennwort vereinbaren, das der Benutzer eingeben muss, um die Datei später wieder öffnen zu können.

Ein Kennwort festlegen

1. Klicken Sie im Dialogfeld *Speichern unter* auf die Schaltfläche *Tools*. Das öffnet die Liste der Optionen.
2. Wählen Sie dort den Befehl *Allgemeine Optionen*. Das gleichnamige Dialogfeld wird angezeigt.
3. Geben Sie im betreffenden Feld ein Kennwort ein, das zum Öffnen der Datei angegeben werden muss.
4. Benutzen Sie das Feld *Kennwort zum Ändern*, um ein Kennwort zu vereinbaren, dessen Eingabe ein Ändern der Daten erlaubt.
5. Klicken Sie auf *OK*, um das Dialogfeld zu schließen.
6. Klicken Sie auf *Speichern*.

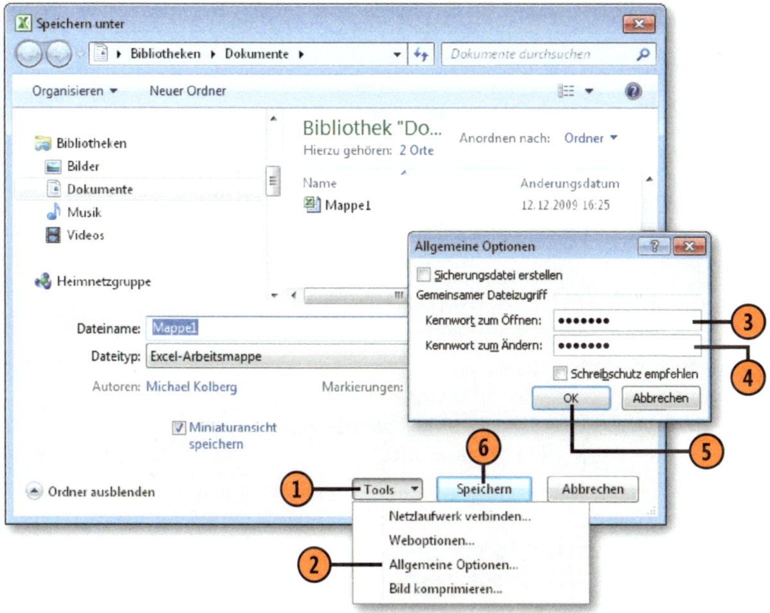

Achtung

Wenn Sie das Kennwort zum Öffnen vergessen, können Sie die Datei nicht wieder öffnen.

Ein Kennwort entfernen

Zum Entfernen eines Kennworts muss die Datei zuerst geöffnet werden. Dazu muss das Kennwort zum Öffnen eingegeben werden. Anschließend müssen Sie wieder das Dialogfeld *Allgemeine Optionen* anzeigen lassen, das betreffende Kennwort entfernen und die Datei erneut speichern.

Eine Sicherungsdatei erstellen

Wenn Sie im Dialogfeld *Allgemeine Optionen* das Kontrollkästchen *Sicherungsdatei erstellen* aktivieren, wird bei jedem Speichervorgang eine Sicherungskopie erstellt. Bei jedem Speichervorgang wird die bisherige Sicherungskopie durch eine neue Sicherung ersetzt.

Die Standardeinstellungen zum Speichern

Wenn Sie Ihre Dokumente regelmäßig in einem anderen Ordner speichern oder aus einem anderen Ordner öffnen, können Sie die Vorgabe für diesen Ort ändern. Ähnliches gilt für das Dateiformat, das das Programm zum Speichern verwenden soll.

Sie können auch festlegen, dass Excel beim Speichern einer Arbeitsmappe immer automatisch eine Sicherungskopie speichert. Damit können Sie auch Ihre Arbeit für den Fall schützen, dass Ihr Rechner abstürzt.

Die Speicheroptionen anzeigen lassen

1. Öffnen Sie die Registerkarte *Datei*.
2. Klicken Sie auf *Optionen*.
3. Wählen Sie die Kategorie *Speichern*.
4. Legen Sie die gewünschten Einstellungen fest.
5. Klicken Sie auf *OK*.

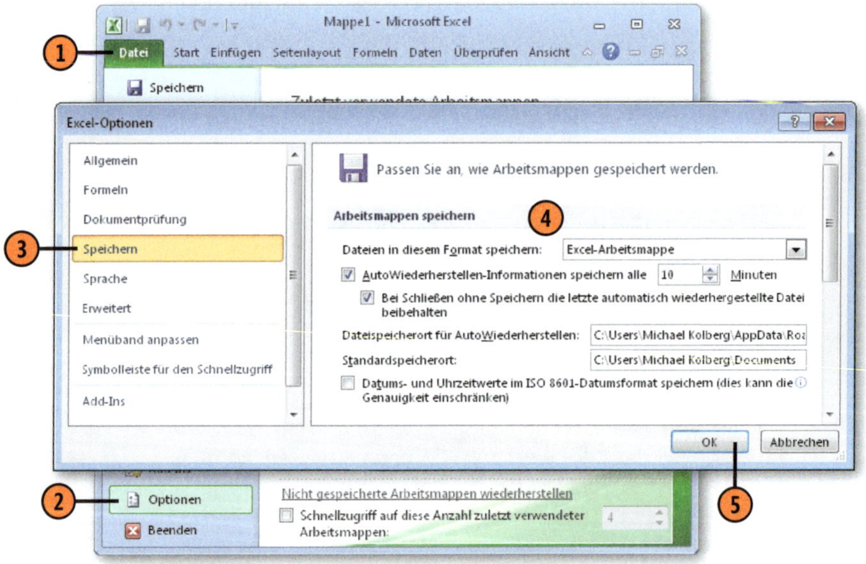

Die wichtigsten Einstellungen

- Im Feld *Standardspeicherort* geben Sie den Ordner an, der zum Standardordner werden soll. Dieser wird dann beim Aufruf der Dialogfelder *Speichern unter* und *Öffnen* immer automatisch angewählt.
- Um das standardmäßig zu benutzende Dateiformat einzustellen, klicken Sie auf den Pfeil neben dem Feld *Dateien in diesem Format speichern*. Das zeigt die Liste der verfügbaren Dateiformate an. Klicken Sie auf das gewünschte Format.
- Wenn das Kontrollkästchen *AutoWiederherstellen-Informationen speichern alle xx Minuten* aktiviert ist, wird eine automatische Sicherheitskopie erstellt. Geben Sie im Feld *Minuten* an, wie häufig diese Kopie während der Arbeit aktualisiert werden soll. Um Feld *Datenspeicherort für AutoWiederherstellen* finden Sie den Pfad zu dem Ordner, in dem diese Sicherung erstellt wird.

Achtung

AutoWiederherstellen ersetzt nicht das regelmäßige Speichern von Dateien.

Eine Arbeitsmappe wieder öffnen

Eine vorher gespeicherte Arbeitsmappe können Sie in einer späteren Arbeitssitzung weiterbearbeiten. Sie erscheint nach dem erneuten Öffnen genau so, wie Sie sie gespeichert haben. Zum erneuten Öffnen einer Excel-Datei gehen Sie so vor, wie Sie es vielleicht schon von anderen Programmen her kennen – Sie benutzen das Dialogfeld *Öffnen*.

Das Dialogfeld zum Öffnen benutzen

1. Öffnen Sie die Registerkarte *Datei*.
2. Klicken Sie auf *Öffnen*. Das gleichnamige Dialogfeld wird angezeigt.
3. Stellen Sie den Speicherort ein, in dem Sie die Datei abgelegt haben.
4. Markieren Sie die gewünschte Datei.
5. Klicken Sie auf die Schaltfläche *Öffnen*.

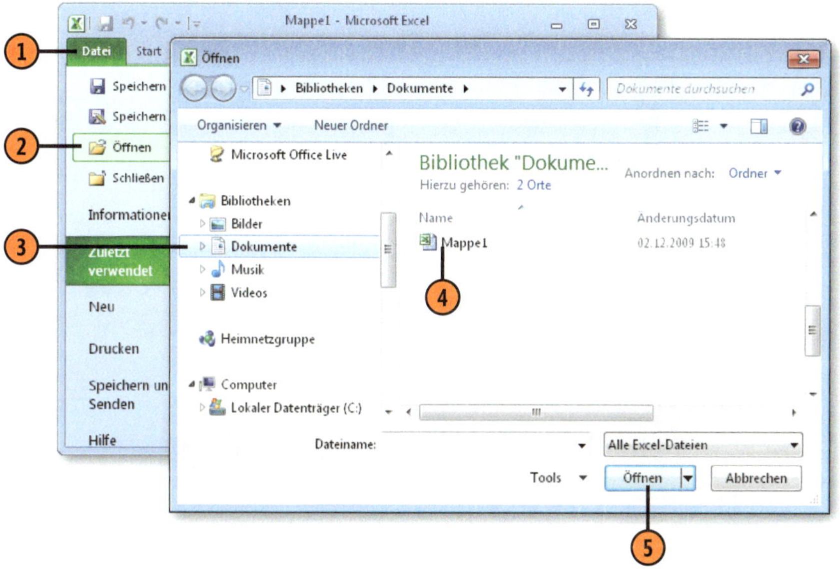

Siehe auch

Wie Sie den Speicherort wechseln, erfahren Sie auf Seite 37.

Tipp

Wenn Sie das Dialogfeld *Öffnen* nach dem Starten von Excel aufrufen, wird darin zunächst immer der Inhalt des Ordners angezeigt, der in der Kategorie *Speichern* im Dialogfeld *Excel-Optionen* als *Standardspeicherort* festgelegt wurde. Wenn Sie den Speicherort wechseln, merkt sich Excel diesen Ort und zeigt ihn nach einem erneuten Aufrufen des Dialogfeldes während dieser Sitzung wieder an.

Siehe auch

Auf Seite 40 erfahren Sie, wie man einen anderen *Standardspeicherort* einstellt.

Die zuletzt verwendeten Arbeitsmappen wieder öffnen

Um an einer der kürzlich verwendeten Arbeitsmappen weiterzuarbeiten, müssen Sie aber nicht unbedingt über das Dialogfeld *Öffnen* arbeiten. Excel merkt sich, welche Dateien Sie wann verwendet haben, und auf die zuletzt verwendeten können Sie schnell über die betreffende Option auf der Registerkarte *Datei* zugreifen. Das ist auch über das Startmenü von Windows möglich, wenn dort eine Verknüpfung zu Excel erscheint. Unter Umständen können Sie auch Dateien wieder auf den Bildschirm bringen, bei denen Sie das Speichern vergessen hatten.

Die Kategorie »Zuletzt verwendet« zum Öffnen verwenden

1. Öffnen Sie die Registerkarte *Datei* und klicken Sie auf *Zuletzt verwendet*.
2. Rechts werden die kürzlich verwendeten Excel-Dateien angezeigt. Klicken Sie auf die gewünschte Mappe.

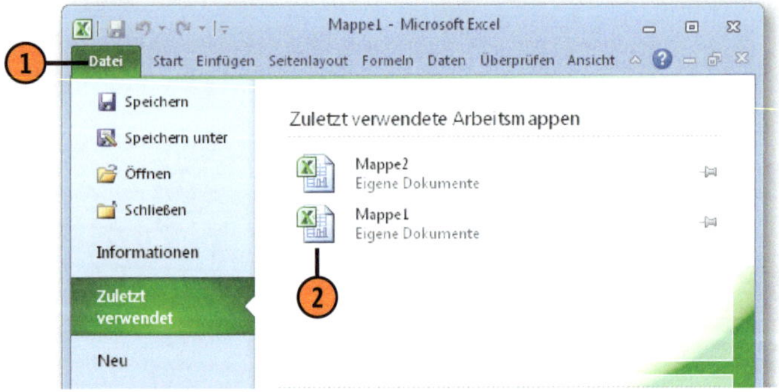

Standardmäßig werden die Dateinamen in der Liste *Zuletzt verwendet* mit einer liegenden Pinnnadel gekennzeichnet. Wenn viele Dateien vorhanden sind, verschwinden die älteren nach einiger Zeit aus der Liste.

Wenn Sie auf die Pinnnadel klicken, wird sie als gesteckt angezeigt. So gekennzeichnete Dateien bleiben immer in der Liste angezeigt.

Das Windows-Startmenü zum Öffnen verwenden

1. Klicken Sie in der Windows-Taskleiste auf die *Start*-Schaltfläche.
2. Wenn links im Startmenü *Microsoft Excel 2010* angezeigt wird, klicken Sie auf den Pfeil neben diesem Eintrag.
3. Eine Liste der kürzlich mit Excel benutzten Dateien wird angezeigt. Klicken Sie auf die gewünschte Mappe.

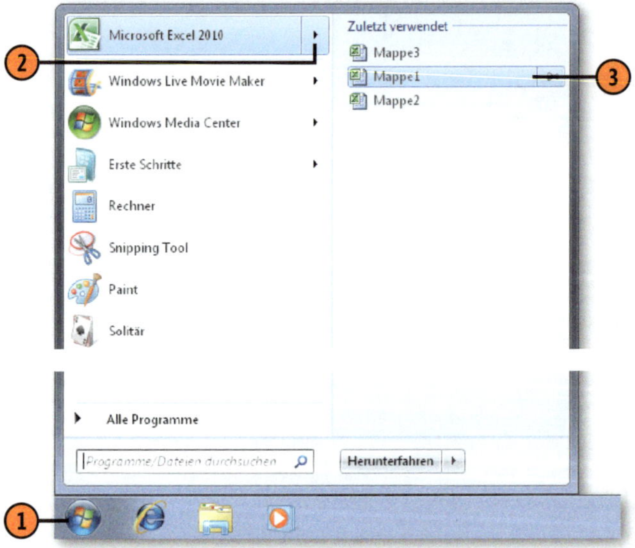

Auf nicht gespeicherte Arbeitsmappen zugreifen

1. Öffnen Sie die Registerkarte *Datei*.
2. Klicken Sie auf *Zuletzt verwendet*.
3. Klicken Sie unten rechts auf *Nicht gespeicherte Arbeitsmappen wiederherstellen*.
4. Markieren Sie die gewünschte Datei.
5. Klicken Sie auf *Öffnen*.

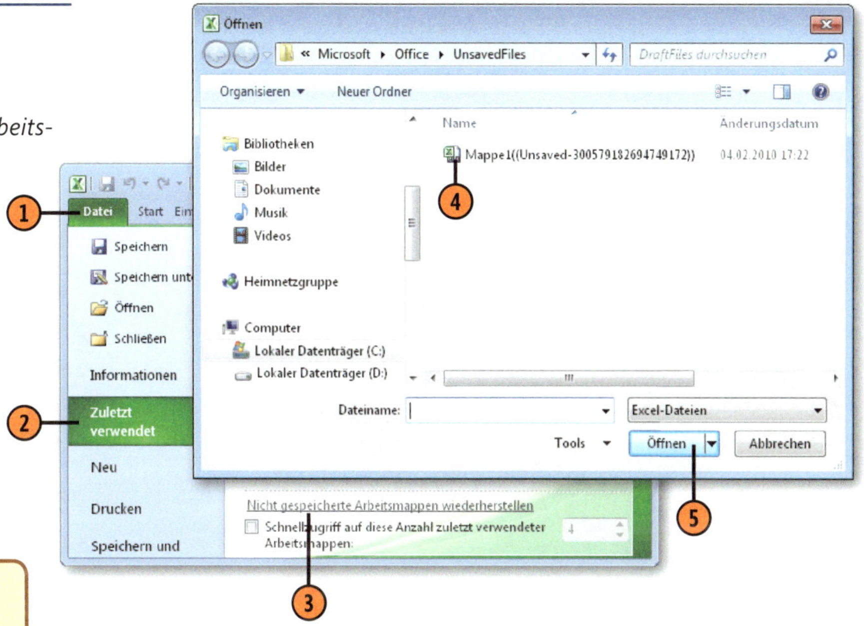

Gewusst wie

Wenn Sie rechts in der Backstage-Ansicht zu *Zuletzt verwendet* das Kontrollkästchen *Schnellzugriff auf diese Anzahl zuletzt verwendeter Arbeitsmappen* aktivieren, können Sie über das Feld rechts neben dieser Option einstellen, wie viele Dateien hier angezeigt werden. Standardmäßig sind es vier.

Achtung

Sie können nicht gespeicherte Dateien nur dann wiederherstellen lassen, wenn Excel genügend Zeit hatte, die Daten als *AutoWiederherstellen-Informationen* in einer automatischen Sicherheitskopie zu speichern.

Siehe auch

Wie häufig Excel die Daten als *AutoWiederherstellen-Informationen* speichern soll, können Sie im Dialogfeld *Excel-Optionen* festlegen. Hinweise dazu finden Sie auf Seite 40.

Eine Arbeitsmappe suchen

Wenn Sie eine vorher gespeicherte Arbeitsmappe nicht mehr finden sollten, können Sie sich der Suchfunktionen des Betriebssystems bedienen. Sie können das Startmenü von Windows 7 direkt dazu verwenden, um nach Dateien zu suchen. Außerdem können Sie eine solche Suche über das Dialogfeld *Öffnen* anstoßen.

Suchen über das Startmenü

1. Klicken Sie in der Windows-Taskleiste auf die *Start*-Schaltfläche.
2. Geben Sie in das Feld, das standardmäßig mit *Programme/Dateien durchsuchen* beschriftet ist, den Namen der gesuchten Datei – oder zumindest einen Teil davon – ein.
3. Die Suche beginnt bereits nach Eingabe des ersten Zeichens. Die gefundenen Dateien werden dann im Bereich darüber angezeigt. Sie können eine so gefundene Datei direkt öffnen, indem Sie auf ihrem Namen einen Doppelklick ausführen.

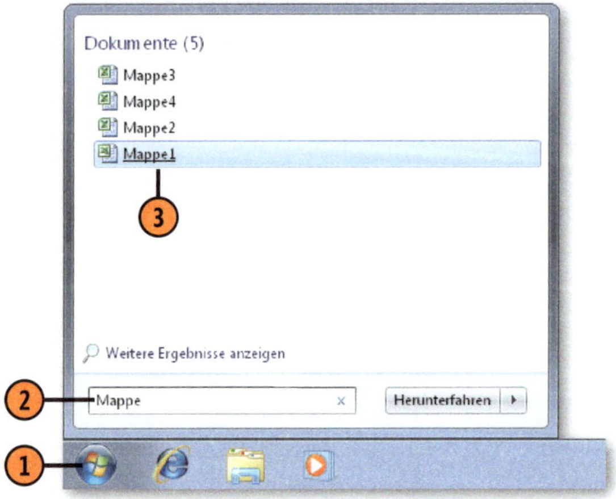

Suchen über das Dialogfeld »Öffnen«

1. Stellen Sie im Dialogfeld *Öffnen* ein, welche Ebene durchsucht werden soll. Wenn Sie den gesamten Rechner durchsuchen wollen, sollten Sie zuerst die Ebene *Computer* einstellen.
2. Geben Sie den Namen der zu suchenden Datei – oder einen Teil davon – im Feld oben rechts ein.
3. Die Suche beginnt nach Eingabe des ersten Zeichens. Auch hier können Sie eine Datei direkt öffnen, indem Sie auf ihrem Namen einen Doppelklick ausführen.

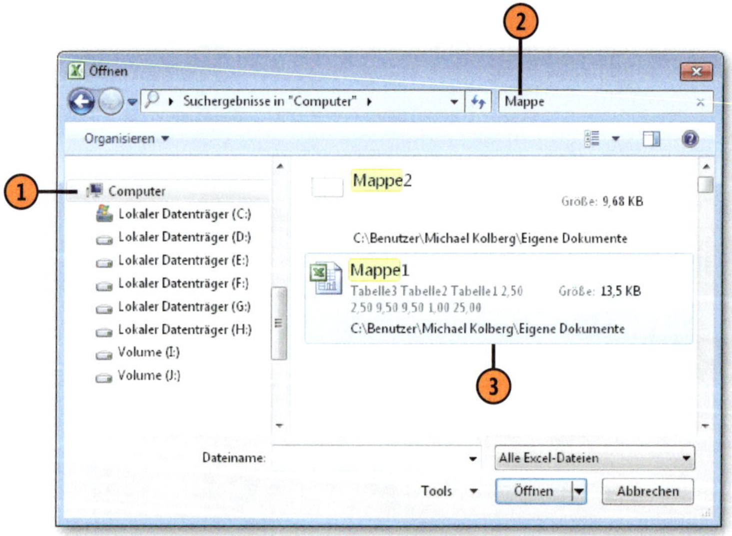

Neue Arbeitsmappen erstellen

Sie wissen es schon: Beim Öffnen von Excel wird immer auch gleich eine neue, leere Arbeitsmappe erstellt. Wenn Sie während derselben Sitzung mit Excel weitere leere Arbeitsmappen benötigen, können Sie diese aus Excel heraus erstellen.

Eine leere Arbeitsmappe erstellen

1. Öffnen Sie die Registerkarte *Datei*.
2. Klicken Sie auf *Neu*.
3. Klicken Sie auf das Symbol *Leere Arbeitsmappe*.
4. Klicken Sie auf *Erstellen*. Eine neue, leere Mappe wird erstellt und in Excel angezeigt. Der Name erscheint in der Titelleiste. Die Nummer im Namen wird automatisch gesetzt und fortlaufend vergeben – auf *Mappe1* folgt *Mappe2* usw.

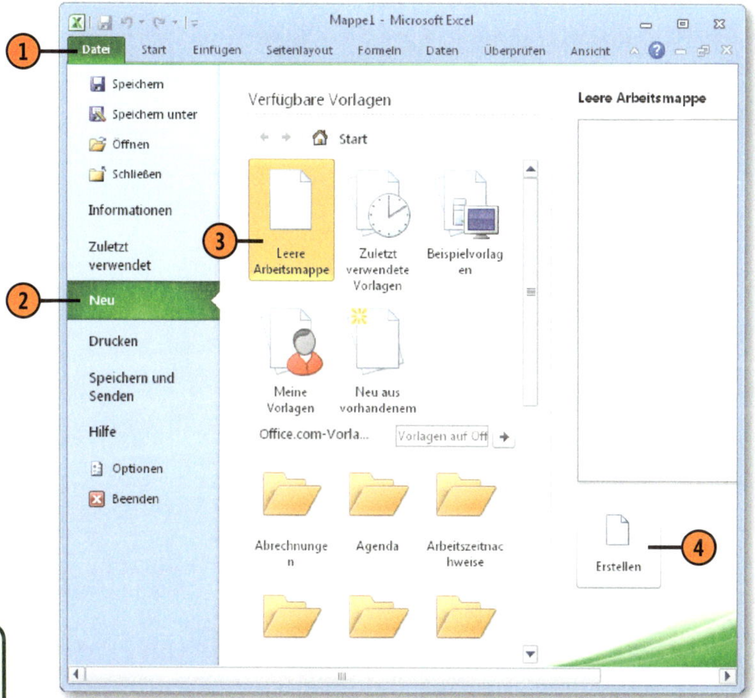

Tipp

Bevor Sie eine neue Arbeitsmappe erstellen, sollten Sie sich überlegen, ob Sie wirklich eine neue Arbeitsmappe oder nur ein weiteres Tabellenblatt in einer schon vorhandenen Mappe benötigen. Zusammenhängende Aufgaben sollten Sie in einer einzigen Arbeitsmappe organisieren; Sie ersparen sich damit das separate Öffnen mehrerer Dateien. Neue Mappen verwenden Sie dann, wenn die darin zu erledigenden Aufgaben von den bisherigen unabhängig sind.

Siehe auch

Wie man weitere Tabellenblätter in einer Arbeitsmappe anlegt, erfahren Sie auf Seite 69.

Mit Vorlagen arbeiten

Mit Excel werden auch diverse Vorlagen ausgeliefert, die Ihnen einen Teil der Arbeit beim Erstellen von typischen Geschäftsdokumenten – wie beispielsweise einer Reisekostenabrechnung oder einer Rechnung – abnehmen. Wenn Sie eine solche Vorlage verwenden, haben Sie weniger Eingabearbeit. Sie können normale Mappen mit Standarddaten versehen und als eigene Vorlage speichern.

Arbeitsmappe auf Basis einer Standardvorlage erstellen

1. Öffnen Sie die Registerkarte *Datei*.
2. Klicken Sie auf *Neu*.
3. Klicken Sie auf eine Vorlagengruppe.
4. Wählen Sie eine Vorlage aus. Rechts im Fenster wird die gewählte Vorlage skizziert.
5. Klicken Sie auf *Erstellen*.

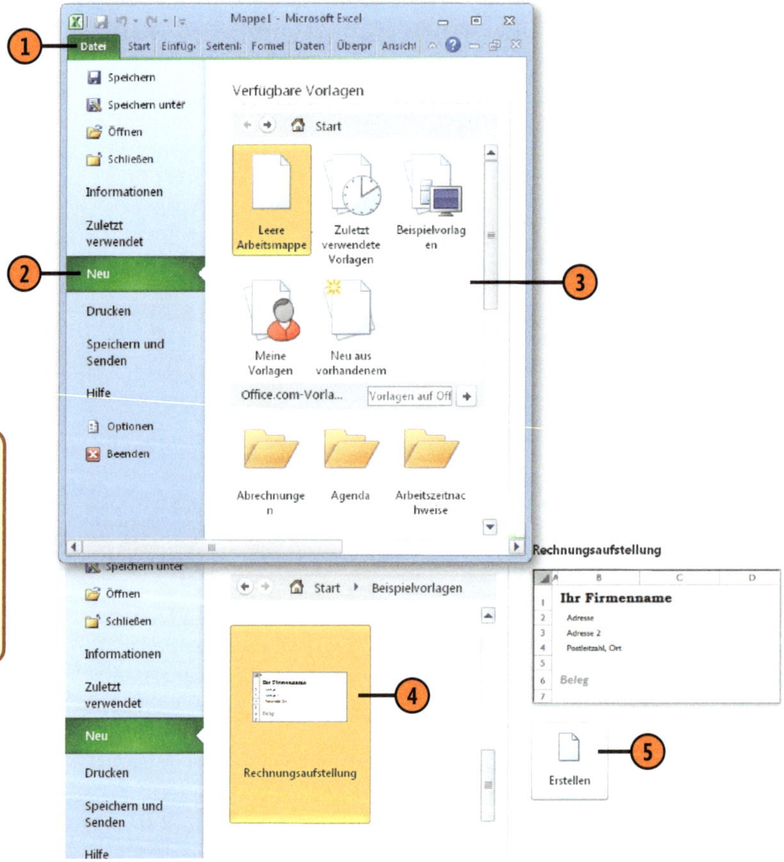

Gewusst wie

Nach dem Öffnen einer Vorlage können Sie diese für die entsprechende Aufgabe – beispielsweise das Schreiben von eigenen Rechnungen – verwenden. Wenn Sie das Dokument speichern wollen, tun Sie das wie gewohnt über *Speichern unter*. Die – leere – Vorlage selbst wird damit nicht überschrieben und kann später erneut benutzt werden.

Tipp

Über den Bereich *Office.com-Vorlagen* haben Sie Zugriff auf eine Reihe von interessanten Vorlagen aus dem Internet.

Arbeitsmappe als eigene Vorlage speichern

1. Erstellen Sie eine Mappe mit den gewünschten Daten und öffnen Sie dann die Registerkarte *Datei*.
2. Klicken Sie auf *Speichern unter*.
3. Öffnen Sie die Dropdownliste *Dateityp* und wählen Sie dort die Option *Excel-Vorlage*.
4. Geben Sie der Vorlage einen Namen.
5. Klicken Sie auf *Speichern*.

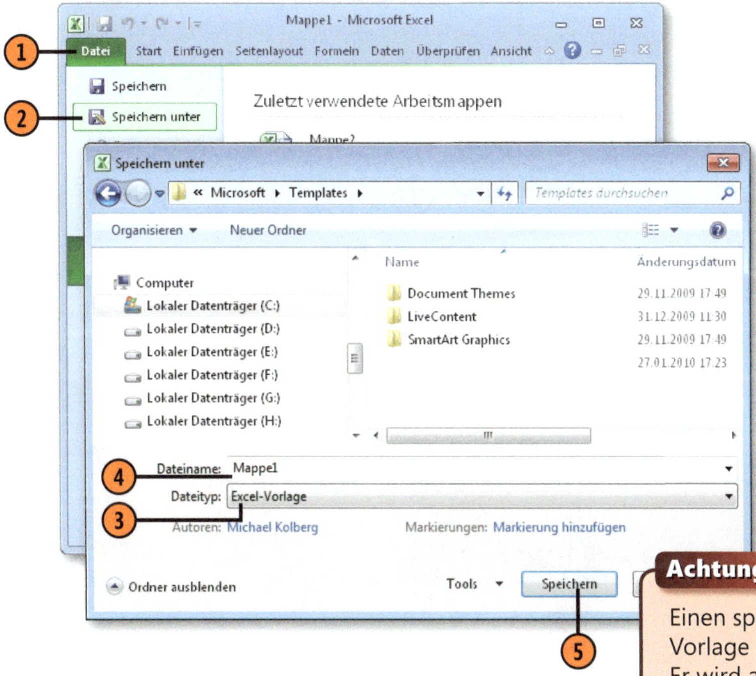

Arbeitsmappe auf Basis einer eigenen Vorlage erstellen

1. Öffnen Sie die Registerkarte *Datei*.
2. Klicken Sie auf *Neu*.
3. Klicken Sie auf *Meine Vorlagen*.
4. Die vorhandenen Vorlagen werden angezeigt. Markieren Sie die gewünschte.
5. Klicken Sie auf *OK*.

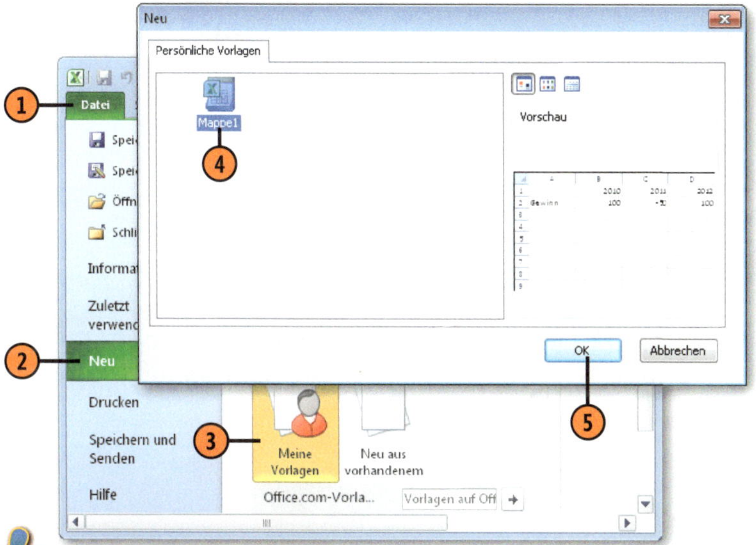

Achtung

Einen speziellen Speicherort für die Vorlage müssen Sie nicht angeben. Er wird automatisch eingestellt.

Die Wiederherstellung von Dateien

Wenn der Computer einmal abstürzen sollte, sind die Daten, die Sie gerade in einer Excel-Datei eingegeben haben, nicht unbedingt verloren. Voraussetzung dafür ist aber, dass Excel genügend Zeit hatte, die von Ihnen vorgenommenen Eingaben oder Änderungen der Daten als *AutoWiederherstellen-Informationen* in einer automatischen Sicherheitskopie zu speichern.

Dokument wiederherstellen

1. Nach dem erneuten Starten von Excel wird links im Programmfenster der Aufgabenbereich *Dokumentwiederherstellung* mit bis zu drei wiederhergestellten Versionen der Datei angezeigt.
2. Zeigen Sie auf die Version, die Sie wiederherstellen möchten, und öffnen Sie die Liste der Optionen dazu, indem Sie auf den Pfeil neben der Datei klicken.
3. Wählen Sie dann die gewünschte Aktion:
   - Wenn Sie die wiederhergestellte Version der Datei überprüfen möchten, klicken Sie auf *Öffnen*.
   - Um die Datei umzubenennen und als neue Version zu speichern, klicken Sie auf *Speichern unter*.
   - Möchten Sie die wiederhergestellte Version der Datei löschen, klicken Sie auf *Löschen*.

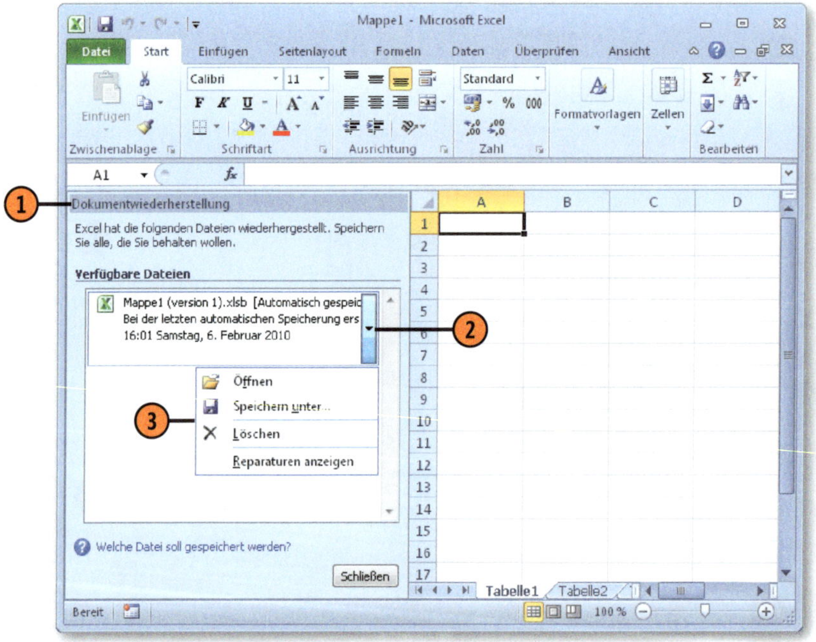

Siehe auch

Wie häufig Excel die Daten als *AutoWiederherstellen-Informationen* in einer automatischen Sicherheitskopie speichern soll, können Sie im Dialogfeld *Excel-Optionen* festlegen. Hinweise dazu finden Sie auf Seite 40.

4 Daten eingeben

In diesem Kapitel:

- Auswählen von Zellen und Bereichen
- Markieren von weiter entfernten Zellen
- Das Grundprinzip der Eingabe
- Korrekturen durchführen
- Eingaben löschen
- Eingabebeschränkungen einrichten
- Zahlenwerte eingeben
- Probleme bei der Eingabe
- Rechtschreibprüfung für Texteingaben
- Die Korrekturfunktionen einstellen
- Zell- und Bereichsnamen vergeben
- Namen verwalten

In die Zellen eines Tabellenblatts können Sie Texte oder Zahlenwerte eingeben. Texteingaben werden fast ausschließlich dazu benutzt, die Bedeutung der Zahlenwerte zu beschreiben. Zahlen können als einzelne Daten eingegeben werden und ermöglichen dann – und darin liegt die wesentlichste Aufgabe von Excel – das Durchführen von Berechnungen, auf das wir im nachfolgenden Kapitel eingehen werden.

Wichtig ist zunächst einmal, dass Sie jede Eingabe in einer einzelnen Zelle des Tabellenblatts vornehmen. Um festzulegen, in welcher Zelle des Tabellenblatts die Eingabe erscheinen soll, müssen Sie die Zelle vor der Eingabe markieren. Dazu stehen Ihnen mehrere Möglichkeiten zur Verfügung. Nach dem Markieren nehmen Sie die Eingabe vor und bestätigen diese, wenn Sie fertig sind. Ihre Eingaben können Sie anschließend auch korrigieren. Für Texteingaben steht Ihnen hierzu auch eine Rechtschreibprüfung zur Verfügung, die Sie vielleicht von der Textverarbeitung her kennen.

Die Zellen, in denen Sie Eingaben vorgenommen haben, können auch mit Eigennamen versehen werden. Beispielsweise können Sie eine Zeile mit Umsatzzahlen mit *Umsatz* benennen. Solche Namen erleichtern es Ihnen, die Zellen zu identifizieren.

Zellen und Bereiche auswählen

Bevor Sie einen Text oder einen Zahlenwert eingeben, müssen Sie immer zuerst die Zelle – oder den Zellbereich – auswählen, in der/dem der eingegebene Wert erscheinen soll. Das können Sie durch Klicken mit der Maustaste erledigen oder auch die Tastatur dafür benutzen. Letzteres geht meist schneller, wenn Sie anschließend sowieso gleich Daten eingeben wollen. Sie können auch mehrere Zellen gemeinsam markieren – beispielsweise ganze Zeilen oder Spalten, rechteckige Bereiche von nebeneinander liegenden Zellen, nicht benachbarte Zellen oder auch ein ganzes Tabellenblatt.

Markieren mit der Maus

1. Bewegen Sie den Mauszeiger auf die zu markierende Zelle. Der Mauszeiger hat die Form eines Kreuzes, solange er sich innerhalb der Tabelle befindet.
2. Klicken Sie dann die Zelle mit der linken Maustaste an. Die gerade markierte Zelle erkennen Sie an einer stärkeren Umrandung.

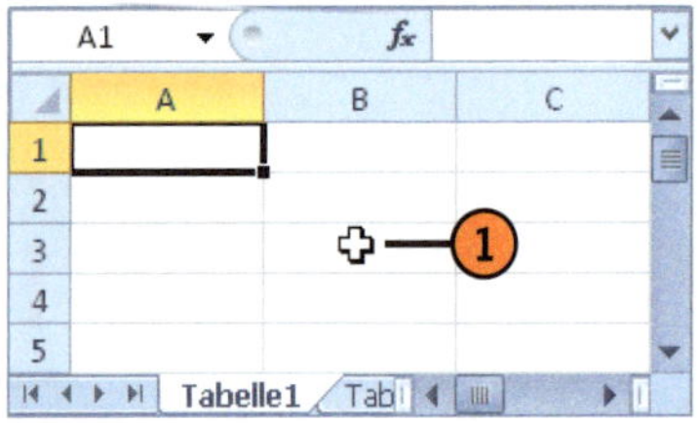

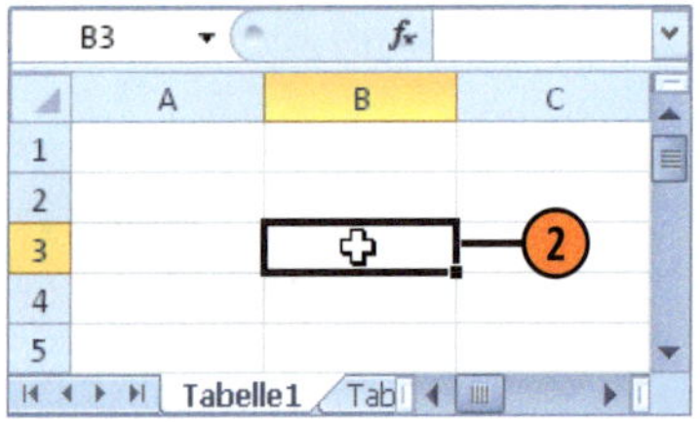

Markieren über die Tastatur

Taste bzw. Tastenkombination	Beschreibung
Pfeil oben, Pfeil unten, Pfeil links, Pfeil rechts	Bewegen um eine Zelle nach oben, unten, links oder rechts
Strg+Pfeil links, Strg+Pfeil rechts, Strg+Pfeil oben, Strg+Pfeil unten	Bewegen an den Rand des aktuellen Datenblocks
Pos1	Bewegen an den Anfang der Zeile
Strg+Pos1	Bewegen an den Anfang des Tabellenblatts
Strg+Ende	Bewegen zur letzten verwendeten Zelle im Tabellenblatt
Bild ab, Bild auf	Bewegen um eine Bildschirmseite nach unten bzw. oben
Alt+Bild ab, Alt+Bild auf	Bewegen um eine Bildschirmseite nach rechts bzw. links

Tipp

Wenn Sie mit der rechten Maustaste klicken, erscheint ein Kontextmenü, über dessen Befehle Sie die wichtigsten Aufgaben für eine Zelle ansprechen können.

Markieren von Zellbereichen

1. Zum Markieren einer ganzen Zeile klicken Sie auf den Zeilenkopf – das ist das Feld, in dem die Zeilennummer angezeigt wird.
2. Zum Markieren von Spalten gehen Sie entsprechend vor: Klicken Sie auf den Spaltenkopf – also das Feld, in dem der oder die Buchstaben zur Spaltenkennung angezeigt werden.
3. Wenn Sie mehrere Zellen gemeinsam markieren wollen, die in Form eines rechteckigen Bereichs zusammenhängen, setzen Sie den Mauszeiger auf eine Ecke des Zellbereichs und ziehen mit gedrückter Maustaste über den Bereich.
4. Um mehrere nicht benachbarte Zellen zu markieren, halten Sie die Taste Strg gedrückt und klicken dann nacheinander die gewünschten Zellen an.
5. Um die gesamte Tabelle zu markieren, klicken Sie in das Feld, in dem sich Zeilen- und Spaltenköpfe treffen.

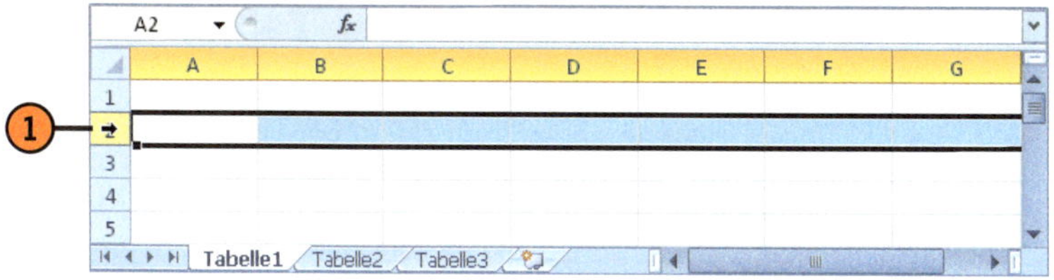

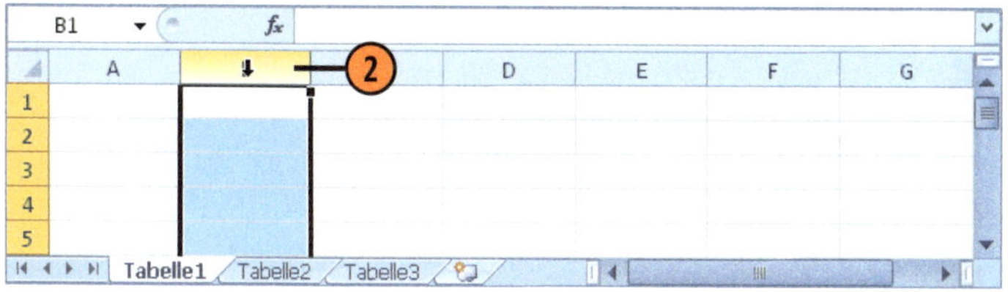

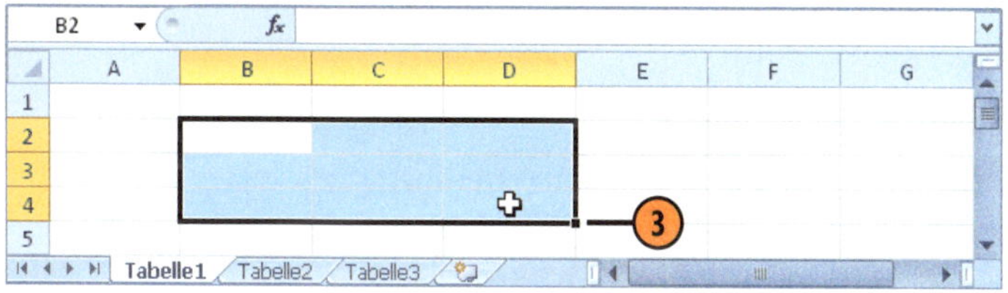

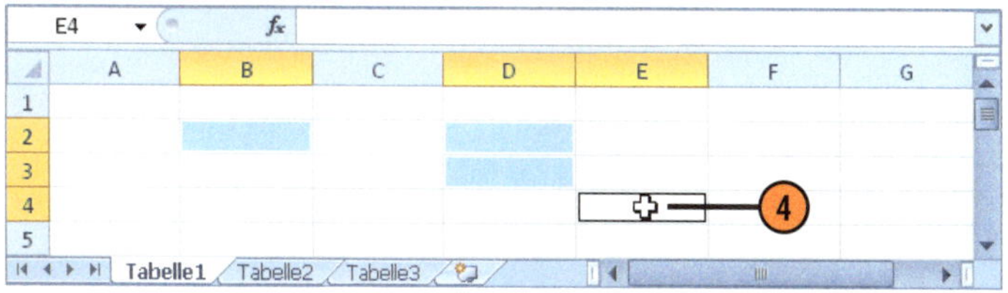

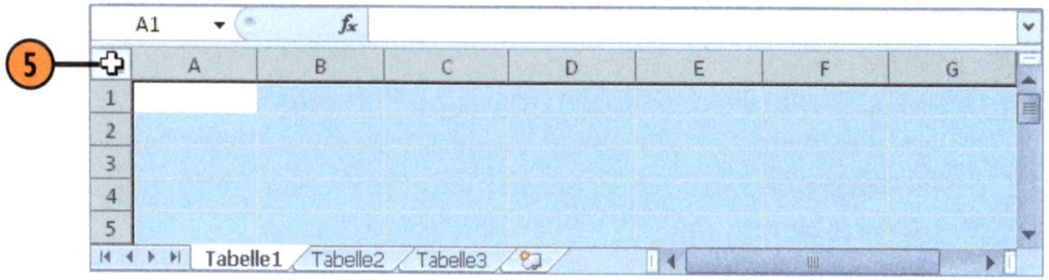

Gewusst wie

Wenn Sie mehrere benachbarte Zeilen oder Spalten gemeinsam auswählen wollen, markieren Sie erst eine davon, halten die Maustaste gedrückt und verschieben dann die Maus in die entsprechende Richtung.

Markieren von weiter entfernten Zellen

Wenn Sie eine Zelle oder einen Bereich markieren wollen, den Sie im gerade angezeigten Bildausschnitt der Tabelle nicht sehen, können Sie dazu auch das Namenfeld links in der Bearbeitungsleiste oder das Dialogfeld *Gehe zu* benutzen.

Über das Dialogfeld »Gehe zu« navigieren

1. Lassen Sie die Registerkarte *Start* anzeigen.
2. Öffnen Sie in der Gruppe *Bearbeiten* das Dropdownmenü zur Schaltfläche *Suchen und Auswählen*.
3. Wählen Sie darin den Befehl *Gehe zu*.
4. Geben Sie im Feld *Verweis* die Adresse der Zelle oder des Bereichs ein, die bzw. der markiert werden soll.
5. Klicken Sie auf *OK*.
6. Die Markierung wird durchgeführt.

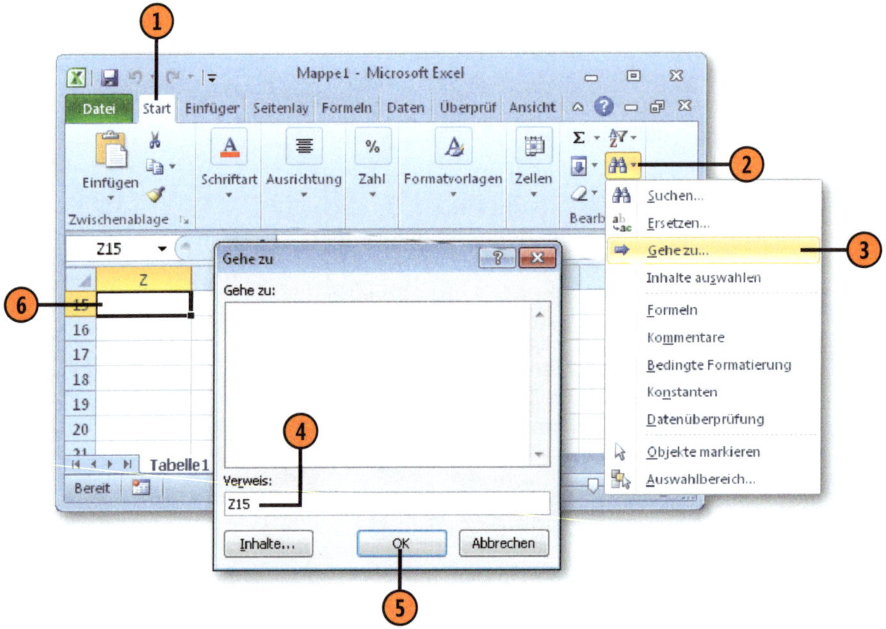

Markieren über das Namenfeld

1. Klicken Sie in das Namenfeld und geben Sie die Adresse der zu markierenden Zelle ein. Bestätigen Sie mit der Taste Eingabe.
2. Die Zelle mit der eingegebenen Adresse wird markiert.

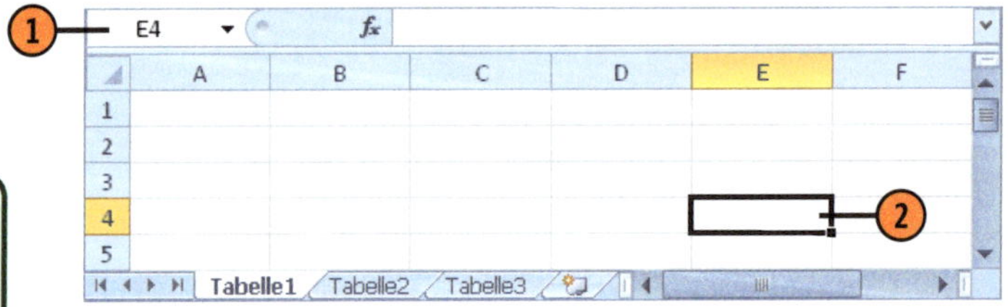

Tipp

Im Dialogfeld *Gehe zu* werden immer die letzten darin eingegebenen Adressen vermerkt. Wenn Sie eine davon wieder markieren wollen, brauchen Sie sie nur auszuwählen und über *OK* zu bestätigen.

Das Grundprinzip der Eingabe

Das Grundprinzip der Eingabe ist immer gleich. In der Regel – aber nicht immer – wird jede Eingabe in einer anderen Zelle der Tabelle vorgenommen, die Sie zuerst markieren müssen. Das gilt auch umgekehrt: Jede Zelle kann nur eine Eingabe aufnehmen.

Daten eingeben

1. Markieren Sie zuerst die Zelle, in der Sie die Eingabe vornehmen wollen. Geben Sie dann die Daten über die Tastatur ein. Die Daten erscheinen während der Eingabe in der Zelle.
2. Außerdem erscheint die aktuelle Eingabe auch in der Bearbeitungsleiste unterhalb des Menübands.
3. Klicken Sie zur Bestätigung auf die Schaltfläche *Eingeben* in der Bearbeitungsleiste. Als Ergebnis erscheint die Eingabe in der vorher markierten Zelle.

Jede Eingabe müssen Sie separat bestätigen. Daran erkennt Excel, dass Sie mit der Eingabe in dieser Zelle fertig sind. Zum Bestätigen können Sie mit einem Mausklick oder – was meist schneller geht – über die Tastatur arbeiten.

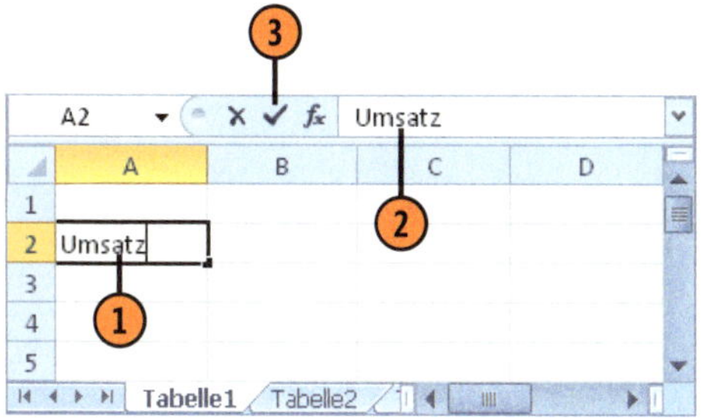

Tipp

Sie können eine fertige Eingabe auch über einen Mausklick bestätigen, indem Sie einfach eine andere Zelle anklicken – am besten gleich die, in der Sie die nächste Eingabe durchführen wollen.

Gewusst wie

Gern wird zur Bestätigung die Taste Eingabe verwendet. Standardmäßig markiert Excel dann damit auch gleich die darunter liegende Zelle. Wenn Sie dieses automatische Bewegen nicht wünschen, können Sie das über das Dialogfeld *Excel-Optionen* in der Kategorie *Erweitert* unter *Markierung nach Drücken der Eingabetaste verschieben* abschalten.

Tasten zum Bestätigen

Taste bzw. Tastenkombination	Beschreibung
Eingabe	Bestätigen und die Zelle darunter markieren
Tab	Bestätigen und die Zelle rechts daneben markieren
Umschalt+Tab	Bestätigen und die Zelle links daneben – wenn vorhanden – markieren
Pfeil links, Pfeil rechts, Pfeil oben, Pfeil unten	Bestätigen und die Zelle in der Richtung der verwendeten Pfeiltaste markieren

Korrekturen durchführen

Es kann passieren, dass Sie während der Eingabe – und noch vor der Bestätigung – merken, dass Sie die Eingabe doch nicht vornehmen wollen. Dann können Sie die Eingabe abbrechen. Aber auch wenn Sie bereits bestätigt haben, können Sie die Eingabe immer noch rückgängig machen.

Wenn Sie den Fehler erst später bemerken, können Sie die Eingabe korrigieren. Dazu können Sie die in der Zelle vorhandenen Daten mit der richtigen Eingabe überschreiben. Bei längeren oder komplizierten Eingaben empfiehlt es sich aber, die vorhandene fehlerhafte Eingabe zu berichtigen.

Die Eingabe verwerfen

1. Markieren Sie zuerst die Zelle, in der Sie die Eingabe vornehmen wollen, und geben Sie dann die Daten über die Tastatur ein.
2. Wenn Sie die begonnene Eingabe verwerfen wollen, klicken Sie auf die Schaltfläche *Abbrechen* oder drücken Sie Esc.
3. Die Zelle ist dann wieder leer.

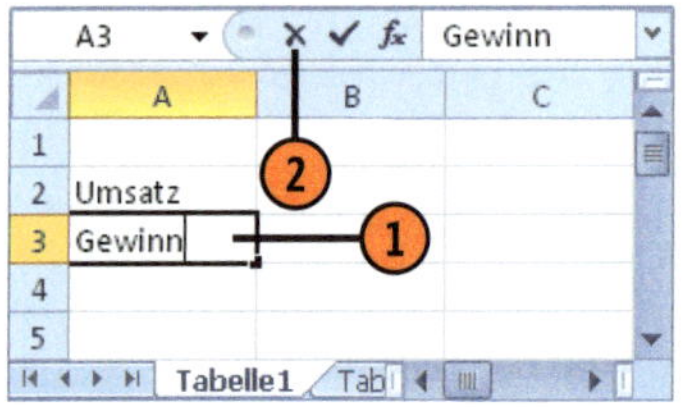

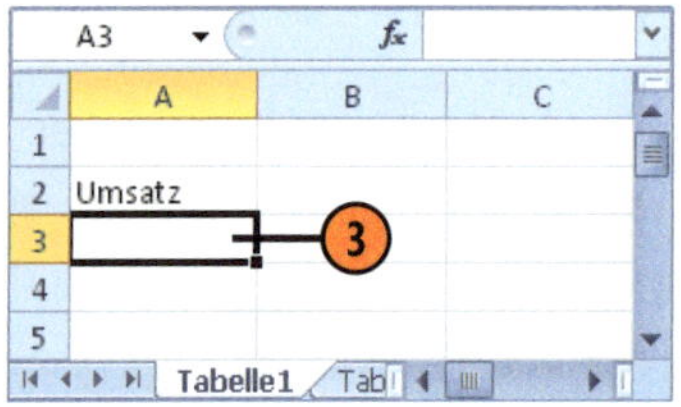

Eingaben rückgängig machen

1. Um die letzte Eingabe oder die letzte durchgeführte Änderung rückgängig zu machen, klicken Sie in der Symbolleiste für den Schnellzugriff auf die Schaltfläche *Rückgängig*.
2. Wenn Sie nicht nur die letzte, sondern auch gleich noch weitere Eingaben rückgängig machen wollen, benutzen Sie die Dropdownliste zur Schaltfläche *Rückgängig*: Klicken Sie auf den Pfeil neben der Schaltfläche und dann in der Liste auf den Eintrag, bis zu dem die Eingaben rückgängig gemacht werden sollen.

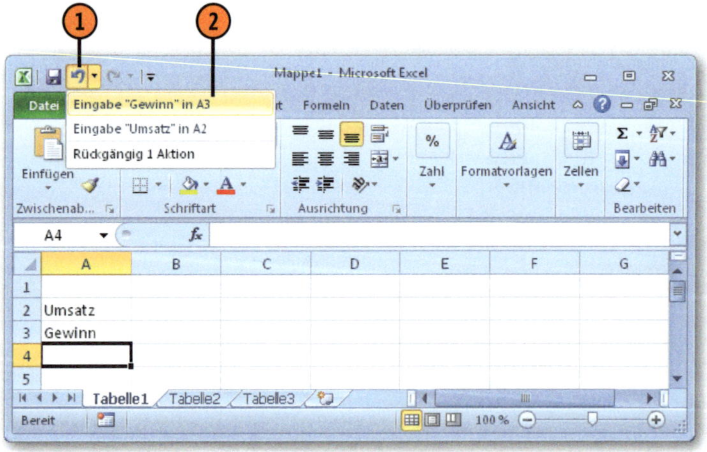

Tipp

Um eine eben rückgängig gemachte Eingabe wieder gültig zu machen, klicken Sie in der Symbolleiste für den Schnellzugriff auf die Schaltfläche *Wiederholen*.

Eine Eingabe in der Bearbeitungsleiste korrigieren

1. Markieren Sie die Zelle mit den zu korrigierenden Daten.
2. Klicken Sie dann in der Bearbeitungsleiste die zu bearbeitende Stelle an. Die Einfügemarke erscheint in Form eines senkrechten Strichs.
3. Korrigieren Sie dann den Zellinhalt und bestätigen Sie wieder mit einer der bekannten Methoden. Die korrigierten Daten erscheinen in der Zelle.

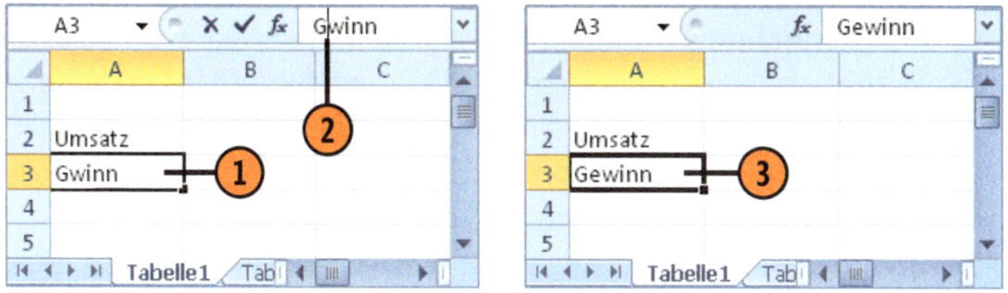

Eine Eingabe in der Zelle selbst korrigieren

1. Markieren Sie die Zelle mit den zu korrigierenden Daten.
2. Doppelklicken Sie in der Zelle die zu bearbeitende Stelle an. Die Einfügemarke erscheint in Form eines senkrechten Strichs.
3. Korrigieren Sie dann den Zellinhalt und bestätigen Sie wieder mit einer der bekannten Methoden. Die korrigierten Daten erscheinen in der Zelle.

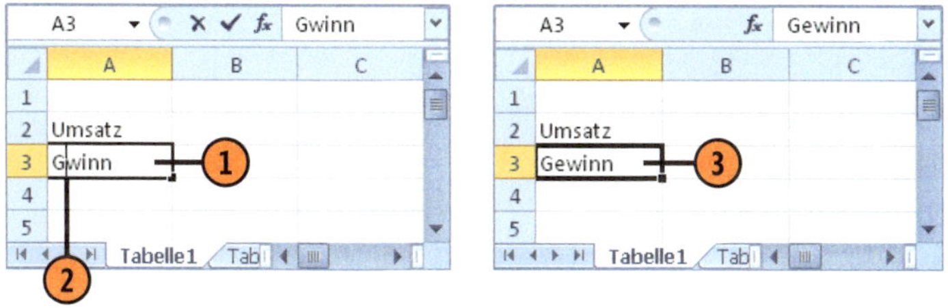

Tasten zum Bewegen in der Bearbeitungsleiste

Taste	Beschreibung
Pfeil links	Um ein Zeichen nach links
Pfeil rechts	Um ein Zeichen nach rechts
Pos1	An den Anfang der Zeile
Ende	An das Ende der Zeile

Tasten zum Löschen von Zeichen in der Bearbeitungsleiste

Taste	Beschreibung
Entf	Löscht das Zeichen rechts von der Einfügemarke.
Rück	Löscht das Zeichen links von der Einfügemarke.

Eingaben löschen

Wenn Sie Eingaben in einer Zelle vorgenommen haben, die Sie nicht benötigen, können Sie diese wieder entfernen. Das Löschen solcher Eingaben ist ebenfalls sehr einfach. Nachdem Sie die Zelle wieder markiert haben, können Sie solche Inhalte über die Tastatur oder auch mithilfe der Maus löschen. Benutzen Sie immer das Werkzeug, auf dem sich gerade Ihre Finger befinden.

Eingaben über das Kontextmenü löschen

1. Klicken Sie mit der rechten Maustaste auf die Zelle, aus der Sie die vorhandene Eingabe entfernen wollen.
2. Wählen Sie *Inhalte löschen* im Kontextmenü. Der Zellinhalt wird sowohl aus der Bearbeitungsleiste als auch aus der Zelle entfernt.

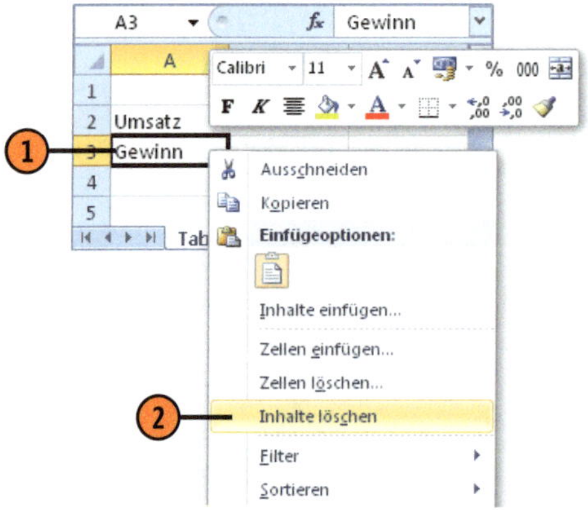

Achtung

Benutzen Sie für diesen Zweck aber nicht den Kontextmenübefehl *Zellen löschen.* Damit entfernen Sie nicht nur den Inhalt aus der Zelle, sondern auch die Zelle selbst.

Löschen mit der Maus

1. Markieren Sie die Zelle oder den Zellbereich, deren/dessen Inhalt Sie löschen wollen.
2. Positionieren Sie den Mauszeiger auf dem Ausfüllkästchen in der unteren rechten Ecke der Auswahl. Der Zeiger wird daraufhin als ein kleines Kreuz dargestellt.
3. Ziehen Sie das Ausfüllkästchen in die obere linke Ecke des zuvor markierten Bereichs. Die ganze Auswahl wird grau angezeigt. Lassen Sie die Maustaste los. Die Eingaben im Bereich werden daraufhin gelöscht.

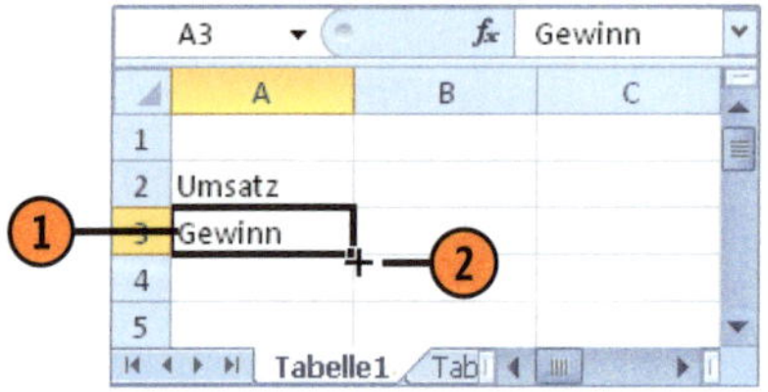

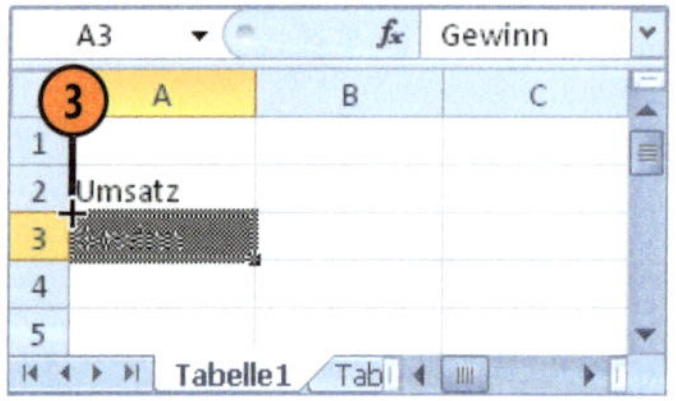

Tipp

Wenn Sie die Hände gerade auf der Tastatur haben, können Sie eine Eingabe auch wie folgt löschen: Markieren Sie die Zelle und drücken Sie die Taste Entf.

Eingabebeschränkungen einrichten

Standardmäßig kann eine Zelle alle möglichen Typen von Daten beinhalten. Zellen können aber auch mit Eingaberestriktionen versehen werden, die den Typ für diese Zelle einschränken. Auf diese Weise können Sie dafür sorgen, dass andere Benutzer die Daten zumindest in der richtigen Form eingeben. Beispielsweise können Sie dafür sorgen, dass in einer Zelle entweder nur Texte oder nur Zahlenwerte eingetragen werden können. Für Zahlenwerte können Sie auch einen minimalen oder einen maximalen Wert festlegen. Versucht ein Benutzer eine falsche Eingabe durchzuführen, kann er auf seinen Fehler hingewiesen werden.

Eingaberestriktionen festlegen

1. Markieren Sie die Zelle, für die Sie eine Beschränkung vornehmen wollen.
2. Lassen Sie die Registerkarte *Daten* anzeigen.
3. Öffnen Sie in der Gruppe *Datentools* das Dropdownmenü zur Schaltfläche *Datenüberprüfung*.
4. Wählen Sie darin den Eintrag *Datenüberprüfung*. Das gleichnamige Dialogfeld wird angezeigt.
5. Über die Dropdownliste *Zulassen* können Sie festlegen, welcher Datentyp im markierten Bereich erlaubt sein soll.
6. Bestätigen Sie abschließend mit *OK*.

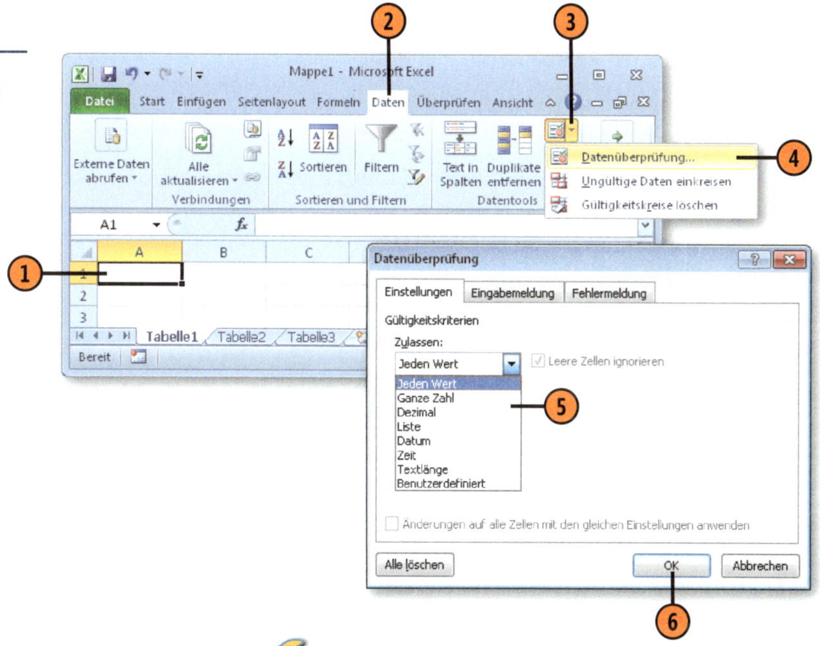

Gewusst wie

Wenn Sie beispielsweise im Feld *Zulassen* einen Zahlenwert gewählt haben, können Sie anschließend in den darunter angezeigten Feldern weitere Restriktionen hinsichtlich der Größe der Zahl festlegen.

Tipp

Um eine solche Eingabebeschränkung wieder abzuschalten, lassen Sie bei gleicher Markierung nochmals das Dialogfeld *Datenüberprüfung* anzeigen und klicken darin zunächst auf *Alle löschen* und dann auf *OK*.

Zahlenwerte eingeben

Sie können in eine Tabelle Zahlen in unterschiedlichen Formaten eingeben, ohne dass Sie spezielle Formatanweisungen geben müssen. Dazu gehören sowohl normale Zahlenwerte als auch Datums- und Uhrzeitangaben sowie logische Konstanten. Auch die beiden logischen Konstanten *WAHR* und *FALSCH* können Sie direkt eingeben. Im Prinzip geben Sie einen Zahlenwert so über die Tastatur ein, wie er anschließend in der Tabelle dargestellt werden soll. Einige Dinge sollten Sie dabei aber beachten.

Normale Zahlenwerte eingeben

1. Positive ganze Zahlen geben Sie direkt ein.
2. Bei negativen Zahlen setzen Sie ein Minuszeichen davor.
3. Dezimalzahlen – also Zahlen mit Ziffern hinter dem Komma – können mit maximal 15 Stellen hinter dem Dezimalzeichen eingegeben werden.
4. Durch Anfügen oder Voranstellen des Währungszeichens € schalten Sie das Währungsformat ein.
5. Negative Werte im Währungsformat werden in der Grundeinstellung automatisch rot dargestellt.
6. Brüche können ebenfalls direkt eingegeben werden, beispielsweise in der Form **6 1/3**. Wichtig ist, dass Sie die Eingabe mit einer ganzen Zahl beginnen und zwischen dieser und dem Bruch ein Leerzeichen einfügen.
7. Durch Anfügen des Prozentzeichens schalten Sie das Prozentformat für diese Eingabe ein.
8. Auch das Format für die wissenschaftliche Darstellung – das die Eingabe von Zehnerpotenzen benutzt – können Sie direkt zur Eingabe verwenden. Statt des Wertes *8120* können Sie beispielsweise auch **8,12E3** schreiben – für $8{,}12 \cdot 10^3$.

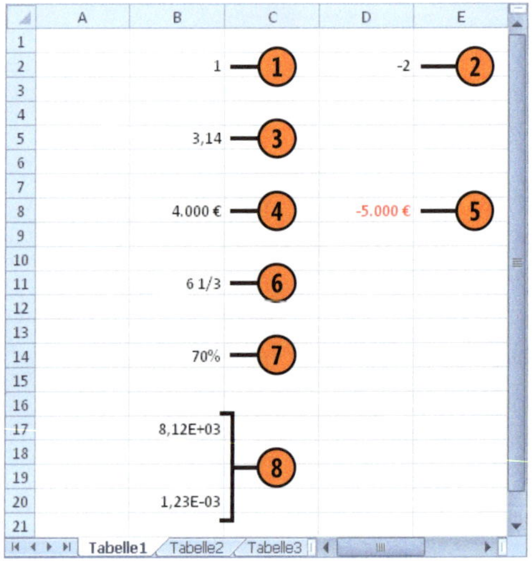

Achtung

Wenn Sie eine Dezimalzahl eingeben, zeigt Excel im Format *Standard* die Stellen hinter dem Komma nur so weit wie notwendig an: Die Eingabe **2,14000** führt zur Anzeige *2,14*, die nicht notwendigen Nullen werden also weggelassen. Sie können das aber jederzeit durch Anpassen des Zahlenformats ändern (siehe Seite 140).

Datums- und Uhrzeitangaben eingeben

1. Zur Eingabe von Datumsangaben benutzen Sie im Allgemeinen einen Punkt zur Trennung zwischen Tag, Monat und Jahr. Tag und Monat können als ein- oder zweistellige Zahl, das Jahr als zwei- oder vierstellige Zahl eingegeben werden – beispielsweise können Sie **1.1.10** oder **01.01.2010** oder auch Mischformen davon eingeben.
2. Nach dem Bestätigen der Eingabe werden aber Tag und Monat als zweistellige Zahl und das Jahr als vierstellige Zahl angezeigt.
3. Den Monatsnamen können Sie auch ausschreiben bzw. eine Abkürzung für den Namen verwenden, also beispielsweise in der Form **24. Dezember 2010** oder **24. Dez. 2010**.
4. Nach dem Bestätigen erscheint als Anzeige immer die Abkürzung für den Monatsnamen, also beispielsweise in der Form 24. Dez. 2010.
5. Auch die Uhrzeit können Sie direkt eingeben. Dazu trennen Sie die Werte für Stunden, Minuten und Sekunden durch Doppelpunkt voneinander ab. Stunde, Minute und Sekunde können als ein- oder zweistellige Zahlen eingegeben werden.
6. Die Anzeige einer Uhrzeitangabe erfolgt standardmäßig immer zweistellig.

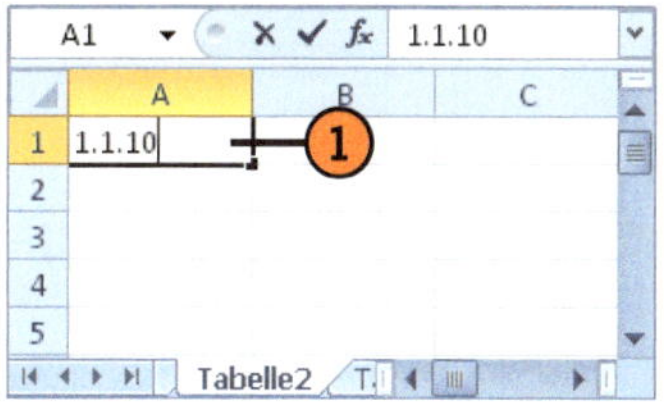

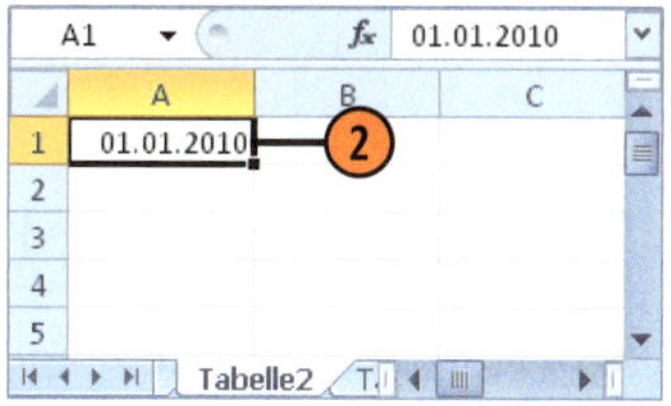

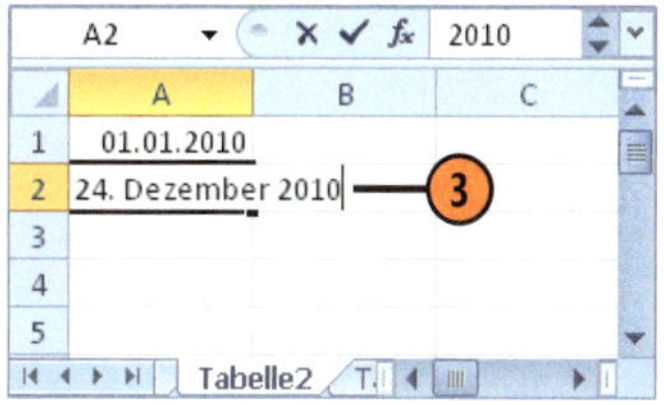

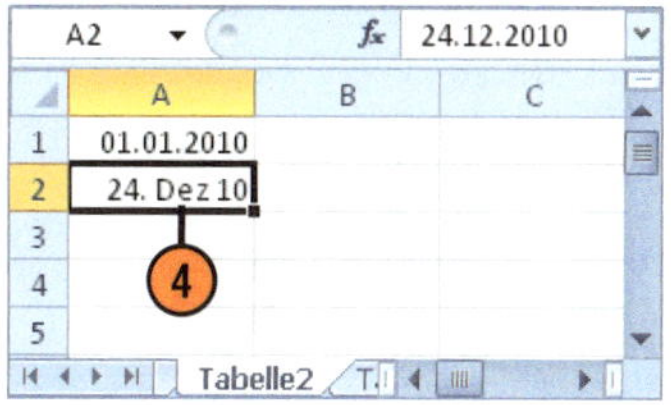

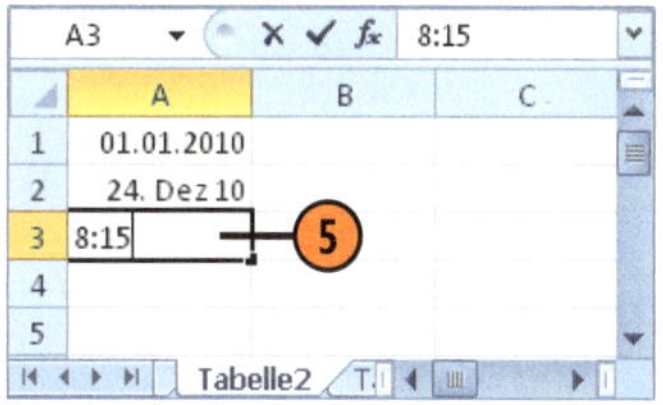

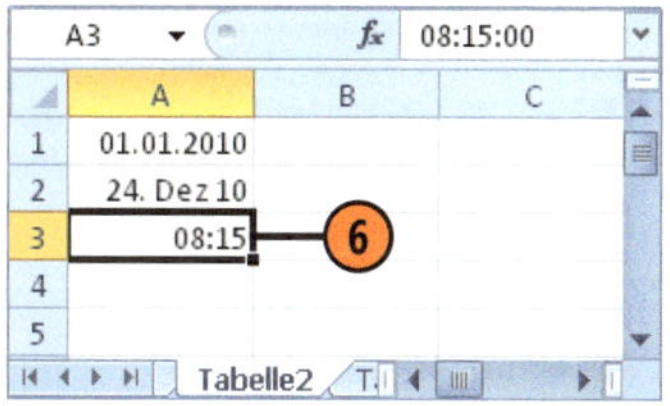

Gewusst wie

Datums- und Uhrzeitangaben werden intern als normale Zahlen verarbeitet, aber mit einem besonderen Format angezeigt.

Siehe auch

Die Form der Anzeige – das Format – von Datums- und Uhrzeitangaben können Sie jederzeit ändern; siehe hierzu Seite 141.

Probleme bei der Eingabe

Manchmal erscheint nach dem Bestätigen einer Eingabe in der Tabelle eine Anzeige, die Sie nicht gewünscht haben. Sie sollten die häufigsten Fälle kennen und auch wissen, wie man darauf reagiert.

Datum oder Uhrzeit wird statt Zahlenwert angezeigt

1. Wenn Sie eine Datumsangabe eingeben, formatieren Sie damit automatisch die Anzeige im Datumsformat.
2. Wenn Sie diese Eingabe anschließend mit einem normalen Zahlenwert – beispielsweise **1** – überschreiben, erscheint dieser Wert zwar während der Eingabe.
3. Nach dem Bestätigen erscheint allerdings ein Datumswert.

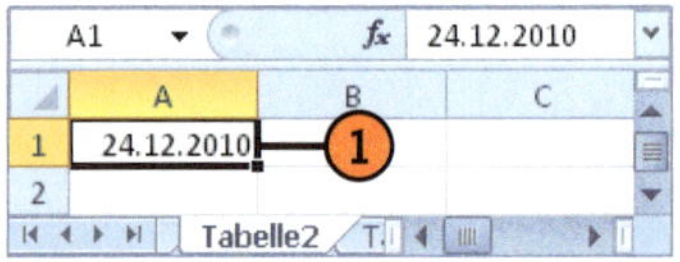

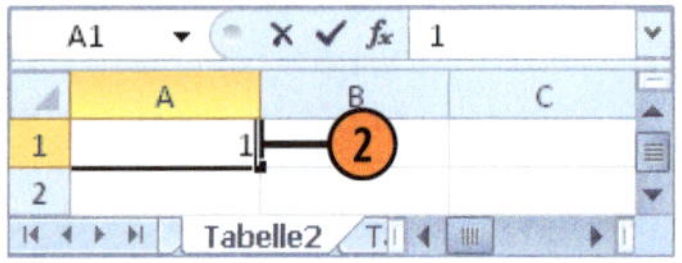

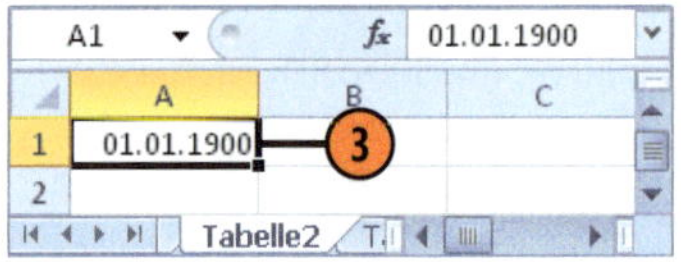

Gewusst wie

Zur Korrektur setzen Sie das Format der Zelle auf die Einstellung *Standard* zurück. Dazu drücken Sie Strg+Umschalt+&.

Anzeige bei geringer Spaltenbreite

1. Große Zahlen werden vollständig in der Zelle angezeigt, wenn die Breite der Spalte dazu ausreicht.
2. Etwas kleinere Spaltenbreiten führen dazu, dass für die Anzeige das wissenschaftliche Format verwendet wird.
3. Ist die Breite der Spalte selbst dafür zu klein, erscheinen nur die Zeichen ### in der Zelle.

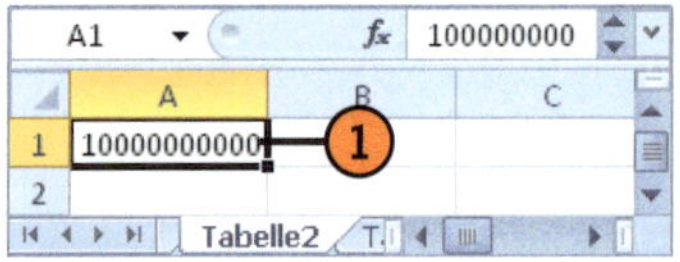

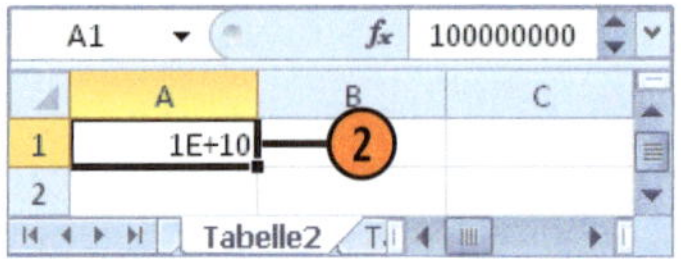

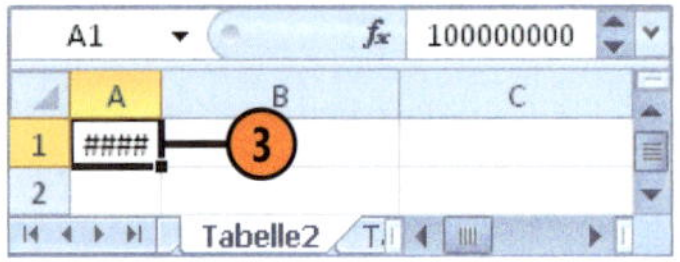

Gewusst wie

Zur Korrektur vergrößern Sie die Breite der Spalte, um den Wert wie eingegeben anzuzeigen.

Siehe auch

Wie man die Breite einer Spalte vergrößert, erfahren Sie auf Seite 128.

Rechtschreibprüfung für Texteingaben

Texteingaben dienen meist als Titel für Tabellen oder als Zeilen- oder Spaltenbeschriftungen. Auch hier gelten die genannten Methoden zur Eingabe und Korrektur: Markieren Sie zuerst die gewünschte Zelle und geben Sie dann den Text ein. Für solche Texteingaben können Sie die für Office-Programme übliche Rechtschreibprüfung vornehmen und so Tippfehler aufspüren und entfernen lassen. Im Gegensatz zu Microsoft Word müssen Sie diese Prüfung in Excel jedoch explizit aufrufen.

Die Rechtschreibprüfung durchführen

1. Wählen Sie die Registerkarte *Überprüfen*.
2. Klicken Sie dann in der Gruppe *Dokumentprüfung* auf *Rechtschreibung*.
3. Wird ein Wort nicht im Wörterbuch gefunden, wird das Dialogfeld *Rechtschreibung* angezeigt. Unbekannte Ausdrücke werden im Feld *Nicht im Wörterbuch* angezeigt.
4. Nehmen Sie die gewünschte Korrektur vor. Anschließend wird das nächste nicht bekannte Wort angezeigt.

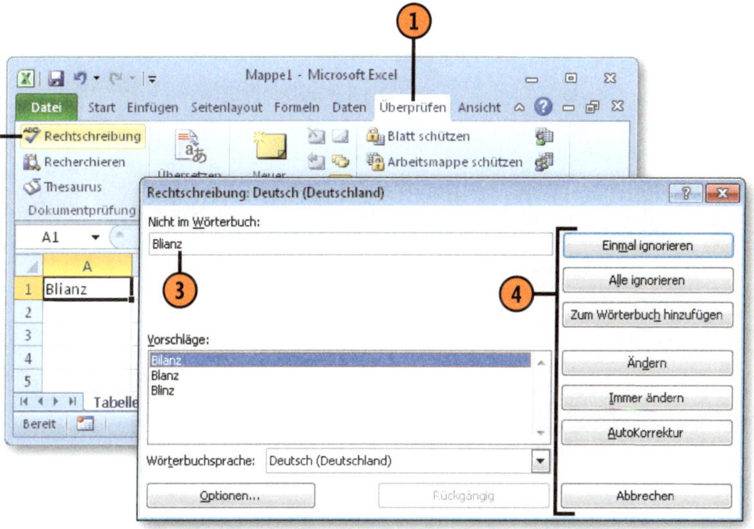

Die Korrekturoptionen

- Unter *Vorschläge* wird ein Vorschlag oder eine Liste mit Vorschlägen für die Korrektur angezeigt. Wählen Sie hier die korrekte Schreibweise des Wortes aus oder korrigieren Sie das Wort im darüber liegenden Feld manuell.
- *Einmal ignorieren* behält die Schreibweise diesmal bei, meldet aber bei einem weiteren Auftreten erneut einen Fehler.
- Mit *Alle ignorieren* wird die Schreibweise des Wortes in dieser Mappe nicht mehr als Fehler gemeldet.
- Falls das Wort tatsächlich korrekt geschrieben wurde, können Sie es über *Zum Wörterbuch hinzufügen* in das Wörterbuch aufnehmen.
- *Ändern* korrigiert das Wort entsprechend Ihrer Auswahl im Feld *Vorschläge* bzw. entsprechend Ihrer Korrektur im Feld *Nicht im Wörterbuch*.
- Mit *Immer ändern* wird auch jedes weitere Auftreten dieses Wortes entsprechend Ihrer Korrektur im Feld *Vorschläge* bzw. im Feld *Nicht im Wörterbuch* geändert.
- *AutoKorrektur* übernimmt die fehlerhafte und die korrekte Schreibweise in die *AutoKorrektur*.

Die Korrekturfunktionen einstellen

Sie sollten sich kurz mit den Einstellungen zur Korrekturfunktion beschäftigen, damit Sie wissen, was als Fehler gemeldet wird. Außerdem können Sie über die *AutoKorrektur* typische Tippfehler, die Ihnen häufiger unterlaufen, automatisch bei der Eingabe korrigieren lassen. Wenn Sie z.B. statt **Bilanz** immer wieder **Blianz** schreiben, kann Excel das jeweils automatisch berichtigen.

Die Optionen zur Rechtschreibprüfung

1. Öffnen Sie die Registerkarte *Datei.*
2. Klicken Sie auf *Optionen.*
3. Klicken Sie auf *Dokumentprüfung.*
4. Stellen Sie die gewünschten Optionen ein.
5. Bestätigen Sie über *OK.*

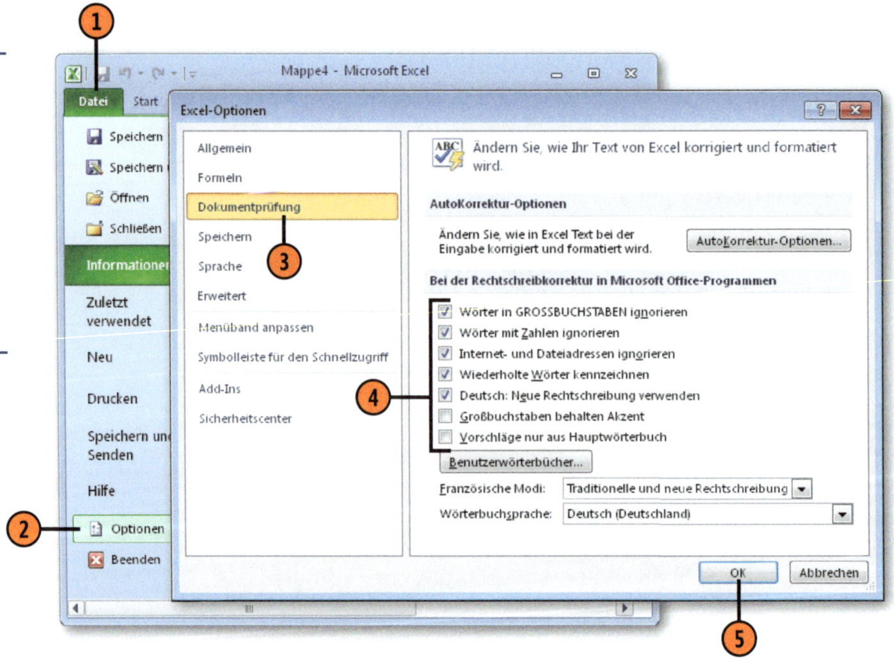

Die wichtigsten Einstellungen

- Fehler bei Wörtern, die nur in *GROSSBUCHSTABEN* geschrieben werden, werden in der Grundeinstellung angezeigt. Das kann Vorteile, aber auch Nachteile haben.
- *Wörter mit Zahlen ignorieren* ist standardmäßig eingeschaltet. Ein Tippfehler wie **B9lanz** – statt **Bilanz** – wird also bei der Prüfung nicht bemerkt.
- *Wiederholte Wörter kennzeichnen* macht genau das, was es sagt.
- Sie können die Prüfung nach neuer deutscher Rechtschreibung ein- oder ausschalten.
- Ist *Vorschläge nur aus Hauptwörterbuch* aktiviert, werden Wörter, die Sie in ein Benutzerwörterbuch als korrekt aufgenommen haben, ggf. wieder als unbekannt angezeigt.

Achtung

Wenn Sie die Optionen zur Dokumentprüfung in Excel ändern, wird diese Änderung auch für alle anderen Office-Programme – beispielsweise Microsoft Word – übernommen.

Einstellungen zur AutoKorrektur vornehmen

1. Klicken Sie im Bereich *Dokumentprüfung* im Dialogfeld *Excel-Optionen* auf *AutoKorrektur-Optionen*.
2. Geben Sie im Feld *Ersetzen* die von Ihnen häufig benutzte falsche Form des Wortes ein – beispielsweise **Blianz**.
3. Geben Sie im Feld *Durch* die richtige Schreibweise ein – beispielsweise **Bilanz**.
4. Bestätigen Sie durch einen Klick auf *OK*. Jetzt wird die Eingabe **Blianz** automatisch durch **Bilanz** ersetzt.

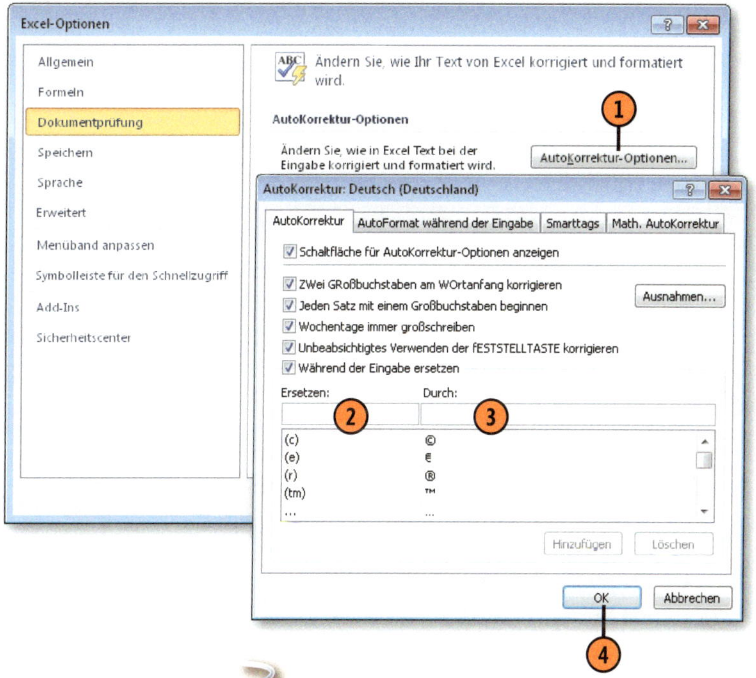

Tipp

Beachten Sie auch die Optionen im oberen Bereich des Dialogfeldes *AutoKorrektur*. Wenn *Jeden Satz mit einem Großbuchstaben beginnen* eingeschaltet ist, wird ein Kleinbuchstabe am Anfang einer Texteingabe in einer Zelle automatisch in einen Großbuchstaben umgewandelt.

Achtung

Aber auch andere Eingaben können automatisch umgewandelt werden: Wenn Sie beispielsweise die drei Zeichen **(r)** eingeben, wird das automatisch in das Symbol ® geändert. Diese Einstellungen sind bereits im Dialogfeld vermerkt. Das Programm führt diese Korrekturen unmittelbar nach dem Bestätigen aus oder nachdem Sie die Leertaste gedrückt haben, um ein neues Wort zu beginnen.

Gewusst wie

Eine bereits für Office 2003 neu eingerichtete Funktion nennt sich Recherchieren. Damit lassen sich viele Informationen zu bestimmten Begriffen sammeln. Sie können beispielsweise einzelne Begriffe oder das ganze Dokument in eine andere Sprache übersetzen lassen oder auch Ersatzwörter für ein Wort zu suchen. Verschiedene Sprachen stehen hierfür zur Verfügung. Benutzen Sie dazu den Befehl *Übersetzen* in der Gruppe *Sprache* auf der Registerkarte *Überprüfen*.

Zell- und Bereichsnamen vergeben

Einzelne Zellen oder zusammenhängende Zellbereiche können mit Eigennamen versehen werden. Die verwendeten Namen erleichtern die Navigation und können beispielsweise auch statt der Bezugsadressen in Formeln und Funktionen verwendet werden.

Wenn Sie die verschiedenen Bereiche Ihrer Tabelle mit geeigneten Spalten- und Zeilenbeschriftungen versehen haben, können Sie die Namen für die einzelnen Zeilen und Spalten auch aus diesen Beschriftungen automatisch übernehmen lassen.

Namen definieren

1. Markieren Sie den Zellbereich, den Sie mit einem Namen versehen wollen. Häufig wird man dafür eine Zeile oder eine Spalte verwenden.
2. Wählen Sie die Registerkarte *Formeln*.
3. Klicken Sie in der Gruppe *Definierte Namen* auf *Namen definieren*.
4. Das Dialogfeld *Neuer Name* wird angezeigt. Oft wird darin im Feld *Name* schon eine Texteintragung aus einem Nachbarfeld als Voreinstellung übernommen, Sie können hier aber auch eine andere Eintragung vornehmen.
5. Im Feld *Bezieht sich auf* wird die Adresse des vorher markierten Bereichs angezeigt. Sie können diese Adresse hier auch noch ändern.
6. Bestätigen Sie abschließend mit *OK*. Der Name ist damit definiert.

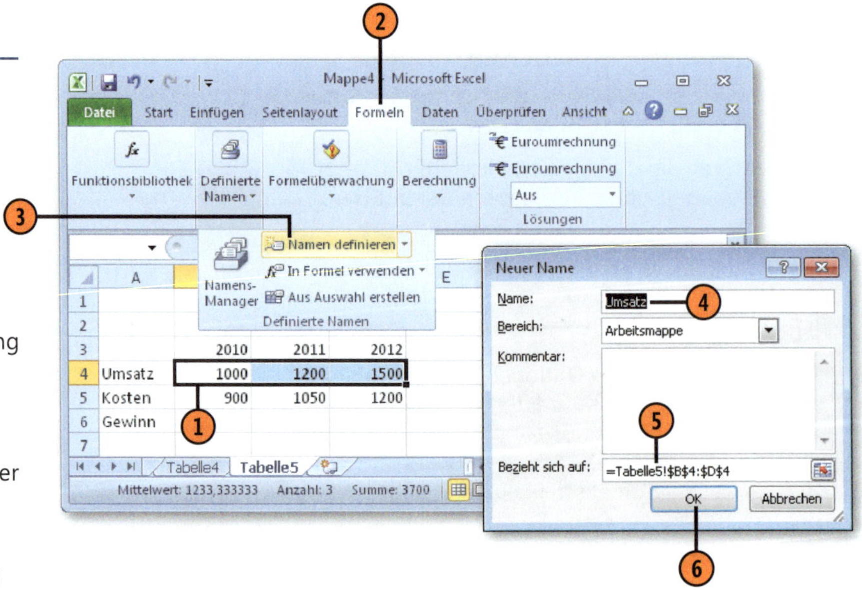

Achtung

Namen sind standardmäßig für die gesamte Arbeitsmappe gültig – das heißt dann aber auch, dass Sie in mehreren Blättern einer Mappe nicht dieselben Namen mehrfach vergeben dürfen. Sie können aber bei der Definition über das Feld *Bereich* dafür sorgen, dass Namen nur innerhalb der aktuellen Tabelle gelten sollen.

Namen aus Beschriftungen übernehmen

1. Markieren Sie den gesamten Wertebereich der Tabelle, für den Sie die Namen aus den Beschriftungen übernehmen möchten. Schließen Sie dabei die Beschriftungen mit ein.
2. Wählen Sie die Registerkarte *Formeln*.
3. Klicken Sie in der Gruppe *Definierte Namen* auf den Befehl *Aus Auswahl erstellen*.
4. Das Dialogfeld *Namen aus Auswahl erstellen* wird angezeigt. Geben Sie darin an, wo sich die zu übernehmenden Namen befinden.
5. Bestätigen Sie über *OK*.

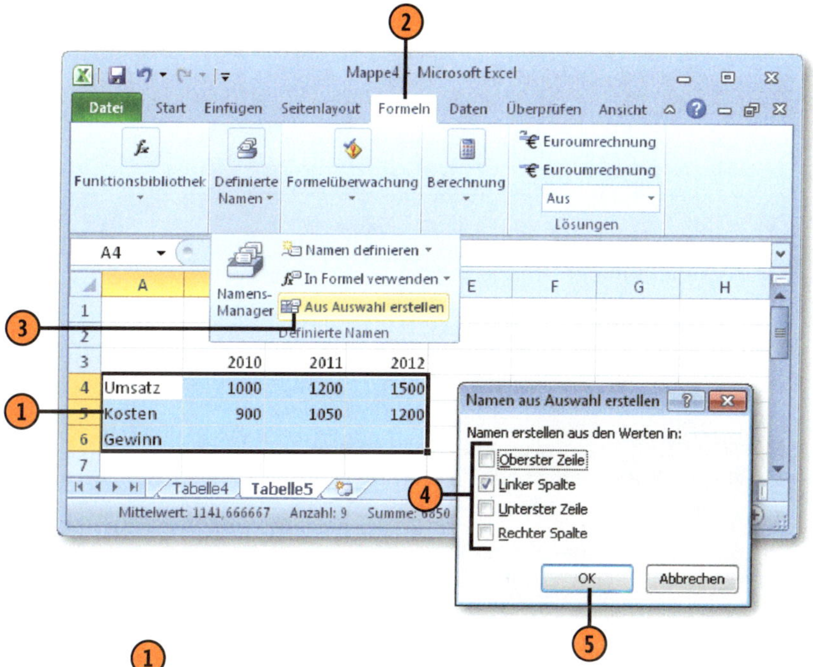

Namen zur Navigation verwenden

1. Klicken Sie neben dem Namenfeld auf den nach unten weisenden Pfeil.
2. Die Liste mit den vergebenen Namen wird angezeigt. Klicken Sie auf einen davon.
3. Der Bereich, für den der Name definiert wurde, wird markiert.

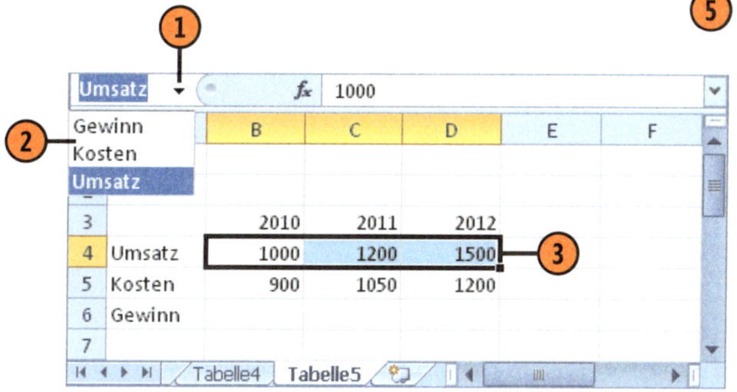

Namen verwalten

Wenn Sie viel mit Zell- oder Bereichsnamen arbeiten, kann es vorkommen, dass Sie die vergebenen Namen oder die damit benannten Bereich ändern wollen. Für solche Verwaltungsaufgaben steht Ihnen in Excel 2010 der *Namens-Manager* zur Verfügung.

Den Namens-Manager verwenden

1. Wählen Sie die Registerkarte *Formeln*.
2. Klicken Sie in der Gruppe *Definierte Namen* auf die Schaltfläche *Namens-Manager*.
3. Im gleichnamigen Dialogfeld werden die vergebenen Namen aufgelistet. Um einen Namen zu bearbeiten, markieren Sie ihn zunächst.
4. Wenn Sie beispielsweise den markierten Namen entfernen wollen, klicken Sie auf *Löschen*.
5. Bestätigen Sie Ihre Änderungen abschließend über *Schließen*.

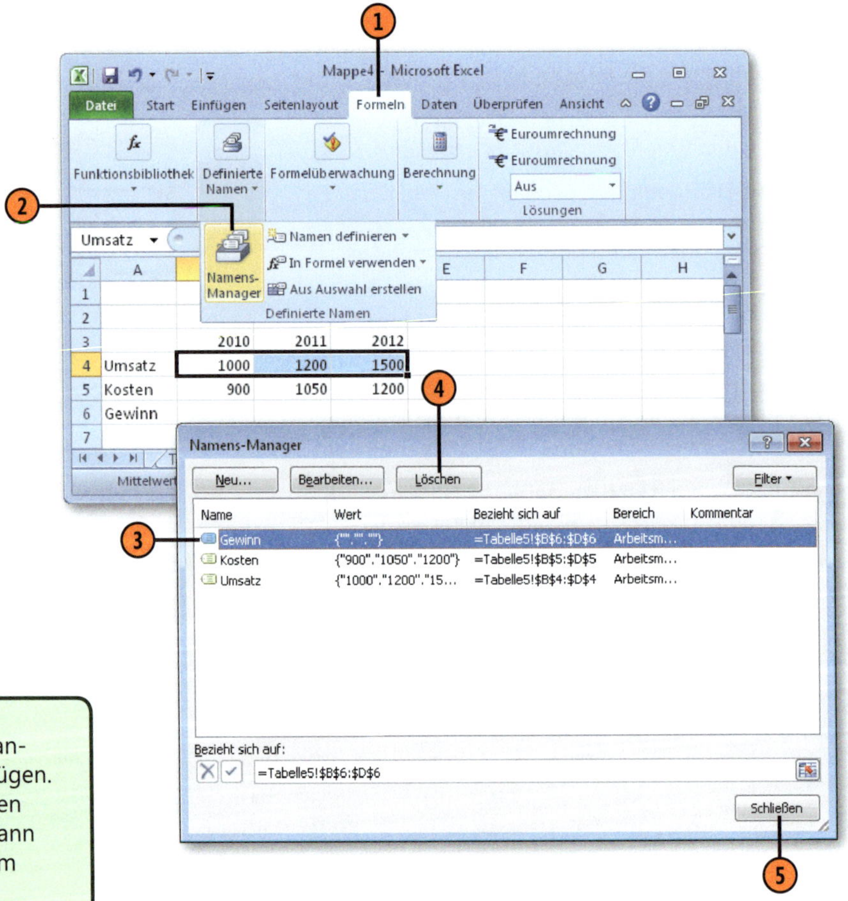

Tipp

Sie können über den *Namens-Manager* auch die vorhandenen Namen bearbeiten oder weitere Namen hinzufügen. Zum Bearbeiten markieren Sie den betreffenden Namen und klicken dann auf die Schaltfläche *Bearbeiten*. Im dann angezeigten Dialogfeld *Name bearbeiten* können Sie im Feld *Bezieht sich auf* einen neuen Bereich festlegen.

5 Arbeiten mit Blättern und Fenstern

In diesem Kapitel:

- Blätter in einer Arbeitsmappe auswählen
- Blätter hinzufügen, Blätter löschen
- Blätter verschieben, Blätter kopieren
- Blätter aus- und einblenden
- Weitere Blattoptionen
- Zwischen Fenstern wechseln
- Mit mehreren Fenstern arbeiten
- Fenster teilen
- Mehrere Fenster einer Mappe
- Vergrößerung und andere Elemente des Fensters einstellen
- Die Fenstergestaltung speichern

Bevor wir uns im nachfolgenden Kapitel mit der Berechnung von Ergebnissen beschäftigen, sollten wir uns vorher noch mit den Elementen befassen, in denen Sie diese Eingaben vornehmen: den Blättern der Arbeitsmappe und den dafür benutzten Fenstern.

Sie wissen es bereits: Arbeitsmappen beinhalten Blätter – auch Tabellenblätter oder Arbeitsblätter genannt –, in denen Sie Ihre Daten und Berechnungen eingeben können; standardmäßig sind dies drei Blätter. Dies erlaubt es, verschiedene – zusammengehörende – Daten in einer gemeinsamen Arbeitsmappe abzulegen. Vor einer Eingabe von Daten müssen Sie also das gewünschte Blatt auswählen. Sie können auch zusätzliche Blätter in eine Mappe einfügen oder nicht benötigte löschen.

Excel verhält sich insofern anders als die anderen Mitglieder der Office 2010-Familie, als Sie Ihre Daten innerhalb des Programmfensters in eigenen Fenstern anzeigen lassen können. Damit können Sie beispielsweise verschiedene Mappen oder Blätter gleichzeitig auf dem Bildschirm betrachten und darin Eingaben vornehmen.

Blätter in einer Arbeitsmappe auswählen

Eine Arbeitsmappe ist standardmäßig in drei Blätter unterteilt, in denen Sie Eingaben vornehmen können. Dies erlaubt es, verschiedene Gruppen von Daten in einer gemeinsamen Arbeitsmappe abzulegen. Wählen Sie vor einer Eingabe immer zuerst das gewünschte Blatt aus. Sie können auch mehrere Blätter einer Mappe gemeinsam markieren, um sie anschließend in einem Arbeitsgang zu bearbeiten.

Ein Blatt auswählen

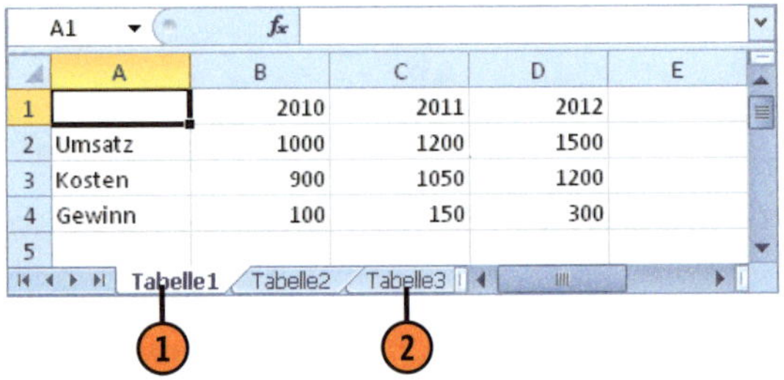

1. Die Blattregisterkarte des aktiven Blattes ist hervorgehoben dargestellt (standardmäßig mit fetter Schrift).
2. Klicken Sie auf eine andere Blattregisterkarte, um dieses Blatt zu aktivieren und die Inhalte darin anzuzeigen.

Mehrere Blätter gemeinsam auswählen

- Halten Sie die Strg-Taste gedrückt und klicken Sie nacheinander auf die Blattregisterkarten der zu bearbeitenden Blätter. Alle markierten Blattregister werden dann hervorgehoben angezeigt.
- Wollen Sie ein Blatt aus der gemeinsamen Markierung ausschließen, halten Sie Strg gedrückt und klicken dann auf die betreffende Blattregisterkarte.
- Um eine gemeinsame Markierung wieder auszuschalten, klicken Sie ohne eine weitere Taste zu drücken auf die Blattregisterkarte eines einzelnen Blattes.

Tipp

Wenn Sie alle Blätter der Mappe gemeinsam auswählen wollen, klicken Sie mit der rechten Maustaste auf eine Blattregisterkarte und wählen dann *Alle Blätter auswählen* im Kontextmenü.

Die Registerlaufpfeile

- Verschiebt das Blattregister zur ersten Tabelle.
- Verschiebt das Blattregister um eine Tabelle nach links.
- Verschiebt das Blattregister um eine Tabelle nach rechts.
- Verschiebt das Blattregister zur letzten Tabelle.

Achtung

Das Klicken auf einen der Registerlaufpfeile verschiebt nur die gerade angezeigten Registerkarten, wechselt aber nicht das aktive Blatt. Zum endgültigen Wechseln müssen Sie anschließend noch auf die Registerkarte des Blattes klicken.

Blätter hinzufügen und löschen

Wenn Sie mehr als drei Blätter in einer Arbeitsmappe benötigen, können Sie weitere hinzufügen. Nicht benötigte Blätter einer Mappe können Sie auch löschen. Ein solches Löschen kann aber nicht rückgängig gemacht werden!

Ein Blatt einfügen

1. Klicken Sie im Blattregister auf die Schaltfläche *Tabellenblatt einfügen*.
2. Ein neues Tabellenblatt wird angezeigt. Der Name wird automatisch vergeben – auf *Tabelle3* folgt *Tabelle4* usw.

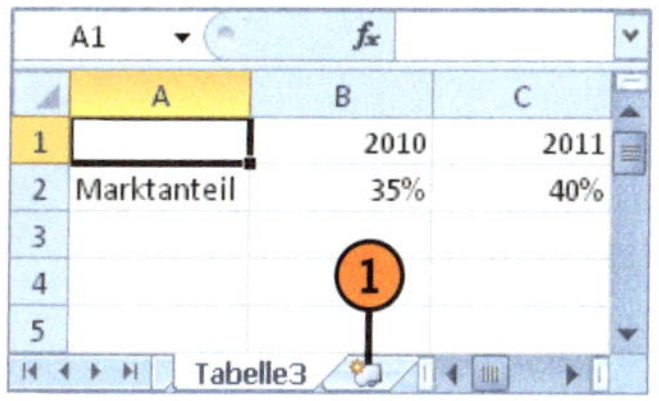

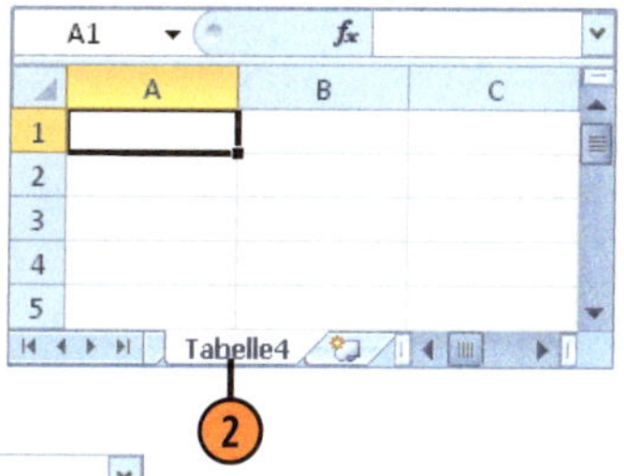

Ein Blatt löschen

1. Klicken Sie mit der rechten Maustaste auf die Registerkarte des Blattes, das Sie löschen wollen.
2. Wählen Sie *Löschen* im Kontextmenü. Wenn das Blatt bereits Daten enthält, werden Sie vor den Konsequenzen gewarnt.
3. Nur wenn Sie das Blatt wirklich löschen wollen, klicken Sie auf *Löschen*.

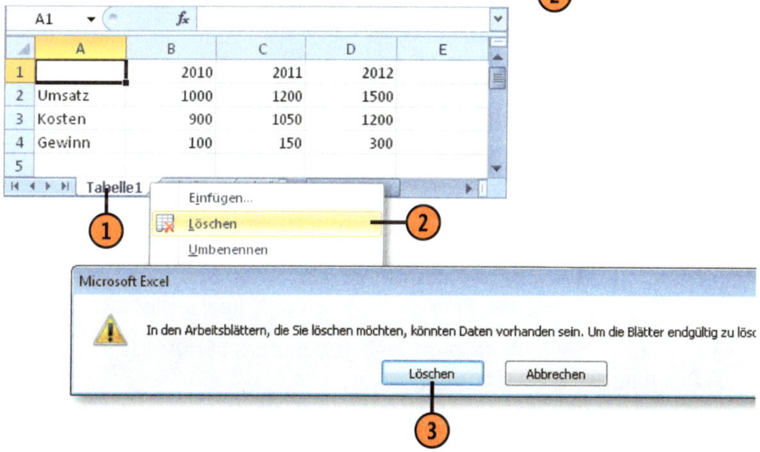

Weitere Blattregisterkarten sichtbar machen

1. Wenn eine Mappe über viele Blätter verfügt, wird immer nur ein Teil der Blattregisterkarten angezeigt. Verwenden Sie die Registerlaufpfeile, um weitere Registerkarten anzuzeigen (siehe auch vorherige Seite).
2. Um mehr Registerkarten sichtbar zu machen, verschieben Sie die Trennlinie rechts von den Blattregisterkarten.

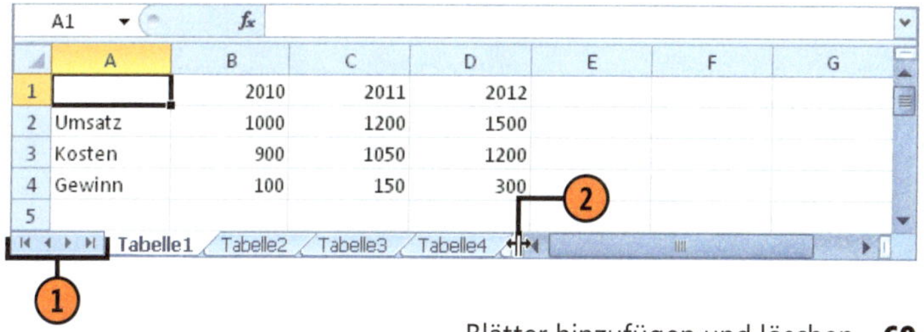

Blätter verschieben und kopieren

Standardmäßig werden die Blätter immer in der Reihenfolge angeordnet, in der sie erstellt wurden. Sie können sie aber in eine beliebige Reihenfolgen bringen – beispielsweise die wichtigsten zuerst. Dazu können Sie einen Befehl im Kontextmenü zum Blattregister benutzen oder auch die Blattregisterkarte einfach mithilfe der Maus verschieben.

Blatt in der Mappe verschieben

1. Klicken Sie mit der rechten Maustaste auf die Registerkarte des Blattes, das Sie verschieben wollen.
2. Wählen Sie *Verschieben oder kopieren* im Kontextmenü. Das gleichnamige Dialogfeld wird angezeigt.
3. Klicken Sie im Listenfeld *Einfügen vor* auf den Namen der Tabelle, vor der Sie das Blatt platzieren wollen.
4. Klicken Sie auf *OK*. Das Blatt wird verschoben.

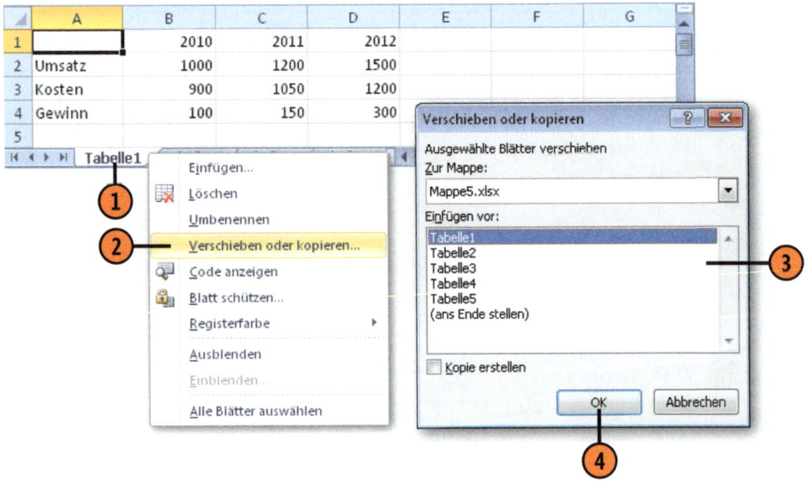

Mithilfe der Maus verschieben

1. Setzen Sie den Mauszeiger auf die Registerkarte des zu verschiebenden Tabellenblatts.
2. Halten Sie die linke Maustaste gedrückt und verschieben Sie die Registerkarte. Eine Pfeilspitze zeigt die Position an.
3. Lassen Sie die Maustaste an der gewünschten Stelle los. Das Blatt wird verschoben.

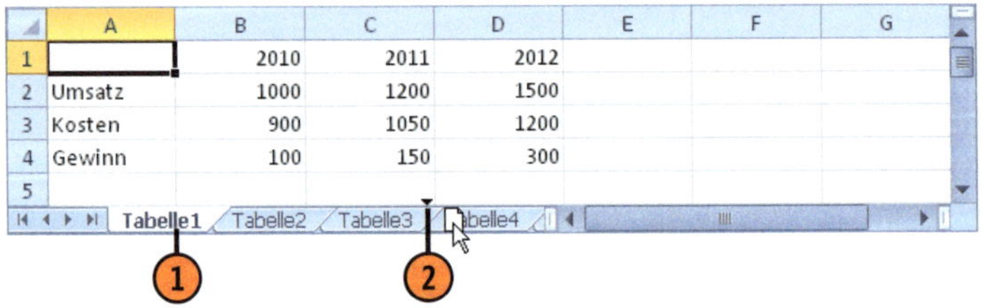

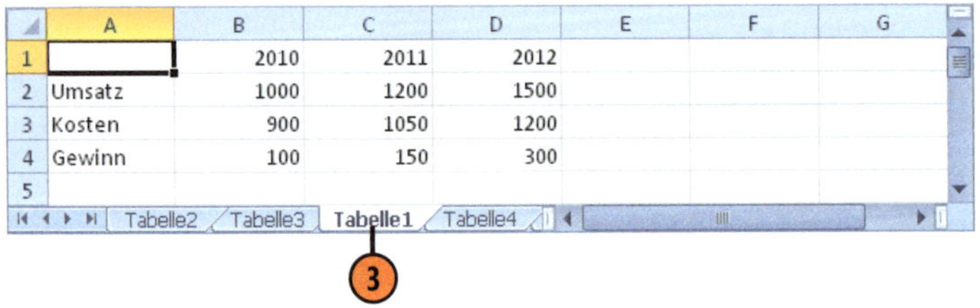

Tipp

Wenn Sie beim Verschieben der Registerkarte über die Maus zusätzlich die Taste Strg gedrückt halten, wird das Blattsymbol unter dem Mauszeiger mit einem kleinen Pluszeichen versehen. Das kennzeichnet, dass eine Kopie des Blattes erstellt wird. Beim Arbeiten über das Dialogfeld aktivieren Sie dazu das Kontrollkästchen *Kopie erstellen*.

Blätter aus- und einblenden

Sie können auch Blätter, die Sie gerade nicht benötigen, ausblenden und später bei Bedarf wieder einblenden. Berechnungen, die sich auf den Inhalt ausgeblendeter Blätter beziehen, bleiben übrigens voll funktionsfähig.

Ein Blatt ausblenden

1. Klicken Sie mit der rechten Maustaste auf die Registerkarte des Blattes, das Sie ausblenden wollen.
2. Wählen Sie *Ausblenden* im Kontextmenü. Die Registerkarte eines ausblendeten Blattes wird danach nicht mehr angezeigt.

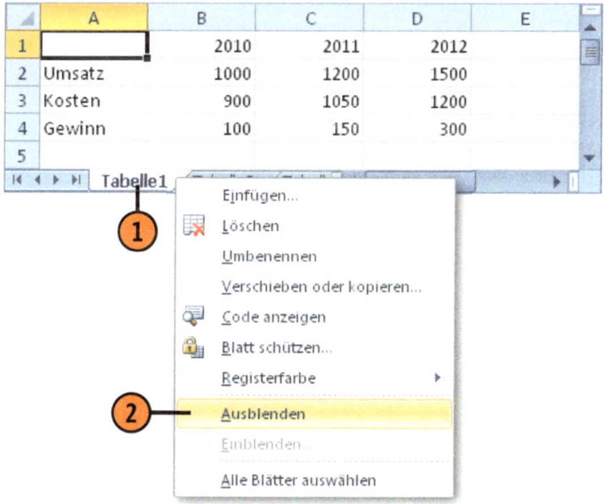

Ausgeblendete Blätter wieder einblenden

1. Klicken Sie mit der rechten Maustaste auf eine beliebige Blattregisterkarte.
2. Wählen Sie *Einblenden* im Kontextmenü. Das zeigt das gleichnamige Dialogfeld an.
3. Wenn Sie mehrere Blätter ausgeblendet hatten, markieren Sie das Blatt, das Sie einblenden wollen.
4. Klicken Sie auf *OK*. Das Blattregister erscheint wieder.

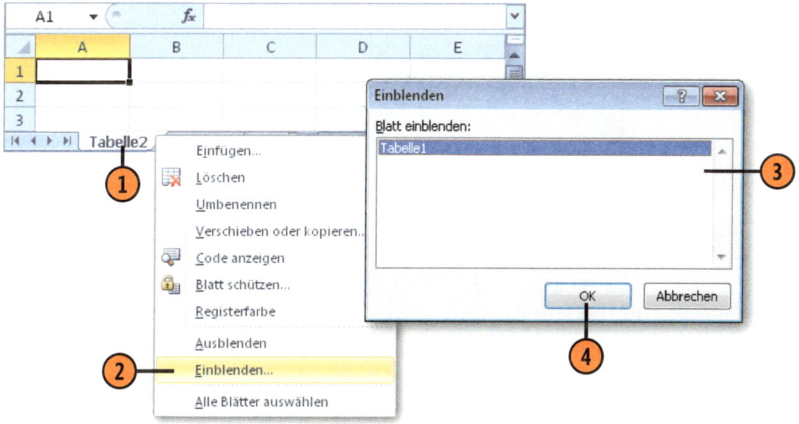

Weitere Blattoptionen

Ihnen stehen für das Arbeiten mit den einzelnen Blättern einer Mappe noch weitere Optionen zur Verfügung. Beispielsweise können Sie einem Blatt einen anderen Namen geben oder seine Registerkarte einfärben. Das kann die Übersicht in der Arbeitsmappe erhöhen.

Blatt umbenennen

1. Doppelklicken Sie auf den Namen der betreffenden Blattregisterkarte. Der bisherige Name wird markiert angezeigt.
2. Geben Sie den neuen Namen ein.

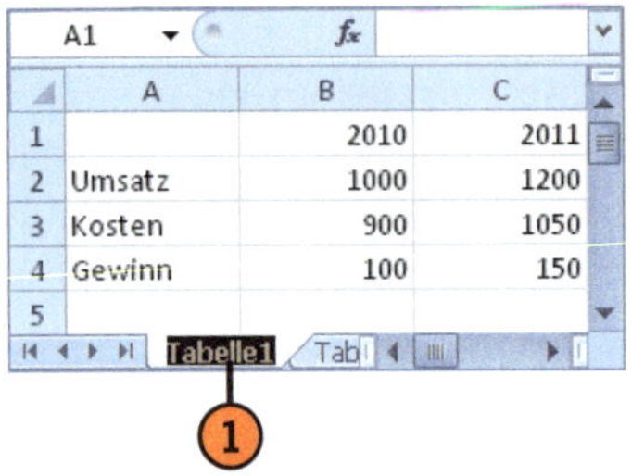

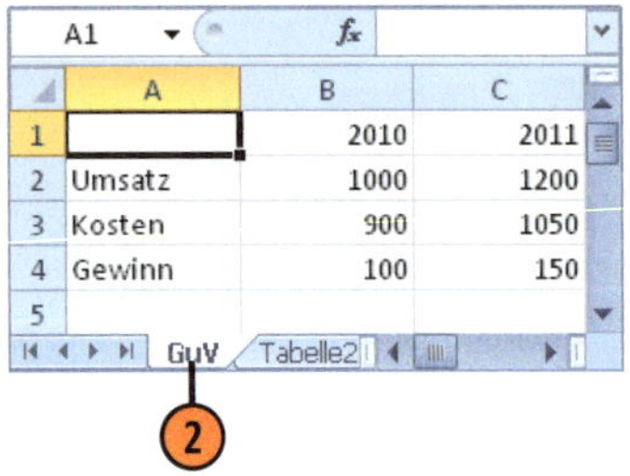

Gewusst wie

Sie können Blätter auch mit einem Hintergrundbild versehen. Das kann die Arbeit mit trockenen Zahlen etwas auflockern. Klicken Sie dazu im Menüband auf die Registerkarte *Seitenlayout* und dann in der Gruppe *Seite einrichten* auf *Hintergrund*. Navigieren Sie zum Speicherort des gewünschten Bildes, markieren Sie das Bild und klicken Sie dann auf *Öffnen*. Solche Hintergrundbilder können aber nicht mit ausgedruckt werden. Um das Bild wieder zu entfernen, klicken Sie in der Gruppe *Seite einrichten* auf *Hintergrund löschen*.

Blattregisterkarte einfärben

1. Klicken Sie mit der rechten Maustaste auf die betreffende Blattregisterkarte.
2. Wählen Sie *Registerfarbe* im Kontextmenü.
3. Klicken Sie auf die gewünschte Farbe.

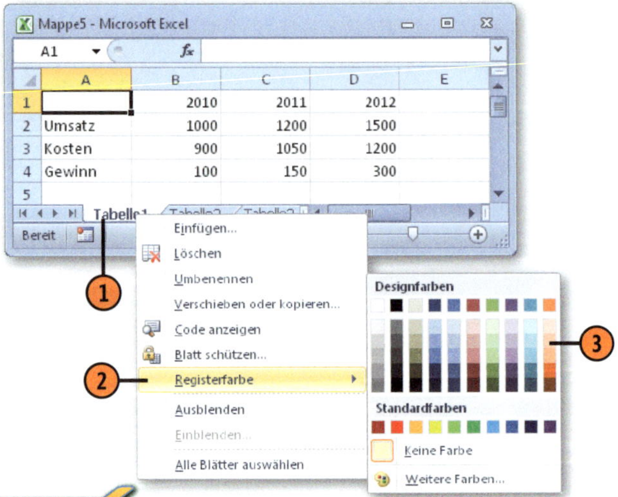

Tipp

Um zur normalen Farbdarstellung zurückzukehren, wählen Sie im Menü zum Befehl *Registerfarbe* die Einstellung *Keine Farbe*.

Zwischen Fenstern wechseln

Wenn Sie in Excel mehrere Arbeitsmappen geöffnet haben, können Sie zwischen diesen schnell wechseln, um sie zu bearbeiten. Diesen Wechsel können Sie innerhalb von Excel oder über die Taskleiste von Windows vornehmen.

Zwischen Fenstern in Excel wechseln

1. Lassen Sie die Registerkarte *Ansicht* anzeigen.
2. Klicken Sie in der Gruppe *Fenster* auf *Fenster wechseln*.
3. Wählen Sie das anzuzeigende Fenster aus.

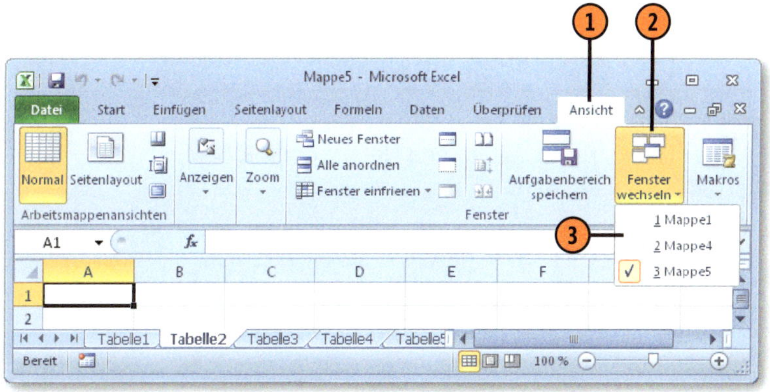

Die Tastatur verwenden

Tastenkombination	Beschreibung
Strg+F6	Wechselt zum nächsten Fenster.
Umschalt+Strg+F6	Wechselt zum vorherigen Fenster.

Die Windows 7-Taskleiste verwenden

1. Setzen Sie den Mauszeiger auf das Programmsymbol für Excel in der Windows 7-Taskleiste.
2. Die in Excel geöffneten Dateien werden in Miniaturansichten bzw. in Listenform angezeigt. Um zu einer dieser Dateien zu wechseln, klicken Sie auf die betreffende Miniaturansicht bzw. den Listeneintrag.

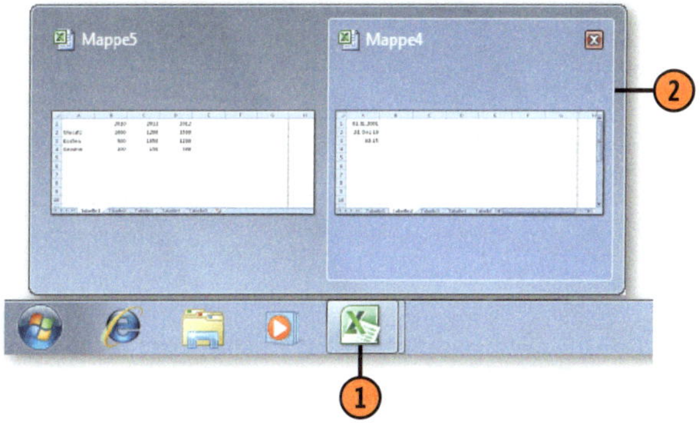

Tipp

Die Miniaturansicht bzw. Listendarstellung zum Taskleistensymbol erlaubt es auch, ein vorhandenes Fenster zu schließen. Führen Sie dazu den Mauszeiger in die Miniaturansicht hinein bzw. auf den Listeneintrag und klicken Sie dann auf die *Schließen*-Schaltfläche (die mit dem X).

Mit mehreren Fenstern arbeiten

Wenn Sie mehrere Mappen in Excel geöffnet haben, ist es für die Arbeit damit meist einfacher, wenn Sie die Mappen in separaten Fenstern gleichzeitig im Hauptfenster sichtbar machen. Sie können dann die üblichen Methoden benutzen, um diese Fenster nach Ihren Wünschen zu positionieren und ihre Größe zu ändern.

Zur Fensterdarstellung umschalten

1. Klicken Sie auf die Schaltfläche *Fenster wiederherstellen* rechts neben den Namen der Registerkarten im Menüband.
2. Die Fenster werden standardmäßig in überlappender Form angezeigt. Wenn Sie eines davon aktivieren wollen, klicken Sie auf eine beliebige Stelle im betreffenden Fenster.
3. Um die Position eines Fensters zu ändern, setzen Sie den Mauszeiger auf seine Titelleiste und verschieben es mit gedrückter Maustaste.
4. Um die Größe eines Fensters zu ändern, setzen Sie den Mauszeiger auf einen Fensterrand und ziehen diesen in die gewünschte Richtung.
5. Damit das Fenster den Hauptbereich wieder voll ausfüllt, klicken Sie auf die Schaltfläche *Maximieren*.

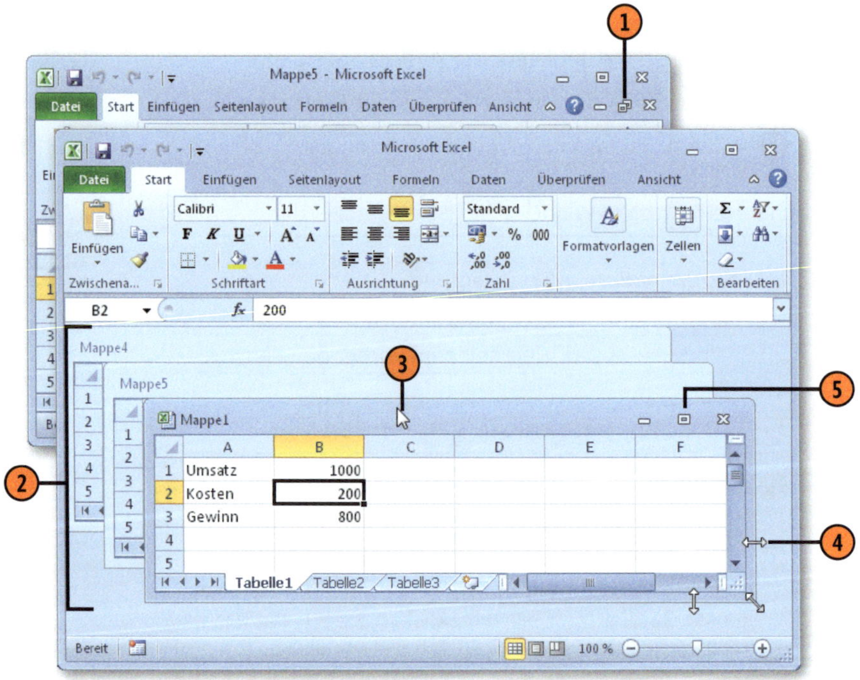

Gewusst wie

Wenn Ihnen das manuelle Anordnen der Fenster zu aufwendig ist, können Sie sich dafür einer der im Programm vorhandenen Automatiken bedienen. Sie finden die Befehle dazu in der Gruppe *Fenster* auf der Registerkarte *Ansicht*.

Fenster teilen

Aber auch wenn Sie nur mit einer Arbeitsmappe arbeiten, stehen Ihnen in Excel mehrere Möglichkeiten zur Fenstergestaltung zur Verfügung. Beispielsweise können Sie ein Fenster teilen und in den sich daraus ergebenden Teilfenstern unterschiedliche Bereiche anzeigen lassen.

Ein Fenster in vier Teilfenster teilen

1. Zeigen Sie im Menüband die Registerkarte *Ansicht* an.
2. Klicken Sie in der Gruppe *Fenster* auf *Teilen*.
3. Das Fenster wird in vier Abschnitte untergliedert. In den einzelnen Teilfenstern können Sie jetzt dieselben oder verschiedene Bereiche des Blattes anzeigen lassen.

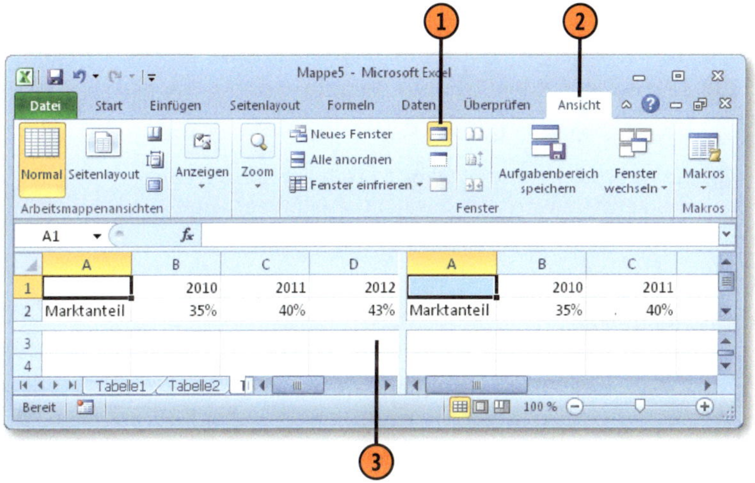

Tipp

Um die Teilung aufzuheben, klicken Sie nochmals auf *Teilen*.

Ein Fenster in zwei Teilfenster teilen

1. Setzen Sie den Mauszeiger auf die Teilungsmarkierung im Bereich der Bildlaufleisten.
2. Verschieben Sie die Marke mit gedrückter Maustaste in die gewünschte Richtung.

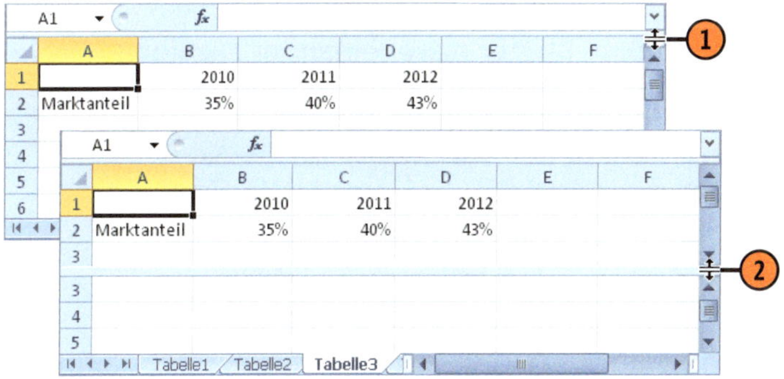

Tipp

Durch Verschieben der Trennlinie mit gedrückter Maustaste können Sie die Teilung verändern. Zum Aufheben der Teilung können Sie auf die Trennlinie doppelklicken oder die Teilungsmarkierung wieder an die Ausgangsposition schieben.

Mehrere Fenster einer Mappe

Auch wenn Sie mehrere verschiedene Bereiche einer Mappe gleichzeitig auf dem Bildschirm einsehen wollen, können Sie dazu mit mehreren Fenstern dieser Mappe arbeiten. Sie können dann die Fenster so anordnen, dass Sie immer die gewünschten Bereiche gleichzeitig vor Augen haben – beispielsweise können Sie verschiedene Blätter nebeneinander anzeigen lassen.

Mehrere Fenster einer Mappe erstellen

1. Zeigen Sie im Menüband die Registerkarte *Ansicht* an.
2. Klicken Sie in der Gruppe *Fenster* auf *Neues Fenster.*
3. Ein neues Fenster der Mappe erscheint. Dem Namen des Fensters wird eine zusätzliche Nummer angehängt – beispielsweise *Mappe5:1* und *Mappe5:2*.

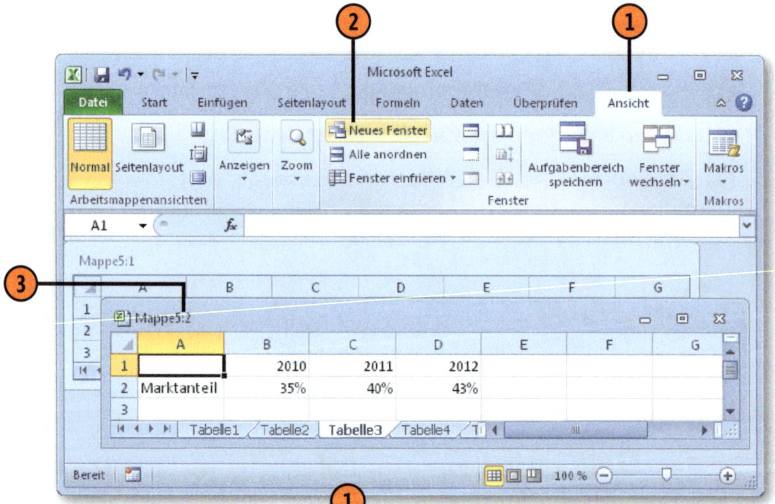

Achtung

Sie können von mehreren Fenstern einer Mappe eines löschen, ohne die darin enthaltenen Daten speichern zu müssen. Die Daten bleiben erhalten, solange noch ein Fenster der Mappe geöffnet ist.

Verschiedene Blätter nebeneinander anzeigen lassen

1. Nachdem Sie mehrere Fenster einer Mappe erstellt haben, klicken Sie in der Gruppe *Fenster* auf *Alle anordnen*.
2. Wählen Sie im Dialogfeld *Fenster anordnen* die Form, in der die Fensteranordnung erfolgen soll.
3. Aktivieren Sie *Fenster der aktiven Arbeitsmappe*, wenn nur diese Fenster angezeigt werden sollen.
4. Klicken Sie auf *OK*.

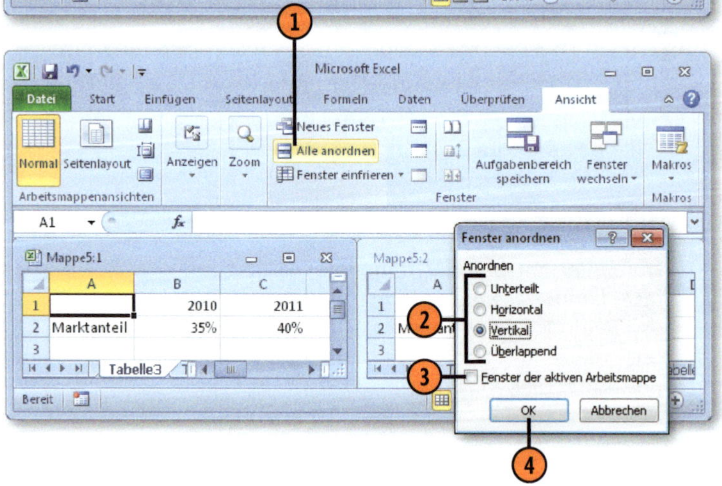

Vergrößerung und andere Elemente des Fensters einstellen

Sie können für die einzelnen Fenster diverse zusätzliche Einstellungen vornehmen. Sie können beispielsweise festlegen, in welchem Maßstab ein Fenster auf dem Bildschirm angezeigt werden soll.

Außerdem können Sie die Anzeige der Spalten- und Zeilenüberschriften sowie der Gitternetzlinien zwischen den Zellen für jedes Fenster getrennt ab- oder anschalten.

Die Vergrößerung einstellen

1. Klicken Sie in das Fenster, dessen Darstellungsmaßstab Sie ändern wollen.
2. Klicken Sie (mehrmals) auf die Schaltfläche mit dem Pluszeichen, um den Inhalt des Arbeitsblatts schrittweise zu vergrößern.
3. Klicken Sie (mehrmals) auf das Minuszeichen, um den Inhalt des Arbeitsblatts schrittweise zu verkleinern.
4. Oder verschieben Sie den Schieberegler zwischen den beiden Schaltflächen, um einen beliebigen Zwischenwert einzustellen.

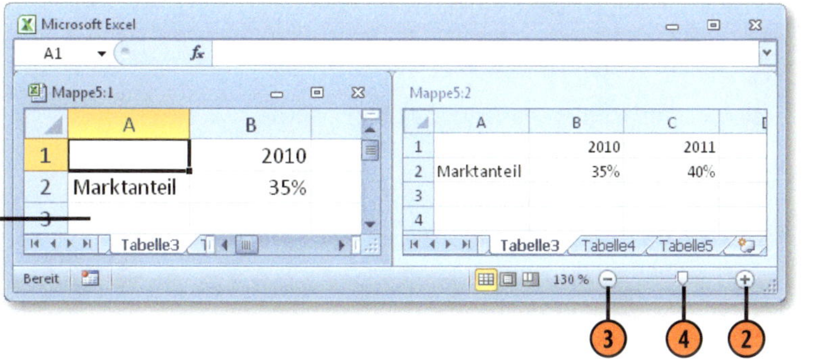

Gitternetzlinien und Überschriften ein- und ausblenden

1. Klicken Sie in das betreffende Fenster.
2. Wählen Sie die Registerkarte *Ansicht*.
3. Deaktivieren/Aktivieren Sie in der Gruppe *Anzeigen* das Kontrollkästchen *Gitternetzlinien*, um die Linien zwischen den Zellen aus- bzw. einzublenden.
4. Deaktivieren/Aktivieren Sie das Kontrollkästchen *Überschriften*, um die Anzeige der Buchstaben für die Spalten und der Zahlen für die Zeilen ab- bzw. einzuschalten.

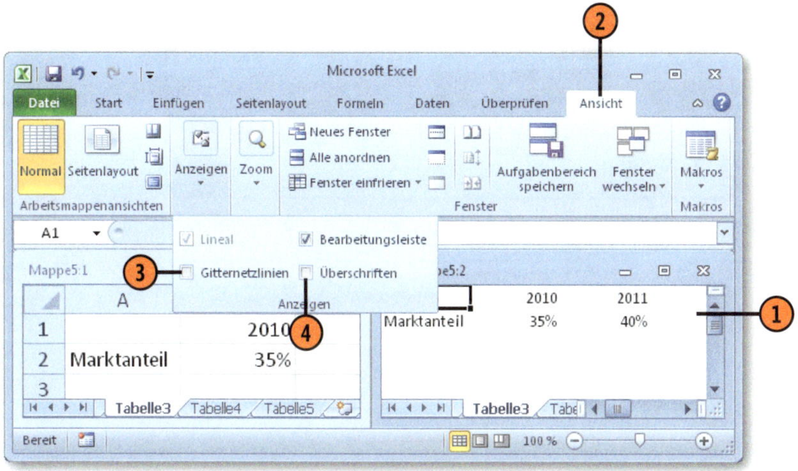

Die Fenstergestaltung speichern

Wenn Sie über mehrere Sitzungen mit Excel immer wieder mit denselben Fenstern arbeiten wollen, können Sie deren Gestaltung auf dem Bildschirm als sogenannten Arbeitsbereich (oder auch Aufgabenbereich) speichern. Bei einer Folgesitzung mit dem Programm können Sie diesen Aufgabenbereich wieder öffnen. Alle Fenster werden dann wieder so wie zum Zeitpunkt des Speicherns angeordnet.

Arbeitsbereich speichern

1. Stellen Sie die Fenster wie gewünscht ein.
2. Lassen Sie im Menüband die Registerkarte *Ansicht* anzeigen.
3. Klicken Sie auf *Aufgabenbereich speichern.*
4. Legen Sie im Dialogfeld *Arbeitsbereich speichern* gegebenenfalls einen Namen fest.
5. Klicken Sie auf *Speichern.*

Achtung

Beim Speichern des Arbeitsbereichs wird nur die Fensteranordnung gespeichert. Die Daten in den Fenstern müssen immer separat gespeichert werden!

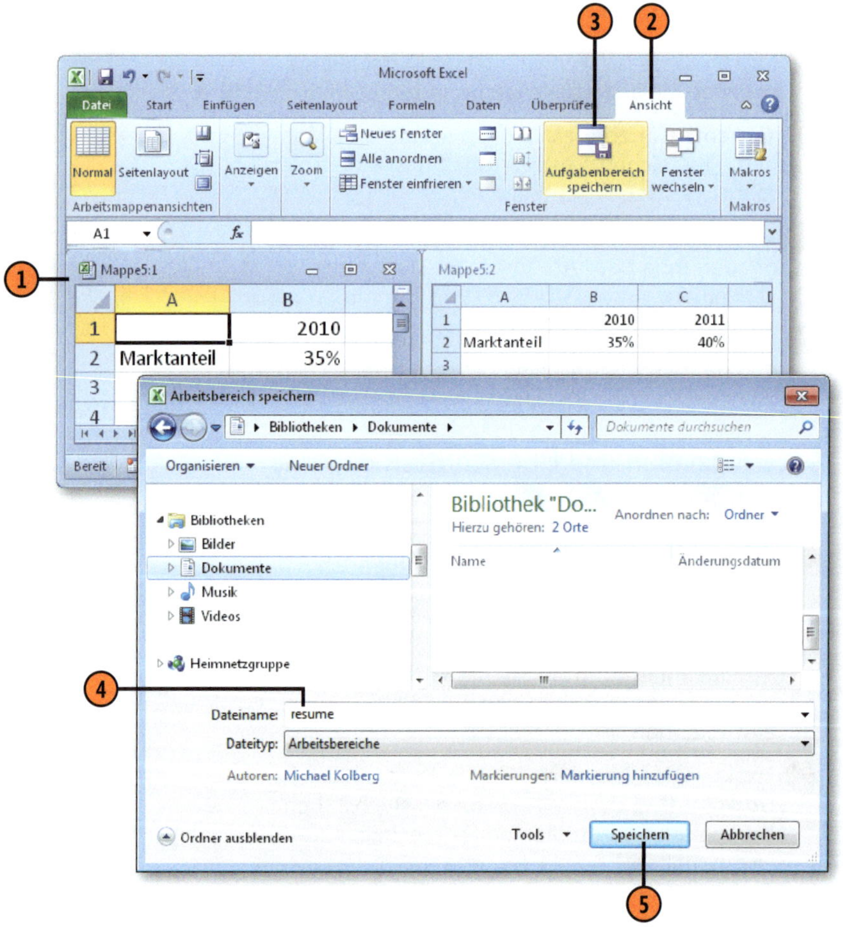

Fenster wiederherstellen

1. Öffnen Sie die Registerkarte *Datei.*
2. In der Liste *Zuletzt verwendete Arbeitsmappen* klicken Sie auf den Namen des Arbeitsbereichs.
3. Daraufhin erscheinen die Fenster wieder in der vorher eingestellten Form.

6 Berechnungen mit Formeln

In diesem Kapitel:

- Formeln eingeben und korrigieren
- Bereichsnamen für Formeln verwenden
- Formeln mit Bezügen zu anderen Blättern oder Mappen
- Formeln durch Zeigen mit der Maus erstellen
- Fehler in Formeln
- Komplexe Berechnungsstrukturen verstehen
- Die Berechnungsoptionen einstellen
- Gliedern und Gruppieren
- Konsolidieren
- Szenarios

Die Durchführung von Berechnungen auf der Basis von eingegebenen Werten mithilfe von Formeln oder Funktionen ist der eigentliche Sinn eines Programms wie Excel. Für einfachere Berechnungen verwenden Sie Formeln, in denen Werte miteinander verknüpft werden. Formeln sind so etwas wie Gleichungen, die Berechnungen für Werte im Arbeitsblatt durchführen. Zur Eingabe müssen Sie zuerst – wie bei der einfachen Eingabe von Werten – eine vorerst noch leere Zelle markieren, in der die Berechnung durchgeführt und das Ergebnis später angezeigt werden soll. In diese Zelle geben Sie dann die Berechnungsvorschrift ein. Das ist meist ganz einfach: Wenn Sie beispielsweise die Werte in den Zellen *A1* und *B1* addieren wollen, geben Sie **=A1+B1** ein.

Natürlich kann man auch Berechnungen durchführen, die komplizierter sind. Da man bei solchen Formelwerken leicht die Übersicht verlieren kann, stellt Ihnen Excel einige Hilfswerkzeuge zur Verfügung, die ein Verständnis der Berechnungsstruktur erleichtern.

Auf den letzten Seiten dieses Kapitels wollen wir Ihnen noch einen kleinen Überblick dazu liefern, welche Sonderfälle für den Einsatz von Formeln noch möglich sind.

Formeln eingeben und korrigieren

Ein schneller Weg zur Eingabe einer Formel besteht darin, diese direkt in die Zelle einzugeben. Formeln beginnen mit einem Gleichheitszeichen, gefolgt von der eigentlichen Gleichung. Im Allgemeinen benutzt man in dieser Gleichung Zelladressen, die miteinander verknüpft werden. Diese Adressen werden auch als die Bezüge der Formel bezeichnet.

Formel eingeben

1. Markieren Sie die Zelle, in der die Formel eingefügt werden soll.
2. Geben Sie dort die Formel ein. Wenn Sie beispielsweise den Wert in der Zelle *B3* vom Wert in der Zelle *B2* abziehen wollen, benutzen Sie **=B2-B3**.
3. Bestätigen Sie abschließend mit Eingabe. In der Zelle der Tabelle wird das Ergebnis der Berechnung angezeigt.
4. Die Formel selbst sehen Sie in der Bearbeitungsleiste.

Typen von Formeln

Beschreibung	Beispiel
Im einfachsten Fall besteht die Formel aus zwei Zahlen, die durch einen Operator verknüpft sind.	*=2010+2*
Mithilfe von Übertragungsformeln können Sie Zellinhalte in andere Zellen übertragen.	*=D2*
Im Allgemeinen besteht der Formelausdruck aber aus Bezügen aus zwei oder mehr Zelladressen, die mit Operatoren verknüpft sind.	*=D2-D3*
Auch Kombinationen sind möglich – beispielsweise Bezüge zu Zelladressen und einem festen Faktor.	*=C1/S2*100*

Die Elemente, die Sie zur Verknüpfung verwenden, werden als Operatoren bezeichnet. Das klingt etwas hochtrabend: gemeint sind hier nur die üblichen Zeichen für die Grundrechenarten. Sie können aber eine Formel auch für andere Zwecke benutzen – beispielsweise zum Übertragen von Werten in andere Zellen.

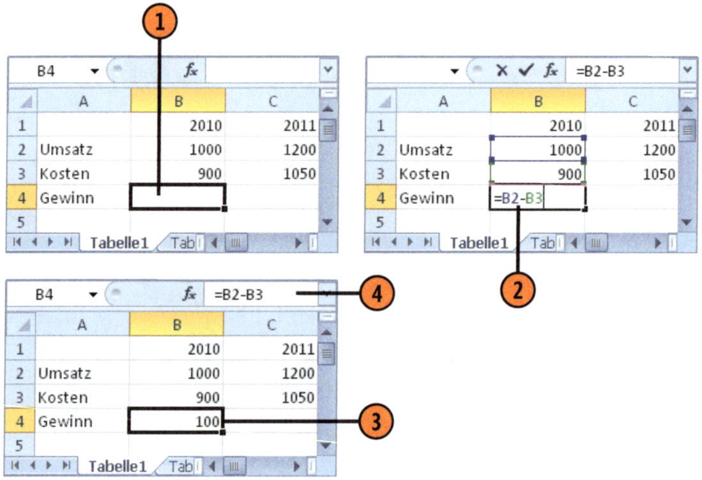

Operatoren

Operator	Beschreibung	Beispiel
+	Addieren	*=B1+B2*
–	Subtrahieren	*=B1-B2*
*	Multiplizieren	*=B1*B2*
/	Dividieren	*=B1/B2*
^	Potenzieren	*=B1^B2*
&	Texte verknüpfen	*=A2 & A3* (wenn *A4* und *A3* Text als Inhalt haben)

Formeln korrigieren

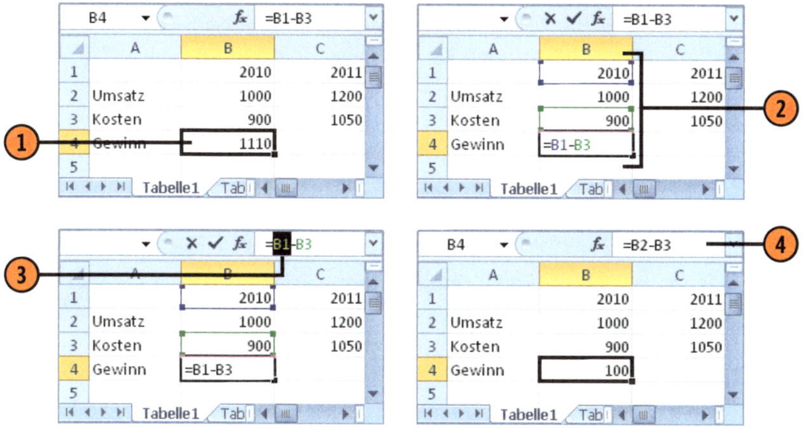

1. Markieren Sie die Zelle, in der die Formel eingegeben wurde.
2. Wenn Sie die Taste F2 drücken, werden die einzelnen Bezugsadressen in der Formel verschiedenfarbig dargestellt. Auf diese Weise sehen Sie, auf welche Zellen sich die Formel bezieht.
3. Setzen Sie die Einfügemarke in der Bearbeitungsleiste an die zu korrigierende Stelle. Einzelne Adressen können Sie auch durch einen Doppelklick insgesamt markieren.
4. Führen Sie dann die Korrektur durch. Wenn die Formel korrigiert ist, bestätigen Sie wie gewohnt.

Formeln in der Zelle selbst korrigieren

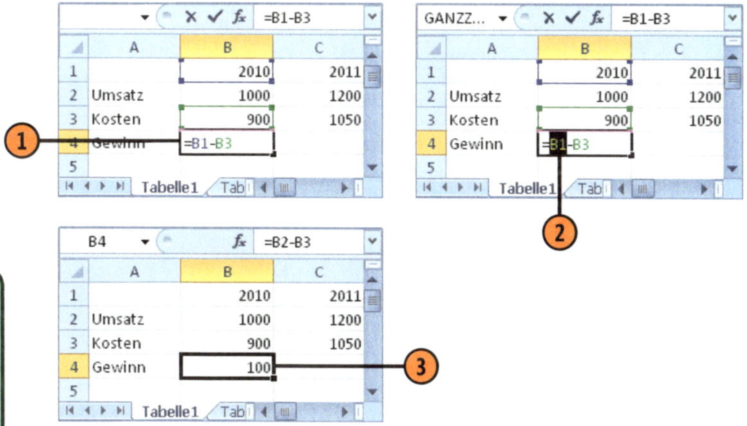

1. Doppelklicken Sie auf die Zelle mit der Formel. Die Bezugselemente werden farbig markiert.
2. Setzen Sie die Einfügemarke in der Zelle an die zu korrigierende Stelle.
3. Führen Sie dann die Korrektur durch und bestätigen Sie.

Tipp

Excel berechnet zusammengesetzte Ausdrücke in der üblichen Reihenfolge: Zuerst werden die Inhalte von Ausdrücken in Klammern berechnet, dann werden Exponenten berechnet, es folgen die Berechnungen von Multiplikationen und Divisionen; Additionen und Subtraktionen werden abschließend durchgeführt.

Bereichsnamen für Formeln verwenden

Wenn Sie für die in der Formel zu verwendenden Bezüge bereits Namen definiert haben, können Sie auch einfach diese Namen zum Aufbau der Formel einsetzen. Das erleichtert auch anderen Benutzern der Mappe das Verständnis der Formel. Beispielsweise könnten Sie zum Berechnen des Gewinns einfach **=Umsatz-Kosten** eingeben.

Bereichsnamen bei der Eingabe benutzen

1. Markieren Sie die Zelle, in der das Berechnungsergebnis erscheinen soll, und geben Sie ein Gleichheitszeichen ein.
2. Definieren Sie die Formel durch Eingeben des Ausdrucks unter Verwendung der vorher vergebenen Namen. Beginnen Sie mit dem ersten – beispielsweise **Umsatz**. Sobald Sie das erste Zeichen des Namens eingeben, erscheint eine Auswahlliste.
3. Sie können auf den Namen *Umsatz* in dieser Liste doppelklicken oder mit dem Eingeben fortfahren.
4. Der Name erscheint in der Zelle und in der Bearbeitungsleiste.
5. Fügen Sie den Operator hinzu – verwenden Sie beispielsweise ein Minuszeichen.
6. Beginnen Sie damit, den zweiten Namen einzugeben – beispielsweise **Kosten**. Wiederum erscheint eine Auswahlliste.
7. Fahren Sie mit dem Eingeben fort oder doppelklicken Sie auf den Namen *Kosten* in dieser Liste.
8. Der Name erscheint wieder in der Zelle und in der Bearbeitungsleiste. Bestätigen Sie abschließend.

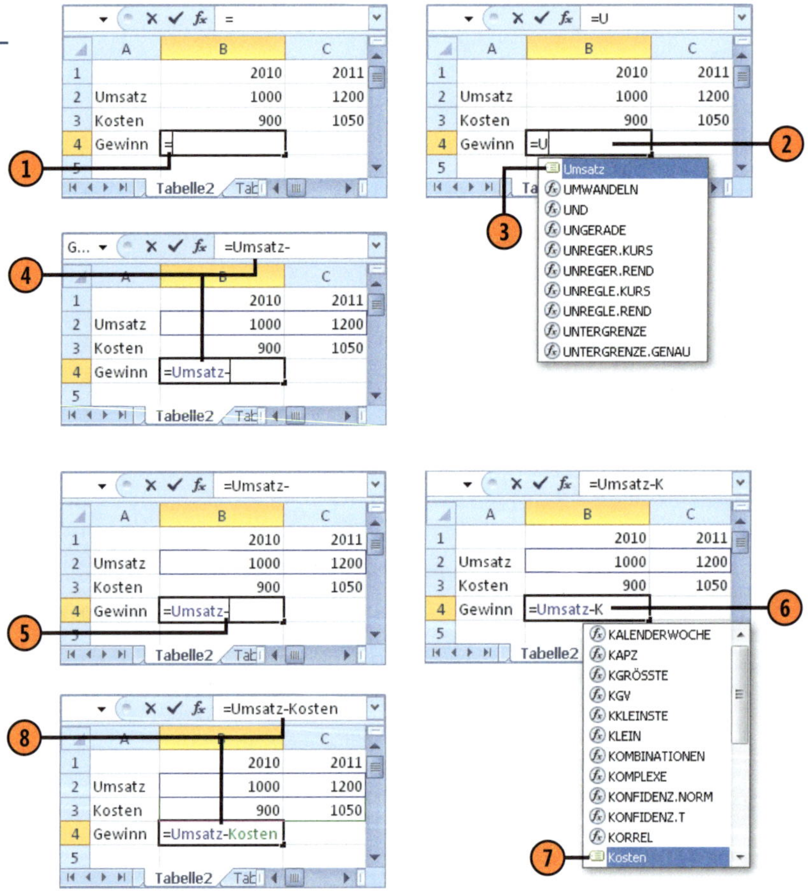

Siehe auch

Wie man Bereichsnamen definiert, erfahren Sie auf den Seiten 64 ff.

Formeln mit Bezügen zu anderen Blättern oder Mappen

Formeln beziehen sich meist auf Zellen des aktuellen Blattes. Sie können sich aber auch auf andere Tabellenblätter derselben Mappe oder auch auf andere Arbeitsmappen beziehen. Dazu müssen Sie als Bezug vor der eigentlichen Zelladresse den Namen der Tabelle – gefolgt von einem Ausrufezeichen – angeben. Die Namen anderer Mappen müssen gesondert vermerkt werden.

Bezüge zu Zellen anderer Tabellenblätter

1. Lassen Sie das Blatt anzeigen, in dem das Berechnungsergebnis erscheinen soll. Markieren Sie die Zelle, in der Sie die Berechnung durchführen möchten, und beginnen Sie den Ausdruck mit einem Gleichheitszeichen.
2. Geben Sie danach den Namen des Tabellenblatts an und fügen Sie ein Ausrufezeichen hinzu.
3. Geben Sie dann die Zelladresse ein, auf die Bezug genommen werden soll.
4. Bestätigen Sie die Eingabe.

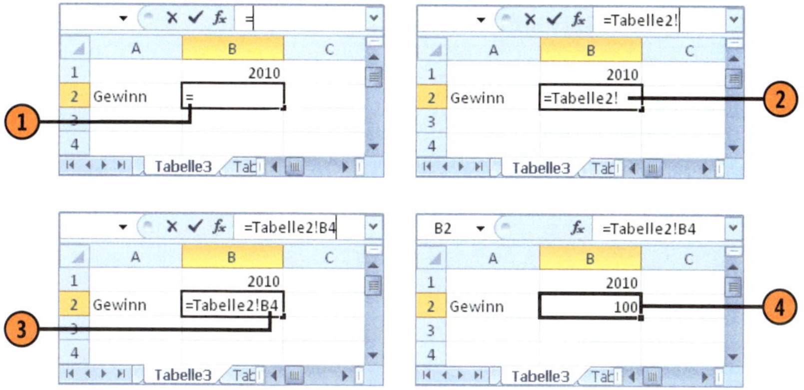

Bezüge zu Zellen anderer Arbeitsmappen

1. Sorgen Sie am besten dafür, dass die Mappe, auf die Bezug genommen werden soll, auch geöffnet ist.
2. Zusätzlich zur eigentlichen Zelladresse müssen Sie – in eckige Klammern eingeschlossen – den Namen der Arbeitsmappe und den Namen der Tabelle, gefolgt von einem Ausrufezeichen, voranstellen.
3. Wenn Sie die Mappe, auf die Bezug genommen wird, später schließen, wird der Pfad zu deren Speicherort mit im Bezug verwendet.

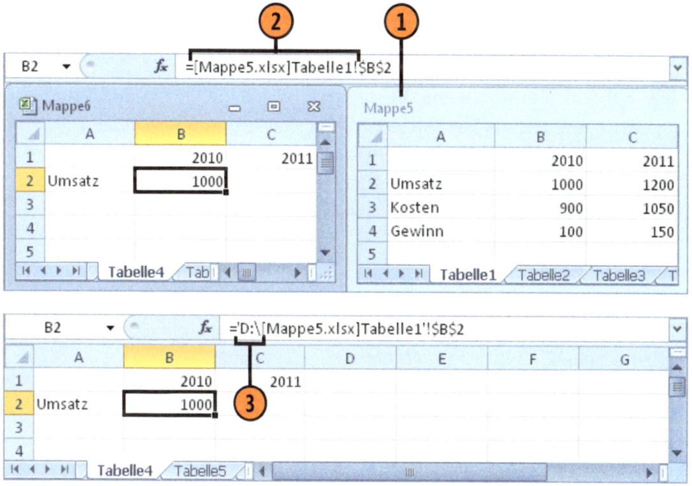

Formeln durch Zeigen mit der Maus erstellen

Alternativ können Sie die in der Formel miteinander zu verknüpfenden Zelladressen nacheinander mit der Maus auswählen. Man redet dann auch von der Methode des »Zeigens«. Diese Methode hat den Vorteil, dass Sie die Adressen der Zellen nicht erst ablesen müssen, um sie anschließend einzugeben. Der Nachteil ist, dass Sie öfter zwischen Tastatur und Maus wechseln müssen.

Formel durch Zeigen erstellen

1. Markieren Sie die Zelle, in der die Formel erscheinen soll.
2. Geben Sie ein Gleichheitszeichen über die Tastatur ein.
3. Klicken Sie auf die erste Zelle, deren Inhalt Sie zur Berechnung benutzen wollen. Die gewählte Zelle wird farbig markiert und mit einem Laufrahmen versehen. Ihre Adresse erscheint in der Zelle und in der Bearbeitungsleiste.
4. Fügen Sie über die Tastatur den gewünschten Operator hinzu, mit dem der Inhalt der nächsten Zelle verknüpft werden soll – beispielsweise +, –, * oder /.
5. Klicken Sie dann auf die nächste Zelle, deren Inhalt Sie zur Berechnung verwenden wollen. Auch diese wird farbig markiert und mit einem Laufrahmen versehen.
6. Fahren Sie auf diese Weise fort. Wenn die Formel fertig ist, bestätigen Sie mit einer der bekannten Methoden. Nach der Bestätigung finden Sie den Formelausdruck in der Bearbeitungsleiste, solange die Zelle mit der Formel markiert ist. Das Ergebnis der Berechnung finden Sie – wie immer – in der Zelle selbst.

Gewusst wie

Sie können auch die farbig markierten Bezugszellen mit der Maus an andere Stellen in der Tabelle verschieben. Beispielsweise können Sie die Formel *=B2-C3* in *=B2-B3* ändern, indem Sie die farbige Markierung der Zelle *C3* auf die Zelle *B3* verschieben.

Auf Zellen in anderen Blättern verweisen

1. Markieren Sie die Zelle, in der Sie die Berechnung durchführen möchten, und beginnen Sie den Ausdruck mit einem Gleichheitszeichen.
2. Wechseln Sie zu dem Blatt, in dem die Zellen mit den Daten stehen, die zur Berechnung benutzt werden sollen.
3. Klicken Sie auf die Zelle mit den gewünschten Daten.
4. Bestätigen Sie die Eingabe. Das Ergebnis erscheint in der Zelle.

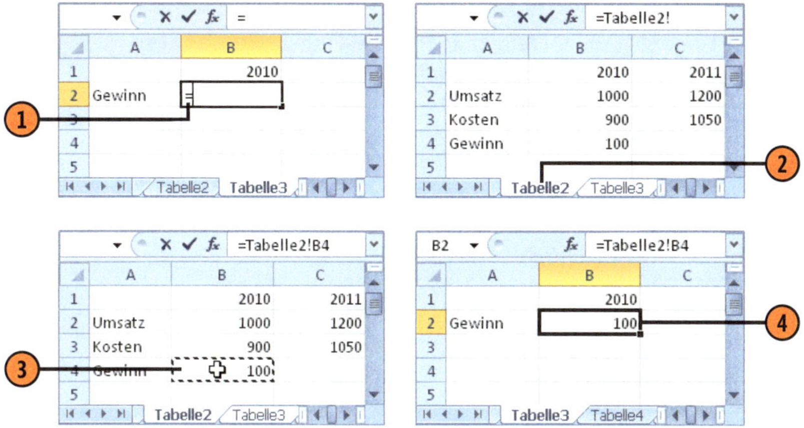

Formeln durch Zeigen korrigieren

1. Markieren Sie die Zelle, in der die Formel steht.
2. Doppelklicken Sie auf die Zelle. Die farbigen Markierungen zeigen die Bezüge an.
3. Setzen Sie den Mauszeiger auf den Rand der Bezugsmarkierung, die Sie ändern wollen.
4. Verschieben Sie die Markierung auf die gewünschte Zelle und bestätigen Sie durch einen Klick auf die Schaltfläche *Eingeben*.

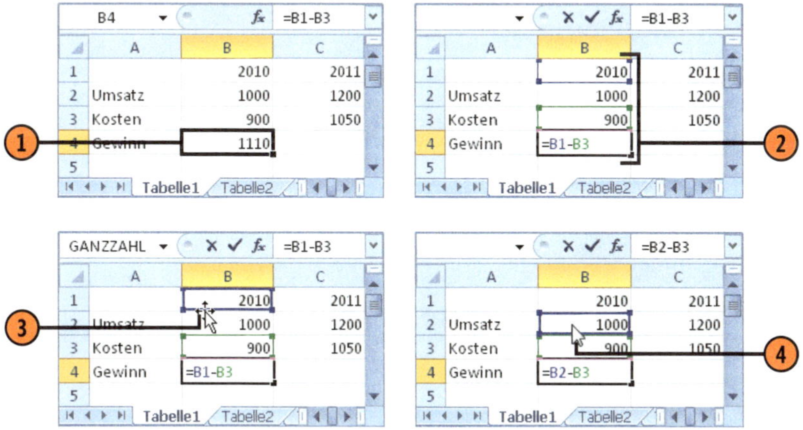

Siehe auch

Wie man mehrere Tabellenblätter in separaten Fenstern anzeigt, erfahren Sie auf Seite 76.

Tipp

Es ist oft einfacher, wenn Sie alle Tabellenblätter, mit denen Sie arbeiten, in separaten Fenstern anzeigen lassen.

Fehler in Formeln

Bei der Eingabe von Formeln kann man Fehler machen. Sehr oft handelt es sich dabei um die Angabe eines falschen Zellbezugs oder die Verwendung eines falschen Operators. Excel ist so intelligent, dass es die Formel in einer Zelle mit den Formeln in den Nachbarzellen vergleicht und mitteilt, wenn sich dabei Besonderheiten zeigen.

Auf Fehlerindikatoren reagieren

1. Ein grüner Fehlerindikator taucht links oben in der Zelle auf, wenn die Formel in dieser Zelle von den anderen Formeln im benachbarten Bereich abweicht.
2. Markieren Sie dann die Zelle, in der die Meldung erscheint. Neben der Zelle wird eine Optionsschaltfläche angezeigt.
3. Klicken Sie auf den Dropdownpfeil, werden unter dem Hinweis *Ungültige Formel* mehrere Alternativen für eine mögliche Fehlerkorrektur angezeigt. Wählen Sie die geeignete:
   - *Formel ... kopieren* nimmt an, dass die Formeln in den Nachbarzellen richtig sind und übernimmt deren Struktur für die Zelle.
   - Mit *Fehler ignorieren* geben Sie an, dass die Formel so wie eingegeben richtig ist. Der Fehlerindikator wird dann ausgeblendet.
   - Mit *Optionen zur Fehlerüberprüfung* lassen Sie die Kategorie *Formeln* im Dialogfeld *Excel-Optionen* anzeigen, in dem Sie unter *Fehlerüberprüfung* diese Funktion ausschalten oder eine andere Farbe für den Indikator wählen können.

Wenn statt eines Berechnungsergebnisses nach der Bestätigung eine Meldung auftaucht, die mit dem Zeichen # beginnt, ist das ein Zeichen dafür, dass mit der eingegebenen Formel etwas nicht stimmt. Solche Meldungen tauchen beispielsweise auf, wenn Sie versuchen, einen Wert durch *0* (null) zu dividieren, was die Mathematik nicht zulässt.

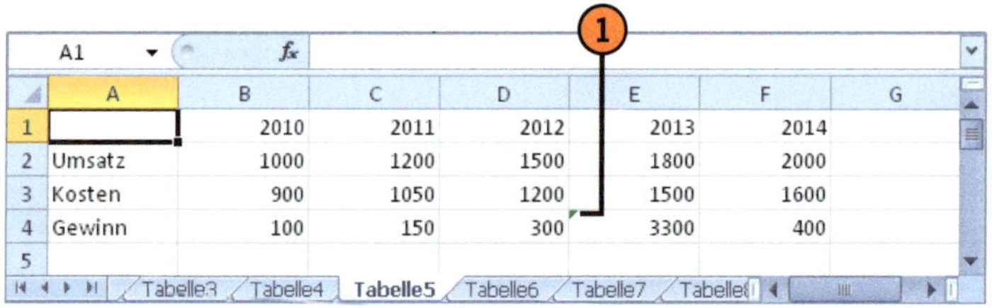

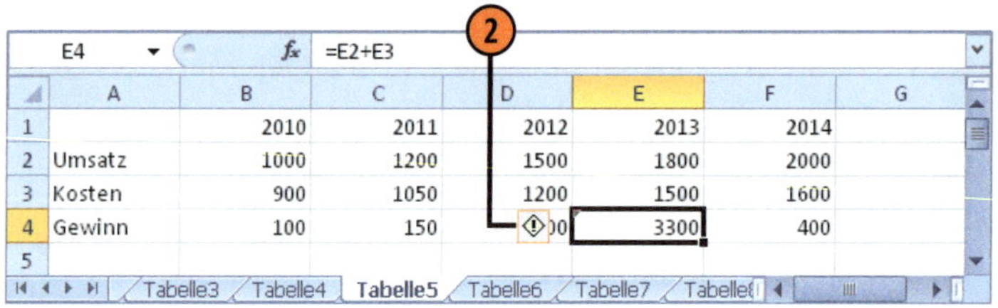

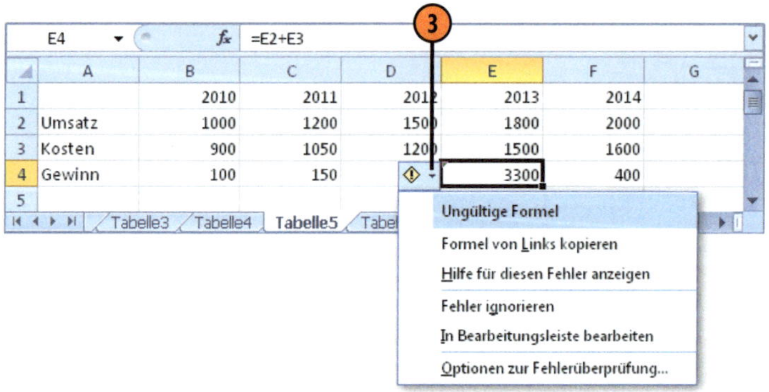

Auf Fehlermeldungen reagieren

1. Wenn ein Ausdruck angezeigt wird, der mit dem Zeichen # beginnt, markieren Sie die Zelle.
2. Kontrollieren Sie die in der Formel verwendeten Bezüge.
3. Bei weiteren Fragen öffnen Sie die Liste zur Optionsschaltfläche.
4. Mit *Berechnungs-Schritte anzeigen* öffnen Sie beispielsweise ein Dialogfeld, in dem die Inhalte der Bezugszellen angegeben werden.
5. Der Fehler kann beispielsweise daran liegen, dass Sie eine Zelle mit Text in der Berechnung verwenden.

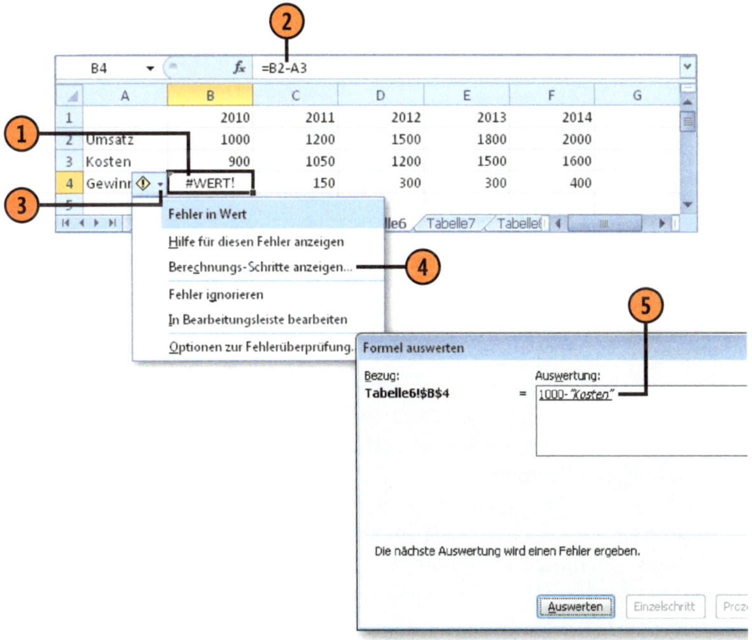

Typische Fehlermeldungen

Fehlermeldung	Beschreibung
#BEZUG!	Die Formel bezieht sich auf eine unzulässige Zelle: Sie haben beispielsweise Zellen gelöscht, auf die sich andere Formeln beziehen.
#DIV/0!	In einer Formel wurde eine Division durch null versucht: Sie haben beispielsweise einen Bezug auf eine leere Zelle oder auf eine Zelle mit dem Inhalt null verwendet.
#NAME?	Ein Name wird nicht erkannt, der in einer Formel verwendet wird: Sie haben beispielsweise den Namen falsch eingegeben.
#NULL!	Sie haben beispielsweise einen falschen Bereichsoperator oder einen falschen Bezug verwendet.
#WERT!	Der Typ eines Arguments oder Operanden ist falsch: Sie haben beispielsweise Text an einer Stelle der Formel eingegeben, an der eine Zahl erforderlich ist. Oder Sie haben einem Operator oder einer Funktion, die einen einzelnen Wert erfordern, einen Bereich zugewiesen.
#ZAHL!	Es besteht ein Problem mit einer Zahl: Sie haben beispielsweise ein unzulässiges Argument in einer Funktion verwendet.

Komplexe Berechnungsstrukturen verstehen

Bei größeren Tabellen ergeben sich oft Strukturen, die später – besonders für einen Anwender, der nicht an der Entwicklung des Formelwerks beteiligt war – nicht immer einfach nachzuvollziehen sind. Sie können zur Kontrolle zunächst einmal die verwendeten Formeln direkt in den Zellen der Tabelle anzeigen lassen.

Interessanter ist aber die Verwendung von Spurpfeilen, die Ihnen die Zusammenhänge zwischen den Zellen aufzeigen. Sie können beispielsweise einfach anzeigen lassen, auf welche anderen Zellen sich eine in eine Zelle eingegebene Formel bezieht oder in welchen anderen Zellen darauf Bezug genommen wird.

Die Formeln anzeigen

1. Lassen Sie die Registerkarte *Formeln* im Menüband anzeigen.
2. Klicken Sie in der Gruppe *Formelüberwachung* auf *Formeln anzeigen.*
3. Die Berechnungsergebnisse werden ausgeblendet und durch die dahinter stehenden Formeln ersetzt.

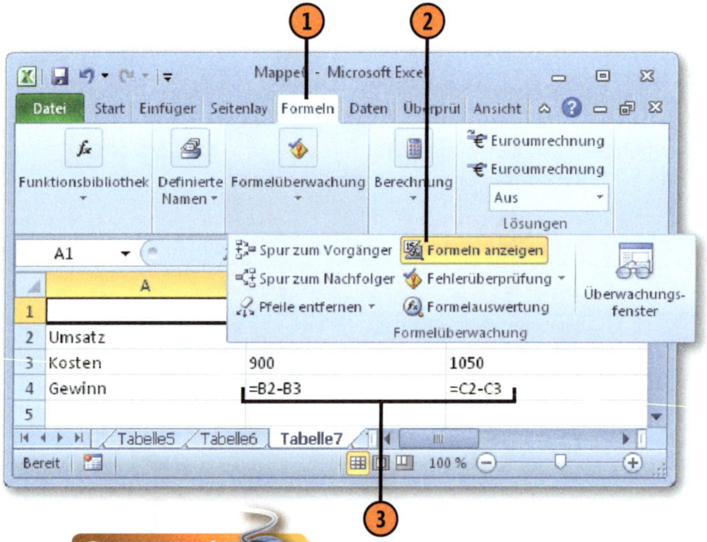

Tipp

Ein nochmaliger Klick auf *Formeln anzeigen* blendet die Anzeige wieder aus. Die Berechnungsergebnisse werden wieder angezeigt.

Gewusst wie

Mit dem Befehl *Überwachungsfenster* in der Gruppe *Formelüberwachung* können Sie auch ein separates Überwachungsfenster einblenden lassen, in dem die Zelldressen, die verwendeten Formeln und die aktuellen Berechnungsergebnisse zusammen angezeigt werden. Markieren Sie anschließend den gewünschten Bereich der Tabelle und klicken Sie auf *Überwachung hinzufügen.* Nach einer Bestätigung werden die Ergebnisse im Fenster angezeigt.

Die Spur zum Vorgänger

1. Markieren Sie die Zelle, für die Sie feststellen wollen, auf welche anderen Zellen darin Bezug genommen wird.
2. Lassen Sie die Registerkarte *Formeln* im Menüband anzeigen.
3. Klicken Sie in der Gruppe *Formelüberwachung* auf *Spur zum Vorgänger*.
4. Alle im Bezug direkt vorhergehenden Zellen werden durch blaue Spurpfeile markiert.

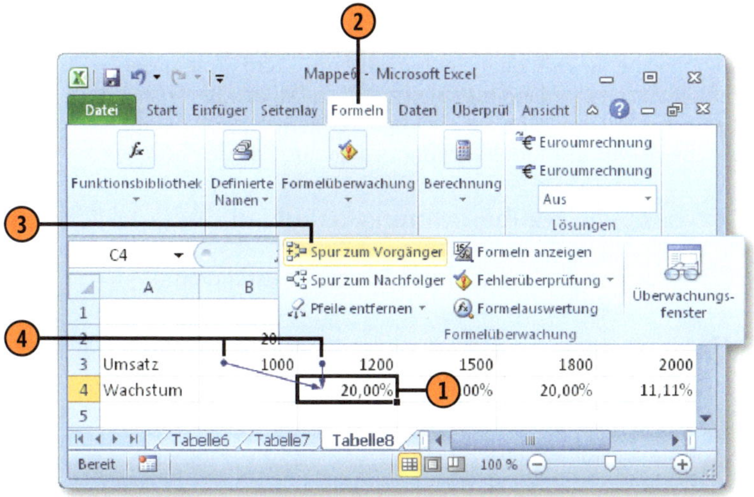

Die Spur zum Nachfolger

1. Markieren Sie die Zelle, für die Sie feststellen wollen, auf welche anderen Zellen darin Bezug genommen wird.
2. Lassen Sie die Registerkarte *Formeln* im Menüband anzeigen.
3. Klicken Sie in der Gruppe *Formelüberwachung* auf *Spur zum Nachfolger*.
4. Alle im Bezug direkt nachfolgenden Zellen werden durch blaue Spurpfeile gekennzeichnet.

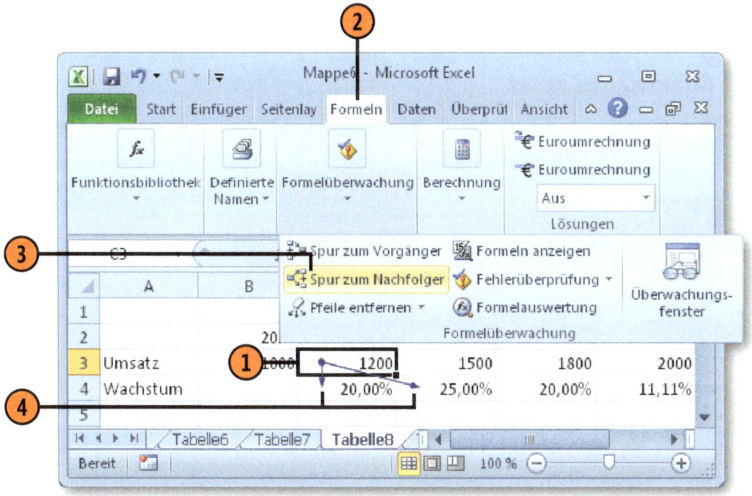

Tipp

Um die angezeigten Spurpfeile wieder zu entfernen, klicken Sie in der Gruppe *Formelüberwachung* auf den Pfeil der Schaltfläche *Pfeile entfernen* und wählen dann aus, welche Pfeile gelöscht werden sollen.

Die Berechnungsoptionen einstellen

Standardmäßig wird eine Neuberechnung aller Formeln der Tabelle nach jeder Eingabe durchgeführt. Da jede Berechnung Zeit erfordert, empfiehlt es sich bei Tabellen mit vielen Formeln, den Berechnungsmodus auf *Manuell* umzuschalten.

Die manuelle Neuberechnung benutzen

1. Lassen Sie die Registerkarte *Formeln* im Menüband anzeigen.
2. Klicken Sie in der Gruppe *Berechnung* auf *Berechnungsoptionen*.
3. Wählen Sie *Manuell*.
4. Um die Wirkung zu kontrollieren, ändern Sie einen Zahlenwert in der Tabelle, der in einer Formel verwendet wird.
5. Nach der Änderung liefert eine Formel, die sich auf diese Zelle bezieht, nicht den korrekten Wert.
6. Drücken Sie die Taste F9. Die Formel zeigt jetzt wieder den richtigen Wert an.

Achtung

Die Einstellung einer manuellen Neuberechnung gilt für alle Blätter der aktuellen Arbeitsmappe und auch für alle zu diesem Zeitpunkt geöffneten Arbeitsmappen.

Achtung

Vergessen Sie nicht, die Berechnungsoptionen wieder auf *Automatisch* umzuschalten, nachdem Sie die Eingabearbeiten erledigt haben.

Beachten Sie auch die zusätzlichen Einstellungen, die Ihnen in der Kategorie *Formeln* im Dialogfeld *Excel-Optionen* zur Verfügung stehen. Im Allgemeinen werden Sie aber die hier eingestellten Standardwerte nur selten ändern.

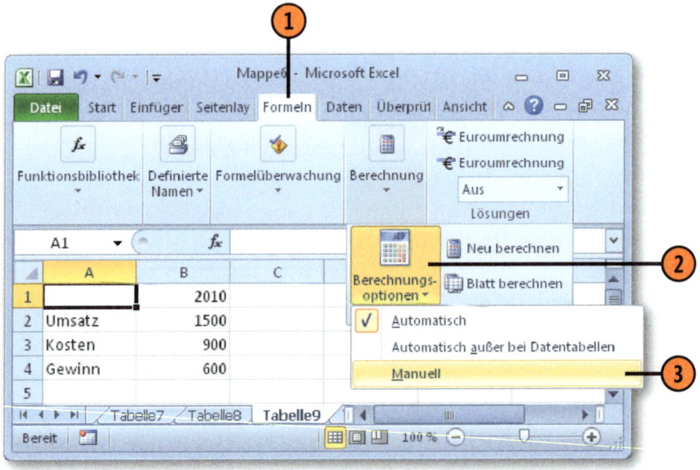

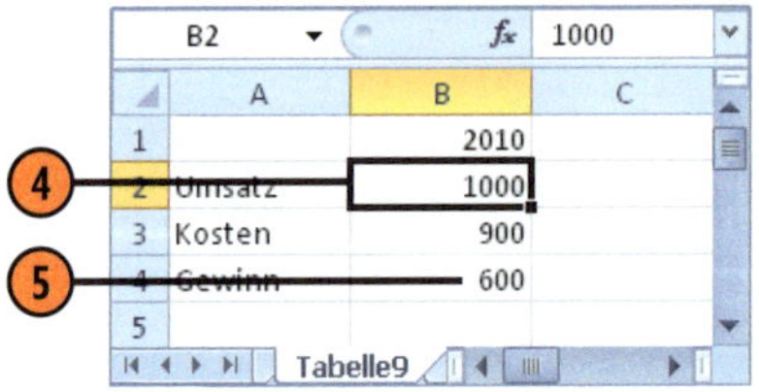

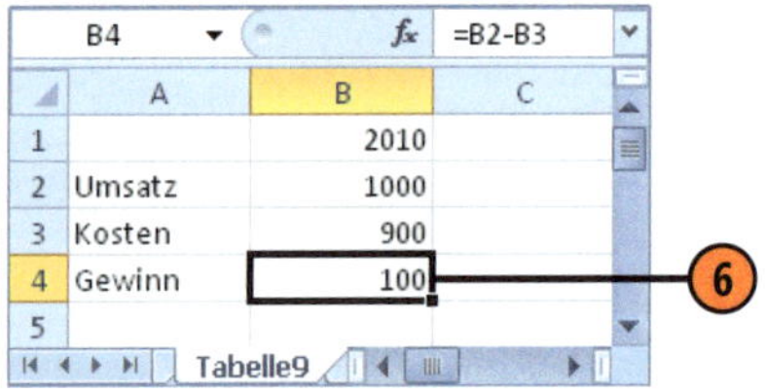

Tipp

Sie können zum manuellen Berechnen auch die Befehle *Neu berechnen* oder *Blatt neu berechnen* in der Gruppe *Berechnung* verwenden.

Weitere Berechnungsoptionen einstellen

1. Klicken Sie auf der Registerkarte *Datei* auf *Optionen* und dann im Dialogfeld *Excel-Optionen* auf die Kategorie *Formeln*.
2. Stellen Sie die gewünschten Optionen ein:
   - Unter *Berechnungsoptionen* können Sie einstellen, ob Sie die automatische oder die manuelle Berechnung wünschen.
   - Standardmäßig werden in einem Tabellenblatt Spalten mit Buchstaben und Zeilen mit Zahlen bezeichnet. Durch Aktivieren von *Z1S1-Bezugsart* erreichen Sie, dass sowohl Spalten als auch Zeilen mit Zahlen bezeichnet werden. Auch die Form der Adressierung von Bezügen in Formel ändert sich dann.
   - Die Option *AutoVervollständigen-Formel* ist standardmäßig aktiviert. Damit wird bewirkt, dass nach der Eingabe eines Gleichheitszeichens und eines anschließenden Anfangsbuchstabens eine Liste der definierten Bereichsnamen und Funktionen eingeblendet wird.
   - Auch die Option *Tabellennamen in Formeln verwenden* ist standardmäßig aktiviert. Damit können Sie Bereichsnamen in Formeln verwenden.
   - Der kleine Fehlerindikator wird nur im Tabellenblatt angezeigt, wenn *Fehlerüberprüfung im Hintergrund aktivieren* aktiviert ist.
3. Bestätigen Sie über *OK*.

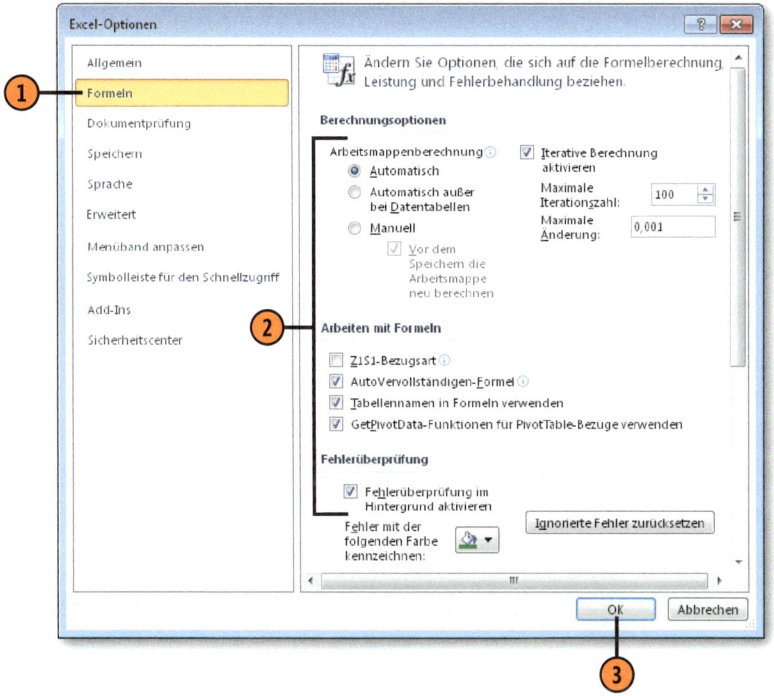

Achtung

Die in diesem Bereich der Excel-Optionen gewählten Einstellungen sind nach der Bestätigung auch für alle anderen Arbeitsmappen gültig!

Gliedern und Gruppieren

Mit der Gliederungsfunktion von Excel können Sie erreichen, dass einzelne Bereiche – beispielsweise Zeilen oder Spalten mit untergeordneten Detailangaben – wahlweise ein- und ausgeblendet werden können. Automatische Gliederungen können Sie für Tabellen erstellen, in denen Zeilen andere Zeilen oder Spalten andere Spalten über Formeln zusammenfassen.

Die AutoGliederung einsetzen

1. Die zu gliedernde Tabelle sollte Formeln beinhalten, die die Werte aus anderen Zeilen oder Spalten zusammenfassen.
2. Markieren Sie eine beliebige Zelle in der Tabelle und lassen Sie die Registerkarte *Daten* im Menüband anzeigen.

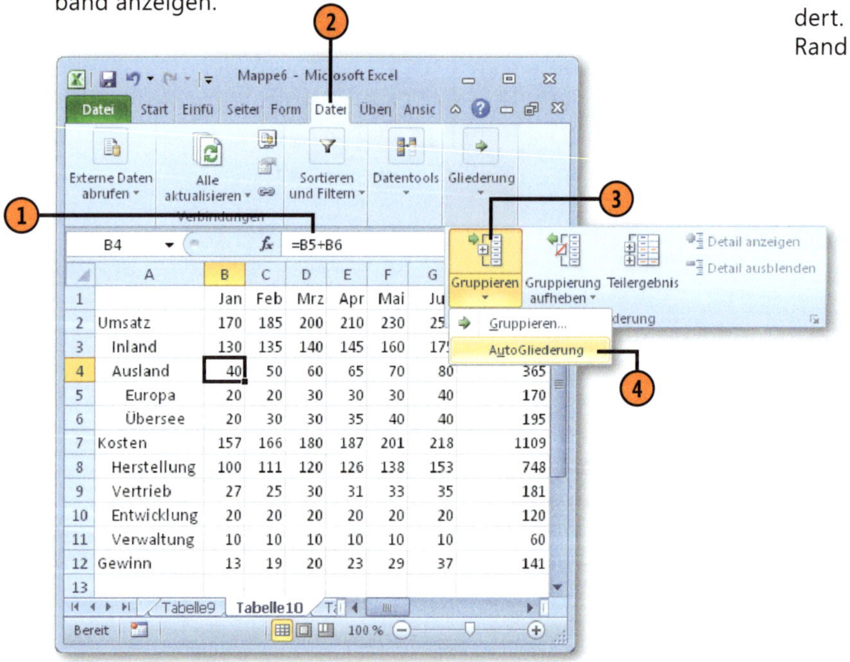

3. Öffnen Sie das Menü zur Schaltfläche *Gruppieren* in der Gruppe *Gliederung*.
4. Wählen Sie dann den Befehl *AutoGliederung*.
5. Die Tabelle wird daraufhin automatisch unter Verwendung der vorhandenen Formeln gegliedert. Als Ergebnis werden am oberen und linken Rand kleine Schaltflächen angezeigt.

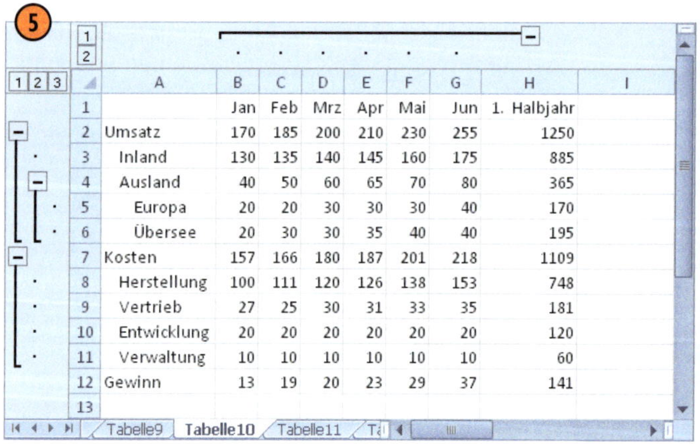

Gliederungsebenen aus- und wieder einblenden

1. Klicken Sie auf eine Schaltfläche mit einem Minuszeichen am oberen oder am linken Rand der Tabelle.
2. Die dazugehörenden Zeilen bzw. Spalten werden ausgeblendet.
3. Wenn Spalten oder Zeilen ausgeblendet sind, können Sie auf eine Schaltfläche mit einem Pluszeichen am oberen oder am linken Rand der Tabelle klicken, um diese Elemente wieder einzublenden.
4. Über die Schaltflächen mit den Zahlen oben links können Sie alle Gliederungsebenen in der Tabelle gemeinsam steuern. Klicken Sie beispielsweise auf *1*, um alle Ebenen auszublenden.
5. Oder klicken Sie auf *3*, um alle Ebenen anzuzeigen.

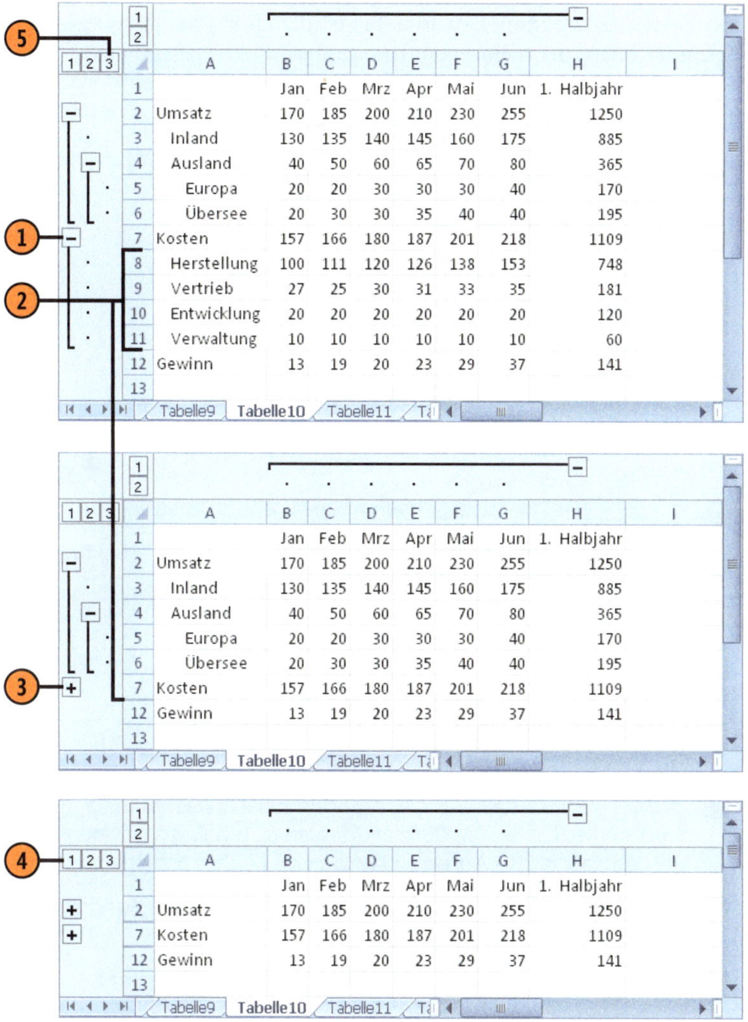

	A	B	C	D	E	F	G	H
1		Jan	Feb	Mrz	Apr	Mai	Jun	1. Halbjahr
2	Umsatz	170	185	200	210	230	255	1250
3	Inland	130	135	140	145	160	175	885
4	Ausland	40	50	60	65	70	80	365
5	Europa	20	20	30	30	30	40	170
6	Übersee	20	30	30	35	40	40	195
7	Kosten	157	166	180	187	201	218	1109
8	Herstellung	100	111	120	126	138	153	748
9	Vertrieb	27	25	30	31	33	35	181
10	Entwicklung	20	20	20	20	20	20	120
11	Verwaltung	10	10	10	10	10	10	60
12	Gewinn	13	19	20	23	29	37	141
13								

	A	B	C	D	E	F	G	H
1		Jan	Feb	Mrz	Apr	Mai	Jun	1. Halbjahr
2	Umsatz	170	185	200	210	230	255	1250
3	Inland	130	135	140	145	160	175	885
4	Ausland	40	50	60	65	70	80	365
5	Europa	20	20	30	30	30	40	170
6	Übersee	20	30	30	35	40	40	195
7	Kosten	157	166	180	187	201	218	1109
12	Gewinn	13	19	20	23	29	37	141
13								

	A	B	C	D	E	F	G	H
1		Jan	Feb	Mrz	Apr	Mai	Jun	1. Halbjahr
2	Umsatz	170	185	200	210	230	255	1250
7	Kosten	157	166	180	187	201	218	1109
12	Gewinn	13	19	20	23	29	37	141
13								

Tipp

Um eine so angezeigte Gruppierung wieder aufzuheben, wählen Sie den Befehl *Gruppierung aufheben* im Menü zur Schaltfläche *Gruppierung aufheben* in der Gruppe *Gliederung*.

Gewusst wie

Etwas aufwendiger müssen Sie vorgehen, wenn keine Formeln auf eine Gliederungsmöglichkeit hinweisen. Sie können dann aber eine Gliederungsstruktur selbst erstellen, indem Sie einzelne aufeinanderfolgende Zeilen oder Spalten zu Gruppen zusammenfassen.

Konsolidieren

Besonders bei größeren Dokumenten ist die Zusammenfassung einzelner Daten oft wichtig, um zu übergeordneten Aussagen zu kommen. Beispielsweise könnten Sie die Geschäftsdaten einzelner Länder zu einer Tabelle mit Gesamtdaten zusammenfassen lassen.

Das können Sie durch normale Additionsformeln erreichen, Sie können aber auch die Funktion *Konsolidieren* von Excel verwenden. Dabei werden Daten aus einem oder mehreren Quellbereichen in einem Zielbereich zusammengefasst.

Den ersten Datenbereich auswählen

1. Stellen Sie sicher, dass die einzelnen Datenbereiche in identischer Form vorliegen – sie sollten ähnliche Daten und keine leeren Zeilen oder Spalten enthalten.
2. Markieren Sie einen Zielbereich, in dem später die Ergebnisse der Konsolidierung erscheinen sollen.
3. Lassen Sie die Registerkarte *Daten* im Menüband anzeigen.
4. Klicken Sie in der Gruppe *Datentools* auf *Konsolidieren*. Das gleichnamige Dialogfeld wird angezeigt.
5. Wählen Sie zunächst im Dropdown-Listenfeld *Funktion* die Art aus, mit der die noch zu bestimmenden Quellbereiche zusammengefasst werden sollen. Über das Listenfeld können Sie eine der typischen Funktionen – *Summe*, *Anzahl*, *Mittelwert*, *Maximum*, *Minimum* usw. – auswählen.
6. Klicken Sie in das Feld *Verweis* und markieren Sie dann in der Tabelle den ersten Bereich, dessen Daten übernommen werden sollen. Die Adressen werden im Feld angezeigt.
7. Klicken Sie nach dem Festlegen eines Quellbereichs auf die Schaltfläche *Hinzufügen*.
8. Der eingegebene Bezug wird daraufhin in das Listenfeld *Vorhandene Verweise* eingefügt.

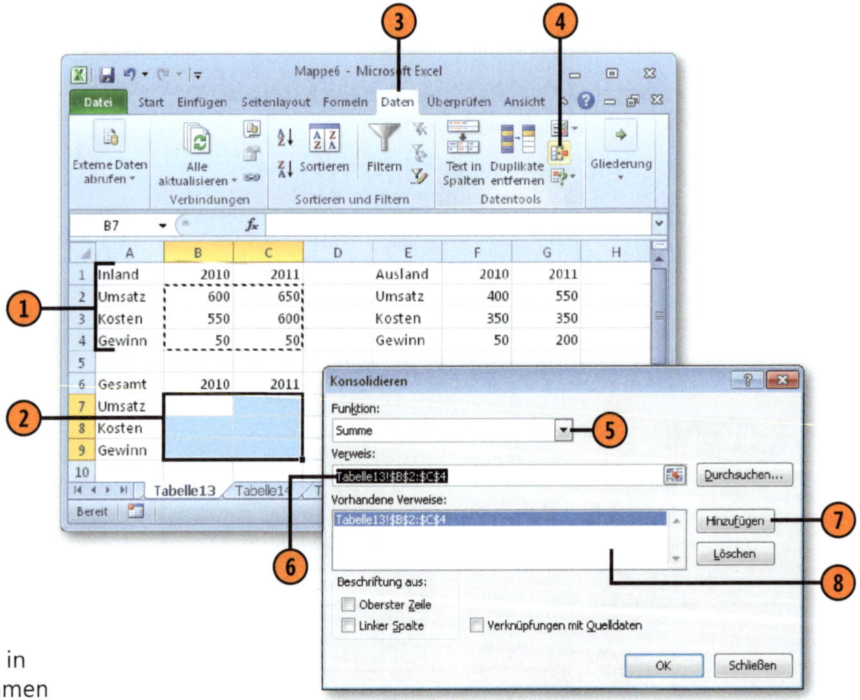

Einen weiteren Datenbereich auswählen

1. Klicken Sie wieder in das Feld *Verweis*.
2. Markieren Sie in der Tabelle den zweiten Bereich, dessen Daten übernommen werden sollen. Die Adressen werden im Feld angezeigt.
3. Klicken Sie nach dem Festlegen eines Quellbereichs auf die Schaltfläche *Hinzufügen*.
4. Klicken Sie auf *OK*.
5. Die Daten werden in dem anfangs markierten Bereich addiert.

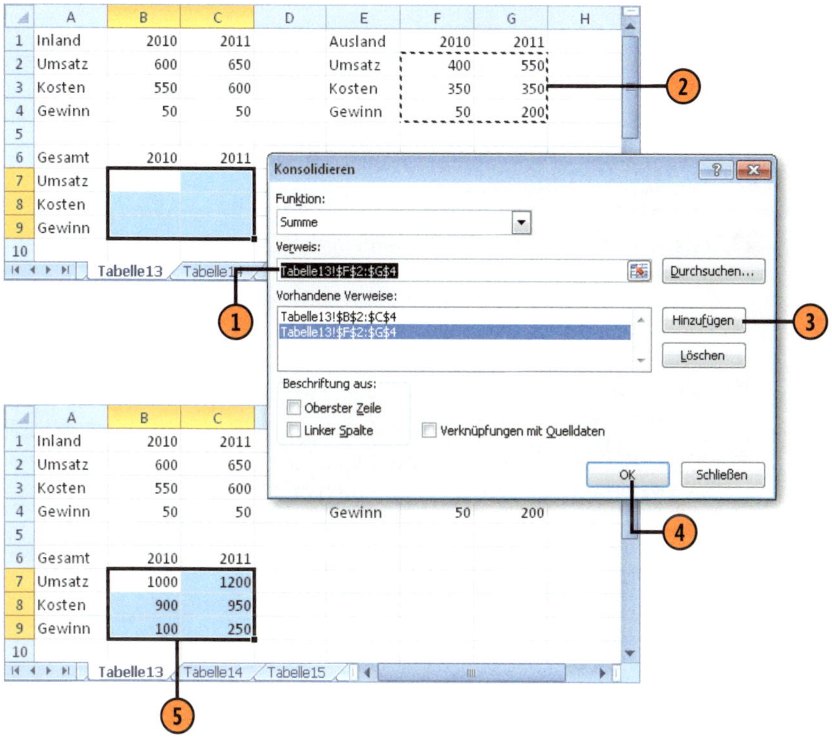

Weitere Konsolidierungsoptionen

- Wollen Sie einen der so definierten Bereiche aus der Liste entfernen, markieren Sie ihn im Dialogfeld *Konsolidieren* und klicken dann auf die Schaltfläche *Löschen*.
- Um anzugeben, welche Beschriftungen bei der Konsolidierung nach Kategorien verwendet werden sollen, aktivieren Sie entweder das Kontrollkästchen *Oberster Zeile* oder *Linker Spalte* bzw. beide Kontrollkästchen. Microsoft Excel kopiert diese Beschriftungen als Zeilen- und Spaltenüberschriften in den Zielbereich.
- Um die Daten im Zielbereich automatisch aktualisieren zu lassen, wenn sich die Daten in einem Quellbereich ändern, aktivieren Sie das Kontrollkästchen *Verknüpfungen mit Quelldaten*. Sie können dieses Kontrollkästchen nur aktivieren, wenn sich das Arbeitsblatt in einer anderen Arbeitsmappe befindet. Sobald Sie das Kontrollkästchen aktiviert haben, können Sie die in der Konsolidierung enthaltenen Zellen und Bereiche nicht mehr ändern.

Gewusst wie

Es ist einfacher, wenn Sie jeden Bereich vorher benennen: Wählen Sie den gesamten Bereich aus, klicken Sie auf der Registerkarte *Formeln* in der Gruppe *Benannte Zellen* auf den Pfeil neben *Bereich benennen* und geben Sie dann einen Namen für den Bereich in das Feld *Name* ein.

Szenarios

Bei der Arbeit mit Szenarios geht es um die Frage, wie sich Ergebnisse ändern, wenn bestimmte Ausgangsgrößen andere Werte annehmen. Sie können diese Berechnungen in ein und derselben Tabelle eingeben, indem Sie mit unterschiedlichen Szenarios arbeiten. Beispielsweise können Sie für eine Vorhersage der Gewinnentwicklung zunächst einmal die Annahmen für bestimmte Daten für einen optimistischen Fall und dann auch für einen pessimistischen Fall festlegen.

Den Szenario-Manager anzeigen

1. Erstellen Sie zunächst eine Tabelle, in der die Daten für die Ausgangsgrößen stehen.
2. Wählen Sie im Menüband die Registerkarte *Daten.*
3. Klicken Sie in der Gruppe *Datentools* auf *Was-wäre-wenn-Analysen.*
4. Wählen Sie den Befehl *Szenario-Manager.* Das zeigt das gleichnamige Dialogfeld an.
5. Das Dialogfeld hat noch keine Inhalte. Klicken Sie darin auf *Hinzufügen.*

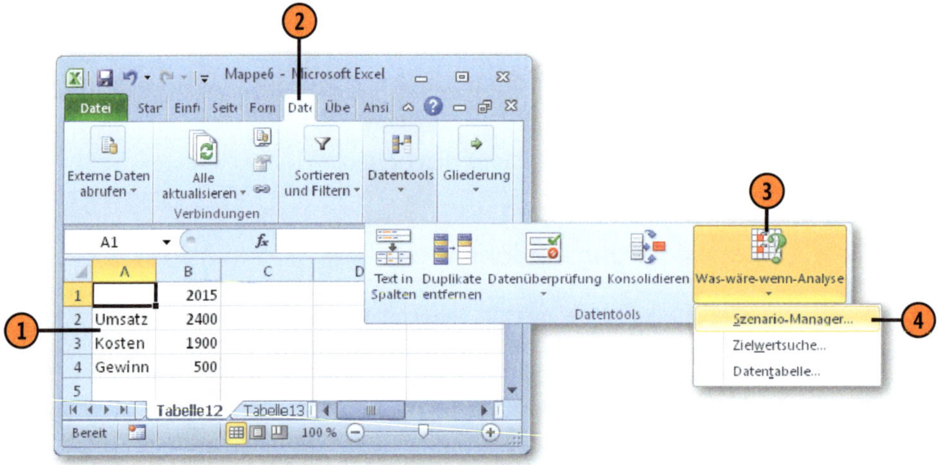

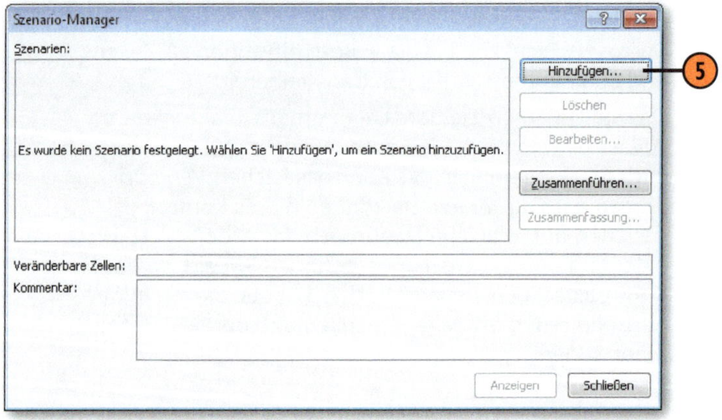

Gewusst wie

Interessant ist auch der Befehl *Zielwertsuche.* Beispielsweise kann man sich fragen, bei welchem Umsatz gerade ein Gewinn von 0 erreicht wird, wenn die variablen Kosten als fester Anteil vom Umatz anfallen und zusätzlich konstante fixe Kosten gedeckt werden müssen.

Ein erstes Szenario festlegen

1. Geben Sie im Feld *Szenarioname* dem Fall einen Namen.
2. Klicken Sie in das Feld *Veränderbare Zellen*.
3. Markieren Sie im Blatt den Bereich, in dem Daten stehen, die veränderbar sein sollen.
4. Klicken Sie auf *OK*.
5. Geben Sie die Werte für den ersten Fall des Szenarios ein. Wenn bereits Werte vorhanden waren, werden diese übernommen.
6. Klicken Sie auf *OK*.
7. Der *Szenario-Manager* wird wieder angezeigt. Darin ist das gerade definierte Szenario notiert.

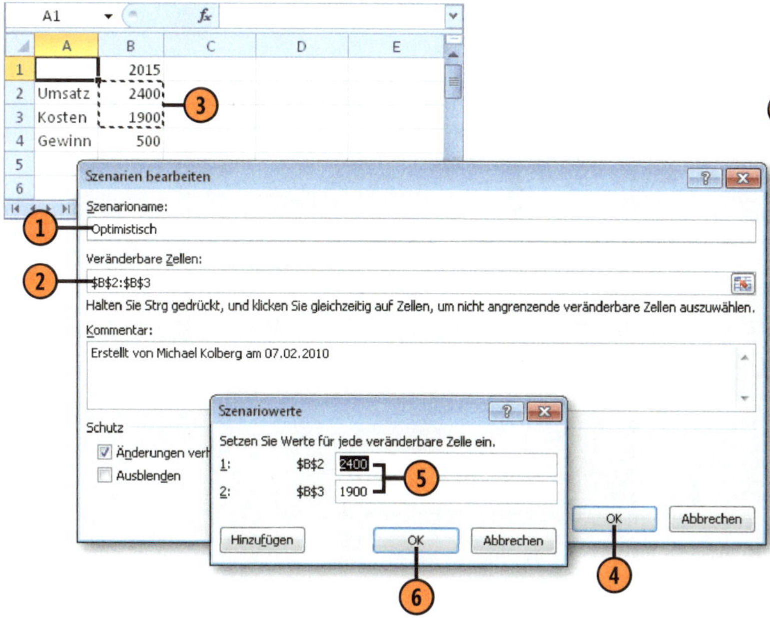

Weitere Szenarios festlegen

1. Klicken Sie im *Szenario-Manager* auf *Hinzufügen*.
2. Geben Sie im Feld *Szenarioname* auch diesem Fall einen Namen.
3. Klicken Sie auf *OK*.
4. Geben Sie die Werte für diesen Fall des Szenarios ein.
5. Klicken Sie auf *OK*. Auch dieses Szenario wird im *Szenario-Manager* notiert.

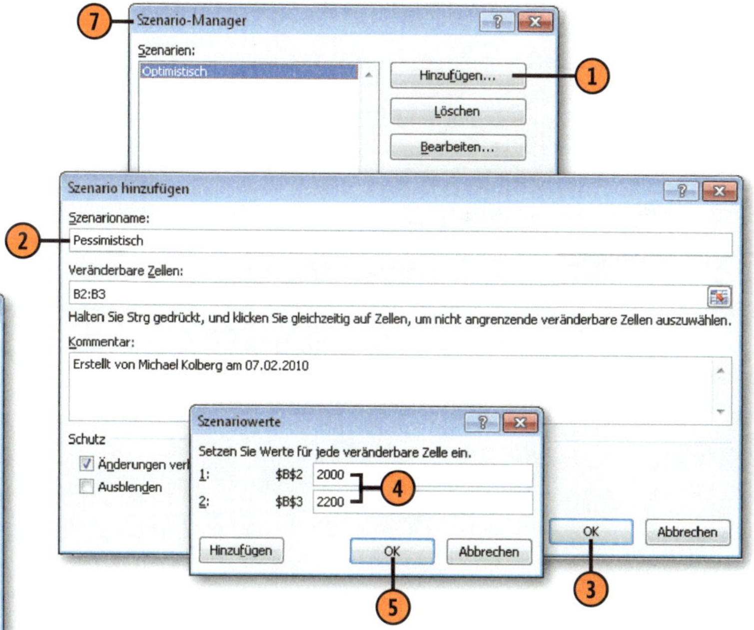

Ein Szenario anzeigen lassen

1. Markieren Sie im Dialogfeld *Szenario-Manager* das Szenario, dessen Werte angezeigt werden sollen – beispielweise das Szenario *Optimistisch*.
2. Klicken Sie auf *Anzeigen*.
3. Die für das Szenario festgelegten Werte werden in der Tabelle angezeigt.
4. Klicken Sie auf *Schließen*, um die Arbeit am Szenario-Manager zu beenden. Die Werte des eingestellten Szenarios bleiben angezeigt.

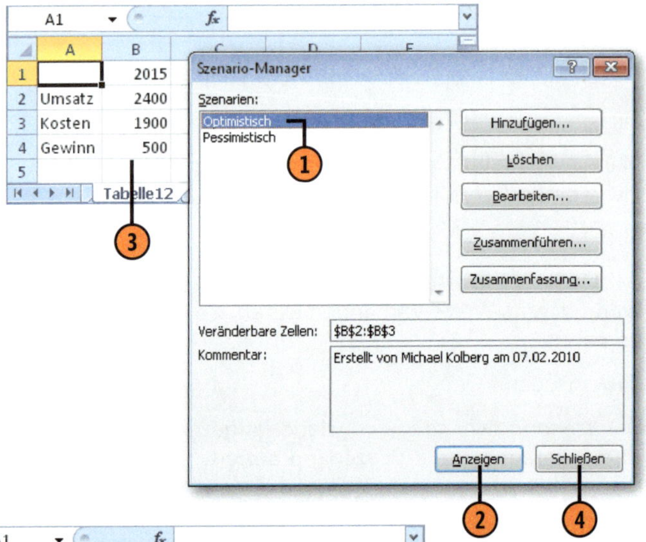

Ein anderes Szenario anzeigen lassen

1. Markieren Sie im Dialogfeld *Szenario-Manager* das Szenario, dessen Werte angezeigt werden sollen – beispielweise das Szenario *Pessimistisch*.
2. Klicken Sie auf *Anzeigen*.
3. Die festgelegten Werte werden in der Tabelle angezeigt.
4. Klicken Sie auf *Schließen*, um die Arbeit mit dem Szenario-Manager zu beenden. Die Werte des eingestellten Szenarios bleiben angezeigt.

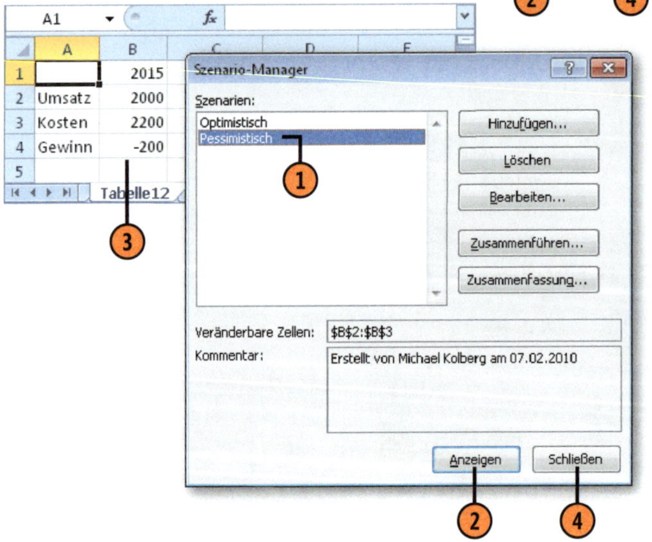

Tipp

Wie man den Szenario-Manager auf den Bildschirm bringt, erfahren Sie auf Seite 46.

7 Funktionen einsetzen

In diesem Kapitel:

- Einfache Funktionen eingeben
- Funktionen mit mehreren Bezügen
- Die Funktionsbibliothek
- Die wichtigsten Funktionen
- Funktionen für Mathematik und Geometrie
- Textfunktionen
- Funktionen für Datum und Uhrzeit
- Finanzmathematik
- Logische Funktionen
- Funktionen zur Information und für statische Analysen
- Funktionen zum Nachschlagen und Verweisen

Im letzten Kapitel haben wir den Einsatz von einfachen Formeln in der Tabelle angesprochen. Funktionen arbeiten ähnlich, leisten aber mehr. Sie erleichtern einerseits die Eingabe: Wenn Sie beispielsweise die Werte in den Zellen *A1*, *A2*, *A3* und *A4* addieren möchten, können Sie dafür den Funktionsausdruck **=SUMME(A1:A4)** eingeben. Funktionen erlauben aber auch Berechnungen, die Sie mit einfachen Formeln nicht oder nur sehr aufwendig durchführen können: Die Eingabe **=WURZEL(B1)** berechnet beispielsweise die Quadratwurzel des Wertes in der Zelle *B1*.

Funktionen beginnen – wie Formeln – mit einem Gleichheitszeichen. Das ist notwendig, damit Excel die nachfolgenden Zeichen nicht als Texteingabe versteht. Danach folgen der Name der Funktion und – in Klammern – die Adressen der Zellen, auf deren Werte die Funktion Bezug nehmen soll. Wenn mehrere Zelladressen für die Berechnung benutzt werden, müssen diese durch einen Doppelpunkt – manchmal auch durch ein Semikolon – voneinander abgegrenzt werden.

Wir wollen Ihnen in diesem Kapitel einen Überblick über das liefern, was Sie mit Funktionen machen können. Jeder Anwender wird aber sicher nur mit bestimmten Funktionen oder Funktionskategorien arbeiten. Viele Funktionen werden Sie vielleicht nie anwenden, einige sind aber von allgemeinem Interesse.

Einfache Funktionen eingeben

Einfache Funktionen können Sie wie einfache Formeln direkt eingeben. Dazu müssen Sie aber die Syntax – also den korrekten Namen und die jeweils notwendigen Argumente in der richtigen Reihenfolge – kennen. Sollte Ihnen diese Syntax nicht bekannt sein, sollten Sie die Funktion über ein Dialogfeld einfügen, das Ihnen genauere Hinweise zu deren Aufbau gibt.

Eine Funktion eingeben

1. Markieren Sie zuerst die Zelle, in der das Ergebnis der Berechnung gezeigt werden soll. Starten Sie die Eingabe mit einem Gleichheitszeichen und dem ersten Buchstabe des Funktionsnamens.
2. Die Funktionen, die mit diesem Buchstaben beginnen, werden eingeblendet. Wählen Sie die gewünschte durch einen Doppelklick aus oder fahren Sie mit der Eingabe fort.
3. Die Funktion erscheint mit einer angehängten Klammer in der Zelle und in der Bearbeitungsleiste.
4. Geben Sie die Adresse der Zelle ein, auf die die Funktion Bezug nehmen soll, oder klicken Sie auf die entsprechende Zelle.
5. Fügen Sie eine abschließende Klammer hinzu und bestätigen Sie. Die Funktion wird in der Bearbeitungsleiste angezeigt.
6. In der Zelle erscheint das Ergebnis der Berechnung.

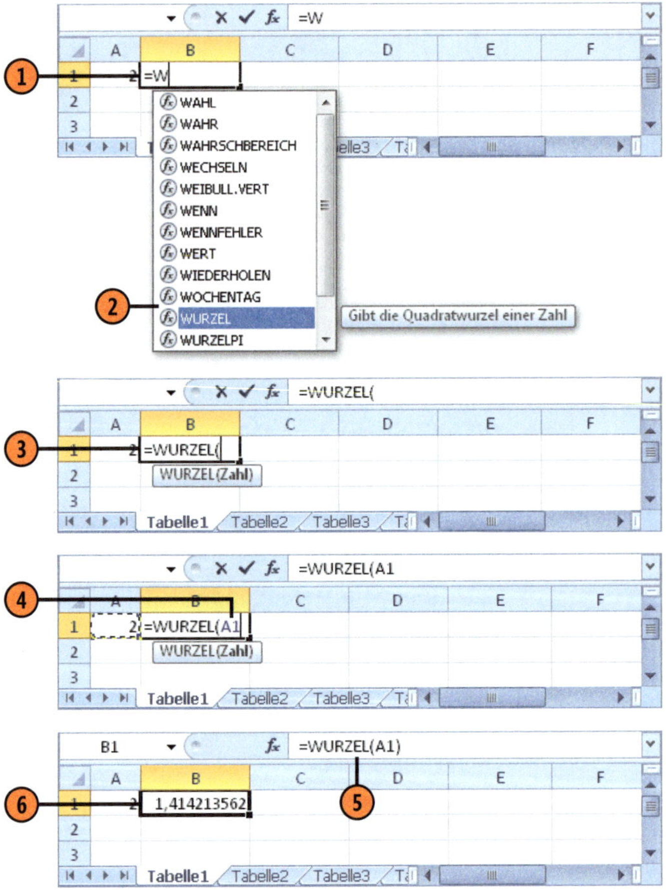

Siehe auch

Funktionen können Sie wie eine normale Eingabe oder eine Formel editieren; siehe zum Vorgehen Seite 81. Zum Verständnis komplexer Berechnungsstrukturen lesen Sie die Seiten 88 f.

Das Dialogfeld »Funktion einfügen«

1. Markieren Sie zuerst die Zelle, in der das Ergebnis der Berechnung gezeigt werden soll.
2. Klicken Sie auf die Schaltfläche *Funktion einfügen* in der Bearbeitungsleiste.
3. Wenn Sie den genauen Namen der Funktion nicht kennen, können Sie im Feld *Funktion suchen* einen geeigneten Begriff eingeben – beispielsweise **Wurzel ziehen**. Bestätigen Sie das mit Eingabe.
4. Im Feld *Funktion auswählen* wird eine Liste von möglichen Funktionsnamen angezeigt. Markieren Sie die gewünschte Funktion.
5. Klicken Sie auf *OK*.
6. Das Dialogfeld *Funktionsargumente* wird angezeigt, das Ihnen bei der Auswahl der notwendigen Argumente hilft. Klicken Sie in das Feld für das Argument.
7. Klicken Sie dann auf die Zelle, in der der zu verwendende Wert steht, um die Adresse zu übernehmen.
8. Klicken Sie auf *OK*.

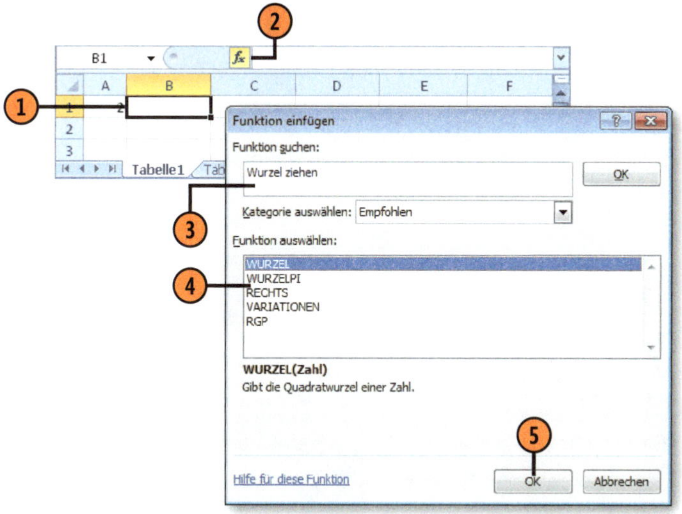

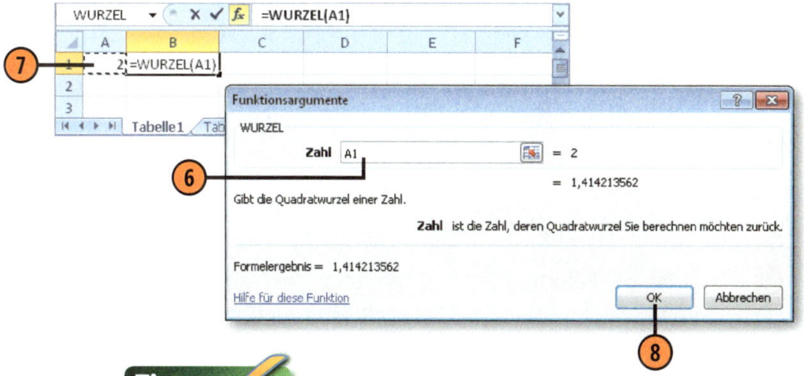

Das Dialogfeld verkleinern

Wenn das Dialogfeld *Funktionsargumente* Ihnen die Sicht auf die Tabelle verdecken sollte, können Sie es durch einen Klick auf die Schaltfläche *Dialog reduzieren* verkleinern.

Um es wieder vollständig anzeigen zu lassen, klicken Sie auf die Schaltfläche *Dialog anzeigen*.

Tipp

Über das Dropdown-Listenfeld *Kategorie auswählen* können Sie eine Funktionskategorie wählen. Die dazugehörenden Funktionen werden dann im Dialogfeld aufgelistet.

Funktionen mit mehreren Bezügen

Viele Funktionen benutzen nur eine einzige Bezugsadresse – wie beispielsweise die Funktion *WURZEL(Zahl)*, die die Quadratwurzel einer Zahl berechnet. Andere verwenden zwei oder sogar mehr Adressen – beispielsweise die Funktion *RUNDEN(Zahl;Stellenzahl)*, die eine Zahl auf eine bestimmte Stellenzahl rundet. Bei solchen Funktionen müssen Sie die einzelnen Bezüge durch Semikolon voneinander abgrenzen.

Eine Zahl runden

1. Markieren Sie die Zelle, in der das Ergebnis der Berechnung gezeigt werden soll, und starten Sie die Eingabe mit einem Gleichheitszeichen, dem Funktionsnamen und einer Klammer – also **=RUNDEN(**.
2. Geben Sie den Bezug zur ersten Adresse ein oder klicken Sie auf die entsprechende Zelle.
3. Fügen Sie ein Semikolon hinzu und geben Sie das zweite Argument ein.
4. Schließen Sie den Funktionsausdruck durch eine Klammer ab. Nach der Bestätigung erscheint das Berechnungsergebnis in der Zelle.
5. Die Funktion sehen Sie in der Bearbeitungsleiste.

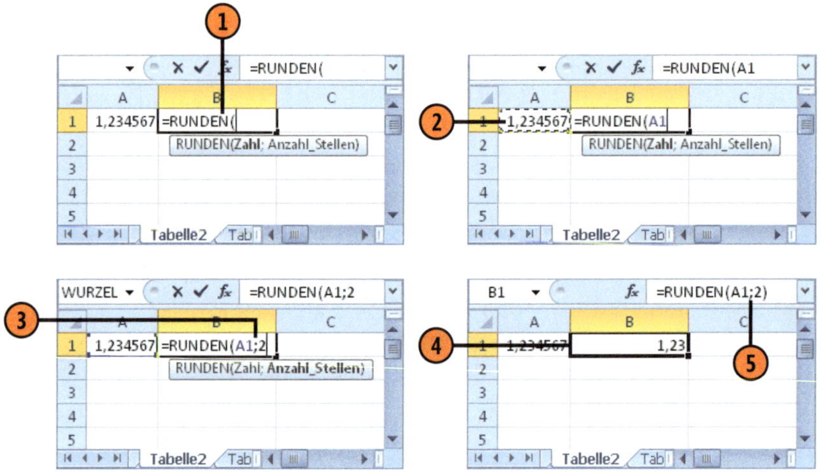

Mehrere Argumente einfügen

1. Wenn Sie die Funktionen einfügen, zeigt das Dialogfeld *Funktionsargumente* mehrere Eingabefelder für die einzelnen Argumente an. Sie können dann darin die Bezugszellen oder Werte einzeln festlegen.

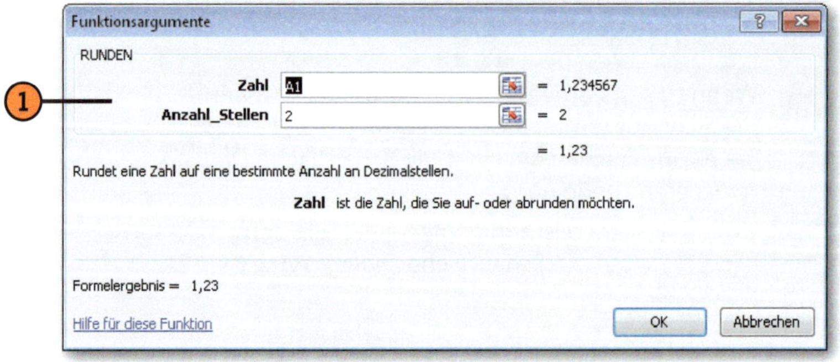

Die Funktionsbibliothek

Jeder Anwender wird aufgrund seines Aufgabenspektrums vordringlich mit bestimmten Funktionen oder Funktionskategorien arbeiten. Viele Funktionen werden Sie vielleicht nie anwenden, einige sind aber von allgemeinem Interesse.

Die Registerkarte *Formeln* des Menübands von Excel stellt in der Gruppe *Funktionsbibliothek* mehrere Befehlsschaltflächen bereit, über die Sie die gerade benötigte Funktion auswählen können.

Eine Funktionsbibliothek benutzen

1. Markieren Sie die Zelle, in der das Ergebnis der Berechnung erscheinen soll.
2. Wählen Sie dann die Registerkarte *Formeln*.
3. Klicken Sie in der Gruppe *Funktionsbibliothek* auf die Schaltfläche für den Bereich, der die gewünschte Funktion beinhaltet.
4. Klicken Sie auf die Funktion.
5. In fast allen Fällen wird das Dialogfeld *Funktionsargumente* angezeigt. Darin wird der Zweck der Funktion beschrieben. Fahren Sie fort wie beim Einfügen der Funktion:
   - Klicken Sie in das Feld für das Argument, das Sie festlegen wollen.
   - Klicken Sie auf die Zelle, die den Wert für das Argument enthält. Die Adresse wird dann übernommen.
   - Klicken Sie auf *OK*. Die Funktion wird dann eingefügt.

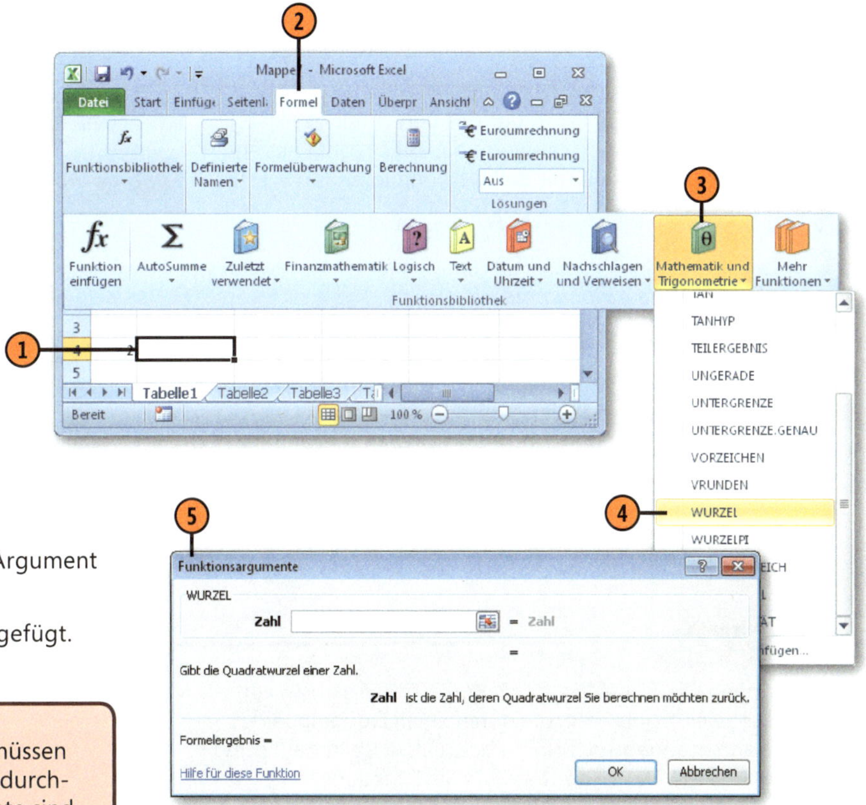

Achtung

Wenn eine Funktion mehrere Argumente verlangt, müssen Sie die in Schritt 5 beschriebenen Schritte mehrfach durchführen. Die für eine Funktion notwendigen Argumente sind fett angezeigt.

Die gängigsten Funktionen

Die gängigsten Funktionen – wie *SUMME*, *MITTELWERT* usw. – sind in der Funktionsbibliothek über den Befehl *AutoSumme* zu erreichen. Diese – und einige andere – Funktionen verfügen über eine Besonderheit: Wenn Sie z.B. eine Summe direkt neben oder unter einem Block von Zahlenwerten berechnen wollen, werden beim Einfügen der Funktion automatisch die Adressen dieser benachbarten Zellen als Argumente für die Funktion eingefügt. Wenn diese Automatik nicht die von Ihnen gewünschten Bezugszellen markiert, können Sie diese aber auch selbst durch Markieren mit der Maus festlegen.

Daten summieren

1. Markieren Sie die Zelle, in der das Berechnungsergebnis erscheinen soll – beispielsweise die Zelle rechts neben dem Block der Zellen mit den zu summierenden Werten.
2. Lassen Sie die Registerkarte *Formeln* anzeigen.
3. Öffnen Sie in der Gruppe *Funktionsbibliothek* das Menü zur Schaltfläche *AutoSumme*.
4. Wählen Sie den Befehl *Summe*.
5. Der automatisch gewählte Bereich wird durch einen Laufrahmen gekennzeichnet und die Argumente werden zwischen den Klammern angezeigt. Wenn dieser Bereich gewünscht ist, bestätigen Sie.
6. Wenn Sie einen anderen als diesen automatisch gewählten Bereich benutzen wollen, markieren Sie ihn mit der Maus und bestätigen erst dann.

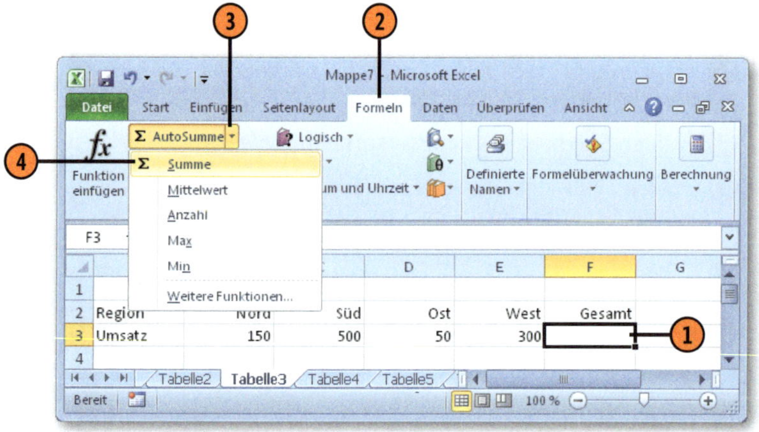

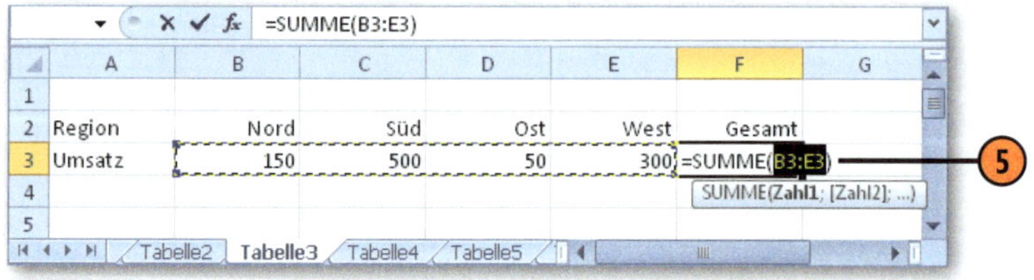

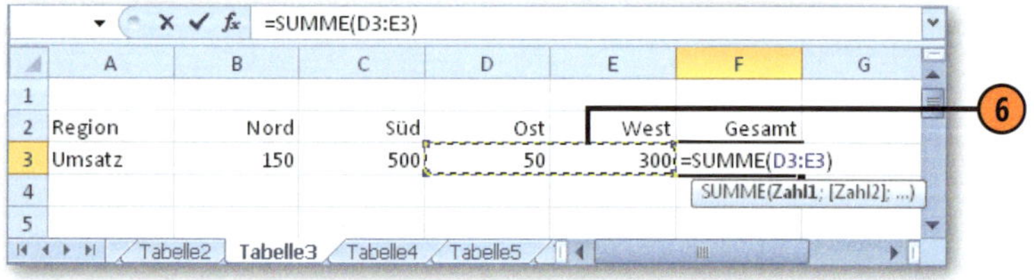

Tipp

Funktionen wie *SUMME*, *MITTELWERT*, *ANZAHL* usw. verwenden zwei Argumente, die durch einen Doppelpunkt voneinander abgegrenzt sind – beispielsweise in der Form *SUMME(B3:E3)*. Das bedeutet, dass die Funktionen alle Werte im Bereich *B3* bis *E3* benutzt und diese – wenn Sie *SUMME* verwenden – addiert.

Mittelwerte berechnen

1. Markieren Sie die Zelle, in der der Mittelwert berechnet werden soll – z.B. unterhalb eines Blocks von Zahlen.
2. Lassen Sie die Registerkarte *Formeln* anzeigen.
3. Öffnen Sie in der Gruppe *Funktionsbibliothek* das Menü zur Schaltfläche *AutoSumme*.
4. Wählen Sie den Befehl *Mittelwert*.
5. Der automatisch gewählte Bereich wird durch einen Laufrahmen angezeigt. Nach dem Bestätigen wird der Mittelwert für den Bereich berechnet.

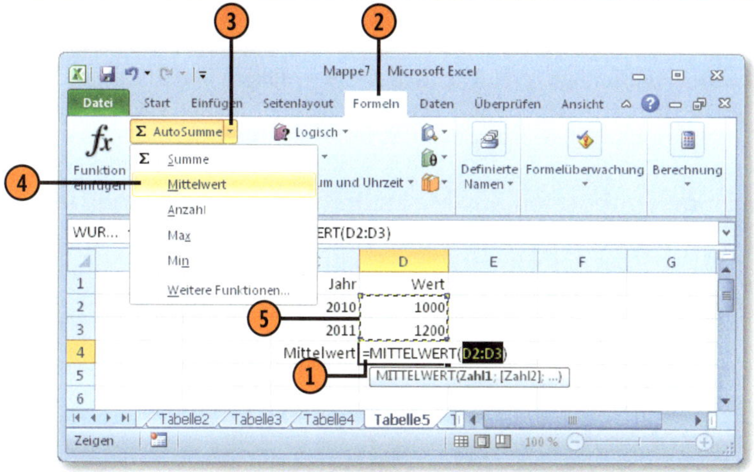

Die Anzahl der Zellen mit Werten bestimmen

1. Markieren Sie die Zelle, in der die Anzahl berechnet werden soll.
2. Lassen Sie die Registerkarte *Formeln* anzeigen.
3. Öffnen Sie in der Gruppe *Funktionsbibliothek* das Menü zur Schaltfläche *AutoSumme*.
4. Wählen Sie den Befehl *Anzahl*. Der automatisch gewählte Bereich wird durch einen Laufrahmen angezeigt.
5. Setzen Sie den Mauszeiger in den Rahmen und verschieben Sie ihn mit gedrückter Maustaste so, dass der gewünschte Bereich markiert wird. Bestätigen Sie abschließend. Die Anzahl wird berechnet.

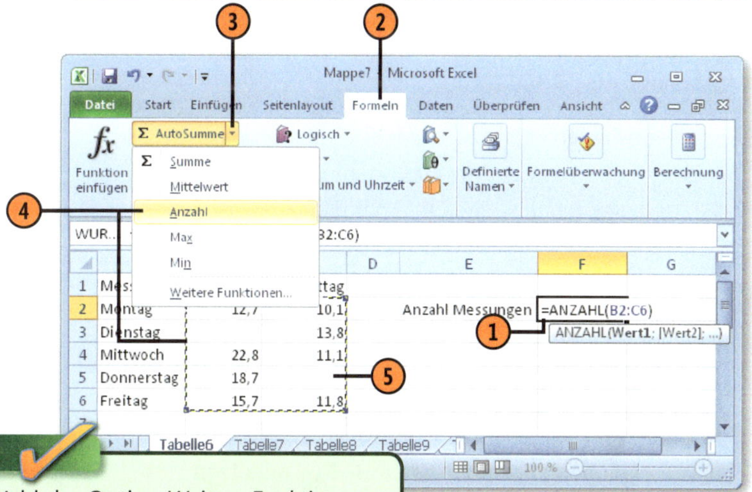

Tipp

Wenn Sie den gewünschten Bereich benannt haben, können Sie auch einfach durch Eingabe seines Namens auf ihn verweisen.

Tipp

Die Wahl der Option *Weitere Funktionen* unten in einer Funktionsliste zeigt den entsprechenden Assistenten an.

Funktionen für Mathematik und Geometrie

Viele Grundfunktionen für typische Berechnungen finden Sie beispielsweise in der Gruppe *Mathematik und Trigonometrie* der Funktionsbibliothek. Sie können damit mathematische und trigonometrische Berechnungen durchführen – beispielsweise den Sinus eines Winkels berechnen oder eine Zufallszahl erzeugen, mit der Sie dann Berechnungen durchführen können.

Einige Funktionen aus Mathematik und Trigonometrie

ABS(Zahl): der Absolutwert der Zahl

BOGENMASS(Winkel): wandelt ein Winkelmaß von Grad in das Bogenmaß um

COS(Zahl): der Kosinus der Zahl im Bogenmaß

EXP(Zahl): Exponentialfunktion

GANZZAHL(Zahl): der ganzzahlige Anteil der Zahl

LN(Zahl): der natürliche Logarithmus der Zahl

PI(): die Zahl π mit einer Genauigkeit von 15 Stellen

POTENZ(Zahl;Potenz): die Potenz der Zahl

RUNDEN(Zahl;Stellenzahl): rundet die Zahl auf eine bestimmte Anzahl von Stellen

SIN(Zahl): der Sinus der Zahl im Bogenmaß

TAN(Zahl): der Tangens der Zahl im Bogenmaß

VORZEICHEN(Zahl): das Vorzeichen der Zahl

WURZEL(Zahl): die Quadratwurzel der Zahl

ZUFALLSZAHL(): eine zufällige Zahl zwischen *0* und *1*

Achtung

Die Funktionen *PI()* und *ZUFALLSZAHL()* benutzen keine Argumente, die Klammern müssen aber trotzdem eingegeben werden, um zu kennzeichnen, dass es sich um eine Funktion handelt.

Eine Zufallszahl benutzen

1. Diese Funktion erzeugt eine zufällige Zahl zwischen *0* und *1*. Bei jeder weiteren Berechnung wird eine neue Zahl erzeugt.
2. Um daraus eine Zahl zwischen *1* und *49* zu erzeugen, müssen Sie das Ergebnis mit *49* multiplizieren, davon den ganzzahligen Anteil berechnen und *1* hinzuzählen.

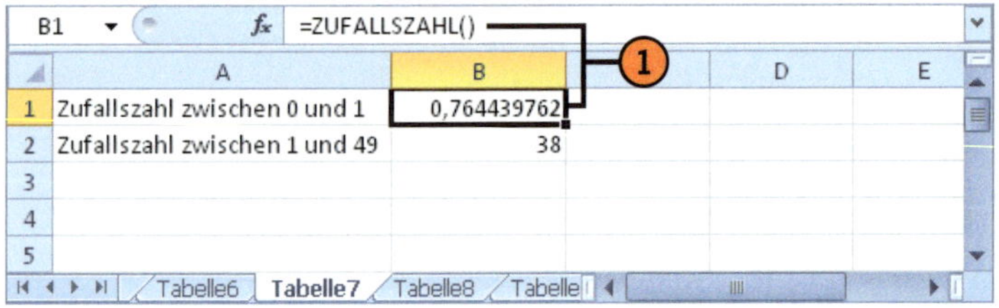

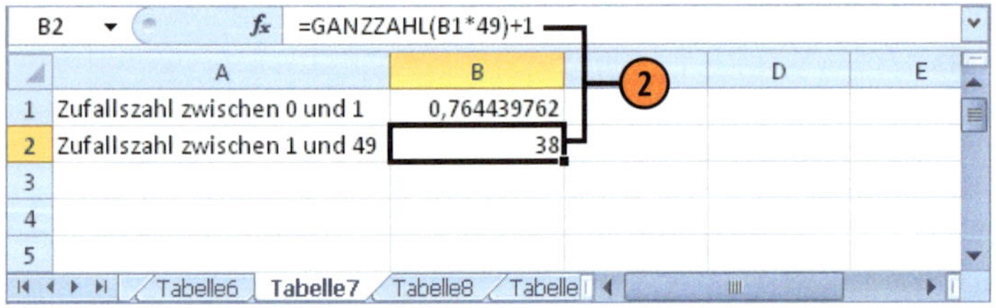

Textfunktionen

Interessant sind manchmal auch die Textfunktionen. Sie können damit beispielsweise in verschiedenen Zellen vorhandene Texteintragungen zu einem gemeinsamen Text in einer anderen Zelle zusammenfassen.

Einige interessante Textfunktionen

DM(Zahl;Dezimalstellen): Wandelt eine Zahl in einen Text im Währungsformat um. Benutzt wird das im Betriebssystem verwendete Standardformat.

GLÄTTEN(Text): Löscht die Leerzeichen im Text.

GROSS(Text): Wandelt einen Text in Großbuchstaben um.

GROSS2(Text): Wandelt die ersten Buchstaben in einem Text in Großbuchstaben um.

KLEIN(Text): Wandelt einen Text in Kleinbuchstaben um.

LÄNGE(Text): Bestimmt die Anzahl der Zeichen in einem Text.

SÄUBERN(Text): Löscht alle nicht druckbaren Zeichen aus einem Text. Damit können Sie beispielsweise nach dem Einfügen von Text aus anderen Programmen die unerwünschten Zeichen entfernen.

TEIL(Text;ErstesZeichen;AnzahlZeichen): Liefert eine bestimmte Anzahl von Zeichen aus einem Text, beginnend mit einem bestimmten Zeichen darin.

WERT(Text): Wandelt ein als Text angegebenes Argument in einen Zahlenwert um.

Sie können Funktionen beispielsweise auch einsetzen, um Formatierungen einzustellen. Beispielsweise können Sie Zahlenwerte mit Einheiten oder anderen zusätzlichen Bezeichnungen versehen.

Zahl in Text einfügen und daraus herausfiltern

1. Der einzufügende Wert wurde in der Tabelle berechnet.
2. Der Zahlenwert wird in einen Text eingefügt. Dazu brauchen Sie keine spezielle Funktion, sondern benutzen nur den Verkettungsoperator &.
3. Um Abschnitte aus einem Text herauszufiltern, können Sie die Funktion *TEIL* benutzen. Dazu müssen Sie angeben, an welcher Stelle der Abschnitt beginnt und wie lang er ist. Mit *WERT* können Sie dafür sorgen, dass aus diesem Abschnitt wieder eine Zahl wird, mit der Sie rechnen können.

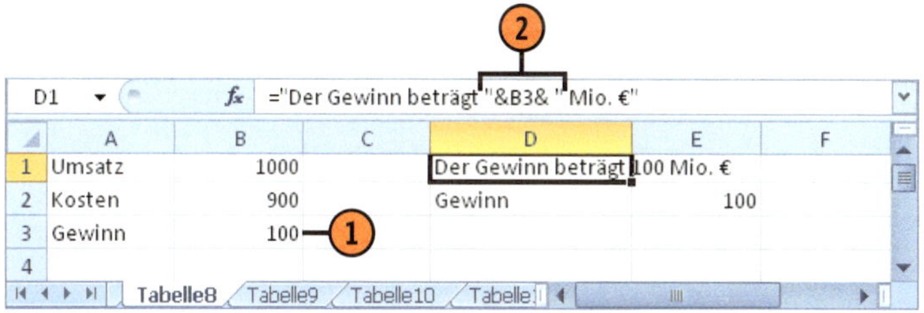

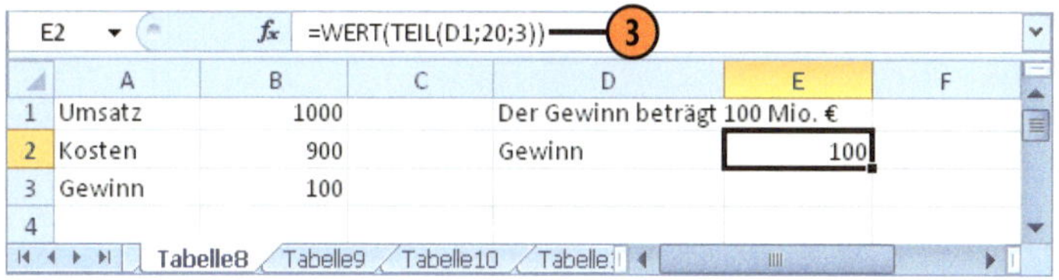

Funktionen für Datum und Uhrzeit

Mithilfe der Funktionen in der Kategorie *Datum und Uhrzeit* lassen sich Kalkulationen mit Datums- und Uhrzeitangaben durchführen. Beispielsweise können Sie das aktuelle Datum ausgeben lassen. Einige Datumsberechnungen lassen sich aber auch ganz ohne Funktionen durchführen. Beispielsweise können Sie Ihr Alter in Tagen ganz schnell durch Subtraktion zweier Datumsangaben bestimmen.

Einige Funktionen für Datum und Uhrzeit

ARBEITSTAG(Ausgangsdatum;Tage): gibt die fortlaufende Zahl eines Datums an, die um eine bestimmte Anzahl von Arbeitstagen nach einem Ausgangsdatum liegt

DATUM(): die fortlaufende Zahl des angegebenen Datums

HEUTE(): die fortlaufende Zahl des aktuellen Datums

JAHR(): die Jahreszahl eines fortlaufenden Datums

JETZT(): die fortlaufende Zahl des aktuellen Datums und der aktuellen Uhrzeit

MONAT(): die Monatszahl eines fortlaufenden Datums

NETTOARBEITSTAGE(Anfangsdatum;Enddatum): die Anzahl der Arbeitstage in einem Zeitintervall; nicht zu den Arbeitstagen gezählt werden Wochenenden sowie Feiertage

TAG(): Tageszahl eines fortlaufenden Datums

WOCHENTAG(): Wochentag eines fortlaufenden Datums

Achtung

Die Funktion *JETZT()* benutzt keine Argumente, die Klammern müssen aber trotzdem eingegeben werden, um zu kennzeichnen, dass es sich um eine Funktion handelt.

Eine Zeitdifferenz in Tagen errechnen

1. Geben Sie die beiden Datumswerte ein.
2. Die Differenz zwischen zwei Datumsangaben können Sie berechnen, indem Sie die Datumsangaben voneinander abziehen.

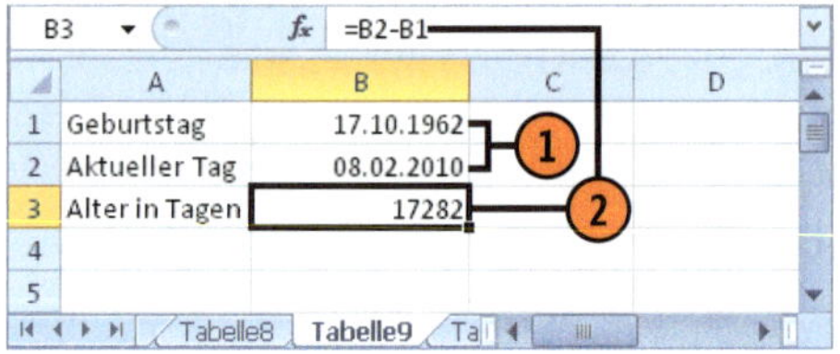

Das Datum des nächsten Tages ausgeben

1. Zur Anzeige des aktuellen Datums (und der aktuellen Uhrzeit) benutzen Sie die Funktion *JETZT()*.
2. Durch Addition der Zahl *1* können Sie das Datum des nächsten Tages angeben.

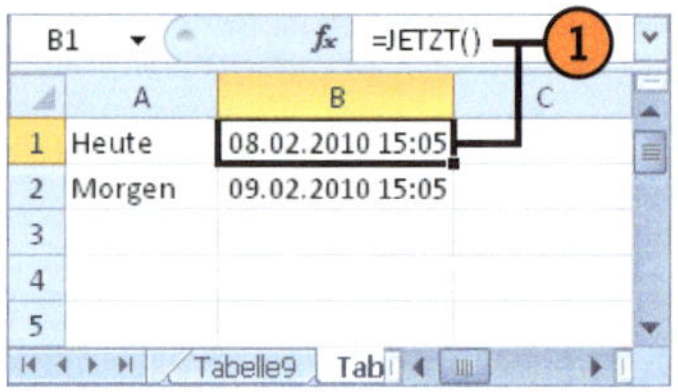

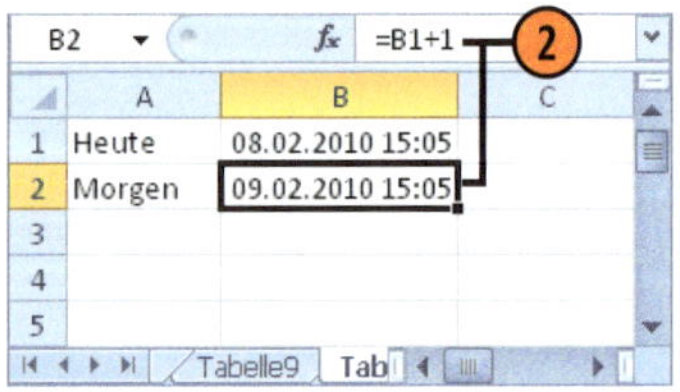

Finanzmathematik

Die Bezeichnung der Kategorie *Finanzmathematik* in der Funktionsbibliothek ist nicht nur für Spezialisten in diesem Bereich interessant, sondern für alle, die sich für Geldanlagen interessieren. Sie können darüber beispielsweise schnell berechnen, auf welchen Betrag ein Sparguthaben anwachsen wird, wenn Sie es zu einem bestimmten Zinssatz über eine gewisse Zeit anlegen.

Einige Funktionen der Finanzmathematik

BW(Zins;Zeitraum;Zahlung;Zukunftswert;F): der Barwert eines Zukunftswerts zu einem Zinssatz über einen Zeitraum

IKV(Werte;Schätzwert): interner Zinsfuß einer Investition

RMZ(Zins;Zeitraum;Barwert;Zukunftswert;F): die regelmäßige Zahlung über einen Zeitraum, die einem Barwert oder einem Zukunftswert zu einem Zinssatz entspricht

ZINS(Zeitraum;Zahlung;Barwert;Zukunftswert;F;Schätzwert): der Zinssatz, der notwendig ist, damit eine regelmäßige Zahlung über einen Zeitraum einem Gegenwartswert oder einem Zukunftswert entspricht

ZW(Zins;Zeitraum;Zahlung;Barwert;F): der Zukunftswert eines Barwerts zu einem Zinssatz über einen Zeitraum

ZZR(Zins;Zeitraum;Barwert;Zukunftswert;F): der Zeitraum, in dem ein Barwert bei einem Zinssatz zu einem Zukunftswert anwächst

Achtung

Der Parameter *F* bei einigen dieser Funktionen gibt an, wann Zahlungen innerhalb eines Zeitraums fällig sind. Dabei steht der Wert *1* für die Zahlung am Anfang, der Wert *0* für eine Zahlung am Ende des Zeitraums.

Den Zukunftswert eines Sparvertrags berechnen

1. Geben Sie zuerst die Grunddaten für die Berechnung ein. Sie benötigen dafür Angaben zur Zinsrate, zum Zeitraum der Anlage und zur Höhe der jährlichen Einzahlungen.
2. Benutzen Sie dann die Funktion *ZW*, um den Wert der Anlage in der Zukunft zu berechnen.

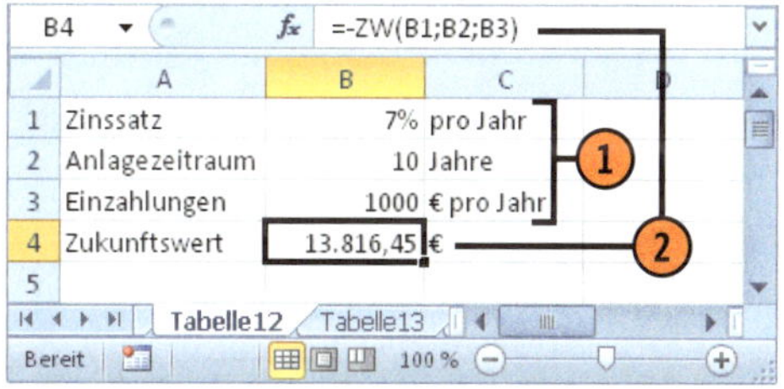

Gewusst wie

Funktionen wie *BW* oder *ZW* – aber auch andere – berücksichtigen immer die Richtung der Zahlungen. Wenn Sie Einzahlungen zu einem Sparvertrag an ein Institut leisten und diese als positiven Wert angeben, wird der zukünftige Wert der Anlage als negative Zahl angezeigt, da der Wert an Sie zurückfließt. Sie können Irritationen vermeiden, indem Sie ein Minuszeichen vor die Berechnungsformel setzen.

Logische Funktionen

Die Funktionen in der Kategorie *Logisch* liefern zum großen Teil Ergebnisse in der Form *WAHR* oder *FALSCH*. Eine Ausnahme in dieser Gruppe ist die Funktion *WENN*. Diese ermöglicht die Berechnung eines Wertes in Abhängigkeit davon, ob eine bestimmte Bedingung zutrifft. Beispielsweise können Sie die *WENN*-Funktion dazu verwenden, zu bestimmen, ob und in welcher Höhe Steuern zu zahlen sind. Ist der Gewinn vor Steuern positiv, müssen Steuern bezahlt werden, anderenfalls nicht.

Die WENN-Funktion benutzen

1. Die Funktion verwendet als Argument eine Zelle, die positive oder negative Werte annehmen kann – hier der Wert für den Gewinn vor Steuern.
2. Ist der Wert in dieser Zelle positiv, berechnet die Funktion die Steuern; hier in Höhe von *50%* des Gewinns vor Steuern.
3. Ist der Gewinn vor Steuern negativ, liefert dieselbe Funktion den Wert *0* – keine Steuern sind zu zahlen.

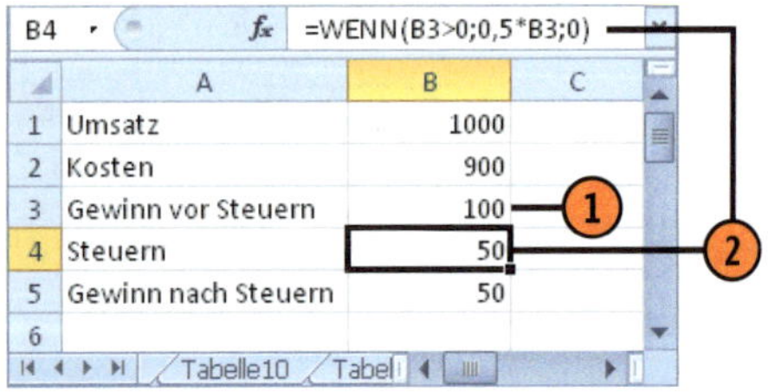

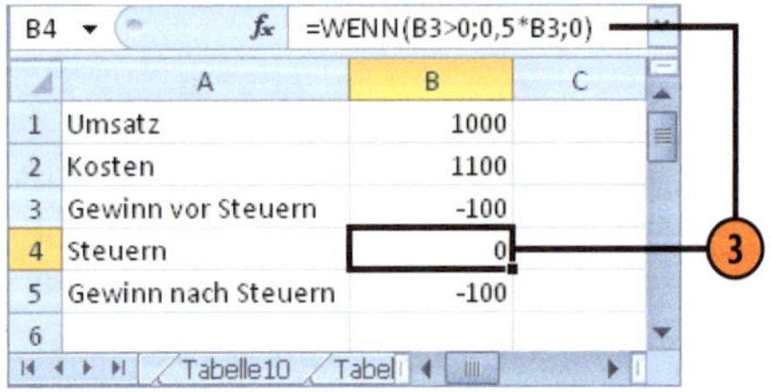

Die Parameter der WENN-Funktion

- Im ersten Parameter der *WENN*-Funktion steht ein Vergleich. Das Ergebnis eines solchen Vergleichs ist entweder *WAHR* oder *FALSCH*. Beispielsweise hat der Vergleich *B3>0* das Ergebnis *WAHR*, wenn der Wert in der Zelle *B3* größer als *0* ist. Ist *B3* negativ, ist der Ausdruck *B3>0* aus ersichtlichen Gründen *FALSCH*.
- Im zweiten Parameter der *WENN*-Funktion – der vom ersten durch ein Semikolon getrennt ist – wird angegeben, welchen Wert die Funktion liefern soll, falls der erste Parameter den Wert *WAHR* annimmt. Im gezeigten Beispiel heißt das: Ist Gewinn vor Steuern positiv, werden Steuern in Höhe von 50% dieses Wertes fällig.
- Der dritte Parameter – vom zweiten wiederum durch ein Semikolon getrennt – gibt an, welcher Wert geliefert werden soll, falls der erste Parameter den Wert *FALSCH* annimmt. Ist in unserem Beispiel Gewinn vor Steuern negativ, sind keine Steuern zu zahlen.

Weitere logische Funktionen

NICHT(Wahrheitswert): Kehrt den Wahrheitswert um.

ODER(Wahrheitswert1;Wahrheitswert2;...): Liefert *WAHR*, wenn mindestens ein Argument *WAHR* ist.

UND(Wahrheitswert1;Wahrheitswert2;...): Liefert *WAHR*, wenn alle Argumente *WAHR* sind.

Funktionen zur Information und für statistische Analysen

Das Menü zur Schaltfläche *Mehr Funktionen* in der *Funktionsbibliothek* beinhaltet weitere Untergruppen. Beispielsweise finden Sie in der Untergruppe *Informationen* Funktionen, die Aussagen über den Typ eines Wertes in einer Zelle machen. Hiermit können Sie z.B. vermeiden, dass im Tabellenblatt Fehlermeldungen angezeigt werden, und so unnötige Verwirrungen vermeiden.

Eine Fehleranzeige vermeiden

(1) Die Formel in der Zelle *D3* liefert eine Fehlermeldung, da darin durch den Wert *0* in der Zelle *C2* dividiert wird.

(2) Sie können die Fehleranzeige vermeiden, indem Sie den Ausdruck **=WENN(ISTFEHLER((D2-C2)/C2);" "; (D2-C2)/C2)** benutzen.

- Wenn *(D2-C2)/C2* einen Fehler erzeugt, dann liefert *ISTFEHLER((D2-C2)/C2)* den Wert *WAHR*.
- Die *WENN*-Funktion sorgt dann mit " " dafür, dass nichts in die Zelle geschrieben wird. Anderenfalls wird das Ergebnis von *(D2-C2)/C2* in die Zelle geschrieben.

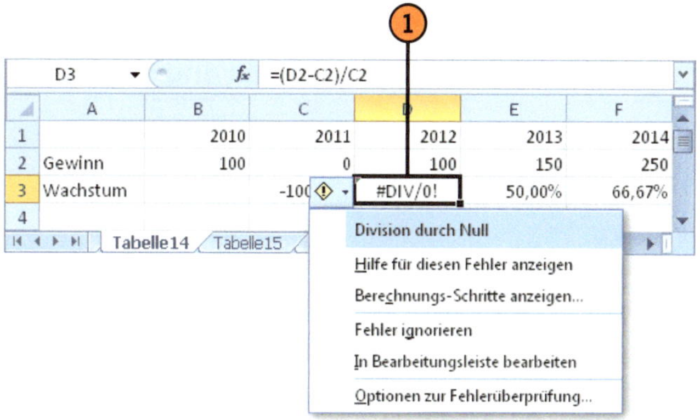

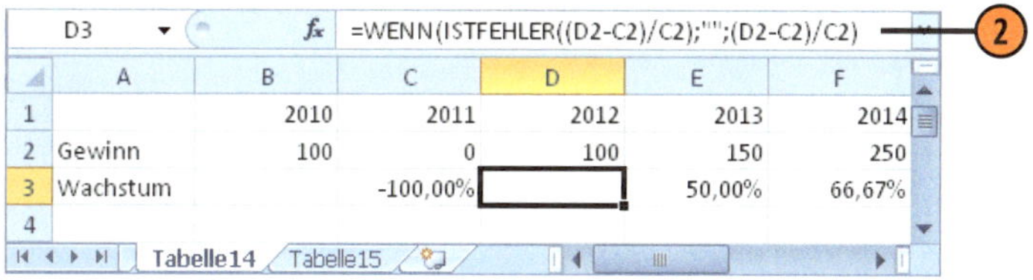

Weitere Funktionen der Kategorie »Informationen«

ISTGERADE(Wert): Liefert *WAHR*, wenn der Wert eine gerade Zahl ist.

ISTTEXT(Wert): Liefert *WAHR*, wenn der Wert ein Text ist.

ISTZAHL(Wert): Liefert *WAHR*, wenn der Wert eine Zahl ist.

ISTUNGERADE(Wert): Liefert *WAHR*, wenn der Wert eine ungerade Zahl ist.

Weitere Untergruppen in der Gruppe »Mehr Funktionen«

- Die Untergruppe *Statistisch* liefert eine Vielzahl von Funktionen, mit deren Hilfe Sie statistische Analysen durchführen können.
- Die Funktionen in der Untergruppe *Konstruktion* finden ihren Einsatz bei der Umwandlung von Werten.

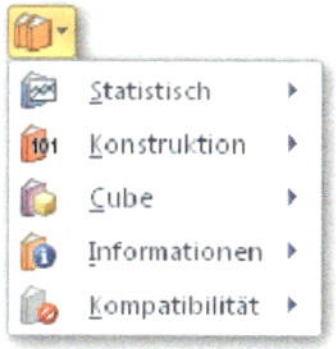

Funktionen zum Nachschlagen und Verweisen

Und nun noch etwas für diejenigen, die es etwas komplizierter mögen: Über die Gruppe der Funktionen zum Nachschlagen und Verweisen können Sie aus einem Wertebereich einen geeigneten Wert für eine Berechnung ermitteln lassen. Beispielsweise könnten Sie einen zu einem Bruttoumsatz passenden Rabattwert aus einer Tabelle für Rabattstaffeln heraussuchen lassen, um den Nettoumsatz zu bestimmen.

Einige Funktionen zum Nachschlagen und Verweisen

SVERWEIS(Suchkriterium;Matrix;Spaltenindex): Sucht in der ersten Spalte einer Tabellenmatrix nach einem Wert und gibt in der gleichen Zeile einen Wert aus einer anderen Spalte in der Tabellenmatrix zurück.

WVERWEIS(Suchkriterium;Matrix;Zeilenindex): Durchsucht die erste Zeile eines Bereichs nach einer Übereinstimmung. Dann wird in einer anderen Zeile ein dazugehörender Wert ermittelt.

SPALTE(Bezug): Gibt die Spaltennummer des jeweiligen Zellbezugs zurück. Beispielsweise gibt die Formel *=SPALTE(D10)* den Wert *4* zurück, da es sich bei Spalte *D* um die vierte Spalte handelt.

ZEILE(Bezug): Gibt die Zeilennummer des jeweiligen Zellbezugs zurück.

INDEX(Bezug;Zeile;Spalte;Bereich): Gibt einen Wert oder den Bezug zu einem Wert aus einer Tabelle oder einem Bereich zurück.

Mit einer bedingten Auswahl arbeiten

1. Der rechte Block legt eine Rabattstaffel fest. Ist der Nettowert kleiner als *100*, beträgt der Rabatt *0%*. Zwischen *100* und *1000* gibt es *3%* Rabatt usw.

2. Damit der richtige Rabatt für den ersten Kunden automatisch ermittelt wird, markieren Sie die betreffende Zelle in der Spalte *Rabatt* und geben darin die Formel **=SVERWEIS(B2;F2:G6;2)**.

   - Diese Funktion benutzt den in der Zelle *B2* eingetragenen Wert für den Bruttoumsatz und sucht dann in der ersten Spalte des Bereichs *F2:G6* nach einer geeigneten Zeile.

   - Dann geht sie in die 2. Spalte des Bereichs *F2:G6* und ermittelt dort den dazugehörenden Rabattwert

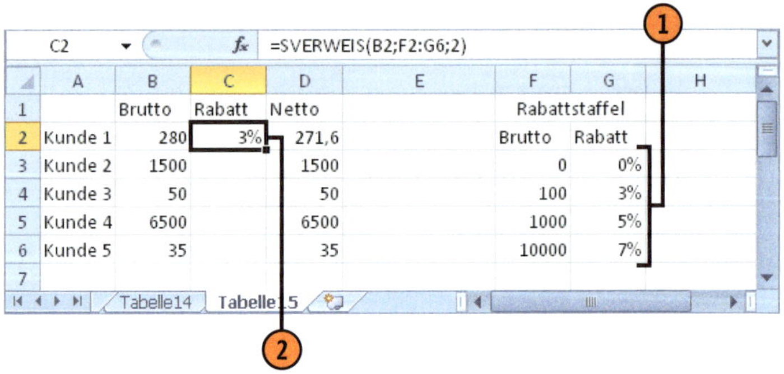

8 Tabellen editieren

In diesem Kapitel:

- Daten verschieben und kopieren
- Die Inhalte beim Einfügen kontrollieren
- Formeln kopieren
- Die Office-Zwischenablage
- Bereiche mit Daten ausfüllen
- Trends extrapolieren
- Spalten oder Zeilen einfügen
- Spalten oder Zeilen löschen
- Spaltenbreite und Zeilenhöhe einstellen
- Spalten und Zeilen aus- und einblenden
- Nach Daten suchen

Besonders beim Aufbauen größerer Tabellenblätter werden Sie während der Arbeit feststellen, dass Sie bestimmte Bereiche anders als anfangs gedacht organisieren müssen. Sie werden dann zusätzliche Bereiche in die Tabelle einfügen oder andere löschen wollen. Für die effiziente Abwicklung solcher Aufgaben stellt Excel eine Reihe von Werkzeugen zur Verfügung.

Eine typische Aufgabe besteht darin, bestimmte Bereiche der Tabelle an andere Stellen zu verschieben oder dorthin zu kopieren. Dazu können Sie die vielleicht aus anderen Microsoft Office-Anwendungen bekannten Methoden zum Ausschneiden oder Kopieren und Einfügen benutzen. Excel 2010 stellt Ihnen dafür auch einige Besonderheiten bereit.

Es gibt aber noch eine Vielzahl von weiteren Aufgaben zum Editieren von Tabellen und die wichtigsten wollen wir Ihnen hier vorstellen: Sie können beispielsweise Bereiche von Zellen automatisch mit Daten ausfüllen oder die Breite von Spalten oder die Höhe von Zeilen verändern. Viele der hier angesprochenen Techniken können Sie auch bereits beim Aufbau einer Tabelle verwenden und so eine Menge Zeit sparen.

Daten verschieben und kopieren

Das Verschieben oder Kopieren von Daten in einem Blatt funktioniert am schnellsten mittels Maus und Drag & Drop. Sie können dazu aber auch immer die Windows-Zwischenablage verwenden – dabei legen Sie zunächst die Daten durch *Ausschneiden* oder *Kopieren* in dieser Ablage ab und benutzen dann den Befehl *Einfügen*, um sie an einer anderen Stelle wieder in die Arbeitsmappe einzufügen.

Verschieben über die Maus

1. Markieren Sie zuerst die entsprechende(n) Zelle(n).
2. Positionieren Sie den Zeiger auf einem Rand des Rahmens.
3. Ziehen Sie die Auswahl mit gedrückter Maustaste zu dem Bereich, in den Sie die Daten verschieben wollen.
4. Wenn Sie sich an der gewünschten Stelle befinden, lassen Sie die Maustaste los. Der vorher markierte Bereich wird verschoben.

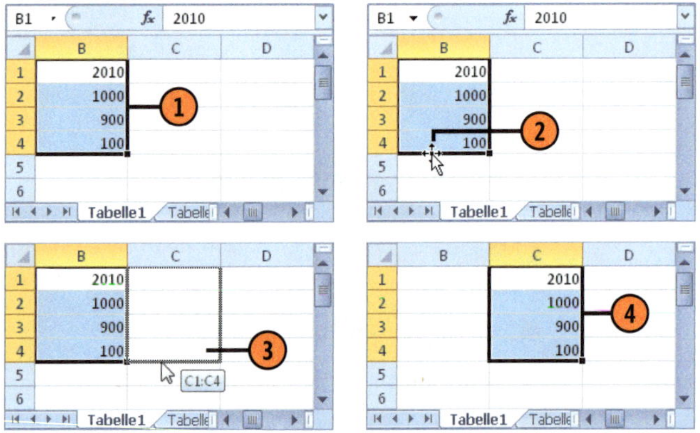

Kopieren über die Maus

1. Gehen Sie genauso vor wie beim Verschieben, halten Sie aber zusätzlich die Taste Strg gedrückt. Ein kleines Pluszeichen zeigt an, dass Sie gerade kopieren.
2. Wenn Sie sich an der gewünschten Stelle befinden, lassen Sie die Maustaste und die Taste Strg los.

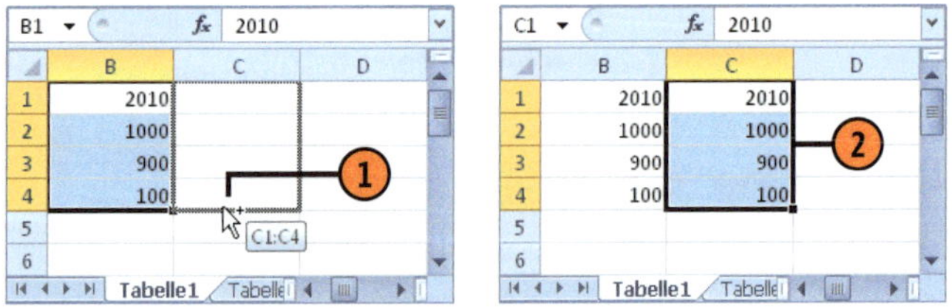

Zwischen vorhandene Zellen verschieben

1. Markieren Sie zuerst die entsprechende(n) Zelle(n) und positionieren Sie den Zeiger auf einem Rand des Auswahlrahmens.
2. Ziehen Sie die Auswahl mit gedrückter Umschalt-Taste an die gewünschte Stelle. Lassen Sie die Maustaste und die Taste Umschalt los. Der Bereich wird verschoben.

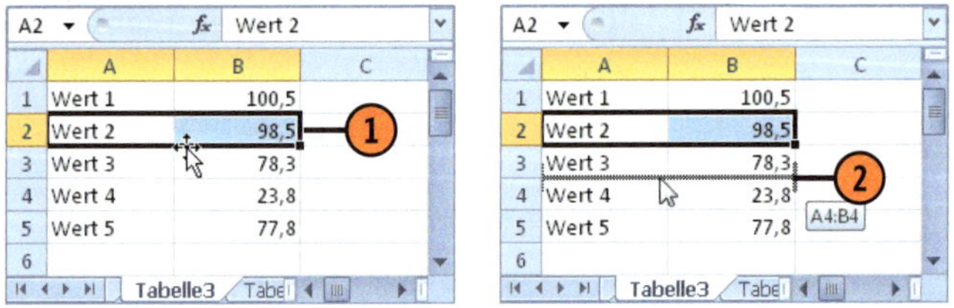

In die Zwischenablage verschieben

1. Markieren Sie zunächst die Zelle(n), die verschoben werden soll(en).
2. Klicken Sie auf die Registerkarte *Start*.
3. Klicken Sie in der Gruppe *Zwischenablage* auf *Ausschneiden*. Der markierte Bereich wird mit einem Laufrahmen versehen, bleibt aber noch sichtbar.

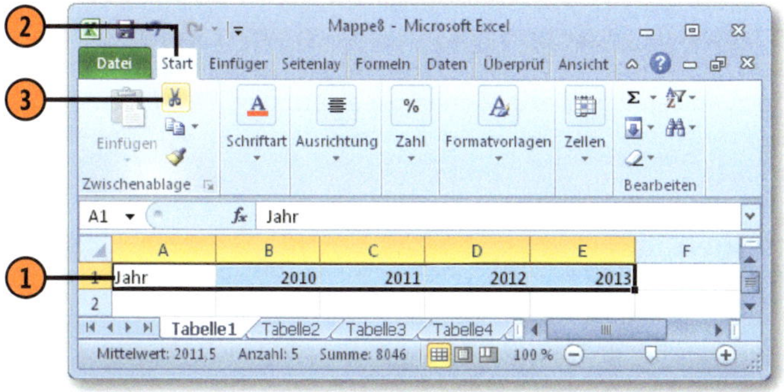

In die Zwischenablage kopieren

1. Markieren Sie auch in diesem Fall zunächst die Zelle(n), die kopiert werden soll(en).
2. Wenn notwendig, klicken Sie auf die Registerkarte *Start*.
3. Klicken Sie in der Gruppe *Zwischenablage* auf *Kopieren*. Der markierte Bereich wird mit einem Laufrahmen versehen.

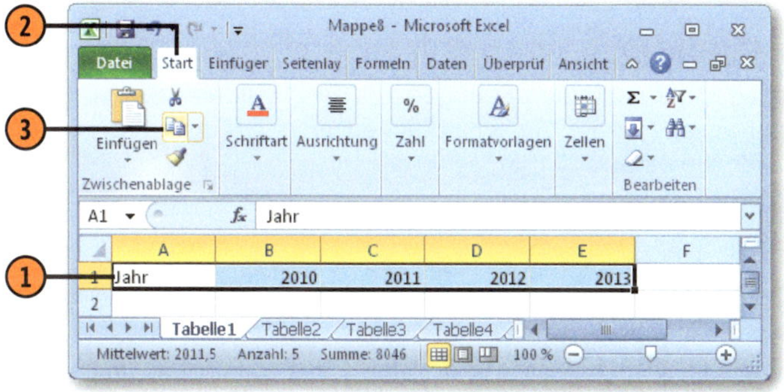

Aus der Zwischenablage einfügen

1. Aktivieren Sie das Blatt, in dem Sie die Daten einfügen wollen.
2. Markieren Sie die Zelle, in der die obere linke Zelle des Bereichs nach dem Einfügen erscheinen soll.
3. Klicken Sie auf die Registerkarte *Start*.
4. Klicken Sie in der Gruppe *Zwischenablage* auf *Einfügen*. Der Inhalt der Zwischenablage wird eingefügt.

Die Inhalte beim Einfügen kontrollieren

Beim Einfügen aus der Zwischenablage können Sie die einzufügenden Daten nicht nur einfach übernehmen, sondern auch gleich noch abwandeln. Dazu können Sie einerseits die *Einfügeoptionen* verwenden und dann angeben, wie die Daten verwendet werden sollen.

Noch mehr Möglichkeiten stehen Ihnen zur Verfügung, wenn Sie stattdessen den Befehl *Inhalte einfügen* benutzen. Dabei können Sie bestimmte Attribute der einzufügenden Daten verwenden oder eine mathematische Operation auf die einzufügenden Daten anwenden.

Die Einfügeoptionen verwenden

1. Klicken Sie zum Einfügen zuvor in der Zwischenablage abgelegter Inhalte auf den Pfeil der Schaltfläche *Einfügen*.
2. Wählen Sie, was bzw. wie Sie einfügen wollen.

Oder:

1. Bewegen Sie nach dem Einfügen aus der Zwischenablage den Mauszeiger auf die Schaltfläche *Einfügeoptionen* und klicken Sie darauf.
2. Wählen Sie, was bzw. wie Sie einfügen wollen.

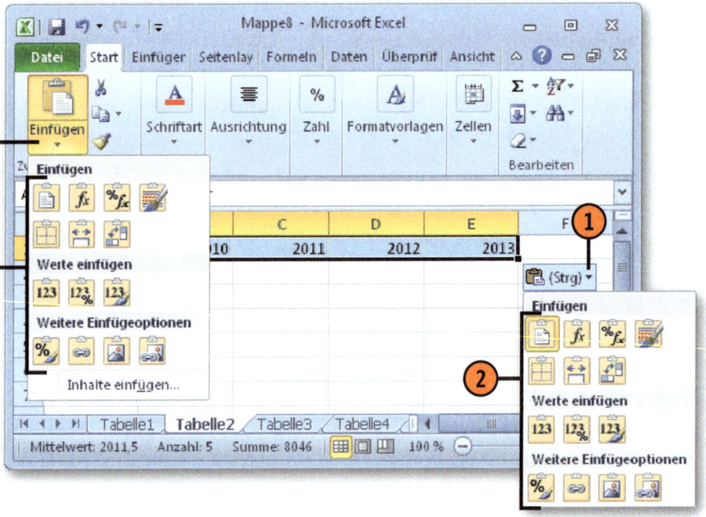

Die wichtigsten Einfügeoptionen

Einfügen: Die Standardeinstellung; die Werte, Formeln und alle Formate werden übernommen.

Formeln: Fügt nur die Daten und Formeln – aber keine Formate – ein.

Formeln und Zahlenformat: Übernimmt neben den Formeln auch ein eingestelltes Zahlenformat. Andere Formate werden nicht übernommen.

Transponieren: Vertauscht beim Einfügen Zeilen und Spalten. Dazu muss sich ein Bereich aus mehreren Zeilen und Spalten in der Zwischenablage befinden.

Werte: Fügt nur die in den Zellen angezeigten Werte der kopierten Daten ein. Formeln werden nicht übernommen.

Achtung

Je nach Art der Daten in der Zwischenablage können auch andere Einstellmöglichkeiten angeboten werden. Wenn sich beispielsweise in der Zwischenablage eine Grafik befindet, können Sie diese nur als Grafik einfügen.

Inhalte einfügen

1. Kopieren bzw. verschieben Sie die betreffenden Inhalte in die Zwischenablage.
2. Klicken Sie auf der Registerkarte *Start* in der Gruppe *Zwischenablage* auf den Pfeil der Schaltfläche *Einfügen*.
3. Wählen Sie den Befehl *Inhalte einfügen*.
4. Wählen Sie im gleichnamigen Dialogfeld die gewünschten Optionen.
   - Im Bereich *Einfügen* finden Sie die Optionen, die Ihnen auch in den *Einfügeoptionen* zur Verfügung stehen.
   - Mit den Optionen unter *Vorgang* können Sie mit den einzufügenden und den bereits im Zielbereich vorhandenen Daten Rechenoperationen durchführen.
5. Bestätigen Sie über *OK*.

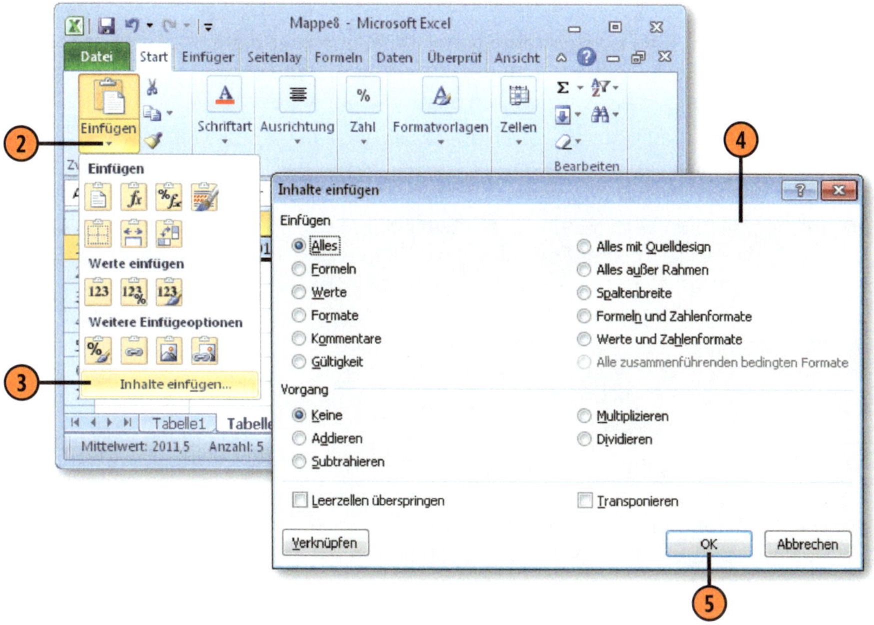

Die Optionen im Abschnitt »Vorgang«

- *Keine*: Die Standardeinstellung; gibt an, dass keine mathematische Operation auf die kopierten Daten angewendet wird.
- *Addieren*, *Subtrahieren*, *Multiplizieren*, *Dividieren*: Gibt an, dass die eingefügten Daten zu den an der Zielstelle bereits vorhandenen Daten addiert, von diesen subtrahiert, mit diesen multipliziert oder durch diese dividiert werden sollen.

Sonstige Optionen

- *Leerzellen überspringen*: Verhindert, dass Werte im Bereich zum Einfügen ersetzt werden, wenn im Bereich zum Kopieren leere Zellen vorhanden sind.
- *Transponieren*: Die Spalten der kopierten Daten werden in Zeilen geändert und umgekehrt.
- *Verknüpfen*: Stellt eine Verknüpfung zwischen den eingefügten Daten in dem aktiven Arbeitsblatt und den kopierten Daten her.

Formeln kopieren

Besonderheiten beim Kopieren treten auf, wenn Sie eine Formel oder eine Funktion an eine andere Stelle in der Tabelle kopieren. Dabei kann die Formel an ihre neue Position angepasst werden oder nicht. Ob angepasst wird, regeln Sie durch die Art der Bezüge in der Formel. Es gibt relative, absolute und gemischte Bezüge. Diese unterscheiden sich durch die Verwendung eines $-Zeichens in der Adresse.

Relative, absolute und gemischte Bezüge

- Im Allgemeinen verwenden Sie relative Bezüge – beispielsweise in einer Formel wie *=B2-B3*. Solche Bezüge werden beim Kopieren an die neue Position angepasst. Wenn Sie diese Formel von der Zelle *B4* zur Zelle *C4* kopieren, erhalten Sie *=C2-C3*. Das erlaubt ein schnelles Übernehmen der Struktur einer Formel in benachbarte Zellen.
- Absolute Bezüge haben beispielsweise die Form *=$B$2-$B$3*. Diese Bezüge werden beim Kopieren nicht angepasst. Gleichgültig, wohin Sie diese Formel kopieren, Sie erhalten als Ergebnis immer *=$B$2-$B$3*.
- Es gibt auch gemischte Bezüge, die relative und absolute Elemente kombinieren:
  - Ein absoluter Spaltenbezug mit einem relativen Zeilenbezug, beispielsweise in der Form *=$B2*.
  - Ein relativer Spaltenbezug mit einem absoluten Zeilenbezug, beispielsweise in der Form *=B$2*.

  Beim Kopieren von gemischten Bezügen wird der relative Teil der Adresse an die neue Position angepasst, der absolute Teil bleibt konstant.

Typen von Bezügen umwandeln

1. Markieren Sie die Zelle mit der Formel, deren Bezüge Sie ändern wollen.
2. Markieren Sie den Formelausdruck in der Bearbeitungsleiste.
3. Drücken Sie F4. Die relativen Bezüge werden zu absoluten Bezügen umgewandelt.
4. Drücken Sie nochmals F4. Der Spaltenbezug der Formel bleibt relativ, der Zeilenbezug wird absolut.
5. Drücken Sie wiederum F4. Der Zeilenbezug der Formel ist jetzt relativ, der Spaltenbezug absolut.

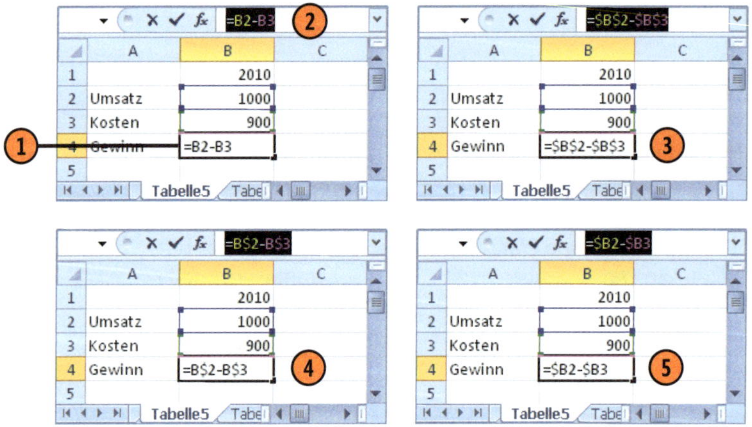

Eine Formel mit relativen Zellbezügen kopieren

1. Markieren Sie die Zelle mit der Formel, positionieren Sie den Zeiger auf einem Rand des Auswahlrahmens und halten Sie die Taste Strg gedrückt.
2. Ziehen Sie die Auswahl zu dem Bereich, in den Sie die Formel kopieren wollen.
3. Lassen Sie die Maustaste los. Die vorher markierte Formel wird kopiert.
4. Die Zelladressen in der kopierten Formel werden an die neue Position angepasst – beispielsweise wird aus der Formel *=B2-B3* die Formel *=C2-C3*.

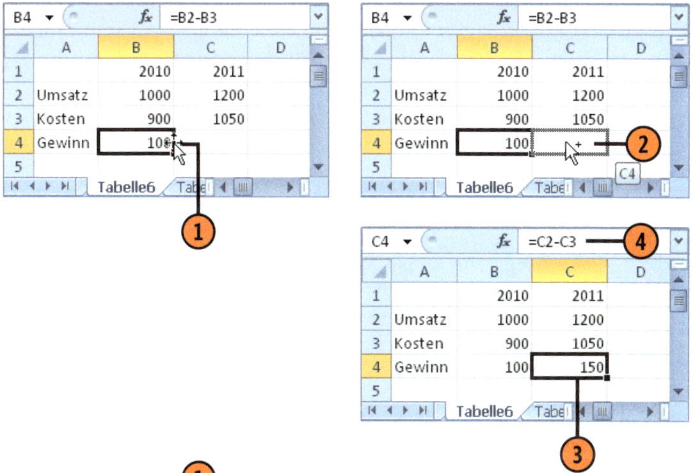

Eine Formel mit absoluten Zellbezügen kopieren

1. Markieren Sie die Zelle mit der Formel, positionieren Sie den Zeiger auf einem Rand des Auswahlrahmens und halten Sie die Taste Strg gedrückt.
2. Ziehen Sie die Auswahl zu dem Bereich, in den Sie die Formel kopieren wollen.
3. Lassen Sie die Maustaste los. Die vorher markierte Formel wird kopiert.
4. Die Zelladressen in der kopierten Formel bleiben dieselben – beispielsweise bleibt die Formel *=$B$2-$B$3* erhalten.

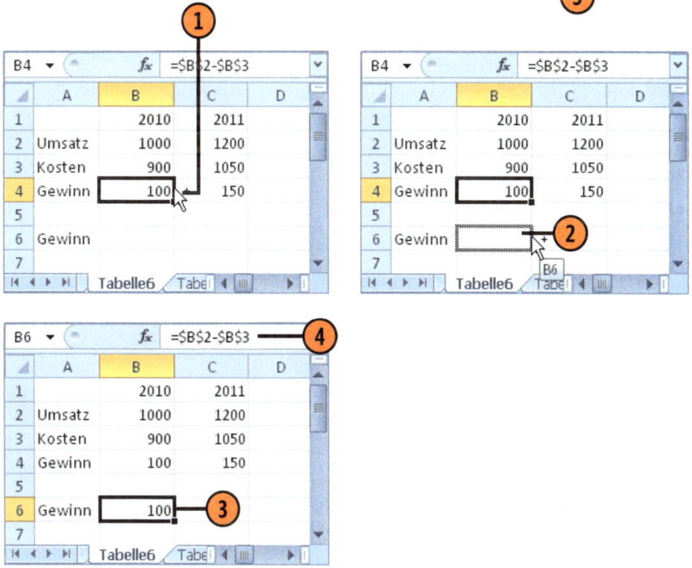

Achtung

Wenn Sie die Zelle mit der Formeladresse nicht kopieren, sondern verschieben, gibt es keinerlei Unterschiede zwischen absoluten und relativen Bezügen.

Die Office-Zwischenablage

Das zuletzt kopierte oder ausgeschnittene Element ist immer in der Zwischenablage von Microsoft Windows abgelegt. Zusätzlich verfügen die Programme der Office-Familie auch über eine eigene Zwischenablage. Diese Microsoft Office-Zwischenablage erlaubt es Ihnen, bis zu 24 unterschiedliche Inhalte dort zu sammeln. Bei Bedarf können Sie die abgelegten Elemente dann wieder an den gewünschten Stellen einfügen.

Die Office-Zwischenablage anzeigen

1. Lassen Sie die Registerkarte *Start* anzeigen.
2. Klicken Sie in der Gruppe *Zwischenablage* auf die kleine Pfeilspitze rechts neben dem Gruppennamen – das sog. Startprogramm für ein Dialogfeld.
3. Die Office-Zwischenablage wird als Aufgabenbereich eingeblendet. In der Titelleiste wird angezeigt, wie viele Inhalte bereits in der Zwischenablage enthalten sind.
4. Hier finden Sie die Inhalte, die Sie durch Kopieren oder Ausschneiden in der Office-Zwischenablage gelegt haben.

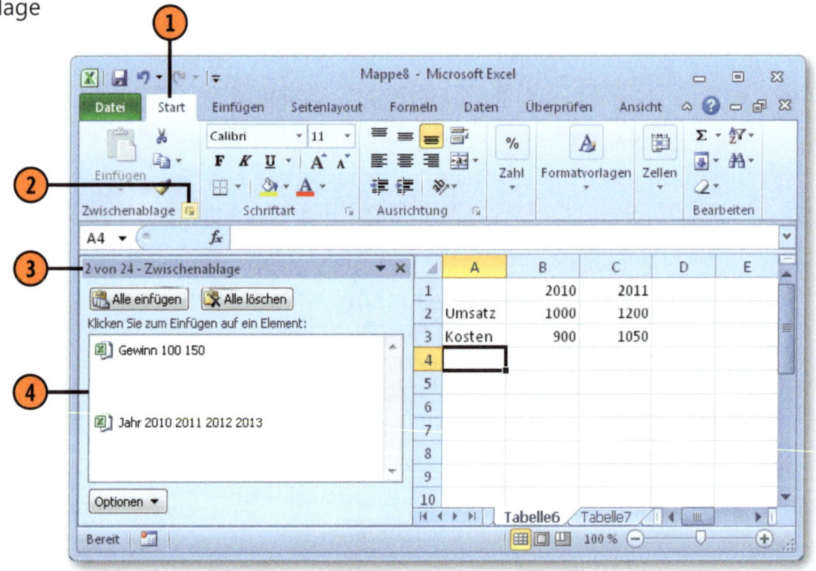

Inhalte aus der Office-Zwischenablage einfügen

1. Klicken Sie auf die Zelle, in der die obere linke Zelle des Bereichs nach dem Einfügen erscheinen soll.
2. Führen Sie den Mauszeiger in der Zwischenablage auf den einzufügenden Eintrag.
3. Klicken Sie auf den nach unten weisenden Pfeil.
4. Wählen Sie *Einfügen*, um den Inhalt an der gewählten Stelle einzufügen.

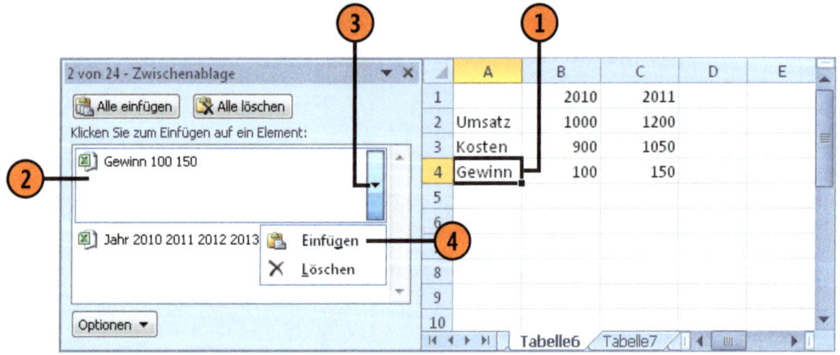

Die Office-Zwischenablage konfigurieren

1. Klicken Sie in der Office-Zwischenablage auf die Schaltfläche *Optionen*.
2. Schalten Sie die folgenden Optionen ein oder aus:
   - *Office-Zwischenablage automatisch anzeigen:* Die Zwischenablage wird automatisch angezeigt, wenn zwei Ausschneide-/Kopierbefehle ohne eine Eingabe dazwischen aufeinanderfolgen.
   - *Office-Zwischenablage anzeigen wenn Strg+C zweimal betätigt wurde:* Die Zwischenablage wird über die entsprechende Tastenkombination auf den Bildschirm gebracht.
   - *Sammeln ohne Anzeige der Office-Zwischenablage:* Alle ausgeschnittenen oder kopierten Elemente werden in der Zwischenablage gesammelt, ohne dass diese angezeigt wird.
   - *Office-Zwischenablagensymbol auf Taskleiste anzeigen:* Ein entsprechendes Symbol wird in der Taskleiste angezeigt. Die Steuerung kann dann über das Kontextmenü zu diesem Symbol erfolgen. Das funktioniert auch bei Nicht-Office-Programmen.
   - *Beim Kopieren Status bei Aufgabenbereich anzeigen:* Beim Kopieren wird eine QuickInfo zum Symbol in der Taskleiste angezeigt, in der die Anzahl der Elemente in der Zwischenablage angegeben wird.

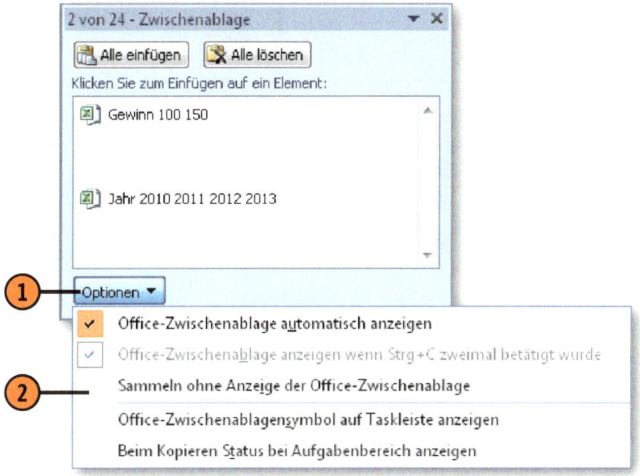

Zusätzliche Hinweise

- Sind in der Zwischenablage bereits 24 Elemente vorhanden, wird bei einem weiteren Kopieren oder Ausschneiden das Element, das als Erstes dort eingefügt wurde, wieder daraus entfernt.
- Um ein Element aus der Zwischenablage zu löschen, markieren Sie es, klicken auf den nach unten weisenden Pfeil und wählen dann *Löschen*.
- Über die Schaltflächen *Alle einfügen* bzw. *Alle löschen* oberhalb des Listenfeldes können Sie außerdem alle Elemente der Zwischenablage an der aktuellen Markierung einfügen bzw. die Zwischenablage leeren.
- Um die Zwischenablage wieder auszublenden, klicken Sie auf die *Schließen*-Schaltfläche rechts oben im Aufgabenbereich.

Bereiche mit Daten ausfüllen

Wenn die Zellen, in die kopiert werden soll, direkt neben, unter oder über den Zellen liegen, die kopiert werden sollen, können Sie den Kopierprozess einfacher gestalten, indem Sie die automatische Ausfüllfunktion nutzen. Besonders dann, wenn benachbarte Zellen eine identische Formelstruktur aufweisen sollen, spart der Einsatz dieser Funktion einige Arbeit.

Aber Sie können nicht nur Formeln, sondern auch einfache Daten auf diese Weise fortschreiben lassen. Eine QuickInfo zeigt den Wert an, der in die aktuell markierte Zelle eingegeben wird. Wenn Sie beim Ausfüllen zusätzlich Strg drücken, können Sie Werte fortschreiben. Ein zusätzliches Pluszeichen wird dann neben dem Ausfüllen-Mauszeiger angezeigt.

Eine Bereichsformel erzeugen

1. Markieren Sie die Zelle, deren Formelinhalt Sie übertragen wollen, und positionieren Sie den Zeiger auf dem Ausfüllkästchen in der rechten unteren Ecke der Auswahl.
2. Halten Sie die Maustaste gedrückt und markieren Sie dann den Bereich, der mit Daten ausgefüllt werden soll.
3. Lassen Sie abschließend die Maustaste los. Die Formel wird in den Bereich kopiert.
4. Die Schaltfläche *Auto-Ausfülloptionen* wird angezeigt.
5. Wie beim normalen Kopieren werden die Zelladressen an ihre neue Position angepasst.

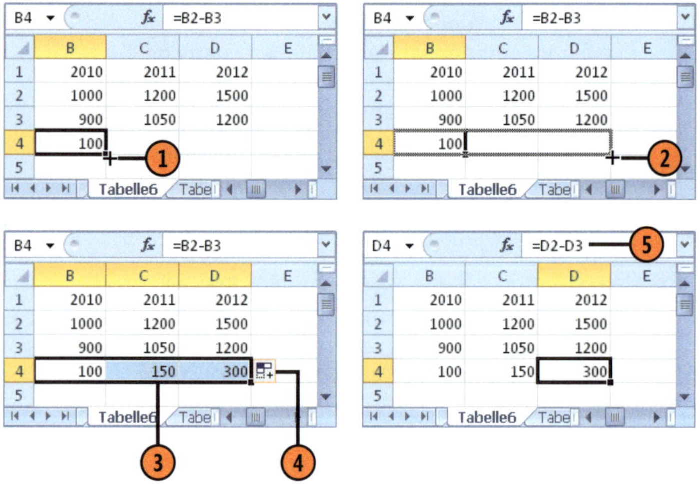

Auto-Ausfülloptionen

1. Wenn Sie auf die Schaltfläche *Auto-Ausfülloptionen* klicken, wird ein Dropdownmenü angezeigt:
   - *Zellen kopieren* kopiert Inhalte und Formate.
   - Alternativ können Sie nur die Formate oder nur die Inhalte fortschreiben. Die Verfügbarkeit der Optionen hängt vom Inhalt der Daten ab, die Sie übertragen möchten.
2. Nach einer weiteren Eingabe verschwindet diese Schaltfläche wieder.

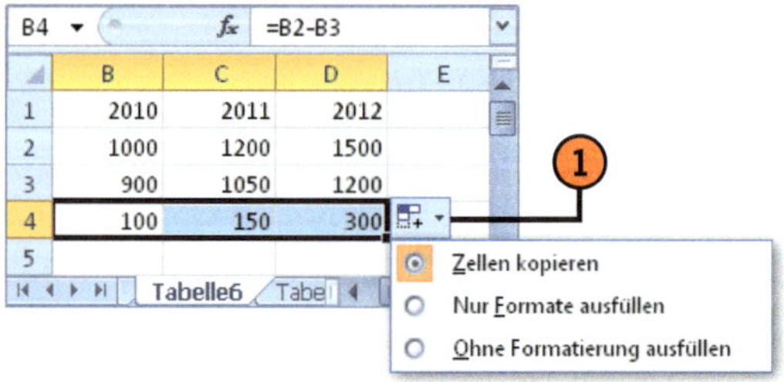

Eine Datumseingabe fortschreiben

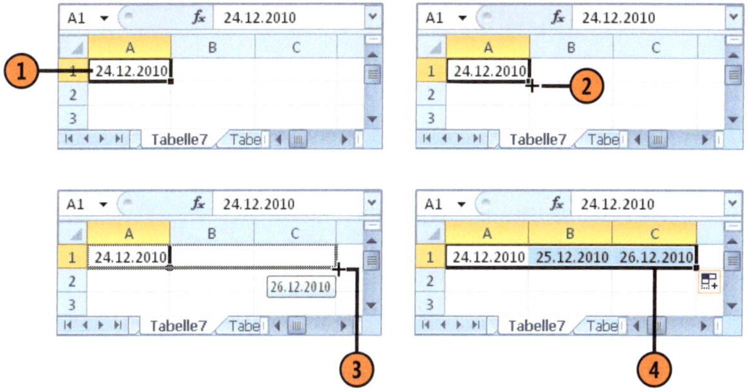

1. Markieren Sie eine Zelle, deren Inhalt Sie übertragen wollen – beispielsweise eine Zelle mit einer Datumsangabe.
2. Positionieren Sie den Zeiger auf dem Ausfüllkästchen in der rechten unteren Ecke der Auswahl.
3. Halten Sie die Maustaste gedrückt und markieren Sie dann den Bereich, der mit Daten gefüllt werden soll.
4. Lassen Sie abschließend die Maustaste los. Der Inhalt der Zelle wird in den Bereich kopiert und angepasst.

Andere Daten fortschreiben

1. Einfache Zahlenwerte werden wie eingegeben kopiert, ändern sich also nicht.
2. Datumsangaben werden jeweils um einen Tag erhöht.
3. Uhrzeitangaben werden um eine Stunde erhöht.
4. Ausgeschriebene Monatsangaben und Wochentage werden ebenfalls auf den nächsten Wert gesetzt.
5. Bei aus Texten und Zahlenwerten kombinierten Angaben wird der Zahlenteil um jeweils 1 erhöht.

Daten mit gedrückter Strg-Taste fortschreiben

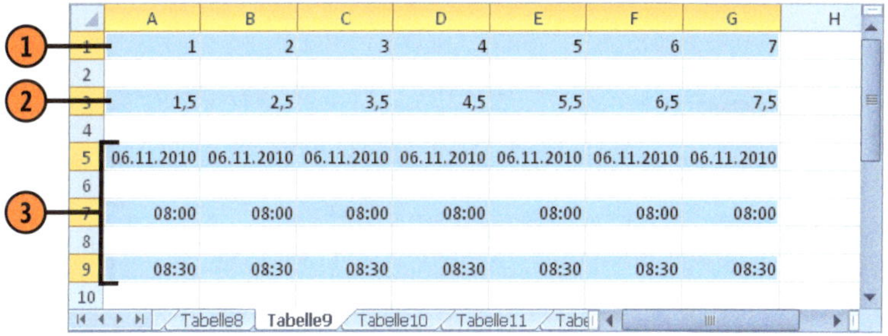

1. Zahlenwerte werden um den Wert 1 erhöht.
2. Das gilt auch für Dezimalzahlen.
3. Alle anderen Daten bleiben konstant.

Trends extrapolieren

Wenn Sie bereits mindestens zwei – oder aber auch mehr – Werte einer Datenreihe eingegeben haben, können Sie diese Daten als Basis für eine Fortschreibung der Werte benutzen. Wie dabei fortgeschrieben werden soll, können Sie festlegen. Standardmäßig wird für die Steigerung ein konstanter Wert gewählt – man nennt das lineare Fortschreibung. Sie können aber auch andere Formen für die Steigerung wählen.

Eine Datenreihe linear ausfüllen

1. Markieren Sie die vorhandenen Daten zusammen mit dem Bereich, der mit Daten gefüllt werden soll.
2. Lassen Sie die Registerkarte *Start* anzeigen.
3. Klicken Sie in der Gruppe *Bearbeiten* auf die Schaltfläche *Füllbereich*.
4. Wählen Sie den Befehl *Reihe*.
5. Legen Sie im Dialogfeld die Einstellungen fest. Im Feld *Inkrement* können Sie angeben, welcher Wert jeweils hinzugefügt werden soll.
6. Bestätigen Sie über *OK*.
7. Die Datenreihe wird erstellt.

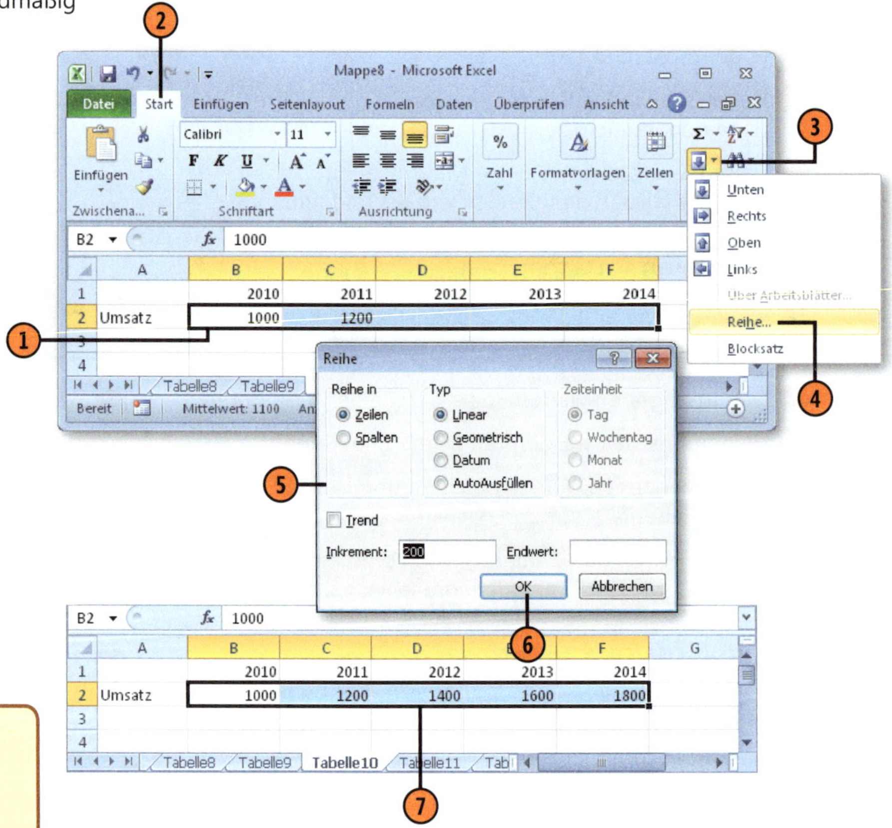

Gewusst wie

Die ersten vier Optionen im Menü zur Schaltfläche *Füllbereich* erlauben ein Ausfüllen in unterschiedliche Richtungen. Je nachdem, was Sie markiert haben, sind immer nur bestimmte Optionen verfügbar. Der Rest wird abgeblendet angezeigt.

Verschiedene Formen der Fortschreibung

Unter *Typ* geben Sie die Art der Fortschreibung an; Sie legen damit fest, um welchen Wert die Daten von Feld zu Feld ansteigen sollen:

1. *Linear* bedeutet, dass der Wert von Zelle zu Zelle um einen konstanten Wert erhöht wird. Die Reihe *1, 2, 3, 4, 5* usw. ist eine lineare Reihe. Den Wert, um den die Reihe erhöht werden soll, legen Sie über *Inkrement* fest. Alternativ können Sie hier auch den Wert für das letzte Feld der Reihe im Feld *Endwert* eingeben. Das Inkrement wird dann automatisch errechnet.

2. Mit *Geometrisch* geben Sie an, dass die Reihe einer geometrischen Struktur folgen soll. Solche Reihen vervielfachen den Wert von Element zu Element – beispielsweise ist *1, 2, 4, 8, 16* usw. eine geometrische Reihe. Aktivieren Sie zusätzlich das Kontrollkästchen *Trend.*

3. Wenn Sie die Option *Datum* wählen, müssen Sie im Gruppenfeld *Zeiteinheit* eine Einheit festlegen. Auf diese Weise können Sie einen Datumswert tageweise, monatlich oder jährlich fortschreiben. Die Option *Wochentag* bedeutet hier, dass nur die Tage von *Montag* bis *Freitag* benutzt werden. Auch hier können Sie ein *Inkrement* angeben – beispielsweise *3*, wenn nur jeder dritte Monat in der Reihe verwendet werden soll.

4. Wenn Sie die Option *AutoAusfüllen* wählen, wird ein im Feld *Inkrement* eingegebener Wert ignoriert. Excel benutzt dann allein die bereits in der Tabelle vorhandenen Werte und bestimmt auf dieser Basis die restlichen.

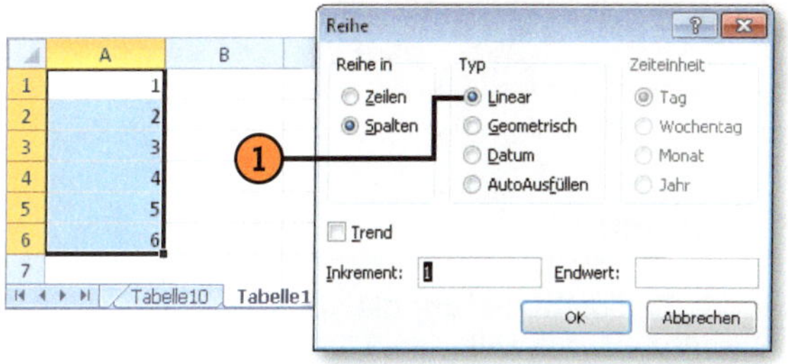

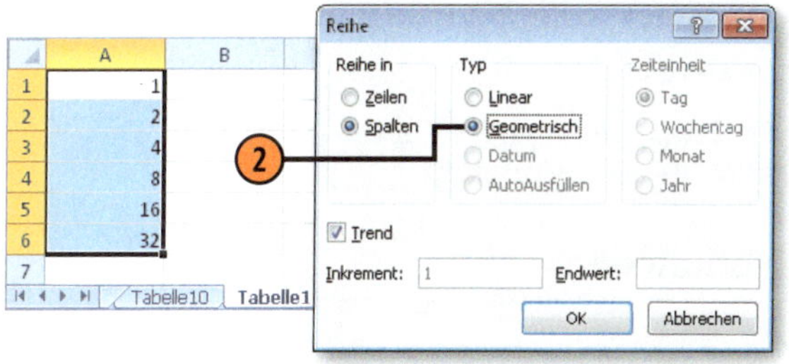

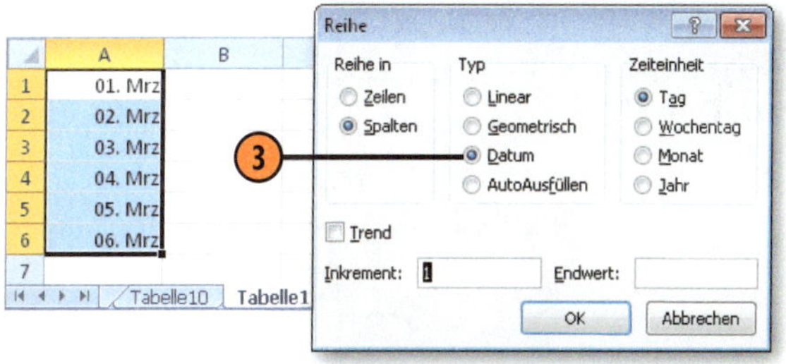

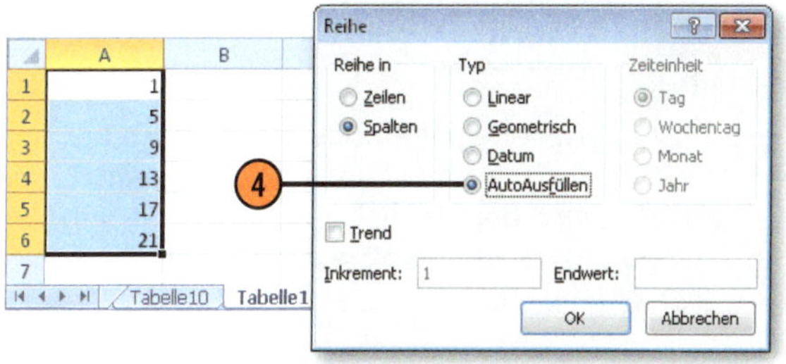

Spalten oder Zeilen einfügen

Falls Sie zwischen Zellen, in denen Sie bereits Daten eingegeben haben, zusätzliche Eingaben vornehmen wollen, brauchen Sie die vorhandenen Eingaben nicht zu verschieben. Sie können stattdessen Spalten oder Zeilen in die Tabelle einfügen.

Eine Spalte einfügen

1. Markieren Sie die Spalte, vor der die neue Spalte eingefügt werden soll.
2. Klicken Sie mit der rechten Maustaste in den markierten Bereich.
3. Wählen Sie *Zellen einfügen* im Kontextmenü. Eine neue Spalte wird eingefügt.

Eine Zeile einfügen

1. Markieren Sie die Zeile, vor der die neue Zeile eingefügt werden soll.
2. Klicken Sie mit der rechten Maustaste in den markierten Bereich.
3. Wählen Sie *Zellen einfügen* im Kontextmenü. Eine neue Zeile wird eingefügt.

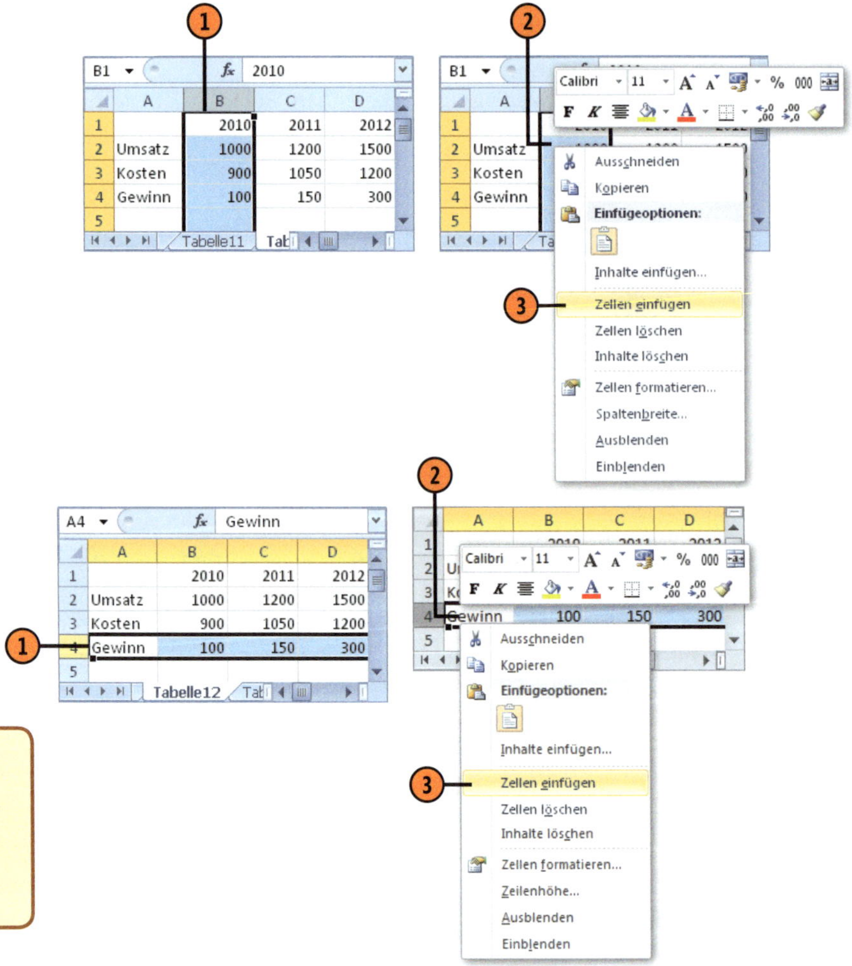

Gewusst wie

Sie können zum Einfügen von Spalten oder Zeilen auch die Befehle im Menü zur Schaltfläche *Einfügen* (Gruppe *Zellen* auf der Registerkarte *Start*) benutzen. Dazu müssen Sie vorher nur eine Zelle markieren. Wählen Sie dann *Blattzeilen einfügen* bzw. *Blattspalten einfügen*.

Spalten oder Zeilen löschen

Nicht benötigte Bereiche können Sie auch löschen. Beim Löschen von Elementen sollten Sie unbedingt darauf achten, dass dadurch keine Inhalte entfernt werden, auf die Formeln in anderen Zellen Bezug nehmen.

Spalten löschen

1. Markieren Sie die Spalte, die gelöscht werden soll.
2. Klicken Sie mit der rechten Maustaste in den markierten Bereich.
3. Wählen Sie *Zellen löschen* im Kontextmenü. Die vorher markierte Spalte wird gelöscht.

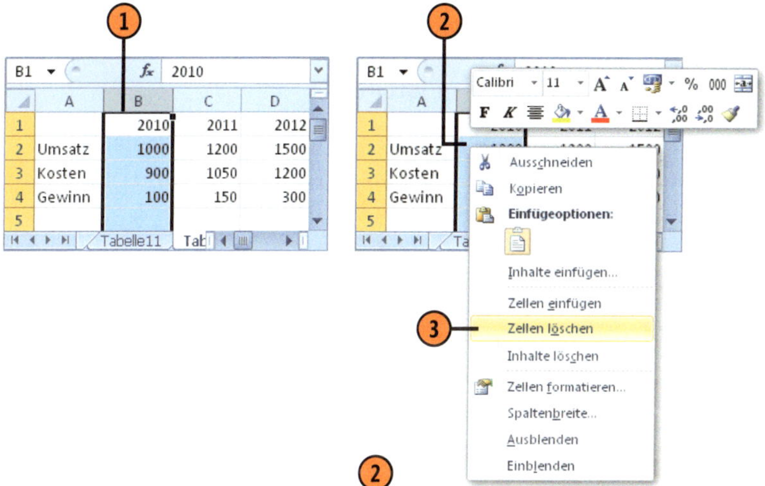

Zeilen löschen

1. Markieren Sie die Zeile, die gelöscht werden soll.
2. Klicken Sie mit der rechten Maustaste in den markierten Bereich.
3. Wählen Sie *Zellen löschen* im Kontextmenü. Die vorher markierte Zeile wird gelöscht.

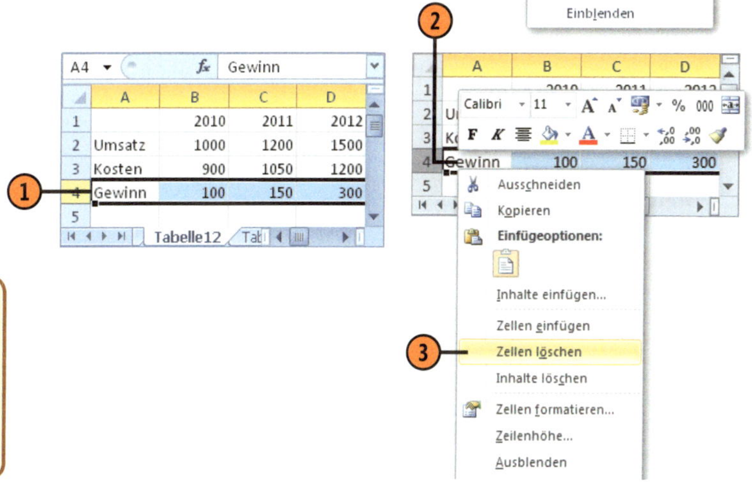

Gewusst wie

Sie können zum Löschen von Spalten oder Zeilen auch die Befehle im Menü zur Schaltfläche *Löschen* (Gruppe *Zellen* auf der Registerkarte *Start*) benutzen. Dazu müssen Sie vorher nur eine Zelle markieren. Wählen Sie dann *Blattzeilen löschen* bzw. *Blattspalten löschen*.

Spaltenbreite und Zeilenhöhe einstellen

Excel-Tabellen besitzen zunächst einen Standardwert für die Zeilenhöhe und die Spaltenbreite. Sie können diese Standardwerte direkt über die Maus oder mithilfe von Befehlen an die speziellen Erfordernisse der Spalten und Zeilen anpassen.

Die Spaltenbreite einstellen

1. Setzen Sie den Mauszeiger auf die rechte Begrenzungslinie des Kopfes der Spalte, deren Breite Sie ändern wollen. Klicken Sie und halten Sie die Maustaste gedrückt. Die Breite wird angezeigt.
2. Ziehen Sie mit gedrückter Maustaste waagerecht in die betreffende Richtung. Lassen Sie die Maustaste an der gewünschten Stelle los.

Die Zeilenhöhe einstellen

1. Setzen Sie den Mauszeiger auf die untere Begrenzungslinie des Kopfes der Zeile, deren Höhe Sie ändern wollen. Klicken Sie und halten Sie die Maustaste gedrückt. Die Höhe wird angezeigt.
2. Ziehen Sie mit gedrückter Maustaste senkrecht in die betreffende Richtung. Lassen Sie die Maustaste an der gewünschten Stelle los.

Optimale Breite einstellen

1. Setzen Sie den Mauszeiger auf die rechte Begrenzungslinie des Kopfes der Spalte, deren Breite Sie ändern wollen.
2. Doppelklicken Sie auf diese Stelle. Die Breite der Spalte wird so eingestellt, dass der längste Eintrag darin vollständig angezeigt wird.

Für Spalten und Zeile gibt es auch optimale Werte. Eine optimale Breite ist die, bei der der längste Eintrag in der Spalte vollständig angezeigt wird. Eine optimale Zeilenhöhe orientiert sich an den größten in der Zeile vorhandenen Zeichen.

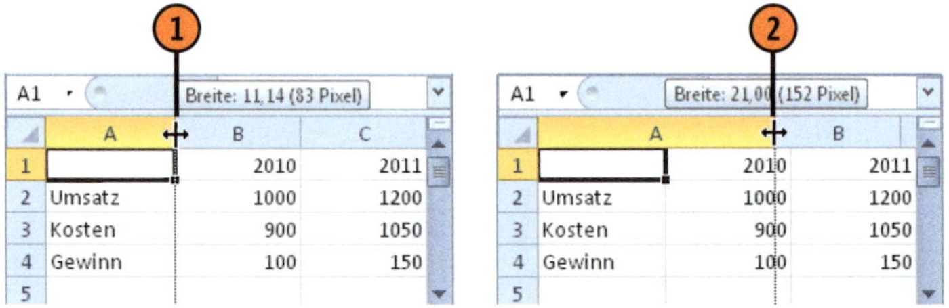

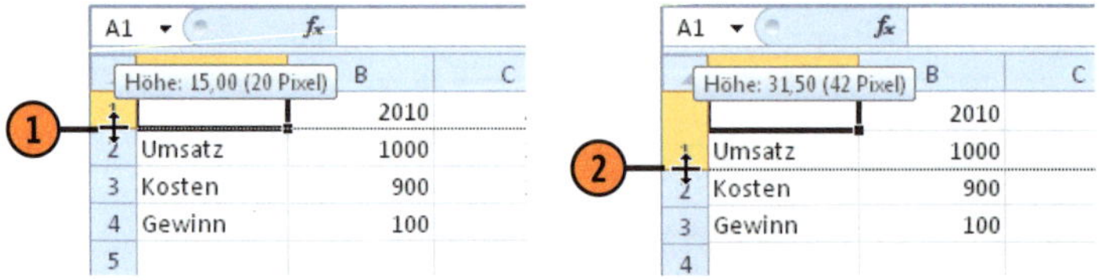

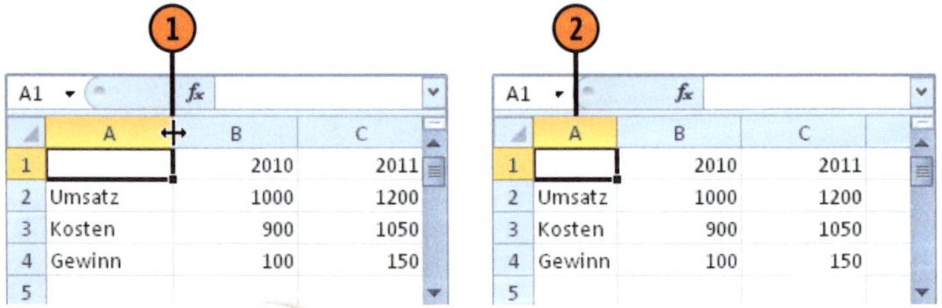

Gewusst wie

Sie können zum Einstellen der Maße auch die Befehle im Menü zur Schaltfläche *Format* (Gruppe *Zellen* auf der Registerkarte *Start*) benutzen. Markieren Sie aber zuerst eine Zelle im gewünschten Bereich.

Spalten und Zeilen aus- und einblenden

Wenn die Anzeige der Inhalte von bestimmten Zeilen oder Spalten nicht notwendig ist, können Sie diese aus- und bei Bedarf wieder einblenden. Der Inhalt ausgeblendeter Zeilen oder Spalten bleibt aber weiterhin vorhanden und wird bei entsprechenden Berechnungen berücksichtigt.

Spalten/Zeilen ausblenden

1. Markieren Sie die entsprechende Zeile oder Spalte.
2. Klicken Sie mit der rechten Maustaste in den markierten Bereich und wählen Sie *Ausblenden* im Kontextmenü.
3. Die vorher markierte Spalte oder Zeile wird ausgeblendet.

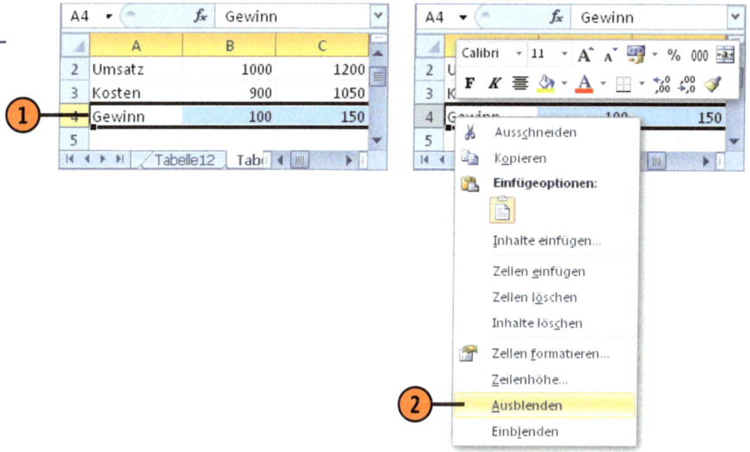

Tipp

Dass beispielsweise eine Spalte ausgeblendet ist, erkennen Sie an dem fehlenden Buchstaben und der etwas dickeren Trennlinie zwischen den entsprechenden Spaltenköpfen.

Spalten/Zeilen wieder einblenden

1. Um eine ausgeblendete Zeile oder Spalte wieder einzublenden, markieren Sie zuerst die beiden Nachbarzeilen bzw. -spalten.
2. Klicken Sie mit der rechten Maustaste in den markierten Bereich und wählen Sie *Einblenden* im Kontextmenü.

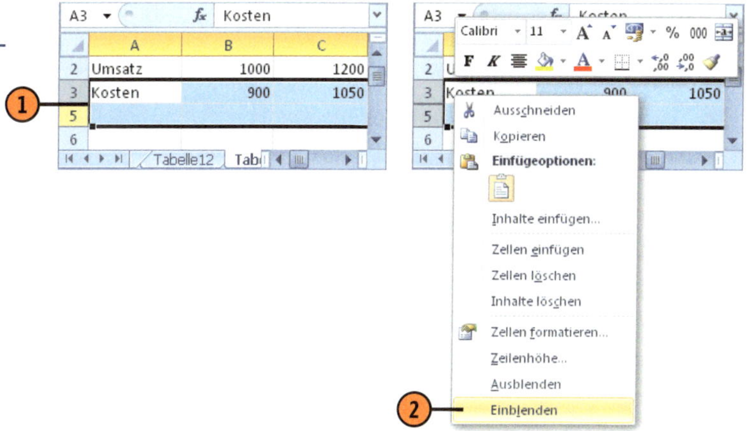

Tipp

Sie können Spalten und Zeilen auch ausblenden, indem Sie eine Breite bzw. Höhe von *0* einstellen.

Nach Daten suchen

Bei großen Tabellen verliert man manchmal den Überblick. Die *Suchen*-Funktion von Excel kann Ihnen dabei helfen, bestimmte Bereiche der Tabelle wiederzufinden. Sie müssen nur einen Begriff eingeben, den Sie in diesem Bereich verwendet haben.

Einfaches Suchen

1. Aktivieren Sie die Registerkarte *Start*.
2. Klicken Sie in der Gruppe *Bearbeiten* auf *Suchen und Auswählen*.
3. Wählen Sie den Befehl *Suchen*.
4. Geben Sie im Feld *Suchen nach* den Begriff ein, nach dem gesucht werden soll.
5. Bestätigen Sie anschließend:
   - Mit *Weitersuchen* wird das erste Auftreten markiert. Klicken Sie nochmals auf *Weitersuchen*, um zur nächsten Fundstelle zu gelangen.
   - Mit *Alle suchen* werden alle Fundstellen unten im Dialogfeld aufgelistet.

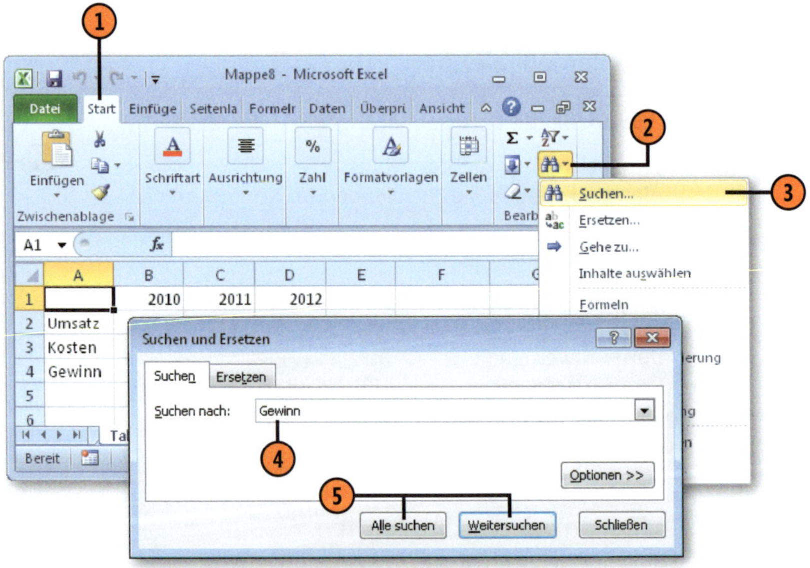

Suchen mit Optionen

1. Nachdem Sie im Dialogfeld *Suchen und Ersetzen* auf *Optionen* geklickt haben, stehen Ihnen weitere Möglichkeiten zur Feineinstellung zur Verfügung:
   - Über *Durchsuchen* legen Sie fest, ob das aktuelle Blatt oder die ganze Mappe durchsucht werden soll.
   - Über *Suchen* können Sie angeben, ob die Suche zeilenweise oder spaltenweise durchgeführt werden soll.
   - Über *Suchen in* legen Sie beispielsweise fest, ob auch in Formeln oder nur in Werten gesucht werden soll.

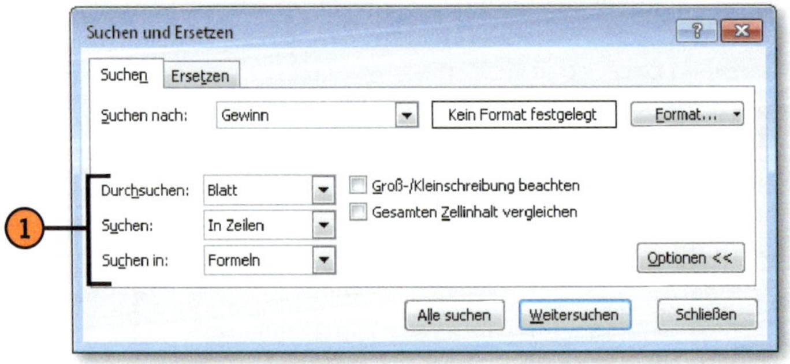

9 Tabellen formatieren

In diesem Kapitel:

- Das Dokumentdesign einsetzen
- Schriftformate einstellen
- Mehrere Formate in einer Zelle
- Ausrichtung und Einzüge
- Zahlenformate einstellen
- Dezimalstellen, Prozentzeichen, Währungssymbole und Tausendertrennzeichen
- Formate für Datum und Uhrzeit
- Rahmen, Linien und Muster
- Die bedingte Formatierung benutzen
- Der Manager für Regeln zur bedingten Formatierung

Unter dem Begriff »Formatieren« versteht man bei Excel alle Tätigkeiten, die die optische Gestaltung der Tabelle betreffen. Dazu gehören sowohl Angaben für die Form der Anzeige – beispielsweise die Darstellung mit einem Prozent- oder Währungszeichen – als auch solche zu grafischen Aspekten – wie beispielsweise die Wahl der Schriftart oder -größe. Die Einträge in den Zellen können unterschiedlich ausgerichtet oder auch über mehrere Zellen hinweg positioniert werden. Zellbereiche können mit Rahmen und Linien sowie mit Farben und Mustern für den Hintergrund versehen werden.

Alle Office-Programme der Version 2010 verfügen mit den Designwerkzeugen über eine Möglichkeit, ein ganzes Dokument einheitlich optisch zu gestalten. Außerdem können Sie natürlich einzelne Bereiche individuell formatieren.

Sehr interessant ist außerdem die sogenannte »bedingte Formatierung«. Damit können Sie Bedingungen aufstellen, die das Zellformat automatisch als Folge des in der Zelle angezeigten Wertes ändern. Beispielsweise können Sie festlegen, dass in einer Zeile für den Gewinn ein roter Hintergrund benutzt wird, wenn die Zahl in der Zelle negativ wird.

Das Dokumentdesign einsetzen

Mithilfe eines Dokumentdesigns können Sie eine ganze Tabelle schnell durchgängig formatieren. Ein solches Dokumentdesign ist eine Gruppe von Formatierungsoptionen, die aus einer Gruppe von Designfarben, einer Gruppe von Designschriftarten und einer Gruppe von Designeffekten besteht.

Damit eine Tabelle auf ein bestimmtes Dokumentdesign reagieren kann, müssen Sie einzelnen Elementen darin unterschiedliche Zellenformatvorlagen zuweisen. Danach können Sie die Gestaltung schnell ändern, indem Sie ein anderes Design darauf anwenden.

Zellenformatvorlage zuweisen

1. Markieren Sie den zu formatierenden Bereich.
2. Lassen Sie die Registerkarte *Start* anzeigen und öffnen Sie in der Gruppe *Formatvorlagen* den Katalog zur Schaltfläche *Zellenformatvorlagen*.
3. Wählen Sie eine Formatvorlage für den Bereich aus. Wiederholen Sie diese Schritte für weitere Zellbereiche.

Achtung

Bei Tabellen, auf deren Elemente noch keine Formatvorlagen angewendet wurden, haben verschiedene Designs nur die Auswirkung, dass die verwendete Schrift in der gesamten Tabelle geändert wird. Das gilt auch für die Bezeichnung in den Spalten- und Zeilenköpfen der Tabelle.

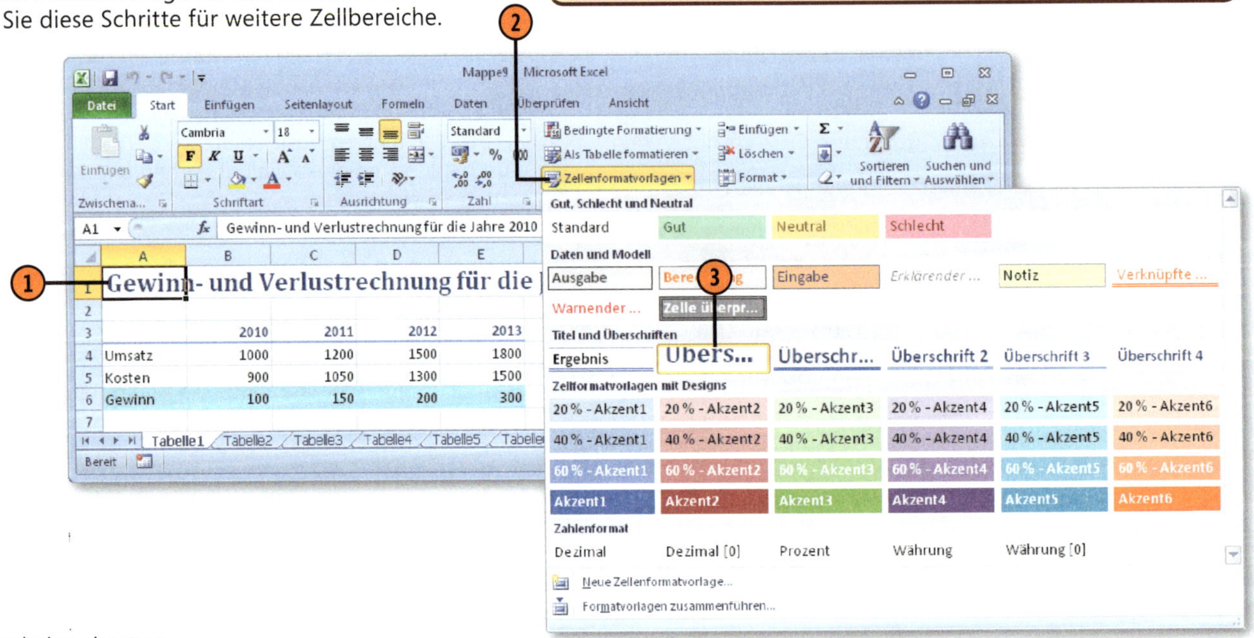

Ein anderes Design wählen

1. Lassen Sie die Registerkarte *Seitenlayout* anzeigen.
2. Klicken Sie auf die Schaltfläche *Designs*. Die Liste der auf Ihrem Rechner verfügbaren Designs wird angezeigt.
3. Wählen Sie ein Design aus.
4. Beachten Sie in der Livevorschau die geänderten Schriftarten, Farben und Spaltenbreiten.

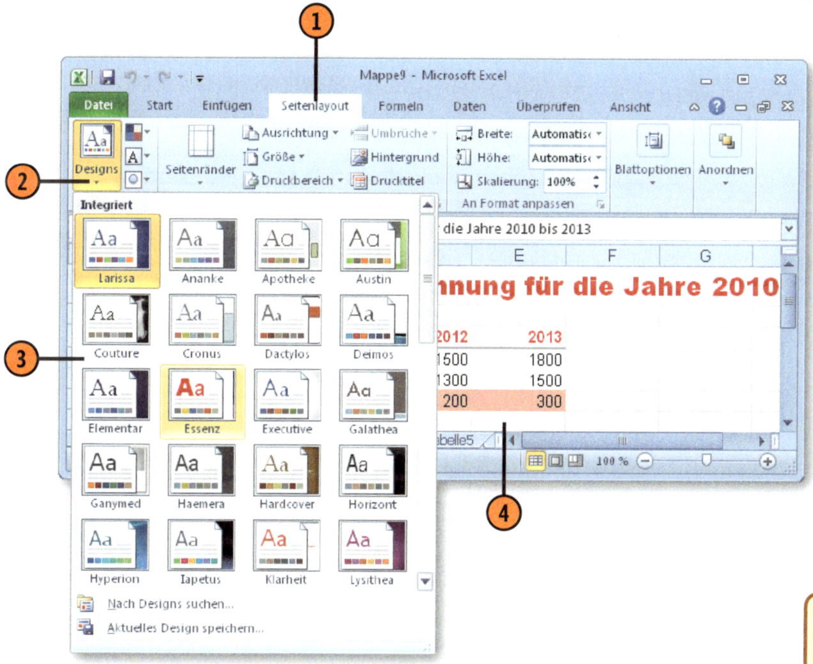

Neue Designelemente wählen

1. Wählen Sie auf der Registerkarte *Seitenlayout* in der Gruppe *Designs* über die Kataloge der entsprechenden Schaltflächen einen anderen Satz von Designschriftarten, Designfarben und/oder Designeffekten.

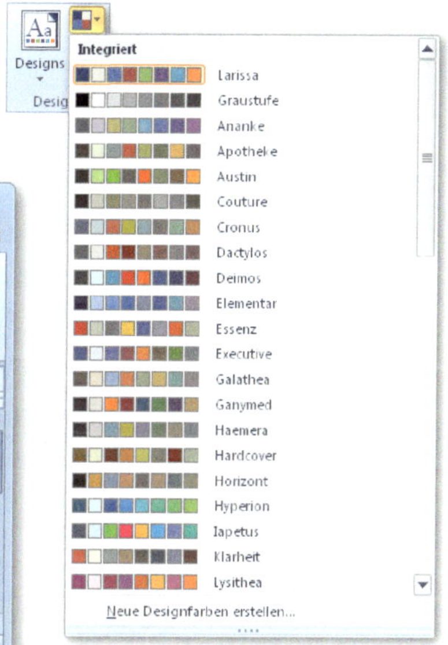

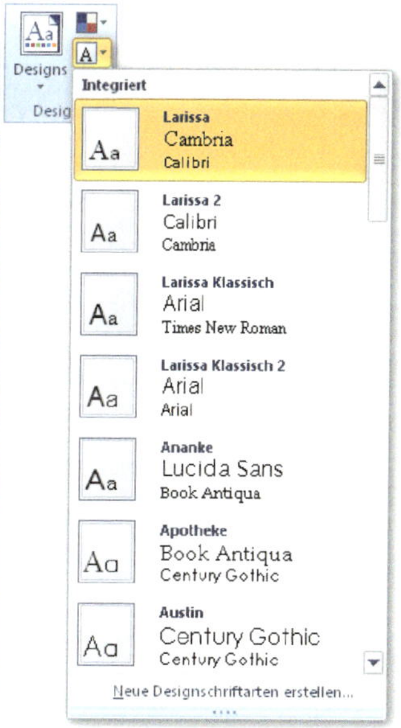

Gewusst wie

Für die Designfarben und die Designschriftarten können Sie auch eigene Kombinationen einstellen. Benutzen Sie dazu die Befehle *Neue Designfarben erstellen* und *Neue Designschriftarten erstellen* unten in den Katalogen.

Schriftformate einstellen

Zu den Schriftformaten gehören beispielsweise die Art und Größe der Schrift, die Attribute *Fett*, *Kursiv* und *Unterstrichen* sowie die Farbgebung für den Hintergrund und für die Schrift selbst. Am schnellsten funktioniert das Zuweisen solcher Formate über die Minisymbolleiste.

Die Minisymbolleiste zur Schriftformatierung verwenden

1. Markieren Sie den zu formatierenden Zellbereich.
2. Klicken Sie auf den markierten Bereich mit der rechten Maustaste. Das blendet die Minisymbolleiste ein.
3. Legen Sie die gewünschte Formatierung fest – klicken Sie beispielsweise auf die Schaltfläche *Fett*.

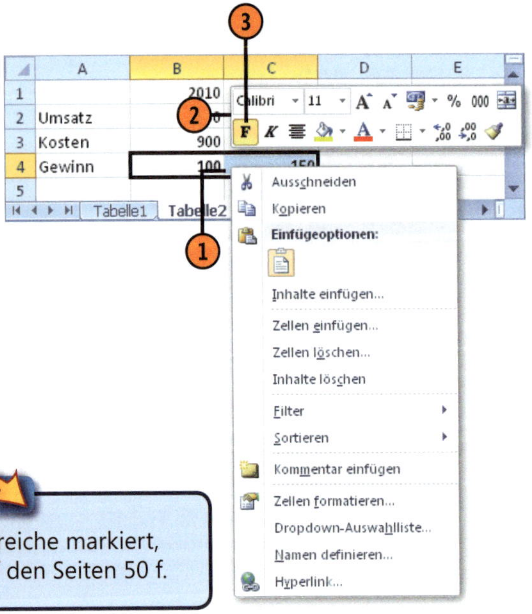

Siehe auch

Wie man Bereiche markiert, lesen Sie auf den Seiten 50 f.

Die wichtigsten Schriftparameter

Symbol	Beschreibung
Calibri	*Schriftart*: Zeigt die aktuell verwendete Schriftart an. Über das Dropdown-Listenfeld können Sie eine andere Schriftart einstellen.
11	*Schriftgrad*: Zeigt die aktuell verwendete Schriftgröße an. Über das Dropdown-Listenfeld können Sie eine andere Größe einstellen.
F K U	Den Inhalt der Zelle *Fett*, *Kursiv*, *Unterstrichen* formatieren. Hierbei handelt es sich um Umschalter: Ein erster Klick schaltet das Attribut ein; ein zweiter Klick schaltet es wieder aus. Zwei Formen der Unterstreichung sind möglich.
A A	*Schriftgrad vergrößern* und *Schriftgrad verkleinern*: Ändert die Größe der Schrift stufenweise.
A	*Füllfarbe* und *Schriftfarbe*: Färbt standardmäßig den Hintergrund gelb bzw. die Schrift rot ein. Ein Klick auf den Dropdownpfeil öffnet eine Liste mit Farben.

Tipp

Die können zum Zuweisen von Schriftformaten auch die Befehle in der Gruppe *Schriftart* auf der Registerkarte *Start* benutzen.

Mehrere Formate in einer Zelle

Im Allgemeinen werden Sie dem gesamten Zellinhalt ein bestimmtes Format geben wollen. Es gibt aber auch Fälle, in denen Sie innerhalb einer Zelle unterschiedliche Formate zuweisen möchten – beispielsweise wenn Sie einen Buchstaben mit einem Index versehen möchten.

Einen Teil einer Zelle formatieren

1. Wählen Sie die Registerkarte *Start*.
2. Markieren Sie die Zelle, von der Sie einen Teil formatieren wollen.
3. Klicken Sie in die Bearbeitungsleiste und markieren Sie den Bereich, den Sie formatieren wollen.
4. Klicken Sie in der Gruppe *Schriftart* auf das Startprogramm für ein Dialogfeld.
5. Stellen Sie im Dialogfeld *Zellen formatieren* die Schriftparameter ein – wählen Sie beispielsweise *Tiefgestellt*.
6. Klicken Sie auf *OK*. Die Formatierung zeigt sich nur in der Zelle selbst, nicht in der Bearbeitungsleiste.

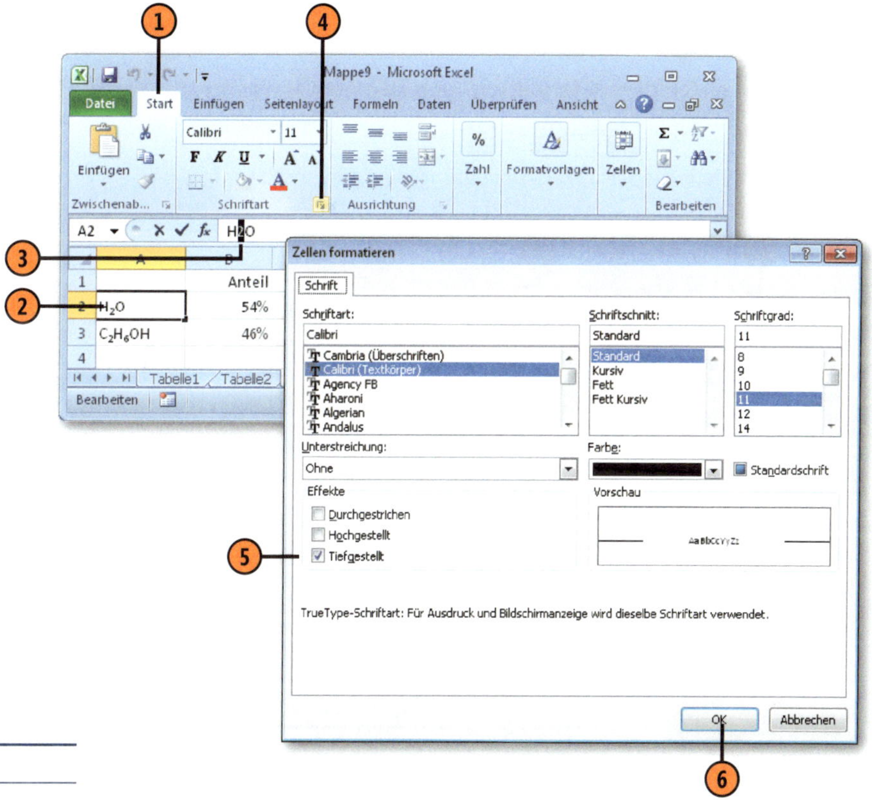

Tasten für den Schriftschnitt

Tastenkombination	Beschreibung
Strg+Umschalt+F	Fett ein- oder ausschalten
Strg+Umschalt+K	Kursiv ein- oder ausschalten
Strg+Umschalt+U	Unterstreichen ein- oder ausschalten
Strg+5	Durchstreichen ein- oder ausschalten

Ausrichtung und Einzüge

Standardmäßig werden in einer Zelle Texte linksbündig, Zahlenwerte rechtsbündig und Wahrheitswerte zentriert ausgerichtet. Damit erkennen Sie immer auch schnell den Typ der Eingabe.

Sie können diese Voreinstellungen ändern und außerdem die horizontale und vertikale Ausrichtung, den Einzug in der Zelle, den Winkel und diverse andere Parameter einstellen.

Die Ausrichtung in der Zelle festlegen

1. Markieren Sie den zu formatierenden Zellbereich.
2. Wählen Sie die Registerkarte *Start*.
3. Stellen Sie in der Gruppe *Ausrichtung* den gewünschten Typ ein.

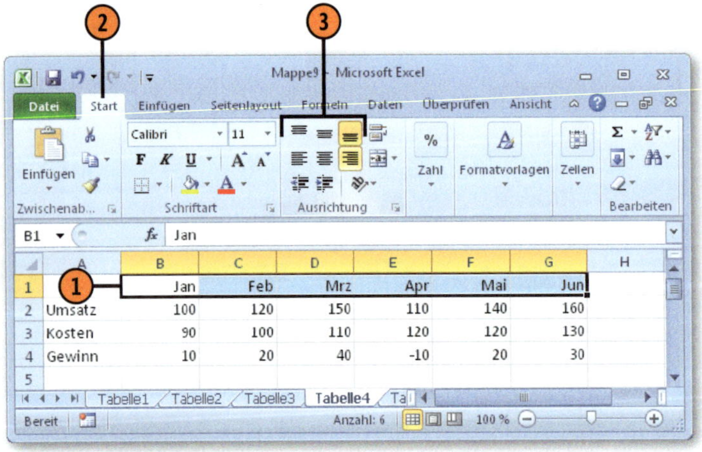

Tipp

Die Änderung der vertikalen Ausrichtung können Sie in der Tabelle nur sehen, wenn die Automatik zum Festlegen der optimalen Zeilenhöhe aktiviert ist, ansonsten müssen Sie eine ausreichend große Zeilenhöhe manuell einstellen.

Die Parameter zur Ausrichtung

Symbol	Beschreibung
	*Oben ausrichten, Zentriert ausrichten, Unten ausrichten*: Legt die vertikale Ausrichtung in der Zelle fest.
	*Text linksbündig ausrichten, Zentriert, Text rechtsbündig ausrichten*: Legt die horizontale Ausrichtung des Zellinhalts fest.
	*Einzug verkleinern, Einzug vergrößern*: Verschiebt den Einzug des Zellinhalts schrittweise nach links bzw. verschiebt den Zellinhalt entsprechend nach rechts.
	*Zeilenumbruch*: Erzeugt bei langen Texteintragungen in einer Zelle eine mehrzeilige Darstellung. Die Zeilenhöhe wird dabei vergrößert.
	*Verbinden und zentrieren*: Verbindet zwei vorher markierte benachbarte Zellen miteinander und zeigt den Inhalt der linken Zelle zentriert an.
	*Ausrichtung*: Dreht den Zellinhalt vertikal oder diagonal.

Siehe auch

Wie man die Höhe einer Zeile ändert, erfahren Sie auf Seite 128.

Einen Einzug festlegen

1. Markieren Sie den zu formatierenden Zellbereich.
2. Lassen Sie die Registerkarte *Start* anzeigen.
3. Klicken Sie – unter Umständen mehrfach – in der Gruppe *Ausrichtung* auf *Einzug vergrößern*. Der Eintrag in der Zelle wird entsprechend nach rechts verschoben.

Tipp

Um den Einzug wieder zu verringern, klicken Sie in der Gruppe *Ausrichtung* auf *Einzug verkleinern*.

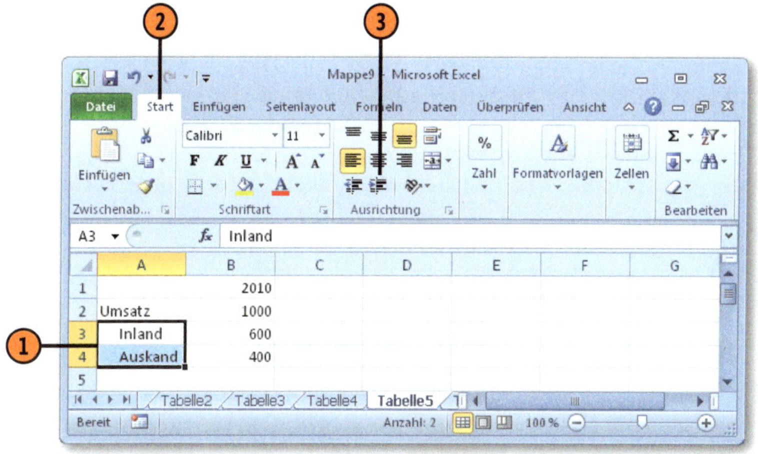

Überschriften zentrieren

1. Markieren Sie die Zelle, deren Inhalte Sie zentrieren wollen, zusammen mit der oder den Nachbarzellen.
2. Wählen Sie die Registerkarte *Start*.
3. Öffnen Sie in der Gruppe *Ausrichtung* das Menü zur Schaltfläche *Verbinden und zentrieren*.
4. Wählen Sie beispielsweise *Verbinden und zentrieren*, um die markierten Zellen zu einer zu verbinden und den Eintrag der linken Zelle im markierten Bereich zu zentrieren.

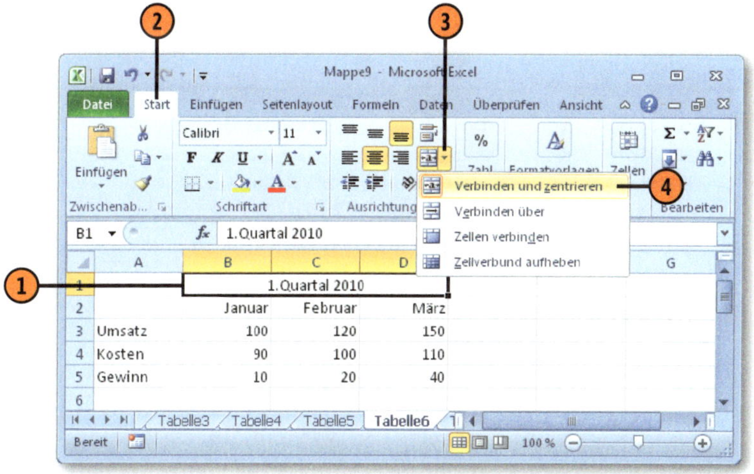

Tipp

Um das Verbinden und Zentrieren wieder aufzuheben, wählen Sie im Menü zur Schaltfläche *Verbinden und zentrieren* den Befehl *Zellverbund aufheben*.

Zahlenformate einstellen

Zahlen in einer Tabelle – dazu gehören auch Datums- und Uhrzeitangaben sowie Wahrheitswerte – können in unterschiedlichen Formaten angezeigt werden. Zum Festlegen der Zahlenformate steht Ihnen das entsprechende Dropdown-Listenfeld sowohl in der Minisymbolleiste als auch im Menüband auf der Registerkarte *Start* zur Verfügung; für die gängigsten Zahlenformate sind auch Tastenkombinationen definiert. Zudem können Sie über das Dialogfeld *Zellen formatieren* detaillierte Einstellungen für die verschiedenen Zahlenformate vornehmen.

Ein Zahlenformat auswählen

1. Markieren Sie den zu formatierenden Zellbereich.
2. Lassen Sie die Registerkarte *Start* anzeigen.
3. Klicken Sie in der Gruppe *Zahl* auf den Dropdownpfeil der Schaltfläche *Zahlenformat*.
4. Wählen Sie das gewünschte Zahlenformat aus.

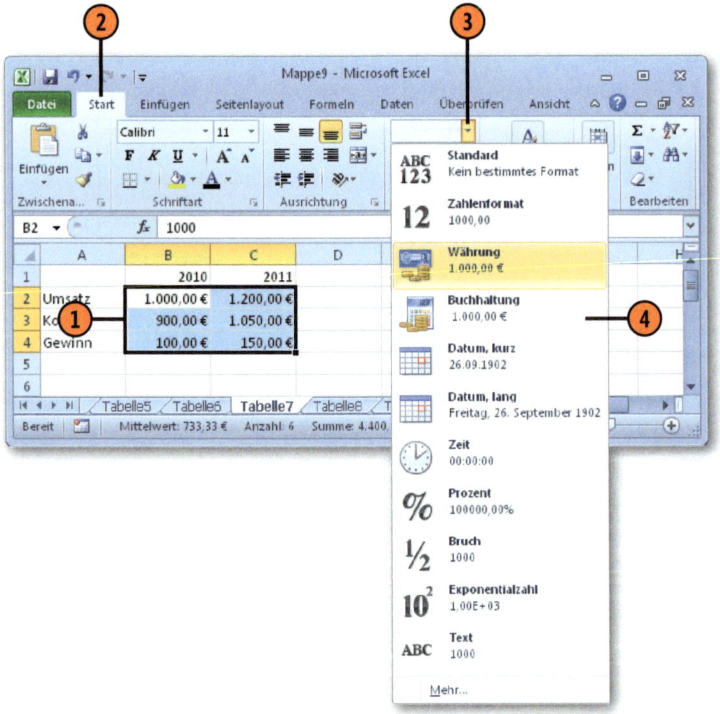

Die wichtigsten Zahlenformate

- Die Option *Standard* bewirkt die Übernahme der Grundeinstellungen, die Sie von der Dateneingabe über die Tastatur her kennen. Zahlenwerte werden mit allen Dezimalstellen (bei ausreichender Spaltenbreite; maximal 15 Zeichen) angezeigt.
- *Zahlenformat* zeigt zunächst zwei Stellen hinter dem Komma an. Diese Anzahl können Sie separat ändern.
- *Währung* fügt ein €-Zeichen hinzu, zeigt zwei Dezimalstellen an und fügt ein Tausendertrennzeichen ein. Die Form des Trennzeichens wird über die Ländereinstellung des Betriebssystems geregelt.
- *Buchhaltung* bewirkt dasselbe wie *Währung*. Zusätzlich wird rechts ein Einzug festgelegt. Das Minuszeichen für negative Werte wird nach links herausgezogen.
- *Prozent* multipliziert den Zahlenwert mit dem Faktor 100 und fügt ein %-Zeichen hinzu. Beispielsweise wird die Eingabe *0,65* im Format *Prozent* als *65%* dargestellt.

Siehe auch

Hinweise zum Einsatz von Datums- und Zeitformaten finden Sie auf Seite 141.

Das Dialogfeld zur Feineinstellung

1. Markieren Sie den zu formatierenden Zellbereich.
2. Lassen Sie die Registerkarte *Start* anzeigen.
3. Klicken Sie in der Gruppe *Zahl* auf das Startprogramm für ein Dialogfeld.
4. Wählen Sie zuerst eine *Kategorie*.
5. Bestimmen Sie dann die zusätzlichen Parameter.
6. Bestätigen Sie über *OK*.

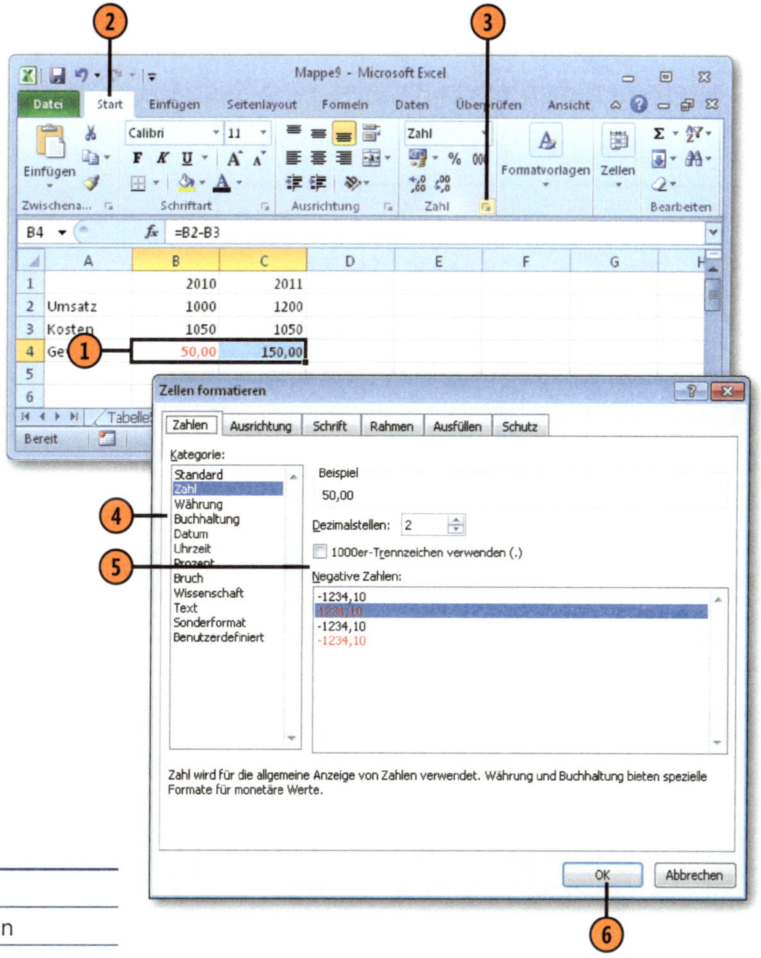

Die wichtigsten Parameter

- In der Kategorie *Zahlen* können Sie die Zahl der anzuzeigenden Dezimalstellen, ein Tausendertrennzeichen oder die Form der Anzeige von negativen Zahlenwerten regeln.
- Für die Kategorien *Währung* und *Buchhaltung* können Sie zwischen verschiedenen Währungskennzeichen wählen.
- In den Kategorien *Datum* und *Uhrzeit* haben Sie die Wahl zwischen unterschiedlichen Darstellungsformen für Datums- und Uhrzeitangaben.

Die Tastatur verwenden

Tastenkombination	Beschreibung
Strg+Umschalt+&	Das Zahlenformat *Standard*
Strg+Umschalt+$	Das Format *Währung* mit zwei Dezimalstellen
Strg+Umschalt+%	Das Format *Prozent* ohne Dezimalstellen
Strg+Umschalt+"	Das Zahlenformat *Wissenschaft* mit zwei Dezimalstellen
Strg+#	Das Format *Datum* mit Tag, Monat und Jahr

Dezimalstellen, Prozentzeichen, Währungssymbole und Tausendertrennzeichen

Außerdem können Sie einige Feinheiten für das Zahlenformat über verschiedene Schaltflächen einstellen. Hierzu stehen Ihnen sowohl die Minisymbolleiste als auch die betreffenden Schaltflächen auf der Registerkarte *Start* im Menüband zur Verfügung.

Die Formate einstellen

1. Markieren Sie den zu formatierenden Zellbereich.
2. Lassen Sie die Registerkarte *Start* anzeigen.
3. Verwenden Sie die Schaltflächen in der Gruppe *Zahl*, um das gewünschte Format einzustellen.

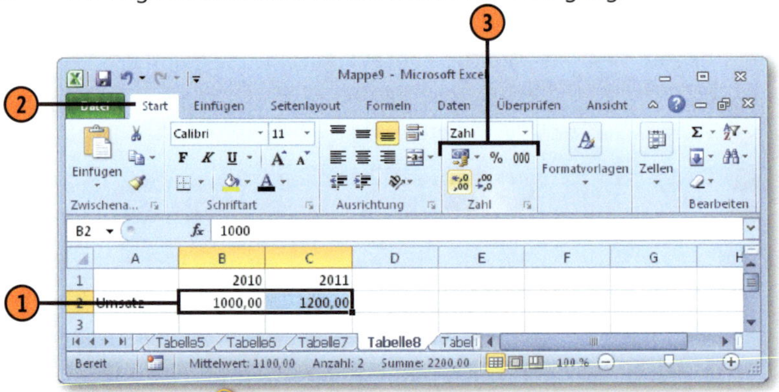

Die Optionen im Einzelnen

Schaltfläche	Beschreibung
	Dezimalstelle hinzufügen: Fügt bei jedem Klick auf die Schaltfläche eine weitere Dezimalstelle hinzu.
	Dezimalstelle löschen: Entfernt bei jedem Klick auf die Schaltfläche eine Dezimalstelle nach dem Komma.
%	*Prozentformat:* Multipliziert den Zahlenwert mit dem Faktor 100 und fügt ein %-Zeichen an. Beispielsweise wird die Eingabe *0,65* in diesem Format als *65%* dargestellt.
000	*1.000er-Trennzeichen:* Setzt einen Punkt vor jeder dritten Stelle vor dem Komma.
	Buchhaltungszahlenformat: Ein Klick fügt ein €-Zeichen und ein Tausendertrennzeichen hinzu. Über die Dropdownliste zu dieser Schaltfläche können Sie alternativ auch andere Währungssymbole wählen.

Achtung

Wenn Sie nach Wahl eines Formats dieses wieder abschalten wollen, wählen Sie das Format *Standard* im Menü zur Schaltfläche *Zahlenformat*.

Gewusst wie

Im Dialogfeld *Zellen formatieren* finden Sie in den Kategorien *Buchhaltung* und *Währung* noch weitere Währungssymbole wie beispielsweise £ und ¥; zum Öffnen dieses Dialogfeldes siehe Seite 139.

Tipp

Das Format *Prozent* zeigt standardmäßig keine Stellen hinter dem Komma an. Sie müssen diese erst noch einstellen.

Formate für Datum und Uhrzeit

Normale Zahlenwerte können in Datums- oder Uhrzeitangaben umformatiert werden – und umgekehrt: Das Datum *24. Dez. 2010* entspricht dem Zahlenwert *40536* – der *24.12.2010* ist der *40536.* Tag nach dem *1.1.1900.*

Für die Kategorie *Uhrzeit* stehen entsprechende Optionen zur Verfügung. Die Uhrzeitangabe *18:30* entspricht dem Zahlenwert *0,77* – 24 Stunden entsprechen dem Wert 1. Kombinationen von Datum und Uhrzeit werden entsprechend umgerechnet.

Die Standardoptionen

1. Markieren Sie den zu formatierenden Zellbereich.
2. Lassen Sie die Registerkarte *Start* anzeigen und öffnen Sie in der Gruppe *Zahl* die Dropdownliste zur Schaltfläche *Zahlenformat*.
3. Wählen Sie das Format – beispielsweise *Datum, kurz* oder *Datum, lang* oder *Zeit*.

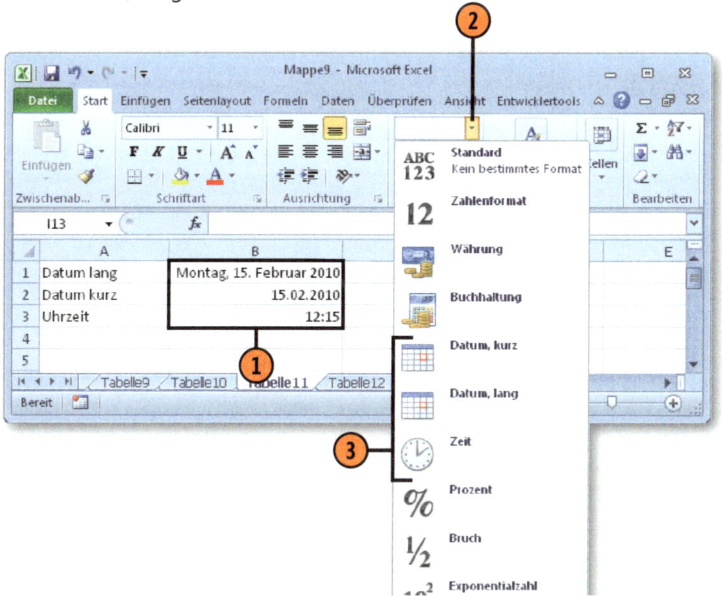

Die Feineinstellungen

1. Markieren Sie den zu formatierenden Zellbereich und klicken Sie ganz unten in der Dropdownliste zur Schaltfläche *Zahlenformat* auf *Mehr*, um das Dialogfeld *Zellen formatieren* zu öffnen.
2. Wählen Sie die gewünschte Kategorie – also *Datum* oder *Uhrzeit*.
3. Stellen Sie rechts im Dialogfeld das Format ein und bestätigen Sie über *OK*.

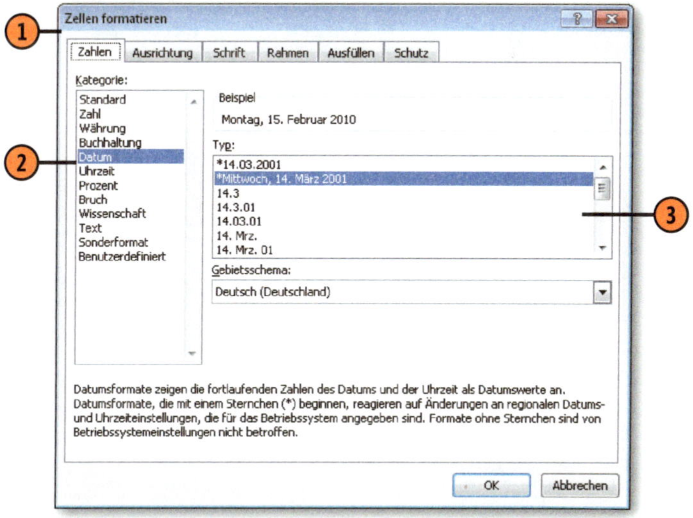

Rahmen, Linien und Zellen einfärben

Sie können einzelne Zellen oder Zellbereiche mit Rahmen, Linien oder farbigem Hintergrund versehen. Auf diese Weise können Sie eine optische Strukturierung der Tabellen vornehmen oder bestimmte Zellen oder Bereiche besonders betonen.

Viele Möglichkeiten dazu stehen Ihnen bereits über die Schaltfläche *Rahmenlinie* in der Gruppe *Schriftart* auf der Registerkarte *Start* zur Verfügung. Zum Einstellen von Feinheiten müssen Sie jedoch das Dialogfeld *Zellen formatieren* bemühen.

Einfache Rahmen und Linien zeichnen

1. Markieren Sie den zu formatierenden Zellbereich.
2. Lassen Sie die Registerkarte *Start* anzeigen und öffnen Sie in der Gruppe *Schriftart* die Dropdownliste zur Schaltfläche *Rahmenlinie*.
3. Klicken Sie auf eine Option.

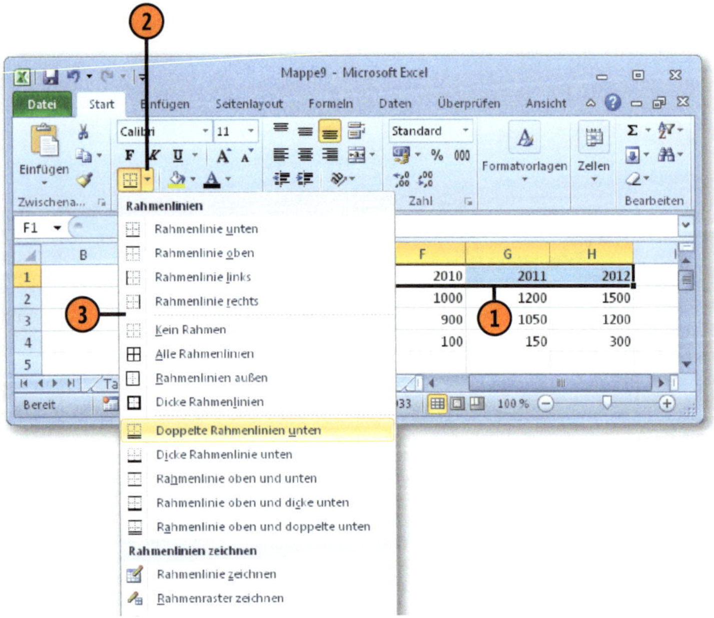

Zellen einfärben

1. Markieren Sie den zu formatierenden Zellbereich.
2. Lassen Sie die Registerkarte *Start* anzeigen und öffnen Sie in der Gruppe *Schriftart* den Katalog zur Schaltfläche *Füllfarbe*.
3. Klicken Sie auf eine Farbe.

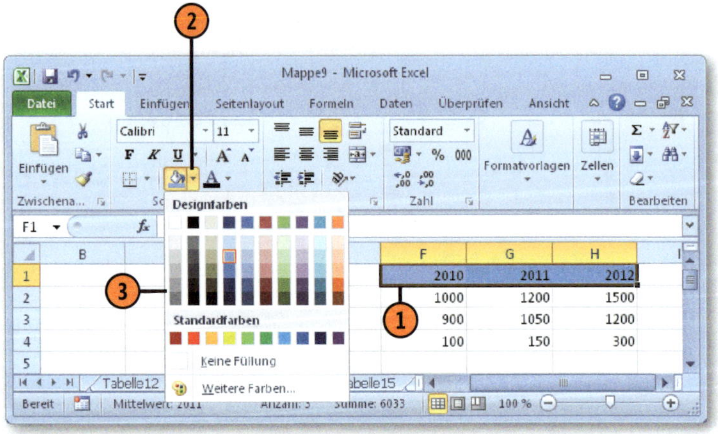

Tipp

Über die Dropdownliste zur Schaltfläche *Schriftfarbe* können Sie die Farbe für die Schrift einstellen.

Feinheiten einstellen

1. Markieren Sie den zu formatierenden Zellbereich.
2. Lassen Sie die Registerkarte *Start* anzeigen und klicken Sie in der Gruppe *Schriftart* neben der Gruppenbezeichnung auf das Startprogramm für ein Dialogfeld.
3. Wählen Sie die Registerkarte *Rahmen*.
4. Nehmen Sie die Einstellungen für die Rahmen vor.
5. Klicken Sie auf *OK*.

Rahmen definieren

- Mit den drei Schaltflächen unter *Voreinstellungen* können Sie die am häufigsten auftretenden Fälle einstellen. Sie können diese Optionen auch als eine Voreinstellung benutzen, die Sie anschließend über weitere Schaltflächen abwandeln können.
- Durch Klicken auf eine entsprechende Stelle im Bereich *Rahmen* können Sie ein weiteres Element mit der vorher eingestellten Linienart und -farbe erstellen. Ein Klick auf ein bereits vorhandenes Element blendet es wieder aus.
- Die Schaltflächen links und unterhalb des Vorschaufeldes benutzen Sie, um einzelne Linienelemente um den oder in dem markierten Bereich zu setzen. Auch hier können Sie durch einen weiteren Klick auf eine der Schaltflächen das betreffende Element wieder abschalten.
- Eine weitere Möglichkeit zum Positionieren von Linien besteht darin, an der gewünschten Stelle im Feld für die Vorschau zu klicken. Damit erzeugen Sie dort eine Linie. Ein Klick auf eine schon vorhandene Linie entfernt diese wieder.

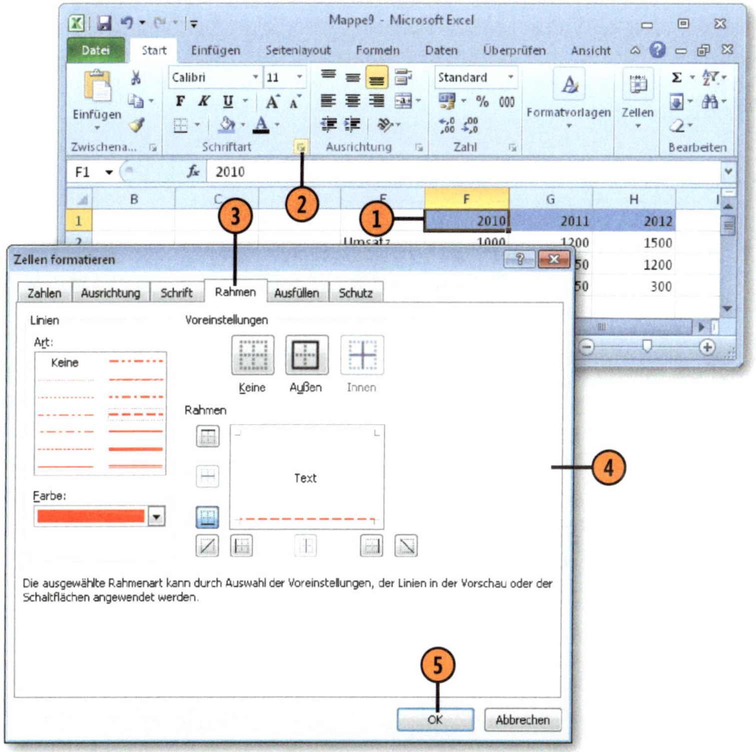

- Um alle Rahmen oder Linien aus einem vorher markierten Bereich wieder zu entfernen, wählen Sie die Voreinstellung *Keine*. Um ein einzelnes bereits eingefügtes Element zu löschen, klicken Sie auf die entsprechende Schaltfläche im Bereich *Rahmen* oder direkt auf das Element in der Vorschau.
- Um die Art und/oder die Farbe eines Elements nachträglich zu ändern, wählen Sie zuerst die neue Art und/oder Farbe und klicken dann in der Vorschau auf das zu ändernde Element.

Die bedingte Formatierung benutzen

Mithilfe der bedingten Formatierung können Sie erreichen, dass Excel ein Format in Abhängigkeit von bestimmten Bedingungen – beispielsweise als Resultat des in der Zelle angezeigten Wertes – selbstständig zuweist.

Im einfachsten Fall können Sie eine solche bedingte Formatierung einsetzen, um Zellen zu kennzeichnen, die besonderen Bedingungen genügen – beispielsweise negativ sind oder in anderer Form von den sonstigen Werten abweichen.

Einfache bedingte Formatierung

1. Markieren Sie den Zellbereich, für den die Regel gelten soll.
2. Lassen Sie die Registerkarte *Start* anzeigen.
3. Öffnen Sie in der Gruppe *Formatvorlagen* das Dropdownmenü *Bedingte Formatierung*.
4. Wählen Sie eine Gruppe von Regeln – beispielsweise *Regeln zum Hervorheben von Zellen*.
5. Wählen eine Regel – beispielsweise *Kleiner als*, wenn Sie Zellen hervorheben wollen, deren Inhalt kleiner ist als ein bestimmter Wert.
6. Geben Sie einen Zahlenwert an, für den die Regel gelten soll.
7. Wählen Sie die Form der Kennzeichnung.
8. Bestätigen Sie mit *OK*.

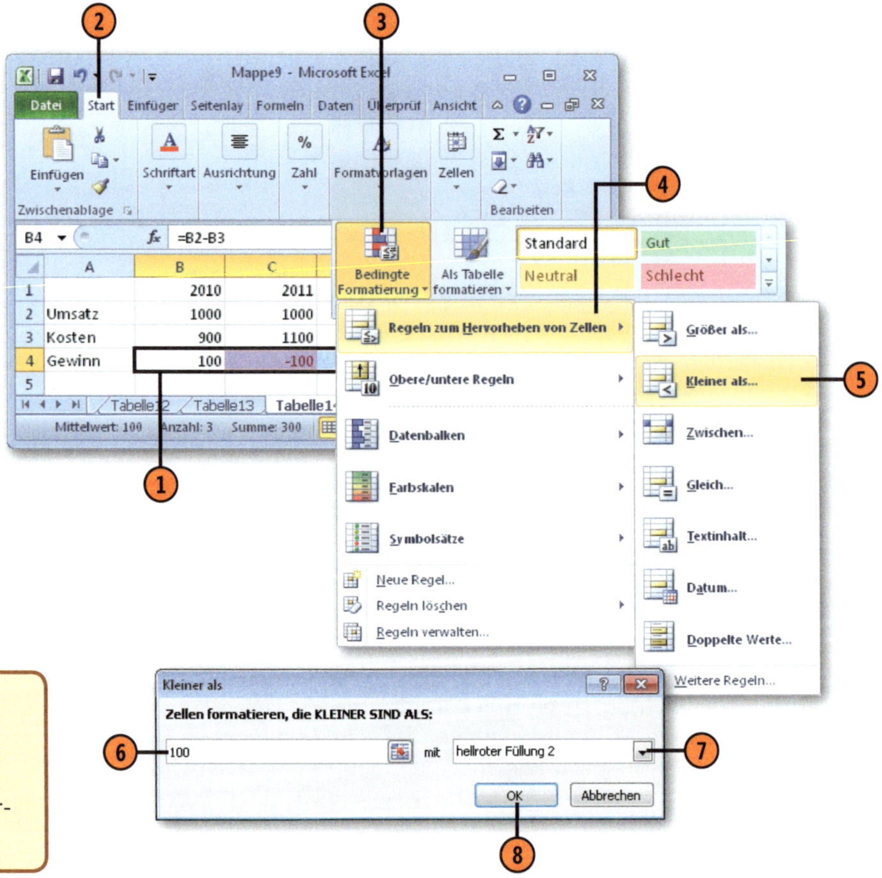

Gewusst wie

Sie können beispielsweise auch festlegen, dass der Wert in einer Zelle kleiner sein muss als der Wert in einer anderen Zelle. Geben Sie dazu im Dialogfeld statt eines Zahlenwerts die Bezugsadresse der Zelle ein, mit der verglichen werden soll.

Farbskalen

1. Markieren Sie den Zellbereich, für den die Regel gelten soll.
2. Lassen Sie die Registerkarte *Start* anzeigen.
3. Öffnen Sie in der Gruppe *Formatvorlagen* das Dropdownmenü *Bedingte Formatierung*.
4. Wählen Sie *Farbskalen*.
5. Klicken Sie auf eine Farbskala – beispielsweise auf *Grün-Gelb-Rot-Farbskala*. Die Daten im Bereich werden automatisch eingefärbt.

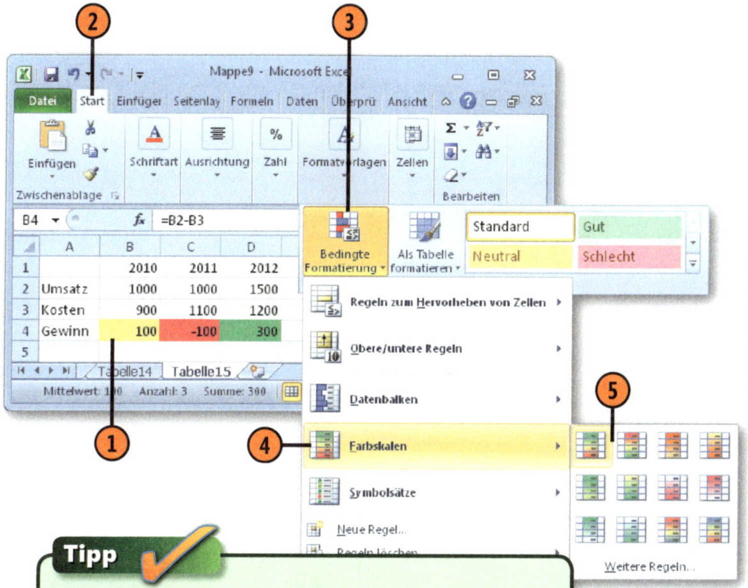

> **Tipp**
>
> Über die Option *Symbolsätze* können Sie den Zellinhalten Symbole in unterschiedlichen Farben zuweisen.

Datenbalken

1. Markieren Sie den Zellbereich, für den die Regel gelten soll.
2. Lassen Sie die Registerkarte *Start* anzeigen.
3. Öffnen Sie in der Gruppe *Formatvorlagen* das Dropdownmenü *Bedingte Formatierung*.
4. Wählen Sie *Datenbalken*.
5. Klicken Sie auf eine Option – beispielsweise auf *Blauer Datenbalken*. Die Daten in der Tabelle werden mit einem Balken unterlegt. Die Länge des Balkens wird durch den Wert in der Zelle bestimmt.

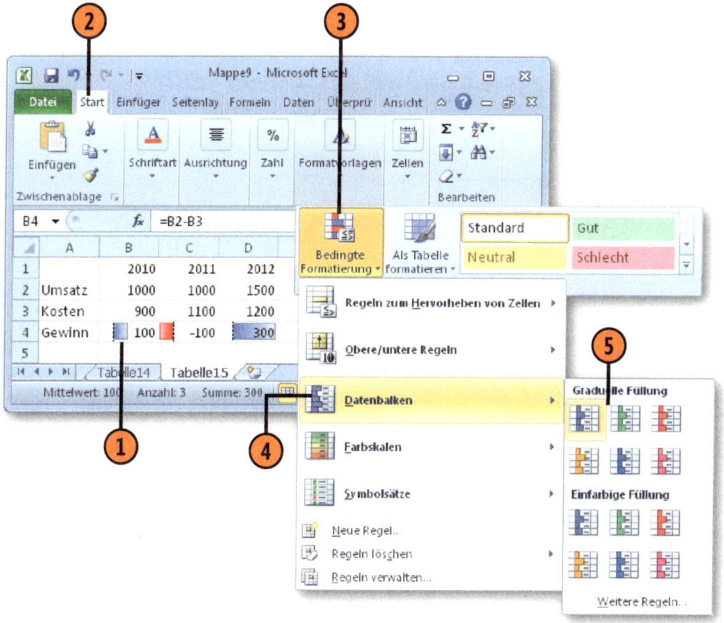

Der Manager für Regeln zur bedingten Formatierung

Bei jeder Anwendung eines Befehls zur bedingten Formatierung auf denselben Bereich wird immer eine neue Regel erstellt. Bei mehrfacher Anwendung gelten dann mehrere Regeln gleichzeitig.

Benutzen Sie den *Manager für Regeln zur bedingten Formatierung*, um die nicht erwünschten Regeln zu löschen.

Eine Regel löschen

1. Markieren Sie den Zellbereich, für den die Regel gilt.
2. Lassen Sie die Registerkarte *Start* anzeigen und öffnen Sie in der Gruppe *Formatvorlagen* das Dropdownmenü *Bedingte Formatierung*.
3. Wählen Sie den Befehl *Regeln verwalten*.
4. Das Dialogfeld *Manager für Regeln zur bedingten Formatierung* wird angezeigt, in dem gegebenenfalls bereits definierte Regeln angezeigt werden.
5. Markieren Sie die zu entfernende Regel und klicken Sie auf *Regel löschen*.
6. Bestätigen Sie über *OK*.

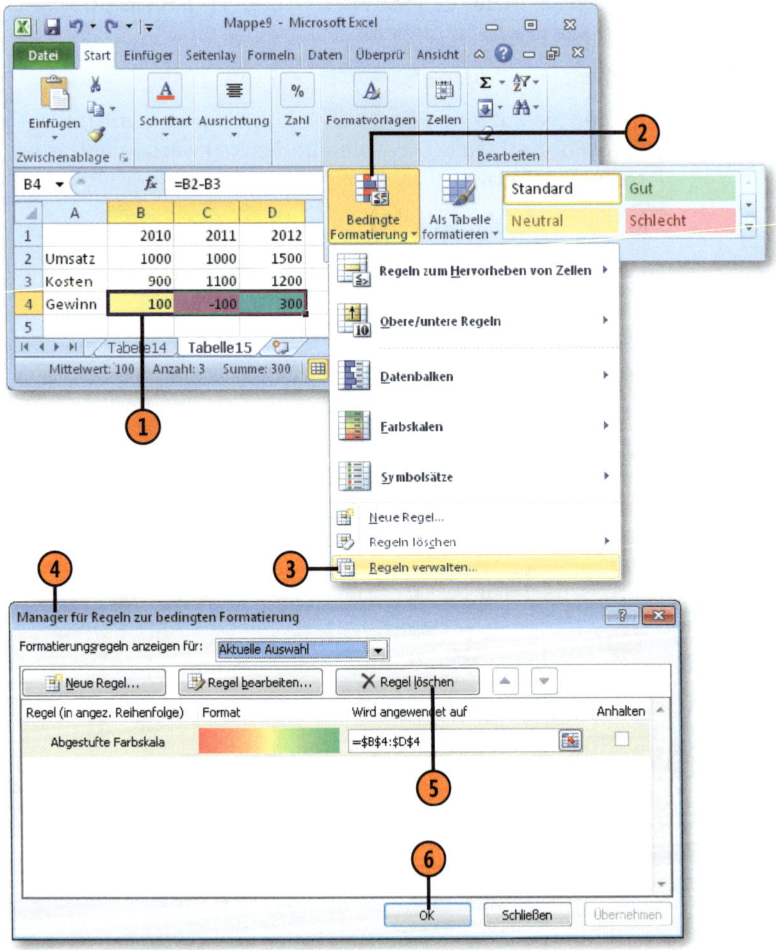

Gewusst wie

Wenn Sie eine (weitere) Regel für den aktuellen Bereich aufstellen wollen, klicken Sie im Manager-Dialogfeld auf *Neue Regel*. Im daraufhin angezeigten Dialogfeld können Sie einen Regeltyp auswählen. Über *Regel bearbeiten* im Manager-Dialogfeld können Sie die Details zur Regel festlegen. Angenommen, Sie wollen die Zahlenwerte mit einer abgestuften Farbskala kennzeichnen, die von Rot (für die kleinsten Werte) über Gelb bis Grün (für die höchsten Werte) reicht. Dazu wählen Sie in der Liste *Formatstil* die Option *3-Farben-Skala*.

10 Mit Excel-Tabellen arbeiten

In diesem Kapitel:

- Textdaten importieren und auf Zellen verteilen
- Daten aus Access importieren
- Daten aus dem Web importieren
- Excel-Tabellen
- Sortieren
- Filtern
- Doppelt eingegebene Datensätze entfernen
- Ergebnisse berechnen
- Analysen mit PivotTables durchführen
- Datenschnitte
- Tabellen in einen normalen Zellbereich konvertieren

Unter einer Excel-Tabelle versteht man einen zusammenhängenden Bereich in einem Blatt, der aus einer Überschriftenzeile und darunter aus mehreren gleichförmigen Datenzeilen besteht. Oft wird dafür auch der Begriff Liste verwendet. Eine solche Liste kann als Datenbank verwendet werden. Jede einzelne Datenzeile in dieser Liste wäre ein Datensatz, die Spalten beschreiben die einzelnen Felder.

Der mühsamste Teil beim Arbeiten mit Listen besteht meist darin, die einzelnen Daten in die Tabelle einzugeben. In Excel stehen Ihnen mehrere Funktionen zur Verfügung, die es Ihnen erlauben, die Daten aus anderen Programmen – wie beispielweise aus einer Textdatei oder aus Microsoft Access – oder aus dem Internet zu übernehmen.

Nachdem Sie die gewünschten Informationen in einer Excel-Tabelle vorliegen haben, können Sie die vorhandenen Daten auf verschiedene Weisen organisieren oder verarbeiten. Sie können beispielsweise durch Filtern oder Sortieren Informationen daraus abrufen oder auch weitergehende Analysen durchführen – beispielweise Ergebnisse berechnen oder Kreuztabellen erstellen, die Häufigkeiten unter den Datensätzen ermitteln.

Textdaten importieren und auf Zellen verteilen

Oft liegen Daten, die Sie in einer Datentabelle bearbeiten wollen, zunächst nur in einem Textformat vor. Sie können diese Datei zwar direkt in Excel öffnen, haben aber dann den Nachteil, dass die Daten nicht auf einzelnen Spalten verteilt, sondern alle zusammen in der ersten Spalte angezeigt werden.

Sie sollten darum solche Dateien nicht direkt öffnen, sondern importieren. Dann meldet sich der Textkonvertierungs-Assistent, der die einzelnen Teile einer Zeile auf die Spalten der Tabelle aufteilt. Sie müssen dafür nur einige Angaben bezüglich des Datentyps der Textdatei machen.

Textdaten importieren

1. Wählen Sie die Registerkarte *Daten*.
2. Klicken Sie in der Gruppe *Externe Daten abrufen* auf *Aus* Text.
3. Navigieren Sie im Dialogfeld *Textdatei importieren* zu dem Ordner, in dem die Textdatei abgelegt ist.
4. Markieren Sie die Datei, die die zu importierenden Daten enthält.
5. Klicken Sie auf *Importieren*.

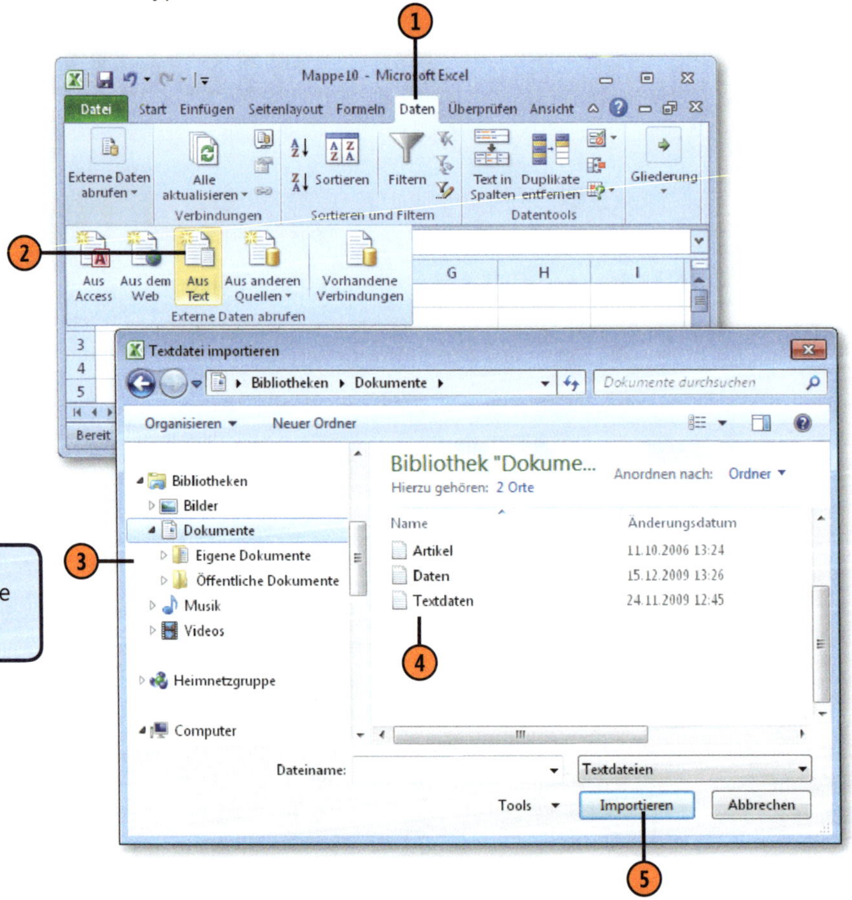

Siehe auch

Wie Sie den Ordner auswählen, in dem die gewünschte Datei gespeichert ist, erfahren Sie auf Seite 37.

Tipp

Meist empfiehlt es sich, vorher die Zelle zu markieren, in der die linke obere Ecke der zu importierenden Daten erscheinen soll.

Der Textkonvertierungs-Assistent

1. Der Textkonvertierungs-Assistent meldet sich nach dem Import automatisch. Wählen Sie im ersten Schritt den Datentyp. Für die Mehrzahl der Fälle benutzen Sie die Option *Getrennt*.
2. Klicken Sie auf *Weiter*.
3. Aktivieren Sie im zweiten Schritt das *Trennzeichen*, mit dem die einzelnen Elemente voneinander getrennt sind. Meist ist das *Tabstopp*.
4. Klicken Sie auf *Fertig stellen*.
5. Geben Sie dann noch an, wo die zu importierenden Daten eingefügt werden sollen.
6. Klicken Sie auf *OK*.
7. Nach Abschluss der Arbeit mit dem Assistenten sind die einzelnen Bestandteile einer Zeile der Textdatei auf verschiedene Spalten der Tabelle aufgeteilt.

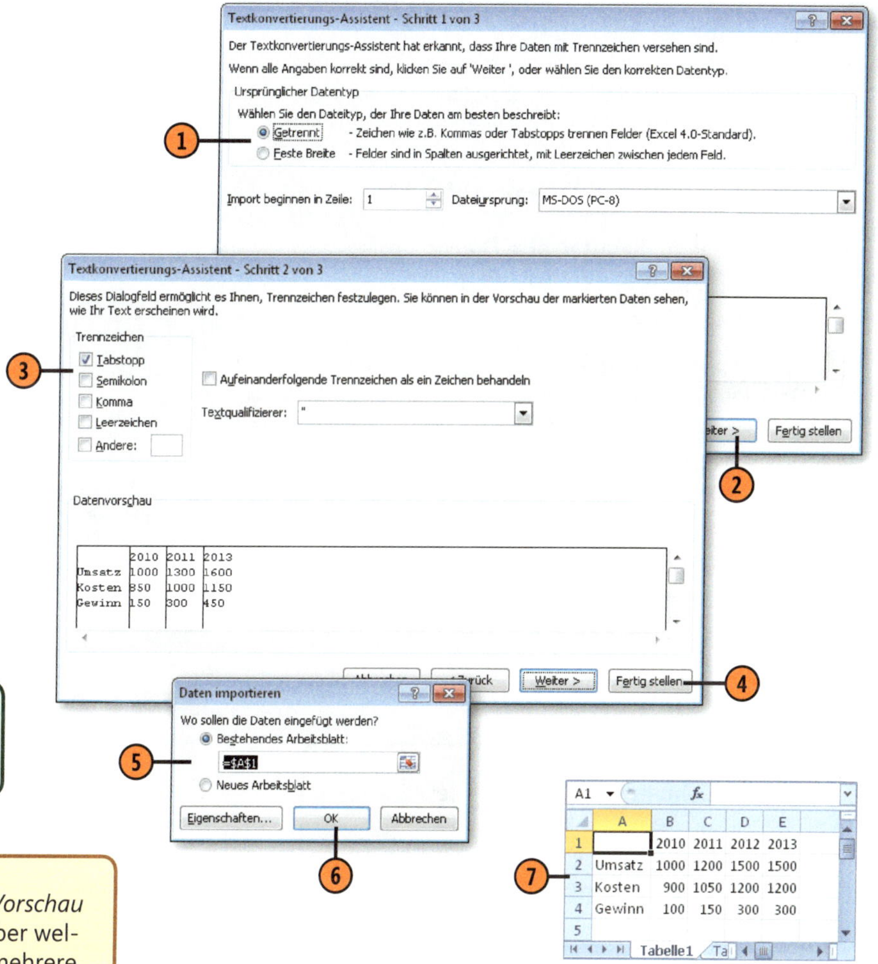

Tipp

In einem dritten Schritt des Assistenten können Sie Formate für die einzelnen Spalten festlegen.

Gewusst wie

Im Textkonvertierungs-Assistenten werden im Feld *Vorschau* die Datenfelder angezeigt. Wenn Sie nicht wissen, über welchen Datentyp die Textdatei verfügt, probieren Sie mehrere Optionen aus und kontrollieren die Vorschau. Das Ziel ist, dass die Daten in getrennten Spalten angezeigt werden.

Daten aus Access importieren

Sie können in Excel auch Daten importieren, die in einer Access-Tabelle oder -Abfrage vorliegen. Dazu müssen Sie zunächst die Datenbank auswählen, in der die Daten gespeichert sind.

Eine Datenbank enthält meist mehrere Tabellen und/oder Abfragen. Wenn das der Fall ist, müssen Sie anschließend angeben, in welchem dieser Objekte die gewünschten Daten vorhanden sind.

Eine Access-Datenbank auswählen

1. Wählen Sie die Registerkarte *Daten*.
2. Klicken Sie in der Gruppe *Externe Daten abrufen* auf *Aus Access*.
3. Navigieren Sie gegebenenfalls im Dialogfeld *Datenquelle auswählen* zu dem Ordner, in dem die Access-Datei abgelegt ist.
4. Markieren Sie die Access-Datei, die die gewünschten Daten enthält.
5. Klicken Sie auf *Öffnen*.

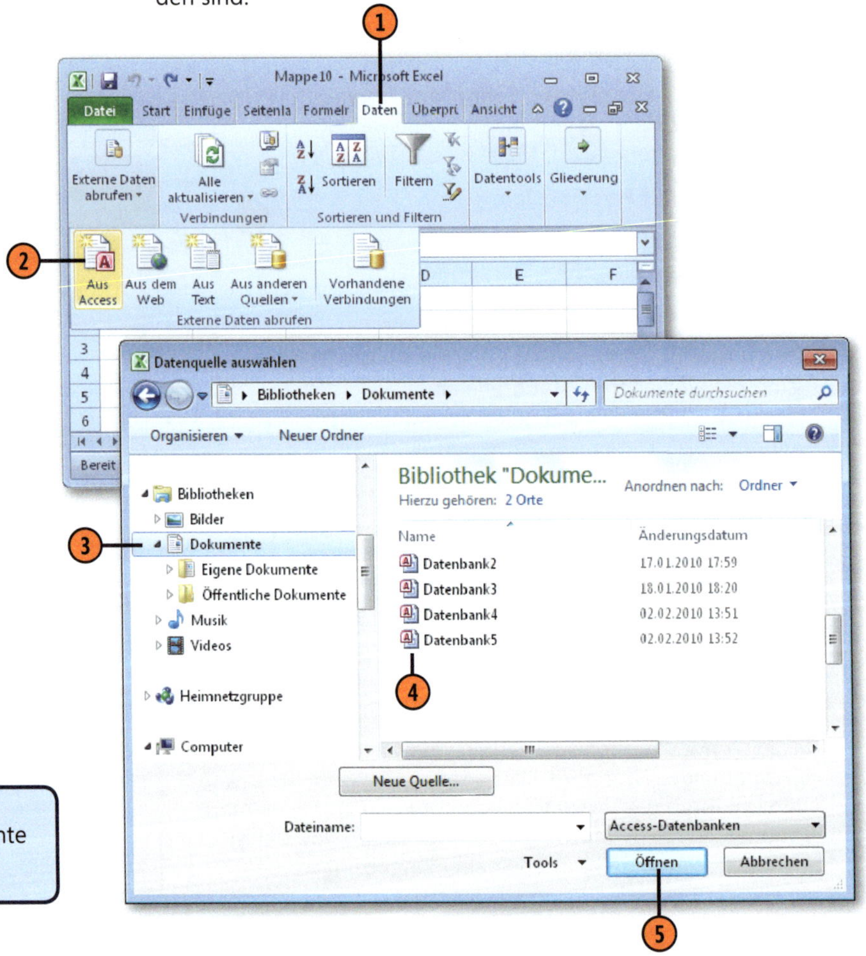

Tipp

Meist empfiehlt es sich, vorher die Zelle zu markieren, in der die linke obere Ecke der zu importierenden Daten erscheinen soll.

Siehe auch

Wie Sie den Ordner auswählen, in dem die gewünschte Datei gespeichert ist, erfahren Sie auf Seite 37.

Die Tabelle oder Abfrage festlegen

1. Das Dialogfeld *Tabelle auswählen* wird nach dem Import automatisch geöffnet. Markieren Sie darin die Tabelle oder Abfrage, die die gewünschten Daten enthält.
2. Klicken Sie auf *OK*.
3. Markieren Sie das Format, in dem die Daten im Tabellenblatt angezeigt werden sollen. Meist werden Sie die Option *Tabelle* verwenden.
4. Kontrollieren Sie den Ort, an dem die Daten in die Mappe eingefügt werden sollen. Die Adresse gibt die linke obere Zelle des einzufügenden Datenblocks an. Sie können diese Angabe hier noch ändern.
5. Klicken Sie auf *OK*.
6. Die Daten werden importiert und als Excel-Tabelle in einem Datenblock mit einer Überschriftenzeile angezeigt.

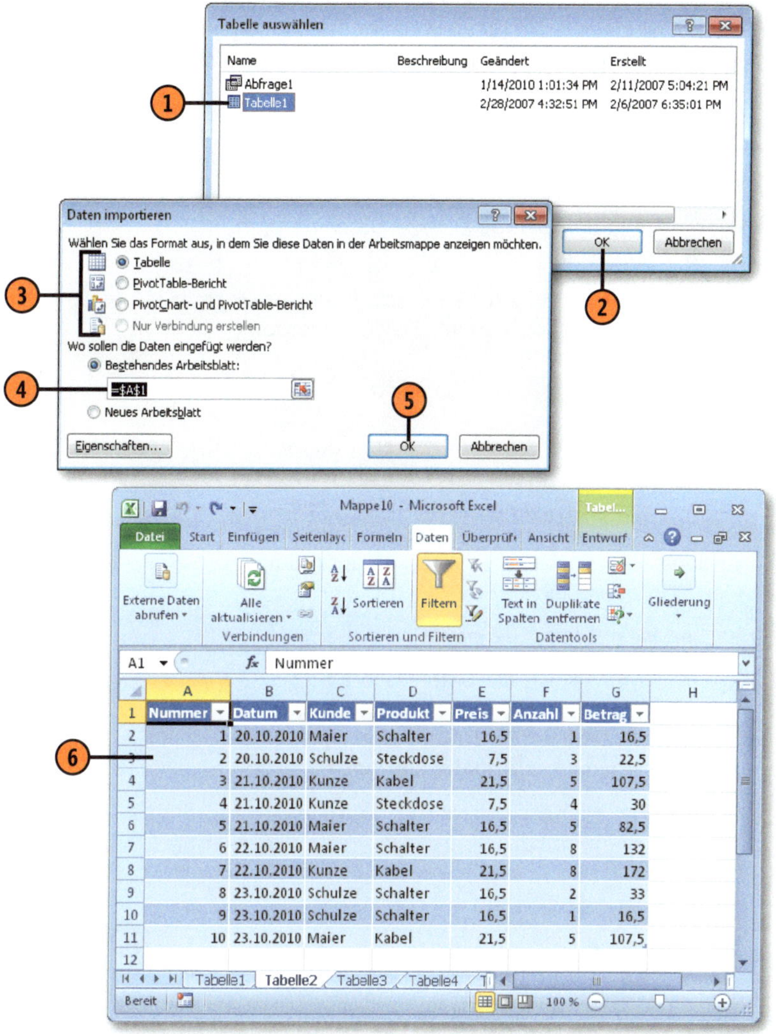

Siehe auch

Wie man mit einer solchen Excel-Tabelle arbeitet, erfahren Sie auf den Seiten 154 ff.

Was ein PivotTable-Bericht ist und wie man damit arbeitet, erfahren Sie auf Seite 162 f.

Daten aus dem Web importieren

Das Internet ist eine Quelle für viele Daten. Sie können entsprechende Daten auf einfache Weise von einer Webseite in eine Excel-Tabelle übernehmen. Dazu müssen Sie die betreffende Webseite anzeigen und dann festlegen, was importiert werden soll.

Die Webseite auswählen

1. Wählen Sie die Registerkarte *Daten*.
2. Klicken Sie in der Gruppe *Externe Daten abrufen* auf *Aus dem Web*.
3. Geben Sie im Dialogfeld *Neue Webabfrage* die Adresse der Seite ein, von der Sie Daten importieren wollen.
4. Klicken Sie auf *OK*.
5. Daten, die Sie übernehmen können, sind mit einem schwarzen Pfeil auf gelbem Hintergrund versehen. Klicken Sie auf einen dieser Pfeile. Die Daten werden markiert. Ausgewählte Daten sind mit einem schwarzen Häkchen auf grünem Hintergrund versehen.
6. Klicken Sie auf *Importieren*.
7. Kontrollieren Sie, wo die Daten in Ihre Mappe eingefügt werden sollen. Die Adresse gibt die linke obere Zelle des einzufügenden Datenblocks an. Sie können diese Angabe hier noch ändern.
8. Nach einem Klick auf *OK* werden die Daten in das Blatt eingefügt.

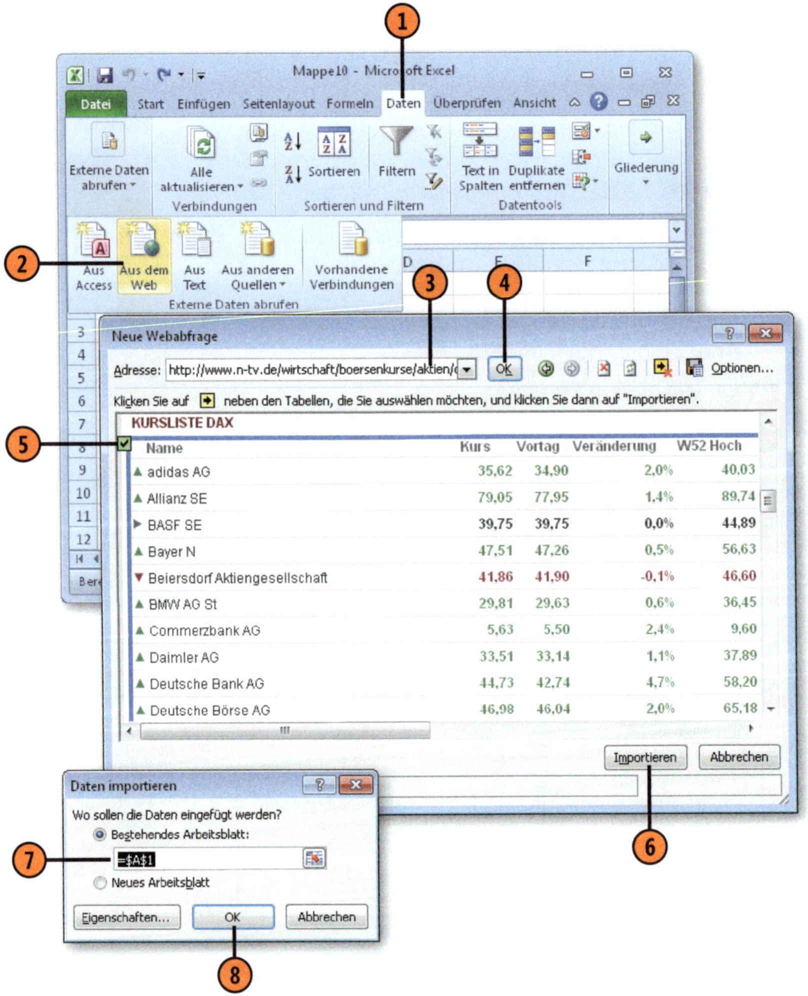

Die Daten aktualisieren

1. Wählen Sie das Blatt, in dem die importierten Daten eingefügt sind.
2. Wählen Sie die Registerkarte *Daten*.
3. Öffnen Sie in der Gruppe *Verbindungen* das Dropdownmenü zur Schaltfläche *Alle aktualisieren*.
4. Wählen Sie *Aktualisieren*. Die Verbindung zur Quelle wird wiederhergestellt und die Daten werden aktualisiert.

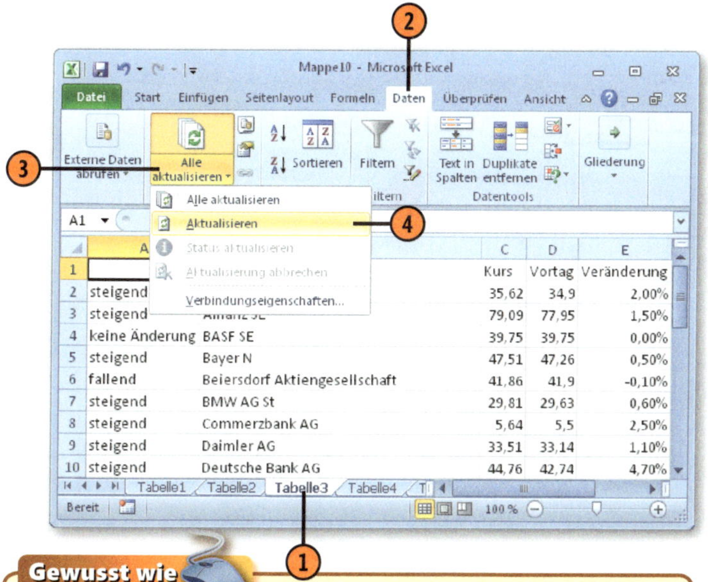

Die Daten automatisch aktualisieren lassen

1. Öffnen Sie auf der Registerkarte *Daten* in der Gruppe *Verbindungen* das Dropdownmenü zur Schaltfläche *Alle Aktualisieren*.
2. Wählen Sie den Befehl *Verbindungseigenschaften*.
3. Aktivieren Sie das Kontrollkästchen *Aktualisierung alle xx Minuten* und geben Sie das Intervall an.
4. Bestätigen Sie über *OK*.

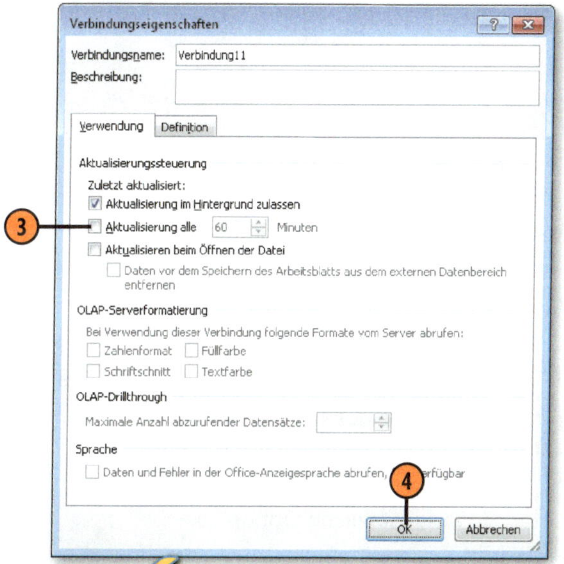

Gewusst wie

Wenn Ihre Mappe auf mehrere verschiedene Datenquellen Bezug nimmt, können Sie auch den Befehl *Alle aktualisieren* verwenden, um alle externen Daten in einem Arbeitsschritt auf den neuesten Stand zu bringen.

Tipp

Mit *Aktualisieren beim Öffnen der Datei* sorgen Sie dafür, dass die Daten beim Öffnen der Mappe automatisch aktualisiert werden.

Excel-Tabellen

Sie können bereits in Excel vorliegende Daten als Excel-Tabelle darstellen. Das hat den Vorteil, dass Sie Sortier- und Filteraktionen darin durchführen können, ohne dass rechts neben diesem Bereich vorhandene Eintragungen davon betroffen werden.

Wenn Sie eine solche Tabelle später durch weitere Daten nach unten erweitern wollen, können Sie die Vorteile der Funktion *Auto-Eingabe* benutzen. Zusätzliche Spalten können Sie ebenfalls schnell einfügen.

Eine Excel-Tabelle erstellen

1. Sorgen Sie dafür, dass der Datenbestand in einem geschlossenen Tabellenbereich vorliegt:
   - Es dürfen keine leeren Zeilen oder Spalten vorhanden sein.
   - Die Zeilen müssen über eine identische Struktur verfügen.
2. Markieren Sie mindestens eine Zelle des Bereichs, in dem bereits Daten eingegeben wurden. Sie können auch den gesamten Bereich mit den Daten markieren.
3. Klicken Sie dann auf der Registerkarte *Einfügen* in der Gruppe *Tabellen* auf *Tabelle*. Excel sollte den Bereich der Liste automatisch ermitteln.
4. In einem Dialogfeld müssen Sie ihn aber noch bestätigen.
   - Sie können die Größe der Tabelle verändern, indem Sie die Markierung in der unteren rechten Ecke verschieben.
   - Beachten Sie die zusätzliche Option *Tabelle hat Überschriften*.
5. Klicken Sie auf *OK*.
6. Danach wird die Excel-Tabelle erstellt. Jede Spalte verfügt über eine Überschrift mit einem Dropdownpfeil. Außerdem wird der Tabellenbereich automatisch formatiert. Sie können das Erscheinungsbild aber später noch ändern.

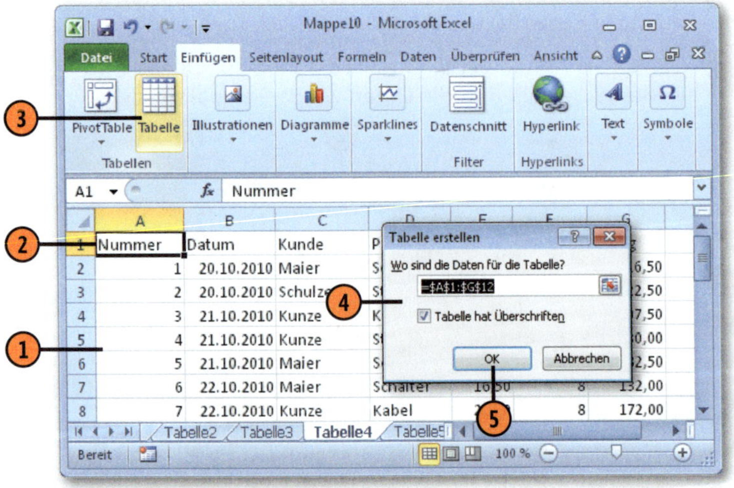

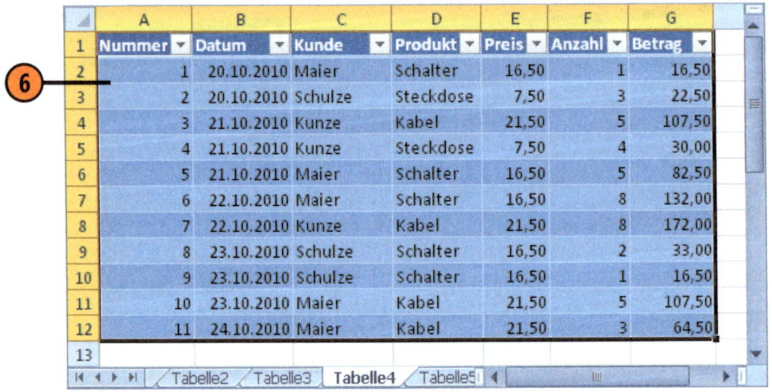

Nummer	Datum	Kunde	Produkt	Preis	Anzahl	Betrag
1	20.10.2010	Maier	Schalter	16,50	1	16,50
2	20.10.2010	Schulze	Steckdose	7,50	3	22,50
3	21.10.2010	Kunze	Kabel	21,50	5	107,50
4	21.10.2010	Kunze	Steckdose	7,50	4	30,00
5	21.10.2010	Maier	Schalter	16,50	5	82,50
6	22.10.2010	Maier	Schalter	16,50	8	132,00
7	22.10.2010	Kunze	Kabel	21,50	8	172,00
8	23.10.2010	Schulze	Schalter	16,50	2	33,00
9	23.10.2010	Schulze	Schalter	16,50	1	16,50
10	23.10.2010	Maier	Kabel	21,50	5	107,50
11	24.10.2010	Maier	Kabel	21,50	3	64,50

Die AutoEingabe benutzen

1. Markieren Sie die erste Zelle direkt unterhalb der in der Excel-Tabelle bereits vorhandenen Daten.
2. Geben Sie einen passenden Wert ein. Falls die ersten Buchstaben eines neuen Spalteneintrags mit denen eines bereits vorhandenen Eintrags in dieser Spalte übereinstimmen, setzt Excel automatisch die restlichen Zeichen ein. Wenn Sie mit dem Vorschlag einverstanden sind, drücken Sie Eingabe. Anderenfalls fahren Sie mit der Eingabe fort.

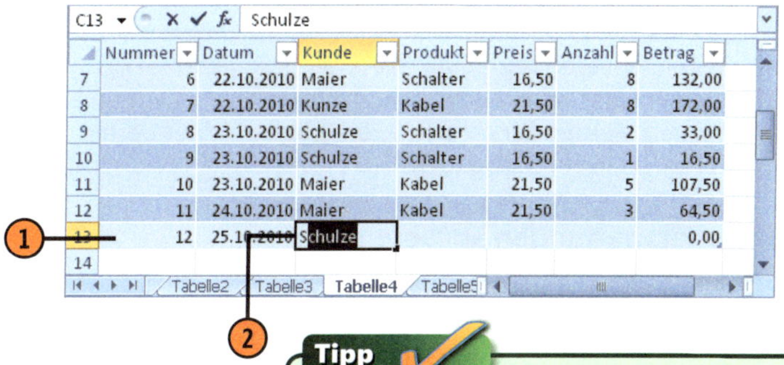

	Nummer	Datum	Kunde	Produkt	Preis	Anzahl	Betrag
7	6	22.10.2010	Maier	Schalter	16,50	8	132,00
8	7	22.10.2010	Kunze	Kabel	21,50	8	172,00
9	8	23.10.2010	Schulze	Schalter	16,50	2	33,00
10	9	23.10.2010	Schulze	Schalter	16,50	1	16,50
11	10	23.10.2010	Maier	Kabel	21,50	5	107,50
12	11	24.10.2010	Maier	Kabel	21,50	3	64,50
13	12	25.10.2010	Schulze				0,00
14							

Tipp

Diese AutoEingabe funktioniert übrigens allgemein in Arbeitsblättern, nicht nur in Excel-Tabellen.

Formeln übernehmen

1. Fügen Sie alle Zahlenwerte ein, die für die Berechnungsformeln benötigt werden.
2. Die Berechnungsformeln werden automatisch übertragen.

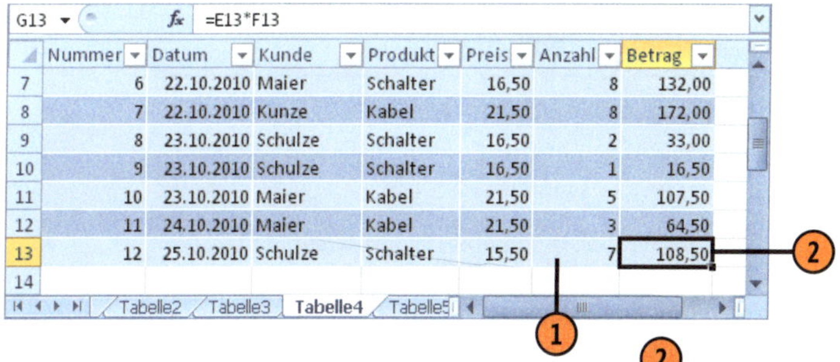

	Nummer	Datum	Kunde	Produkt	Preis	Anzahl	Betrag
7	6	22.10.2010	Maier	Schalter	16,50	8	132,00
8	7	22.10.2010	Kunze	Kabel	21,50	8	172,00
9	8	23.10.2010	Schulze	Schalter	16,50	2	33,00
10	9	23.10.2010	Schulze	Schalter	16,50	1	16,50
11	10	23.10.2010	Maier	Kabel	21,50	5	107,50
12	11	24.10.2010	Maier	Kabel	21,50	3	64,50
13	12	25.10.2010	Schulze	Schalter	15,50	7	108,50
14							

Die Tabelle mit weiteren Spalten erweitern

1. Geben Sie in die nächste freie Spalte neben der Tabelle eine Überschrift ein.
2. Die Spalte wird automatisch in die Tabelle aufgenommen.

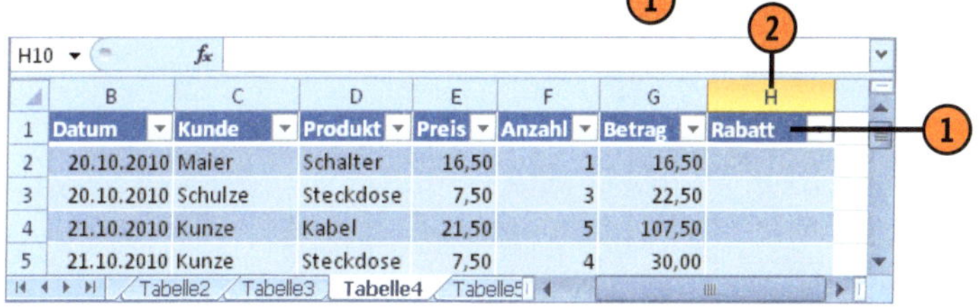

	B	C	D	E	F	G	H
1	Datum	Kunde	Produkt	Preis	Anzahl	Betrag	Rabatt
2	20.10.2010	Maier	Schalter	16,50	1	16,50	
3	20.10.2010	Schulze	Steckdose	7,50	3	22,50	
4	21.10.2010	Kunze	Kabel	21,50	5	107,50	
5	21.10.2010	Kunze	Steckdose	7,50	4	30,00	

Tipp

Solange mindestens eine Zelle in einer Excel-Tabelle markiert ist, wird im Menüband die Registerkarte *Tabellentools/ Entwurf* angezeigt. Sie beinhaltet viele Werkzeuge zum Arbeiten mit Excel-Tabellen. Beispielsweise finden Sie in der Gruppe *Tabellenformatvorlagen* in der Liste der *Schnellformatvorlagen* verschiedenste Layouts für die Excel-Tabelle.

Sortieren

Die Einträge in einer Excel-Tabelle können Sie nach unterschiedlichen Kriterien sortieren lassen. Auf diese Weise können Sie die Eintragungen in einer Tabelle schnell in die gewünschte Ordnung bringen. Sortiert werden kann nach Texteinträgen, Zahlenwerten sowie Datums- und Uhrzeitangaben.

Nach Texteintragungen sortieren

1. Klicken Sie in der Überschriftenzeile auf den Dropdownpfeil in der Spalte, nach deren Textinhalten Sie sortieren wollen.
2. Wählen Sie beispielsweise *Von A bis Z sortieren*, wenn Sie in aufsteigender Reihenfolge sortieren wollen – oder *Von Z bis A sortieren*, wenn die Sortierung umgekehrt erfolgen soll.

Nach Zahlenwerten sortieren

1. Klicken Sie der Überschriftenzeile auf den Dropdownpfeil in der Spalte, nach deren Zahlenwerten Sie sortieren wollen.
2. Wählen Sie beispielsweise *Nach Größe sortieren (aufsteigend)*, wenn Sie in aufsteigender Reihenfolge sortieren wollen, oder *Nach Größe sortieren (absteigend)*, wenn zuerst die größeren Werte angezeigt werden sollen.

Sie können auch nach mehreren Kriterien gleichzeitig sortieren lassen: Wenn in dem Feld, nach dem zuerst sortiert wird, bei mehreren Datensätzen derselbe Eintrag vorliegt – wenn beispielsweise derselbe Name mehrfach auftritt –, tritt das zweite Sortierkriterium in Kraft.

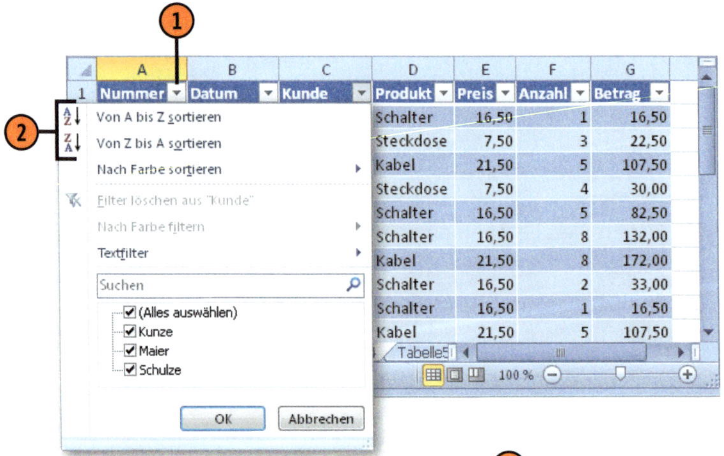

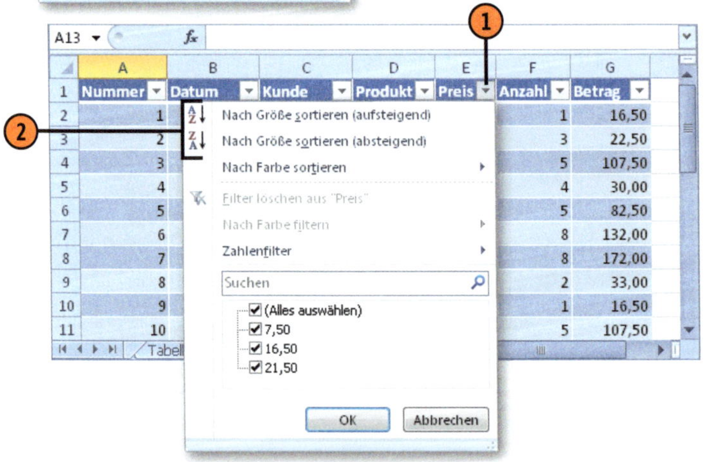

Nach den Inhalten mehrerer Spalten gleichzeitig sortieren

1. Klicken Sie in der Überschriftenzeile auf den Drop-downpfeil in einer beliebigen Spalte.
2. Wählen Sie *Nach Farbe sortieren*.
3. Wählen Sie dann *Benutzerdefiniertes Sortieren*.
4. Legen Sie dann das erste Kriterium fest:
   - Wählen Sie die Spalte aus, nach deren Inhalten zuerst sortiert werden soll.
   - Im Feld *Reihenfolge* legen Sie die Richtung fest.
5. Klicken Sie auf *Ebene hinzufügen*.
6. Legen Sie dann das nächste Kriterium fest. Gehen Sie hierbei genauso vor wie bei der Definition des ersten Kriteriums.
7. Klicken Sie auf *OK*, um die Tabelleninhalte entsprechend zu sortieren.

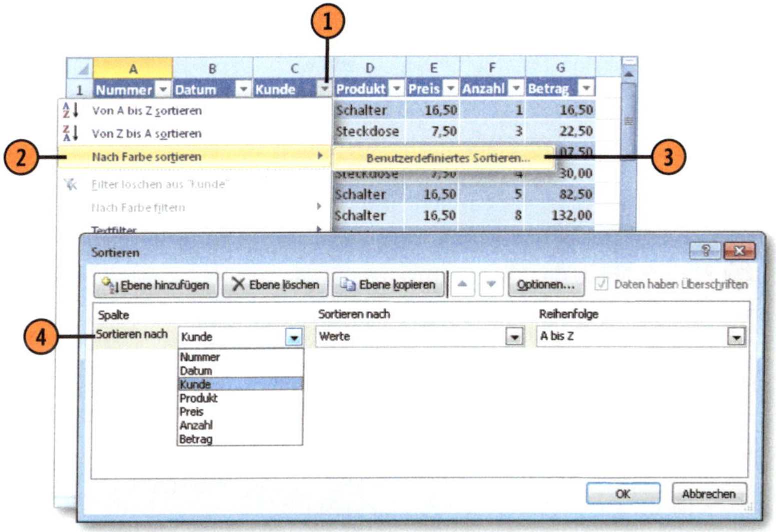

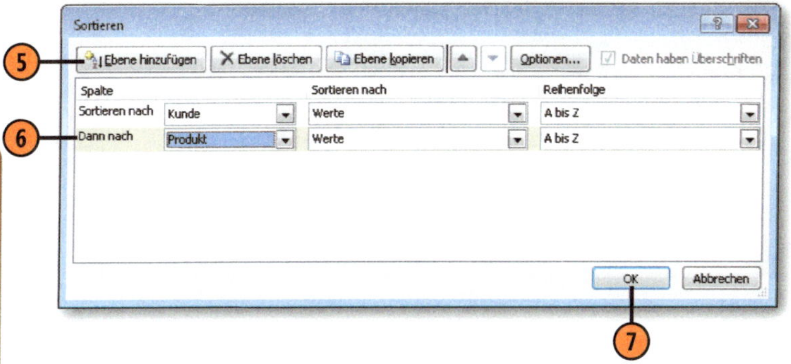

Gewusst wie

Sie können auch in einem Blatt sortieren lassen, in dem die Daten nicht in Form von Excel-Tabellen vorhanden sind. Dazu benutzen Sie die Schaltflächen in der Gruppe *Sortieren und Filtern* (Registerkarte *Daten*). Markieren Sie den zu sortierenden Bereich im Blatt und klicken Sie beispielsweise auf *Nach Größe sortieren (aufsteigend)*. Sie müssen dann festlegen, ob die nicht markierten Bereiche im Blatt mit in die Sortierung eingeschlossen werden sollen. Unter Umständen kann das zu nicht gewünschten Ergebnissen führen. Dieses Problem tritt nicht auf, wenn Sie vorher eine Excel-Tabelle definiert haben!

Filtern

Durch Filtern können Sie die für Sie gerade wichtigen Datensätze in der Liste anzeigen lassen. Über die Dropdownpfeile können Sie solche Datensätze aus einer Liste herausfiltern, bei denen die Einträge in einer Spalte einen bestimmten Wert enthalten oder bestimmte Kriterien erfüllen. Gefilterte Daten zeigen nur die Zeilen an, die den angegebenen Kriterien entsprechen; die anderen Zeilen werden vorübergehend ausgeblendet, können aber jederzeit wieder angezeigt werden.

Einfaches Filtern

1. Klicken Sie in der Überschriftenzeile auf den Dropdownpfeil in der Spalte, nach deren Inhalten Sie filtern wollen.
2. Deaktivieren Sie das Kontrollkästchen *(Alles auswählen)*.
3. Klicken Sie dann auf die Kontrollkästchen des bzw. der Einträge, die angezeigt werden bleiben sollen.
4. Klicken Sie auf *OK*, um den Filter anzuwenden.

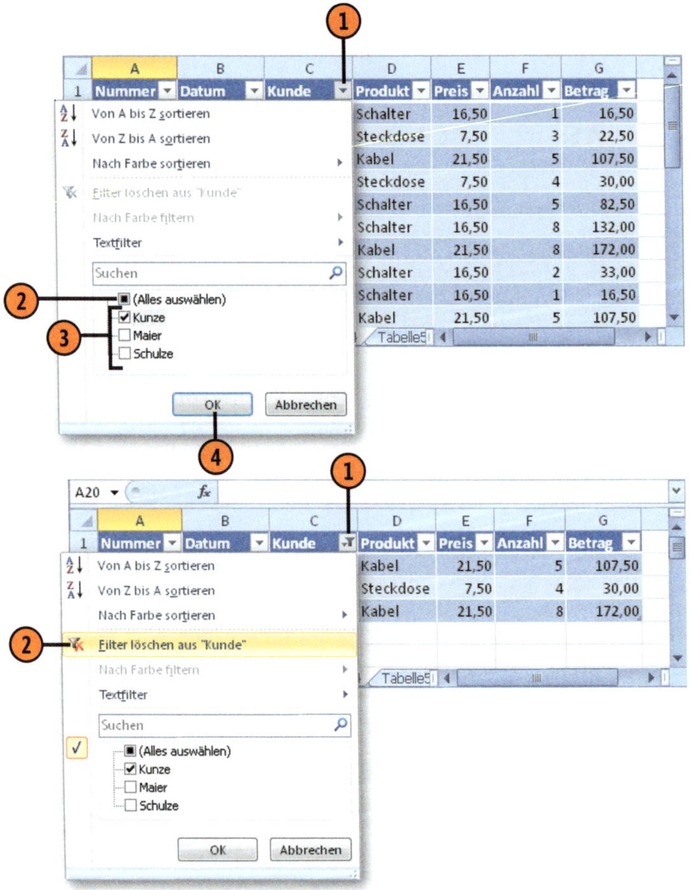

Filter abschalten

1. Dass ein Filter aktiv ist, erkennen Sie an dem Filtersymbol in der Schaltfläche mit dem Dropdownpfeil. Klicken Sie auf diese Schaltfläche.
2. Wählen Sie *Filter löschen*, um wieder alle Einträge anzuzeigen.

Tipp

Sie können in einer Tabelle Filter in mehreren Spalten setzen. Für welche Spalten Filter aktiv sind, erkennen Sie an dem Filtersymbol in der Schaltfläche zur Spalte.

Komplexes Filtern

1. Klicken Sie in der Überschriftenzeile auf den Dropdownpfeil in der Spalte, nach deren Inhalten Sie filtern wollen.
2. Klicken Sie auf *Textfilter.*
3. Wählen Sie *Benutzerdefinierter Filter.*
4. Wählen Sie in der linken Dropdownliste die Form des Vergleichs.
5. Wählen Sie in der rechten Dropdownliste einen Vergleichswert aus den vorhandenen Feldeintragungen.
6. Wenn Sie ein weiteres Filterkriterium verwenden möchten, geben Sie an, ob dieses mit *Und* oder mit *Oder* wirken soll.
   - Wenn Sie *Und* benutzen, werden nur die Datensätze angezeigt, bei denen beide Bedingungen zutreffen – beispielsweise *entspricht nicht Kunze Und entspricht nicht Maier.*
   - Bei *Oder* werden die Datensätze angezeigt, bei denen eines der Kriterien zutrifft – beispielsweise *entspricht Kunze Oder entspricht Maier.*
7. Geben Sie dann das zweite Kriterium an.
8. Klicken Sie auf *OK*, um den Filter anzuwenden.

Gewusst wie

Sie können im Dialogfeld *Benutzerdefinierter AutoFilter* in den Feldern für die Vergleichswerte auch Platzhalterzeichen benutzen. Das Zeichen *?* repräsentiert ein einzelnes Zeichen – wenn Sie beispielsweise **M?ier** eingeben, wird nach *Maier* und *Meier* gefiltert. Das Zeichen * steht für eine beliebige Anzahl von Zeichen.

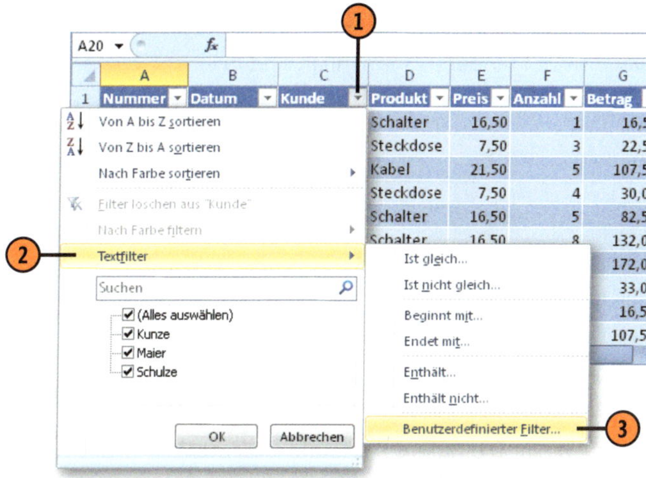

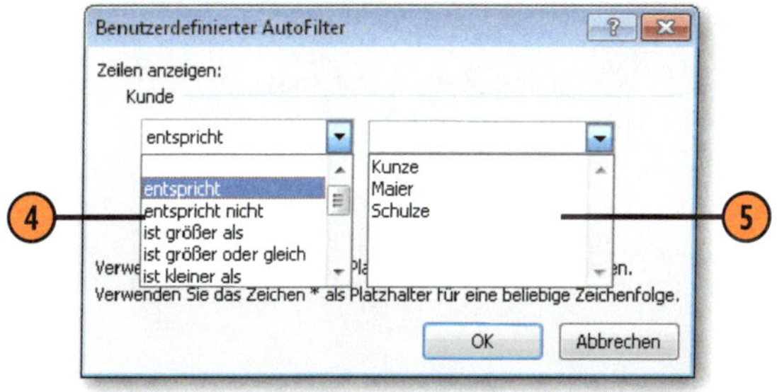

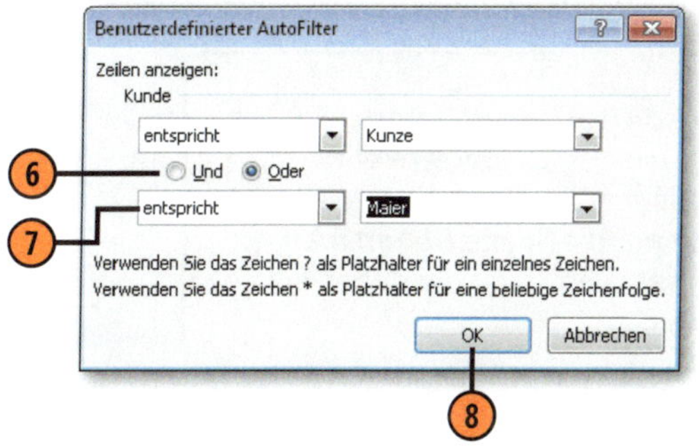

Doppelt eingegebene Datensätze entfernen

Mehrere Datensätze mit identischem Inhalt sind in einer Datenbank im Allgemeinen nicht notwendig und oft sogar unerwünscht.

Duplikate entfernen

1. Hier wurde in der Excel-Tabelle ein Datensatz doppelt eingegeben.
2. Markieren Sie mindestens eine Zelle der Tabelle.
3. Wählen Sie die Registerkarte *Tabellentools/Entwurf*.
4. Klicken Sie in der Gruppe *Tools* auf *Duplikate entfernen*.
5. Aktivieren Sie im Dialogfeld *Duplikate entfernen* mindestens eine Spalte, in der die Eintragungen doppelt auftauchen.
6. Nach einem Klick auf *OK* werden Zeilen mit sich wiederholenden Eintragungen aus der Tabelle entfernt.

Achtung

Nur wenn im Dialogfeld *Duplikate entfernen* alle Spalten markiert sind, werden Datensätze entfernt, deren Werte in allen Spalten identisch sind. Wenn Sie hier beispielsweise nur die Spalte *Datum* markiert haben, werden Datensätze entfernt, die denen ein Datum mehrfach auftaucht.

In einer Excel-Tabelle können Sie doppelt eingegebene Datenzeilen auf einfache Weise entfernen.

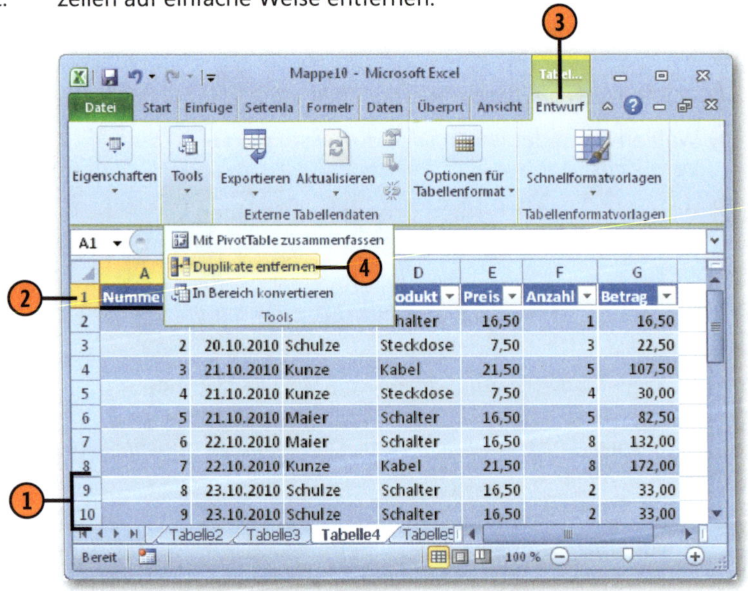

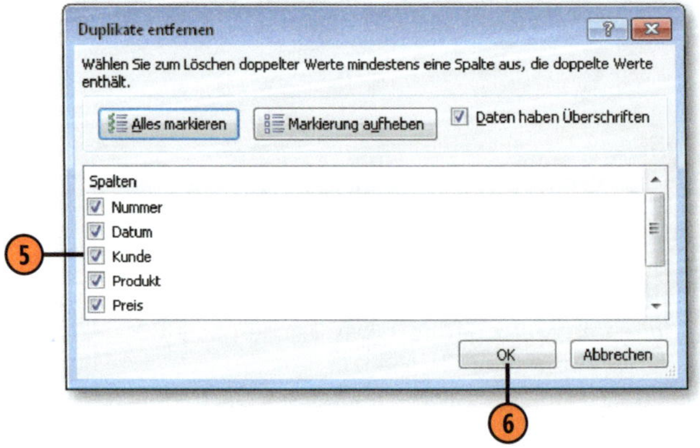

Ergebnisse berechnen

Sie können rasch Gesamtergebnisse in einer Excel-Tabelle bilden, indem Sie eine Ergebniszeile am Ende der Tabelle anzeigen und anschließend eine Funktion verwenden. Sie können dabei zwischen mehreren Funktionen wählen.

Eine Ergebniszeile anzeigen

1. Markieren Sie eine beliebige Zelle in der Tabelle.
2. Lassen Sie die Registerkarte *Tabellentools/Entwurf* anzeigen.
3. Aktivieren Sie in der Gruppe *Optionen für Tabellenformat* das Kontrollkästchen *Ergebniszeile.*
4. Die Ergebniszeile wird als letzte Zeile in der Tabelle angezeigt und in der Zelle ganz links steht das Wort *Ergebnis*.
5. Standardmäßig wird bei Zahleneintragungen die Summe als Ergebnis verwendet. Sie können aber auch andere Funktionen einstellen:
   - Klicken Sie in der Ergebniszeile auf die Zelle, für die ein Ergebnis berechnet werden soll.
   - Öffnen Sie dann die Dropdownliste und wählen Sie die Funktion aus, mit der das Ergebnis berechnet werden soll.

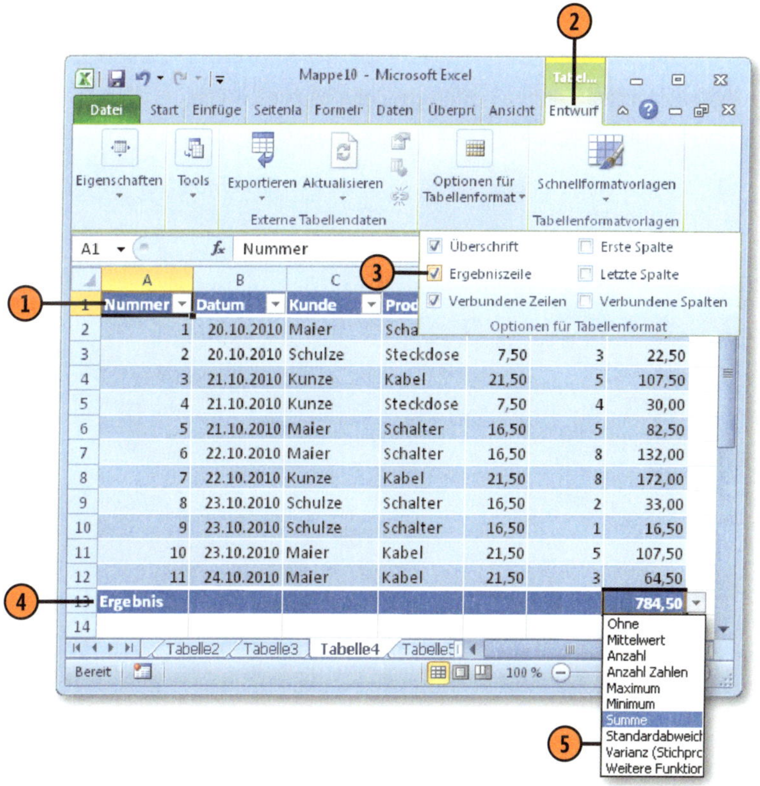

Tipp

Um die Ergebniszeile wieder abzuschalten, deaktivieren Sie auf der Registerkarte *Tabellentools/Entwurf* in der Gruppe *Optionen für Tabellenformat* das Kontrollkästchen *Ergebniszeile.*

Analysen mit Pivot-Tabellen durchführen

Pivot-Tabellen – auch PivotTables genannt – erlauben es, die Daten in einer Excel-Tabelle in Form einer zusammenfassenden Kreuztabelle zu analysieren. Beispielsweise können Sie so schnell herausfinden, welche Kunden welche Produkte gekauft haben.

Eine Pivot-Tabelle erstellen

1. Markieren Sie eine beliebige Zelle in der Tabelle.
2. Lassen Sie die Registerkarte *Tabellentools/Entwurf* anzeigen.
3. Klicken Sie in der Gruppe *Tools* auf *Mit PivotTable zusammenfassen*.
4. Legen Sie fest, wo die Tabelle angelegt werden soll. Es empfiehlt sich, die Option *Neues Arbeitsblatt* zu benutzen.

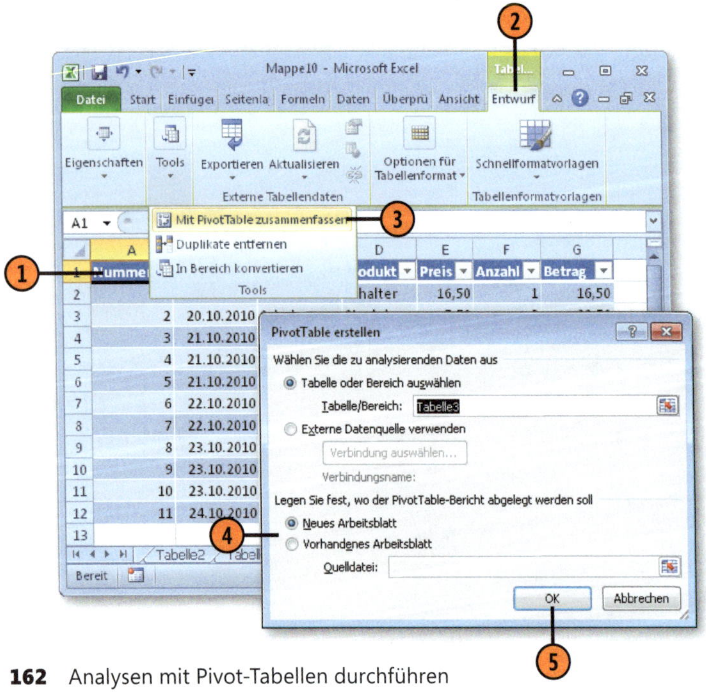

5. Klicken Sie auf *OK*.
6. Die noch leere Grundstruktur einer Pivot-Tabelle wird erstellt.

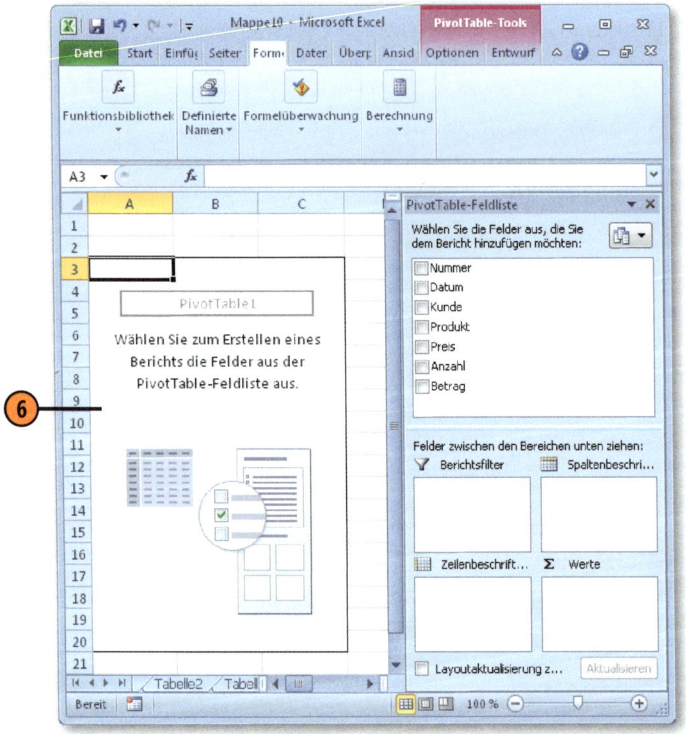

Die Daten eingeben

1. Markieren Sie im oberen Bereich der rechts angezeigten *PivotTable-Feldliste* ein Feld.
2. Ziehen Sie es mit gedrückter Maustaste in den Bereich *Spaltenbeschriftungen* unterhalb in der Liste.
3. Ziehen Sie auf dieselbe Weise ein weiteres Element aus der Feldliste in den Bereich *Zeilenbeschriftungen*.
4. Ziehen Sie dann ein drittes Feld in den Bereich *Werte*.
5. Die Pivot-Tabelle wird erstellt. In den Spalten und Zeilen finden Sie Zusammenfassungen der verwendeten Felder.

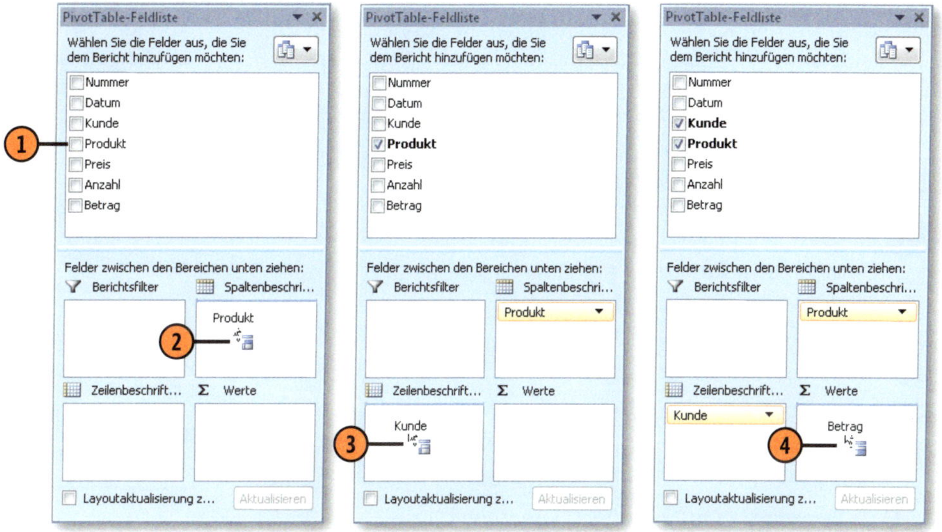

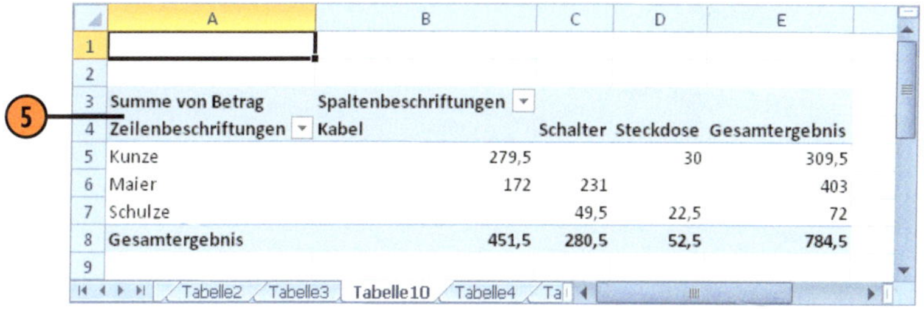

	A	B	C	D	E
1					
2					
3	Summe von Betrag	Spaltenbeschriftungen			
4	Zeilenbeschriftungen	Kabel	Schalter	Steckdose	Gesamtergebnis
5	Kunze	279,5		30	309,5
6	Maier	172	231		403
7	Schulze		49,5	22,5	72
8	Gesamtergebnis	451,5	280,5	52,5	784,5
9					

Tipp

Zum Ausprobieren sollten Sie für die Bereiche *Spaltenbeschriftungen* und *Zeilenbeschriftungen* ein Feld mit Texteintragungen verwenden, für das Feld *Werte* eines mit Zahlenwerten.

Datenschnitte

Nachdem Sie eine Pivot-Tabelle erstellt haben, können Sie in Excel 2010 eine neue Funktion nutzen, die sich »Datenschnitt« nennt. Datenschnitte bieten einfach zu verwendende Schaltflächen, mit deren Hilfe Sie die in der Pivot-Tabelle angezeigten Daten filtern können. Wenn Ihre Pivot-Tabelle beispielsweise Kunden und Produkte aufzeigt, können Sie schnell die Daten für einzelne Kunden anzeigen lassen.

Einen Datenschnitt einfügen

1. Klicken Sie an einer beliebigen Stelle in die Pivot-Tabelle, für die Sie einen Datenschnitt erstellen möchten.
2. Wählen Sie die Registerkarte *PivotTable-Tools/ Optionen*.
3. In der Gruppe *Sortieren und Filtern* klicken Sie auf den Pfeil der Schaltfläche *Datenschnitt einfügen* und wählen *Datenschnitt einfügen*.
4. Aktivieren Sie im Dialogfeld *Datenschnitt auswählen* das Kontrollkästchen des Feldes, für das Sie einen Datenschnitt erstellen möchten. Benutzen Sie beispielsweise das Feld *Kunde*.
5. Klicken Sie auf *OK*.
6. Für das aktivierte Feld wird ein Datenschnitt angezeigt.

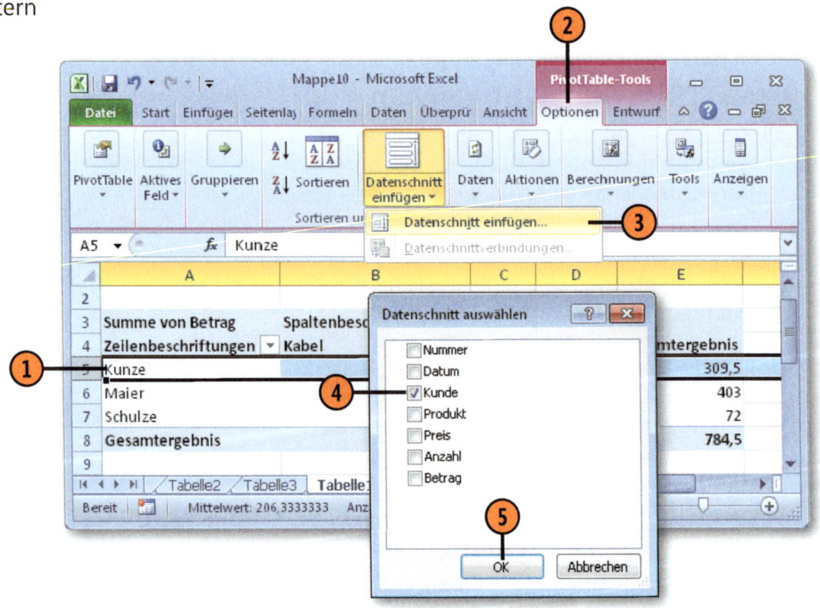

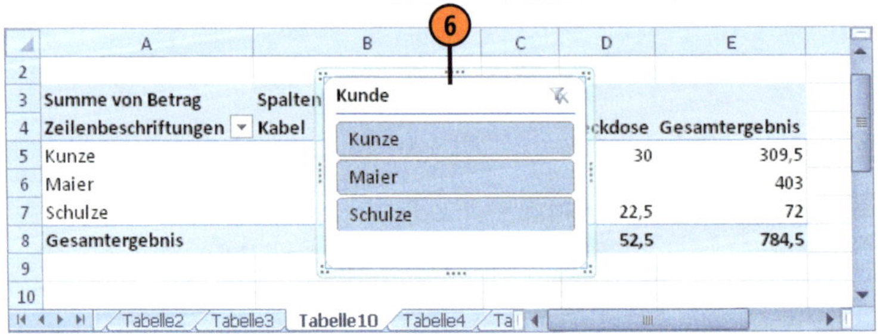

Tipp

Im Dialogfeld *Datenschnitt auswählen* können Sie auch mehrere Felder auswählen. Beachten Sie auch, dass hier nicht nur die Felder zur Verfügung stehen, die in der Pivot-Tabelle verwendet werden, sondern alle in der zugrunde liegenden Excel-Tabelle enthaltenen Felder.

Filtern

1. Klicken Sie in einem Datenschnitt auf das Element, nach dem gefiltert werden soll.
2. Um die Filterwirkung wieder abzuschalten, klicken Sie auf die Schaltfläche *Filter löschen*.

Tipp

Sie können mehrere Elemente zum Filtern auswählen, indem Sie die Taste Strg gedrückt halten und anschließend auf die zu filternden Elemente klicken.

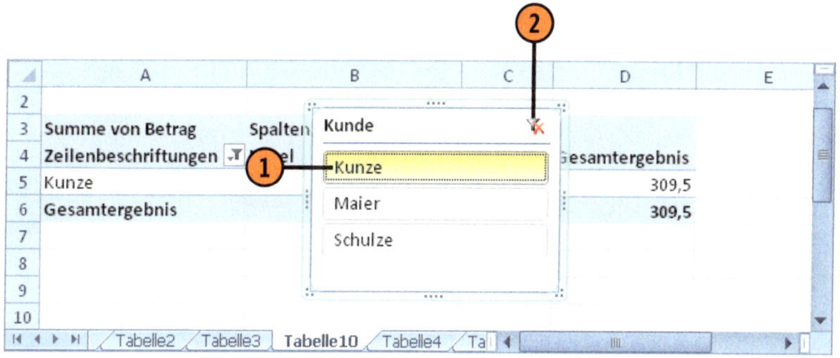

Datenschnitte formatieren

1. Klicken Sie auf den zu formatierenden Datenschnitt. Dadurch wird die Registerkarte *Datenschnitttools/Optionen* angezeigt.
2. Öffnen Sie in der Gruppe *Datenschnitt-Formatvorlagen* den Formatvorlagenkatalog.
3. Wählen Sie das gewünschte Format aus.

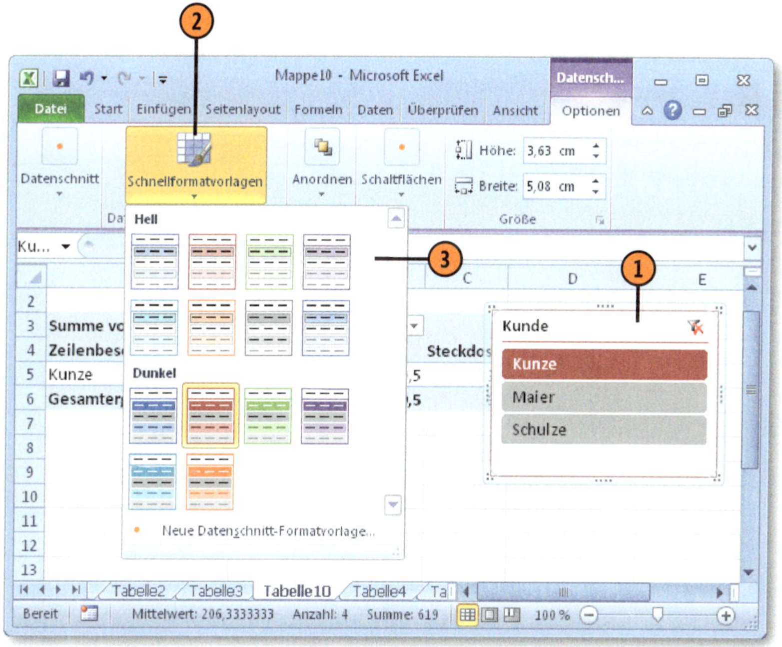

Einen Datenschnitt entfernen

1. Klicken Sie mit der rechten Maustaste auf das Datenschnittobjekt.
2. Wählen Sie im Kontextmenü *<Feldname> entfernen* – beispielsweise *Kunde entfernen*.

Tabellen in einen normalen Zellbereich konvertieren

Wenn Sie die Möglichkeiten einer Excel-Tabelle nicht mehr nutzen wollen, können Sie den Bereich wieder in einen normalen Zellbereich verwandeln. Damit werden die für eine Excel-Tabelle typischen Elemente aus der Ansicht entfernt. Vorher definierte Formate bleiben aber erhalten.

In einen normalen Zellbereich konvertieren

1. Markieren Sie eine beliebige Zelle in der Tabelle.
2. Lassen Sie die Registerkarte *Tabellentools/Entwurf* anzeigen.
3. Wählen Sie in der Gruppe *Tools* den Befehl *In Bereich konvertieren.*
4. Bestätigen Sie die Nachfrage mit *Ja.*
5. Die Excel-Tabelle wird in einen normalen Bereich umgewandelt.

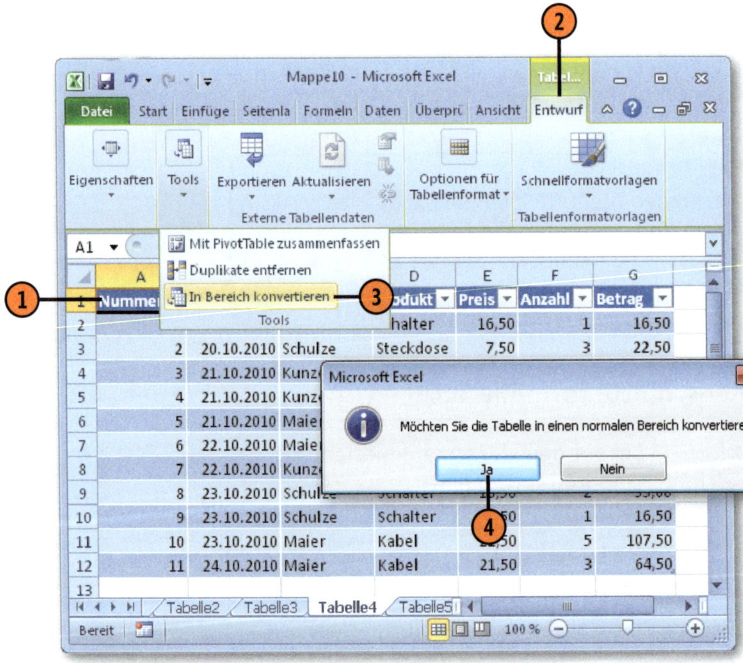

11 Werte in Diagrammen darstellen

In diesem Kapitel:

- Diagrammtypen
- Diagramme erstellen
- Einfache Arbeiten mit Diagrammen
- Schnellformatvorlagen und Schnelllayouts benutzen
- Daten im Diagramm ändern
- Beschriftungen hinzufügen
- Achsen anpassen
- Diagrammtyp ändern
- Elemente im Diagramm markieren
- Diagrammelemente formatieren
- Trends aufzeigen mit Sparklines

Diagramme sagen viel mehr als Zahlen allein, da sie Informationen anschaulich darstellen und so die Bedeutung der Daten klarer machen. Und darum haben Sie mit Excel die Möglichkeit, Ihre Daten grafisch in Form von Diagrammen zu präsentieren. Standardmäßig sind solche Diagramme mit den Tabellendaten verknüpft, aus denen sie erstellt wurden, und werden immer dann angepasst, wenn Sie Ihre Tabelle aktualisieren. Es werden also immer die aktuellen Daten der Tabelle im Diagramm dargestellt.

Excel 2010 stellt Ihnen eine Vielzahl von Diagrammtypen zur Verfügung, die Sie für unterschiedliche Aussagen nutzen können. Die Wahl eines Diagrammtyps sollte sich vordringlich an der Art der darzustellenden Aussage und nicht an ästhetischen Gesichtspunkten orientieren.

Nach dem Erstellen eines Diagramms können Sie die neuen Diagrammtools verwenden, um das Design, Layout und die Formatierung Ihres Diagramms wie gewünscht anzupassen.

Diagrammtypen

Excel stellt Ihnen diverse Typen von Diagrammen für unterschiedliche Zwecke zur Verfügung. Sie können sie in der Grundform erstellen und anschließend verfeinern. Neben den üblichen Standardformen gibt es einige Sondertypen, die sich für die Darstellung von speziellen Situationen eignen. Sie können damit meist zusätzliche Werte darstellen. Am bekanntesten ist wahrscheinlich das Kursdiagramm.

Standarddiagramme

1. In einem *Säulendiagramm* werden die Datenbereiche als nebeneinander stehende Säulen angezeigt. Sie vermitteln den Eindruck, als würde für jeden Abschnitt der waagerechten Achse ein Wert existieren – beispielsweise ein Umsatzwert für jedes Jahr.
2. *Balkendiagramme* erfüllen dieselben Zwecke wie Säulendiagramme, die Elemente werden aber waagerecht angezeigt. Im Querformat erlauben sie meist die Anzeige von mehr Details.
3. *Liniendiagramme* werden vordringlich dazu verwendet, einen Trend über die Zeit aufzuzeigen. Sie erwecken den Eindruck einer kontinuierlichen Entwicklung.
4. Mit *Kreisdiagrammen* können Sie die Verteilung von Einzelwerten im Verhältnis zu deren Summe aufzeigen. Sie eignen sich nicht zur Darstellung einer Entwicklung. Immer nur eine Datenreihe kann dargestellt werden.
5. Bei *Punktdiagrammen* werden die zugrunde liegenden Werte paarweise dargestellt. Die Reihenfolge der Eingabe der Datenpaare in der Tabelle spielt keine Rolle, da die Werte im Diagramm sortiert werden.
6. *Flächendiagramme* zeigen dieselben Charakteristika wie Liniendiagramme, mit dem Unterschied, dass die Fläche unter der Linie eingefärbt wird. Damit werden kleinere Werte im Hintergrund durch größere im Vordergrund verdeckt.

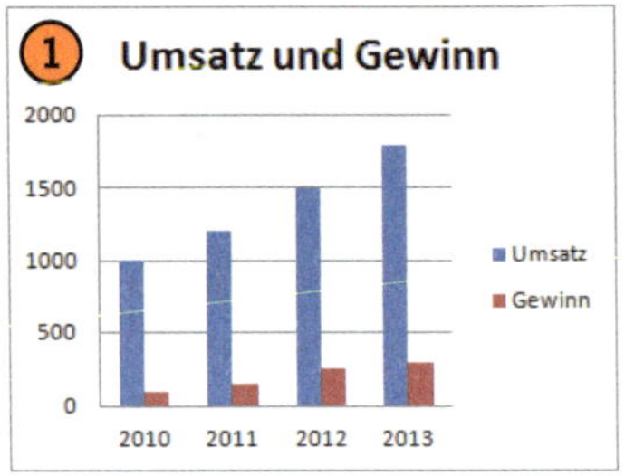

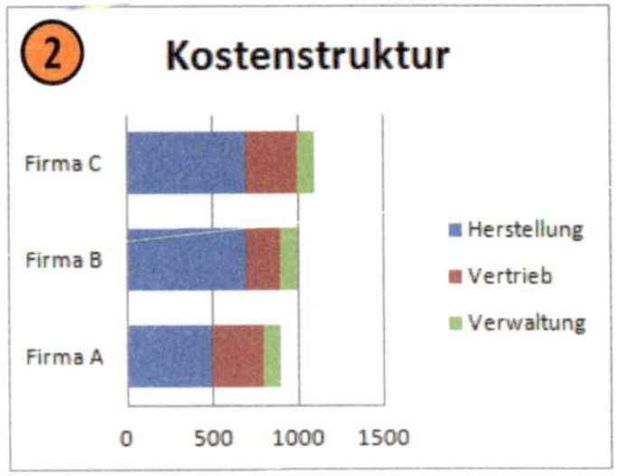

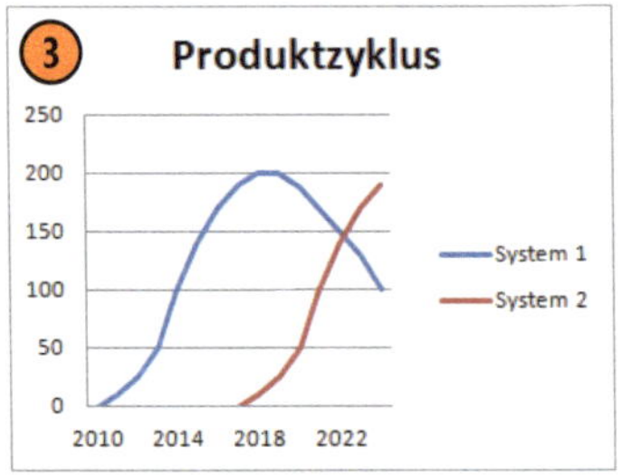

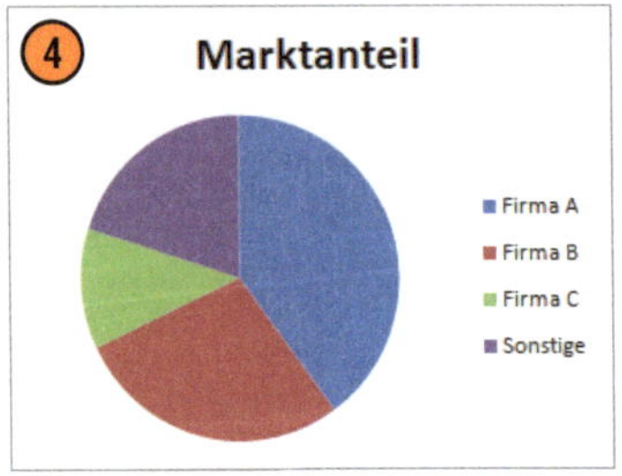

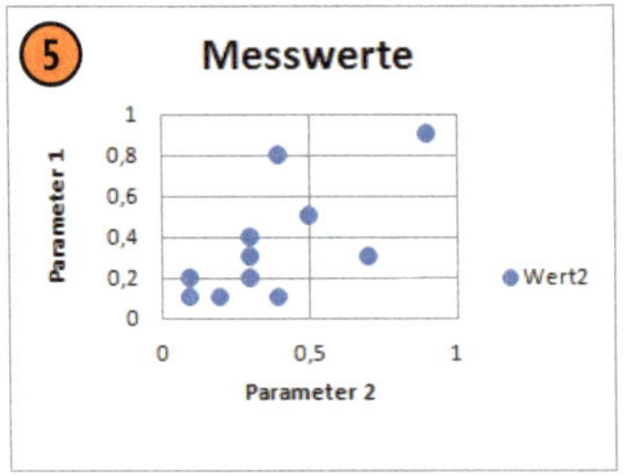

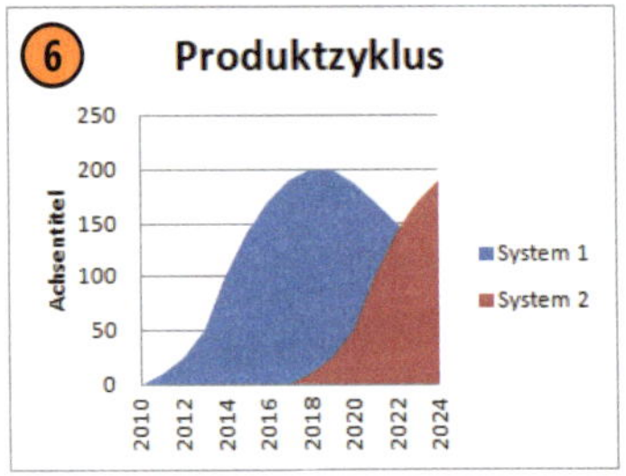

Andere Diagramme

(1) In *Kursdiagrammen* können Sie beispielsweise einen Tiefst-, einen Höchst- und einen Endwert anzeigen lassen.

(2) *Oberflächendiagramme* erlauben die Darstellung von zwei Werten in einer fortlaufenden Kurve.

(3) *Ringdiagramme* sind eine Sonderform von Kreisdiagrammen, das Zentrum des Kreises ist dabei aber leer.

(4) *Blasendiagramme* basieren auf Punktdiagrammen, erlauben aber die Darstellung einer zusätzlichen Größe in Form der Größe der Blase.

(5) Mit *Netzdiagrammen* können Sie mehrere Parameter miteinander vergleichen.

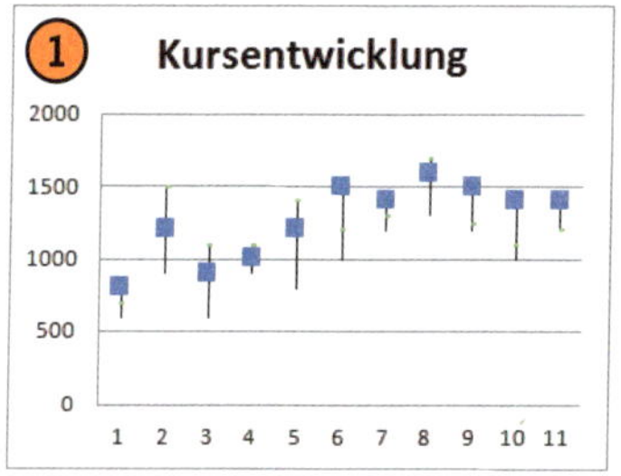

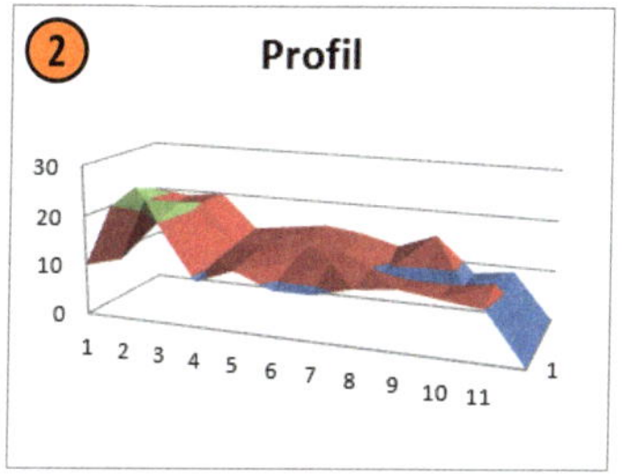

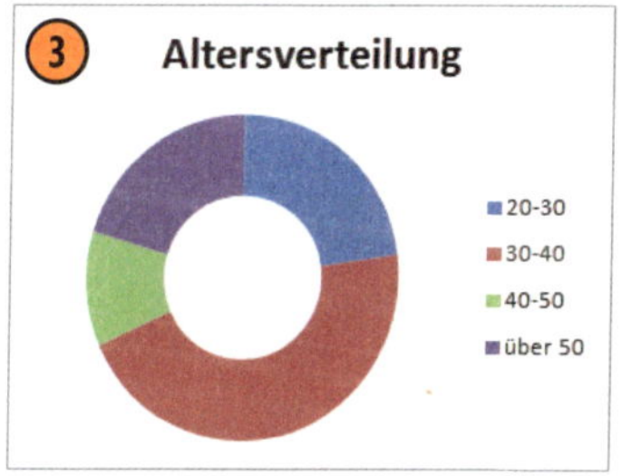

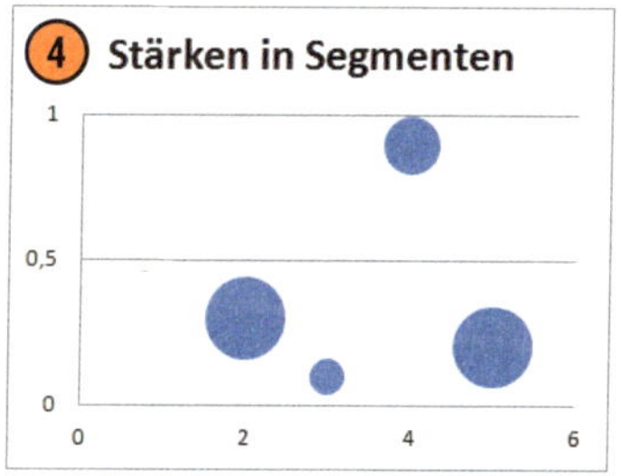

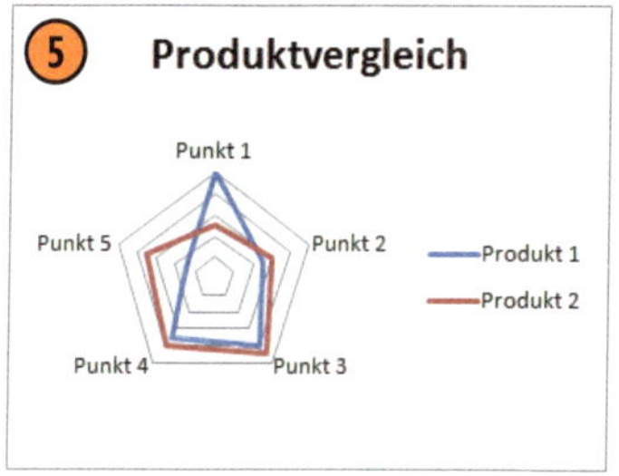

Dreidimensionale Diagramme

- Viele Diagrammtypen können außerdem in dreidimensionaler Form angezeigt werden.
- Diese dreidimensionalen Varianten gibt es in unterschiedlichen Formen. Sie sehen interessanter aus, sind aber oft schwerer zu lesen.

Tipp

Die Wahl eines Diagrammtyps sollte sich vordringlich an der Art der darzustellenden Aussage und nicht an ästhetischen Gesichtspunkten orientieren. Verwenden Sie also beispielsweise ein Kreisdiagramm nicht deswegen, weil es nett aussieht, sondern nur zur Darstellung einer Verteilung.

Diagramme erstellen

Um ein Diagramm zu erstellen, müssen Sie nur zwei Dinge tun: Sie müssen angeben, welche Daten im Tabellenblatt im Diagramm dargestellt werden sollen, und Sie müssen den zu verwendenden Diagrammtyp auswählen.

Diagramm im selben Blatt erstellen

1. Aktivieren Sie das Tabellenblatt mit den darzustellenden Daten.
2. Markieren Sie die Daten, die im Diagramm angezeigt werden sollen.
3. Klicken Sie auf die Registerkarte *Einfügen*.
4. Öffnen Sie den Katalog zu einem Diagrammtyp.
5. Klicken Sie auf den gewünschten Untertyp.
6. Das Diagramm wird im selben Arbeitsblatt erstellt.

Gewusst wie

Auch nicht direkt aufeinanderfolgende Zeilen oder Spalten können Sie gemeinsam markieren, indem Sie die Taste Strg gedrückt halten und dann die Markierung der einzelnen Bereiche durchführen.

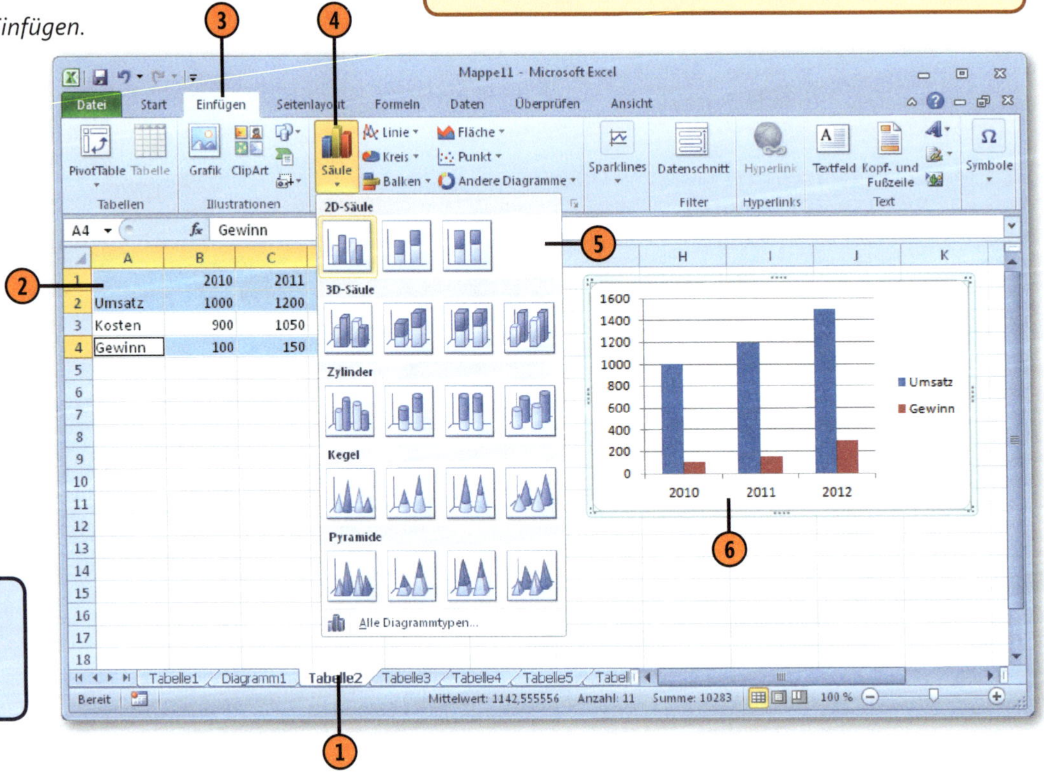

Siehe auch

Weitere Hinweise zum Markieren von Daten in einem Tabellenblatt finden Sie auf Seite 50 f.

Hinweise zum Markieren der Daten

- Wenn Sie ein Diagramm mit senkrecht aufeinander angeordneten Achsen erstellen wollen – also beispielsweise als Balkendiagramm, Säulendiagramm oder Liniendiagramm –, sollten Sie immer gleich mindestens zwei Datenreihen markieren. Diese können in Zeilen oder in Spalten angeordnet sein. Die horizontale Achse wird in der Grundeinstellung bei einer zeilenförmigen Darstellung durch die oberste Zeile, bei einer spaltenförmigen Darstellung durch die am weitesten links stehende Spalte gebildet. Die anderen markierten Zeilen oder Spalten werden dann im Diagramm in der Senkrechten angezeigt.
- Wenn sich in den betreffenden Zeilen oder Spalten nur Daten befinden, die auch im Diagramm dargestellt werden sollen, können Sie auch durch einen Klick die gesamte Zeile bzw. Spalte markieren, ansonsten führen Sie eine Bereichsmarkierung durch.
- Texte in Spalten- und Zeilenüberschriften können Sie ebenfalls markieren, müssen es aber nicht. Wenn Sie sie markieren, werden diese Texte automatisch als Voreinstellung für Achsenbezeichnungen und Legenden verwendet.
- Wenn Sie zusätzliche Texte markieren, achten Sie darauf, dass die Zelle in der oberen linken Ecke leer ist. Andernfalls wird der Eintrag an dieser Stelle als Element der waagerechten Achse missverstanden.

Diagramm in separatem Blatt erstellen

1. Markieren Sie die im Diagramm darzustellenden Daten.
2. Drücken Sie die Taste F11. Excel erstellt vor dem Blatt mit den markierten Daten ein neues Blatt und fügt darin das Diagramm ein.

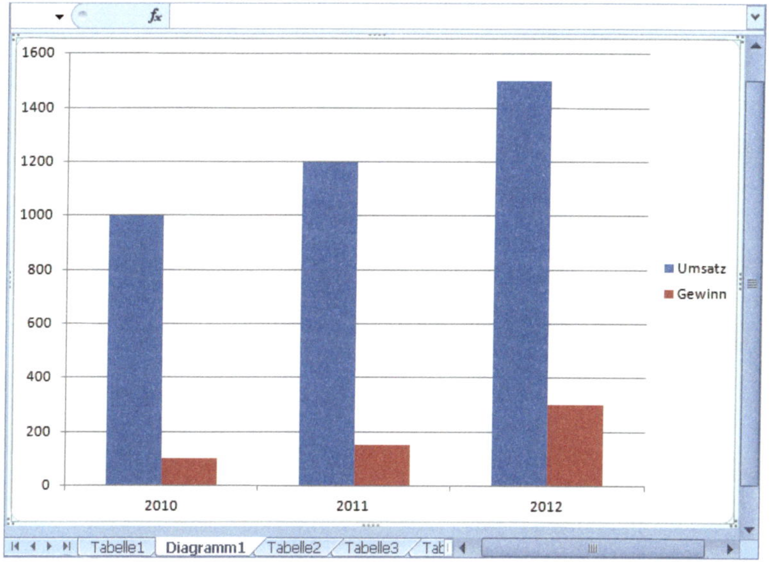

Gewusst wie

Excel benutzt eine Standardform für Diagramme. Diese bestimmt, welcher Typ benutzt wird, wenn Sie keine speziellen Angaben zum Typ machen. Standardmäßig ist das das Säulendiagramm. Sie können aber auch einen anderen Typ einstellen – wie, erfahren Sie auf Seite 182.

Einfache Arbeiten mit Diagrammen

Einfache Arbeiten an einem Diagramm – wie das Ändern der Größe und der Lage können Sie direkt über die Maus vornehmen. Dazu müssen Sie das Diagramm nur vorher markieren. Für alle weiteren Arbeiten mit dem Diagramm bedienen Sie sich der Werkzeuge, die Ihnen in drei zusätzlichen Registerkarten im Menüband zur Verfügung gestellt werden. Sie können darüber beispielsweise ein Diagramm in ein separates Blatt verschieben oder aber auch die Spalten und Zeilen vertauschen.

Das Diagramm insgesamt markieren

1. Solange Sie an den Daten in der Tabelle arbeiten, ist ein darin eingebettetes Diagramm nicht ausgewählt. Das erkennen Sie an dem einfachen Rahmen um das Diagramm.
2. Um das Diagramm zu markieren, klicken auf seinen Rahmen oder auf eine frei Stelle im Diagramm. Eine zusätzliche Umrandung zeigt an, dass das Diagramm markiert ist.

Größe und Lage auf dem Blatt ändern

1. Wenn Sie die Größe des Diagramms ändern wollen, setzen Sie den Mauszeiger im Rahmen auf eine der mit Punkten gekennzeichneten Stellen und ziehen dann mit gedrückter Maustaste in die entsprechende Richtung.
2. Um die Position des Diagramms auf dem Tabellenblatt zu ändern, setzen Sie den Mauszeiger auf eine freie Stelle im Diagramm. Halten Sie die Maustaste gedrückt und verschieben Sie das Diagramm.

Ein Diagramm löschen

- Um ein in eine Tabelle eingebettetes Diagramm zu löschen, markieren Sie es und drücken die Taste Entf.
- Um ein Diagramm auf einem separaten Blatt zu löschen, klicken Sie mit der rechten Maustaste auf das Blattregister des Diagramms und wählen dann *Löschen* im Kontextmenü.

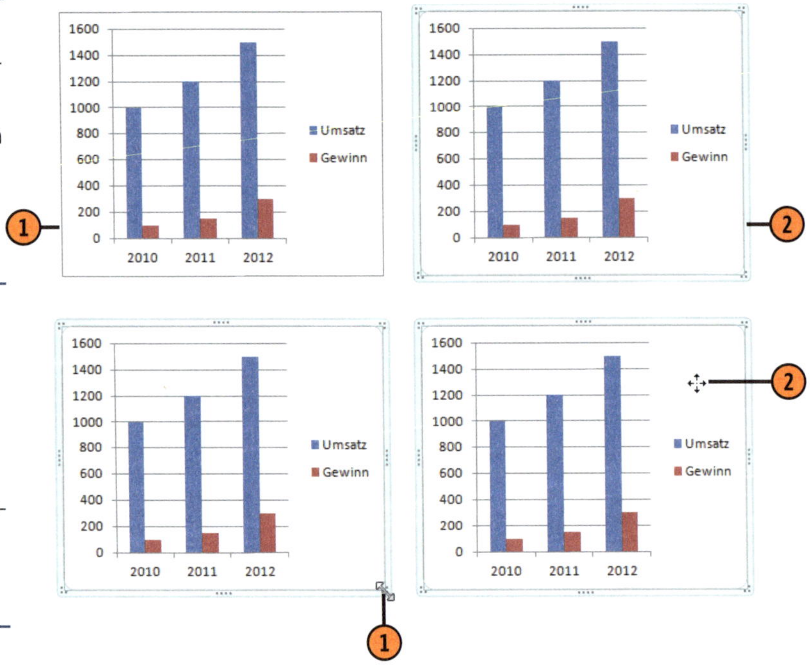

Einen anderen Ort festlegen

1. Wählen Sie das zu bearbeitende Diagramm aus.
2. Lassen Sie die Registerkarte *Diagrammtools/Entwurf* anzeigen.
3. Klicken Sie in der Gruppe *Ort* auf *Diagramm verschieben*.
4. Wenn Sie ein eingebettetes Diagramm auf einem separaten Blatt anzeigen wollen, wählen Sie die Option *Neues Blatt*.
5. Geben Sie dem Blatt einen Namen.
6. Klicken Sie auf *OK*. Das Diagramm wird in dem neuen Blatt angezeigt.

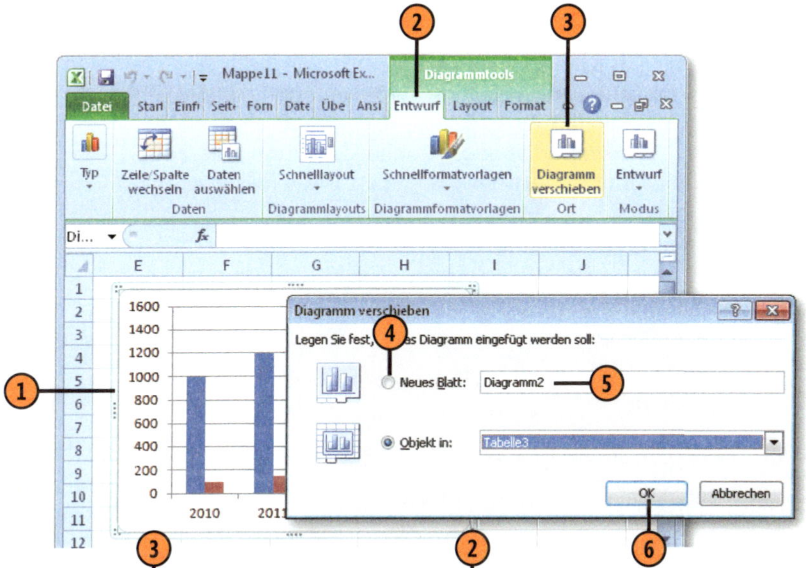

> **Gewusst wie**
>
> Wenn Sie den Inhalt eines separaten Diagrammblatts als eingebettetes Diagramm in einer beliebigen Tabelle anzeigen lassen wollen, gehen Sie ähnlich vor: Im Dialogfeld *Diagramm verschieben* markieren Sie die Option *Objekt in* und wählen dann die Tabelle aus, in der es angezeigt werden soll.

Spalten und Zeilen vertauschen

1. Wählen Sie das zu bearbeitende Diagramm aus.
2. Lassen Sie die Registerkarte *Diagrammtools/Entwurf* anzeigen.
3. Klicken Sie in der Gruppe *Daten* auf *Zeile/Spalte wechseln*.

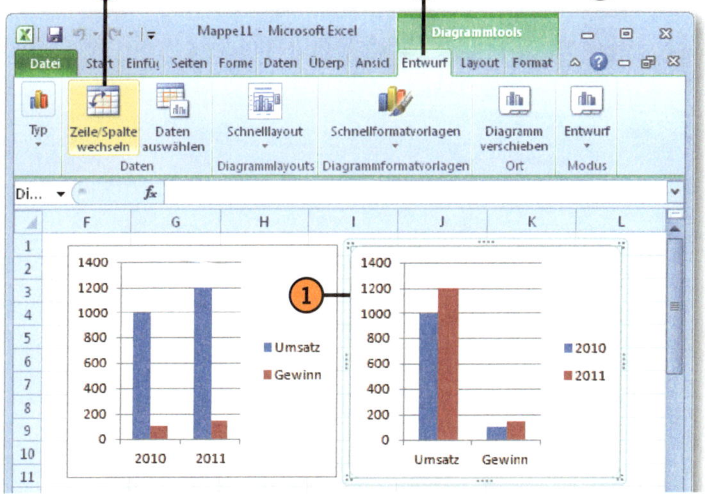

Schnellformatvorlagen und Schnelllayouts benutzen

Wahrscheinlich werden Sie bald nach dem Erstellen des Diagramms darangehen wollen, einige Verfeinerungen daran vorzunehmen. Dafür liefert Ihnen Excel zwei wichtige Werkzeuge. Mithilfe der *Schnellformatvorlagen* können Sie Ihrem Diagramm schnell ein bestimmtes Aussehen verleihen. Die *Schnelllayouts* gehen noch einen Schritt weiter: Damit können Sie schnell Platzhalter zur Anzeige von Titeln und sonstigen Beschriftungen einblenden lassen. Die verfügbaren Schnelllayouts hängen von dem gewählten Diagrammtyp ab.

Das Schnelllayout festlegen

1. Markieren Sie das Diagrammobjekt, indem Sie auf seinen Rahmen klicken.
2. Lassen Sie die Registerkarte *Diagrammtools/Entwurf* anzeigen.
3. Öffnen Sie in der Gruppe *Diagrammlayouts* den Katalog.
4. Wählen Sie ein Schnelllayout aus.

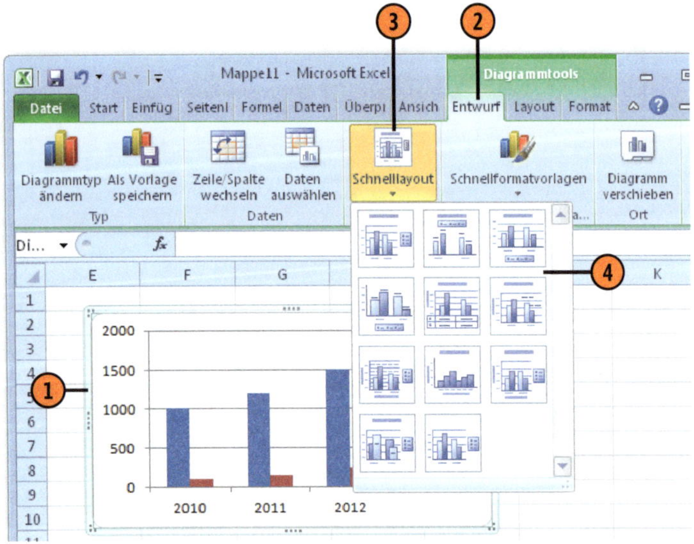

Die Vorteile des Arbeitens mit Schnelllayouts

- Sie können schnell Platzhalter für Titel, Achsenbeschriftungen und ähnliche Textelemente hinzufügen.
- Gitternetzlinien können ein- und ausgeblendet werden.
- Die dargestellten Zahlenwerte können zusätzlich im Diagramm in Form einer kleinen Tabelle angezeigt werden.

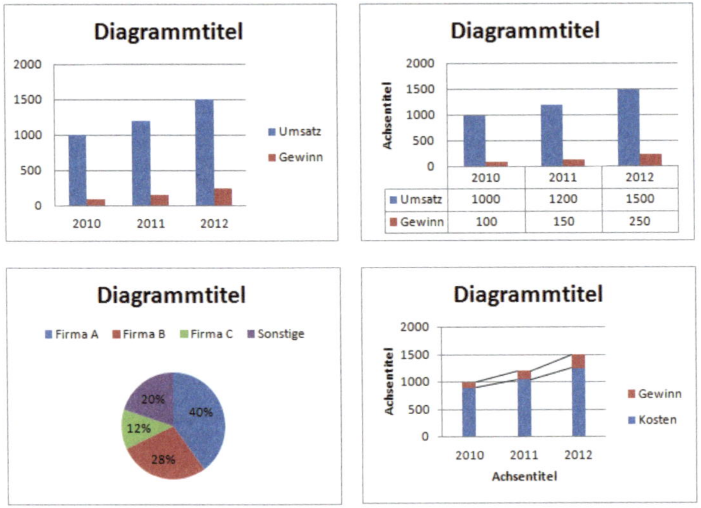

Die Schnellformatvorlagen einsetzen

1. Markieren Sie das Diagrammobjekt, indem Sie auf seinen Rahmen klicken.
2. Lassen Sie die Registerkarte *Diagrammtools/Entwurf* anzeigen.
3. Öffnen Sie in der Gruppe *Diagrammformatvorlagen* den Katalog.
4. Wählen Sie eine Vorlage.

Tipp

Diese Schnellformatvorlagen formatieren immer das Diagramm insgesamt. Wie sich die verschiedenen Optionen auf das Diagramm auswirken, können Sie sofort in der Livevorschau sehen, wenn Sie den Mauszeiger auf eine der Optionen im Katalog bewegen.

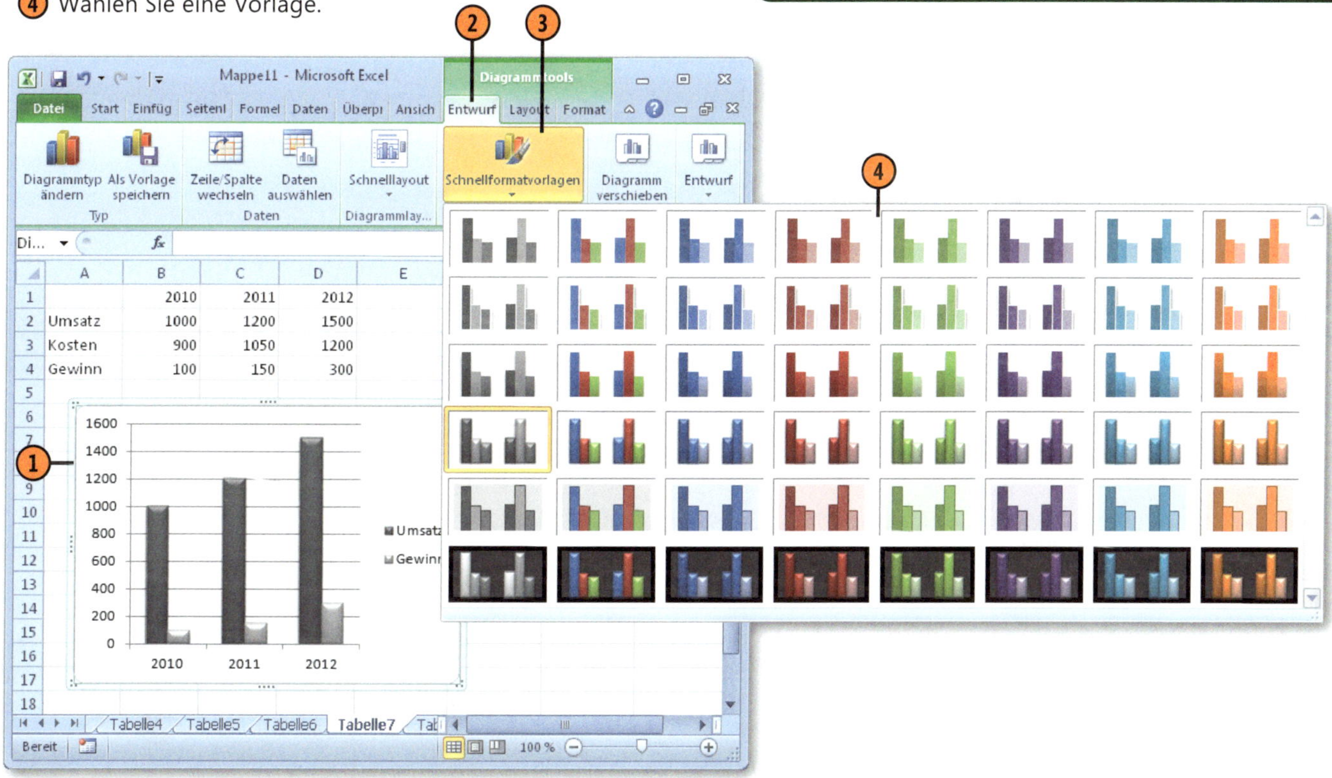

Die Daten im Diagramm ändern

Auch die im Diagramm angezeigten Daten können Sie nach der Diagrammerstellung noch ändern. Sie können z.B. die darzustellenden Daten bearbeiten, neue Daten hinzufügen oder ganz andere Daten aus der Tabelle für das Diagramm benutzen.

Datenquelle ändern

1. Markieren Sie das Diagrammobjekt, indem Sie auf seinen Rahmen klicken. Die für das Diagramm verwendeten Datenbereiche werden in der Tabelle markiert.
2. Lassen Sie die Registerkarte *Diagrammtools/Entwurf* anzeigen.
3. Klicken Sie in der Gruppe *Daten* auf *Daten auswählen*.
4. Im Dialogfeld *Datenquelle auswählen* werden die dargestellten Daten aufgelistet.
   - Im linken Feld werden die Reihen aufgelistet – also die Größen, die in der senkrechten Achse verwendet werden.
   - Rechts werden die für die waagerechte Achse verwendeten Daten angezeigt.
5. Markieren Sie die zu bearbeitenden Daten.
6. Klicken Sie auf *Bearbeiten*.
7. In Dialogfeld *Datenreihe bearbeiten* werden die Adressen angezeigt. Ändern Sie sie nach Ihren Wünschen ab.
8. Klicken Sie auf *OK*.
9. Klicken Sie auf *OK*.

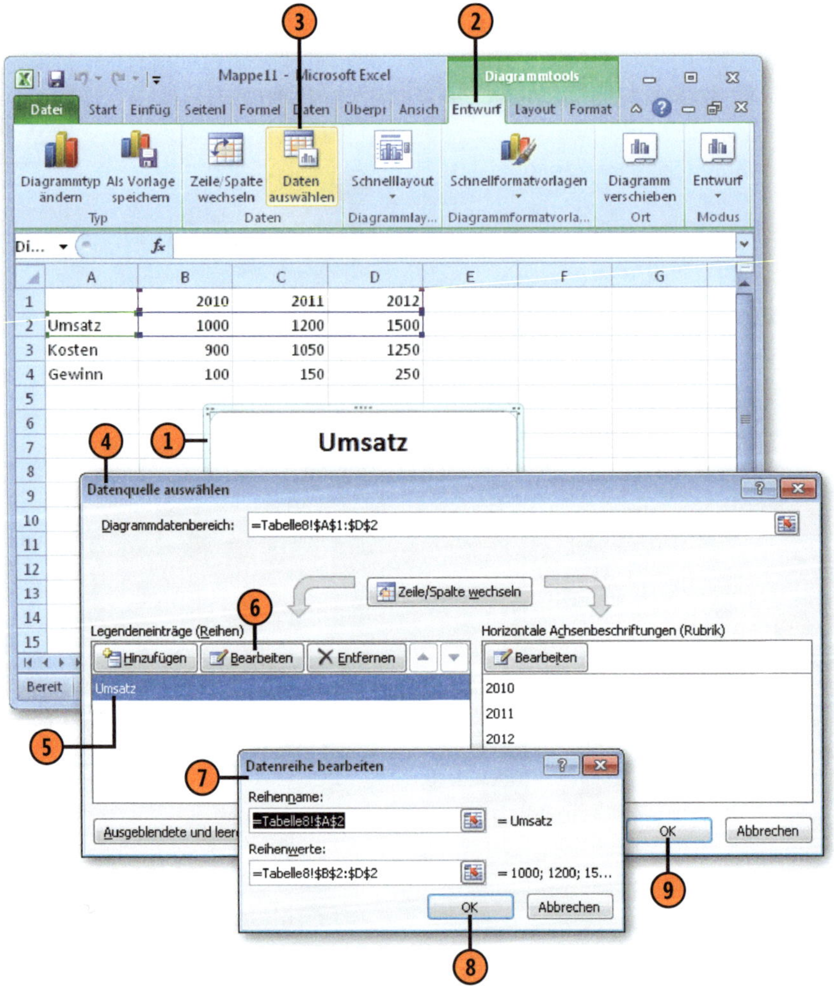

Neue Daten hinzufügen

1. Markieren Sie das Diagrammobjekt, indem Sie auf seinen Rahmen klicken.
2. Lassen Sie die Registerkarte *Diagrammtools/Entwurf* anzeigen.
3. Klicken Sie in der Gruppe *Daten* auf *Daten auswählen*.
4. Klicken Sie im Dialogfeld *Datenquelle auswählen* auf *Hinzufügen*.
5. Geben Sie im Dialogfeld *Datenreihe bearbeiten* die Adressen der neuen Daten an oder markieren Sie sie im Tabellenblatt:
   - Klicken Sie in das Feld *Reihenname* und geben Sie dort die Adresse für die Reihenbezeichnung ein.
   - Klicken Sie in das Feld *Reihenwerte* und geben Sie die Adressen für die Werte ein.
6. Klicken Sie auf *OK*.
7. Klicken Sie auf *OK*.

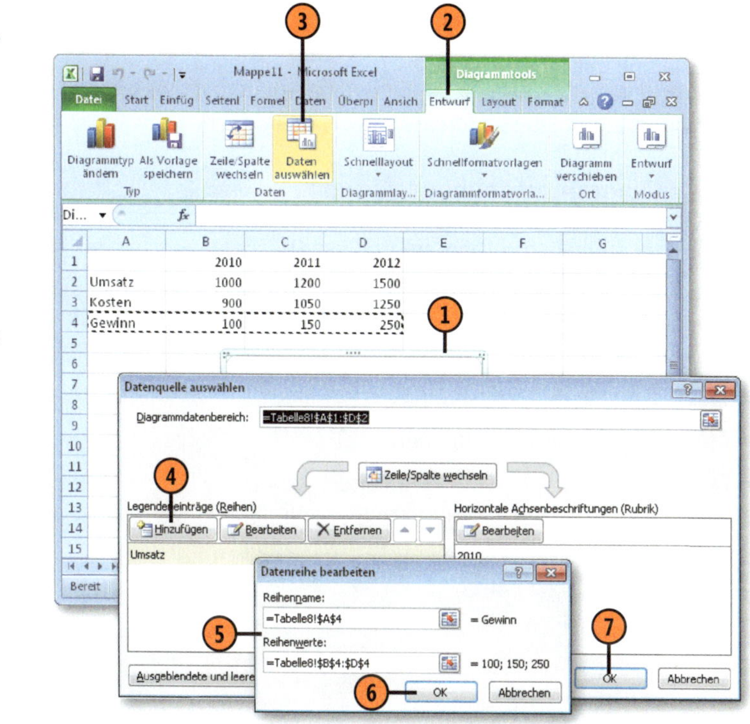

Daten löschen

1. Markieren Sie im Dialogfeld *Datenquelle auswählen* die Daten, die Sie aus dem Diagramm entfernen wollen.
2. Klicken Sie auf die Schaltfläche *Entfernen*.
3. Klicken Sie auf *OK*.

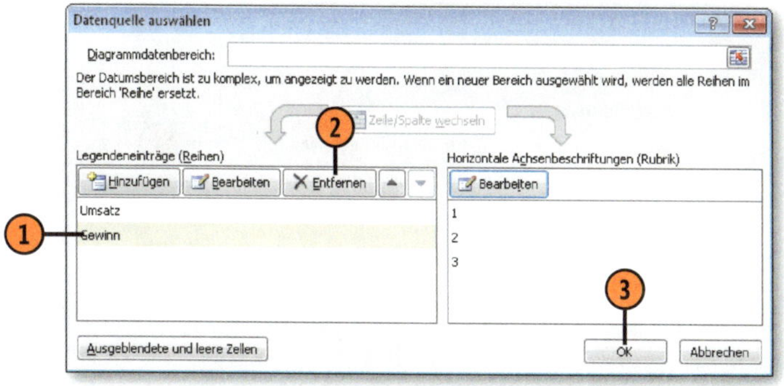

Beschriftungen hinzufügen

Diagramme gewinnen erst Aussagekraft, wenn klar zu erkennen ist, was in ihnen dargestellt wird. Dazu benötigt ein Diagramm zumindest einen Titel und Achsenbeschriftungen.

Einen Diagrammtitel hinzufügen

1. Markieren Sie das Diagrammobjekt, indem Sie auf seinen Rahmen klicken.
2. Lassen Sie die Registerkarte *Diagrammtools/Layout* anzeigen.
3. Klicken Sie in der Gruppe *Beschriftungen* auf *Diagrammtitel.*
4. Wählen Sie eine Option aus.
5. Ein Titelfeld mit einem Platzhaltertext wird im Diagramm angezeigt. Klicken Sie in dieses Feld und geben Sie den gewünschten Text für den Titel ein.

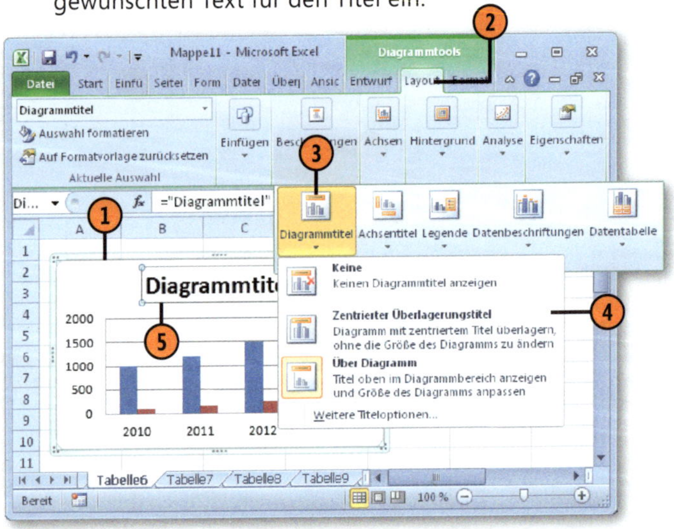

Legenden dienen – wenn mehrere Datenreihen im Diagramm angezeigt werden – zur Identifizierung der einzelnen Datenreihen. Außerdem können Sie die Datenreihen noch separat beschriften.

Die Achsen beschriften

1. Markieren Sie das Diagrammobjekt, indem Sie auf seinen Rahmen klicken.
2. Lassen Sie die Registerkarte *Diagrammtools/Layout* anzeigen.
3. Klicken Sie in der Gruppe *Beschriftungen* auf *Achsentitel.*
4. Wählen Sie eine Option aus.
5. Ein Feld mit einem Platzhaltertext wird im Diagramm angezeigt. Klicken Sie in dieses Feld und geben Sie den gewünschten Text ein.

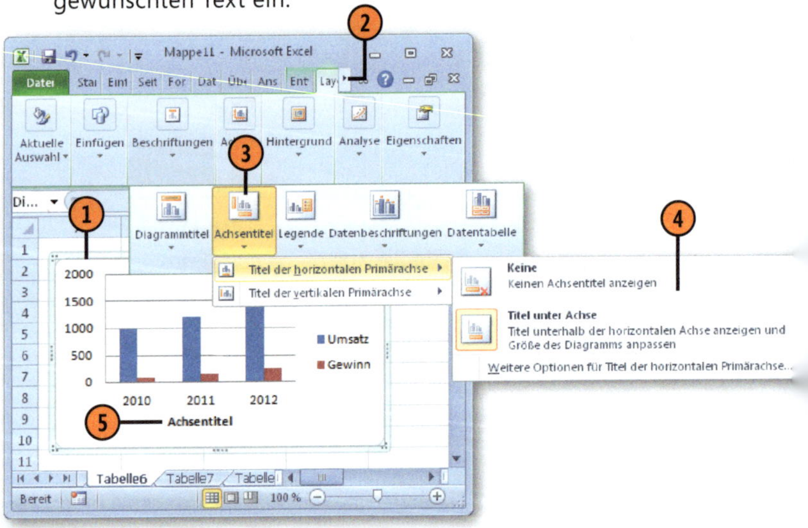

Legenden

1. Markieren Sie das Diagramm, indem Sie auf seinen Rahmen klicken.
2. Lassen Sie die Registerkarte *Diagrammtools/Layout* anzeigen.
3. Klicken Sie in der Gruppe *Beschriftungen* auf *Legende*.
4. Wählen Sie eine Option aus.
5. Die Legende wird angezeigt.

Tipp

Alle eingefügten Beschriftungen können nachträglich formatiert werden. Klicken Sie mit der rechten Maustaste auf die Beschriftung und benutzen Sie die Elemente der dann angezeigten Minisymbolleiste.

Legenden könen Sie mit der Maus verschieben und das gesamte Legendenfeld in der Größe ändern.

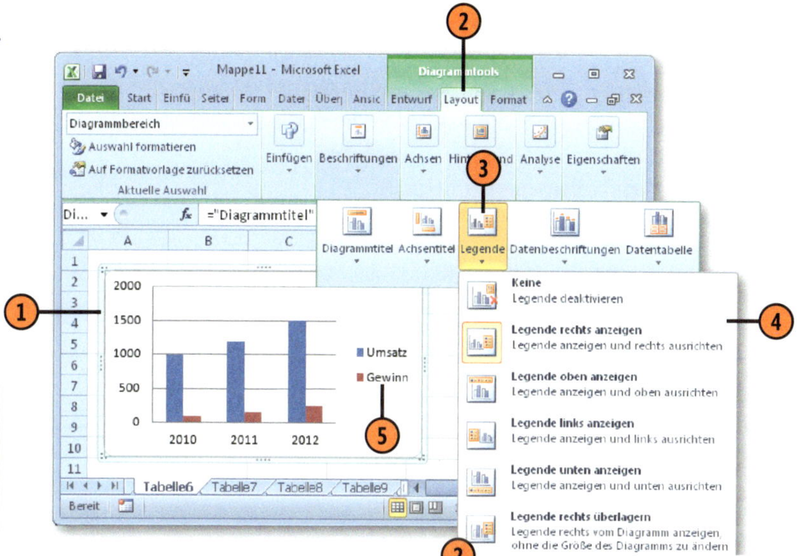

Datenbeschriftungen hinzufügen

1. Markieren Sie das Diagramm, indem Sie auf seinen Rahmen klicken.
2. Lassen Sie die Registerkarte *Diagrammtools/Layout* anzeigen.
3. Klicken Sie in der Gruppe *Beschriftungen* auf *Datenbeschriftungen*.
4. Wählen Sie eine Option aus.
5. Die Beschriftungen werden an der gewählten Stelle angezeigt.

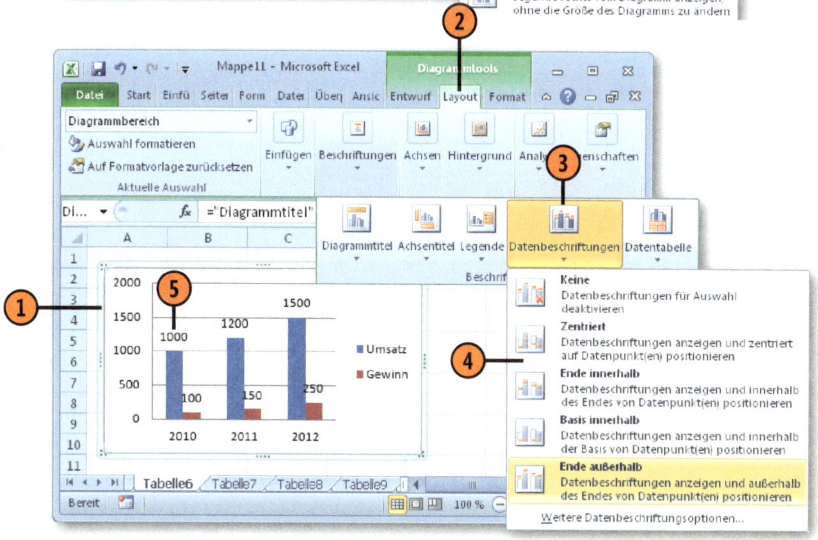

Die Achsen einstellen

Bei der Mehrzahl der Diagramme mit Achsen wird an diesen Achsen automatisch eine Skala für die angezeigten Daten eingefügt. Sie können sowohl die Achsen als auch die zugehörigen Skalen und deren Beschriftung ein- und ausschalten sowie zusätzliche Optionen dazu einstellen.

Die Grundeinstellungen festlegen

1. Markieren Sie das Diagrammobjekt, indem Sie auf seinen Rahmen klicken.
2. Lassen Sie die Registerkarte *Diagrammtools/ Layout* anzeigen.
3. Öffnen Sie in der Gruppe *Achsen* das Menü zur Schaltfläche *Achsen*.
4. Wählen Sie, ob Sie die Einstellungen für die *Horizontale Primärachse* oder für die *Vertikale Primärachse* festlegen wollen.
5. Wählen Sie die gewünschte Option.

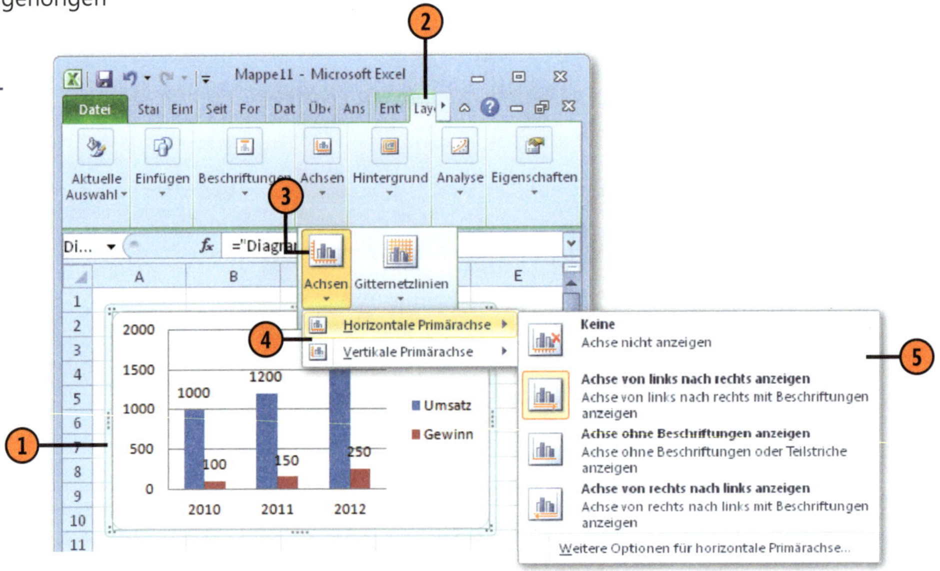

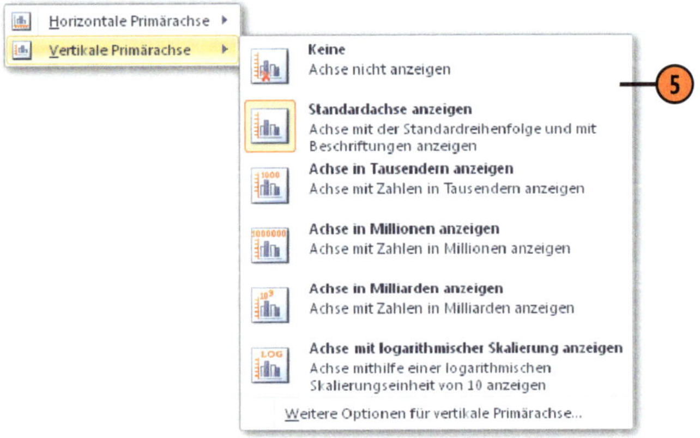

Tipp

Über die Optionen zu *Horizontale Primärachse* und *Vertikale Primärachse* legen Sie zunächst nur die Richtung der Achse bzw. die Anzeige der Einheiten fest. Nach einem Klick auf *Weitere Optionen* können Sie die Einstellungen für die jeweilige Achse im Detail regeln; die Optionen unterscheiden sich zum Teil bei der horizontalen und der vertikalen Achse (siehe nächste Seite).

Die Feinheiten für die Achsen einstellen

Klicken Sie im Menü zu *Horizontale Primärachse* auf *Weitere Optionen für horizontale Primärachse*:

1. Unter *Intervall zwischen Beschriftungen* können Sie angeben, wie häufig die Achse mit Beschriftungen versehen werden soll.
2. Mit *Hauptstrichtyp* und *Hilfsstrichtyp* legen Sie fest, wie die Achse durch Striche unterteilt werden soll.
3. *Achsenbeschriftungen* bestimmt die Entfernung der Beschriftungen von der Achse.
4. Mit *Vertikale Achse schneidet* können Sie festlegen, wo die senkrechte Achse die waagerechte Achse schneiden soll.

Klicken Sie im Dropdownmenü zu *Vertikale Primärachse* auf *Weitere Optionen für vertikale Primärachse*:

1. Sie können sich durch Aktivieren der einzelnen Optionen im oberen Bereich des Dialogfeldes einer automatischen Einstellung bedienen oder die entsprechenden Werte selbst eintragen.
2. *Logarithmische Skalierung* schreibt eine logarithmische Skala an die Größenachse. Damit können nur positive Werte dargestellt werden.
3. Über *Anzeigeeinheiten* können Sie eine gemeinsame Einheit an der Achse einfügen und damit die einzelnen anzuzeigenden Zahlen verkürzen.
4. Mit *Horizontale Achse schneidet* können Sie festlegen, wo die waagerechte Achse die senkrechte schneiden soll.

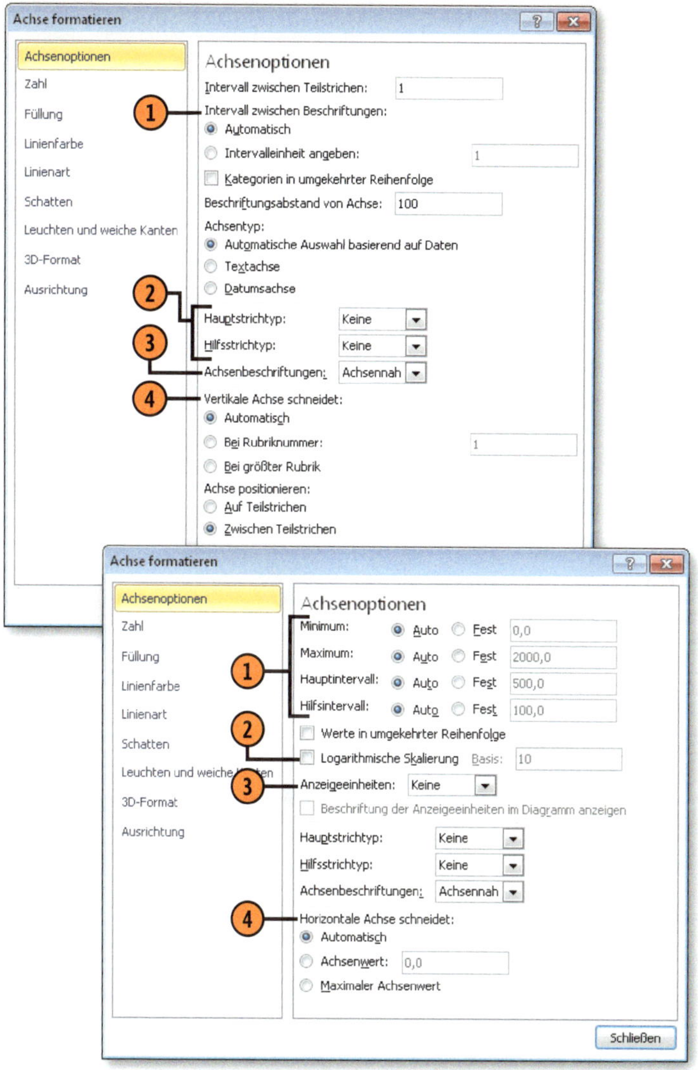

Den Typ des Diagramms ändern

Den Typ eines Diagramms können Sie jederzeit ändern. Das funktioniert auch noch, nachdem Sie bereits Feinheiten im Diagramm festgelegt haben. Oft ist es aber bequemer, ein neues Diagramm mit dem gewünschten Typ zu erstellen und das alte zu löschen.

Diagrammtyp ändern

1. Markieren Sie das Diagrammobjekt, indem Sie auf seinen Rahmen klicken.
2. Lassen Sie die Registerkarte *Diagrammtools/Entwurf* anzeigen.
3. Klicken Sie in der Gruppe *Typ* auf *Diagrammtyp ändern*.
4. Wählen Sie in der Spalte links den gewünschten Typ aus.
5. Klicken Sie im rechten Listenfeld auf den gewünschten Untertyp.
6. Bestätigen Sie mit *OK*.

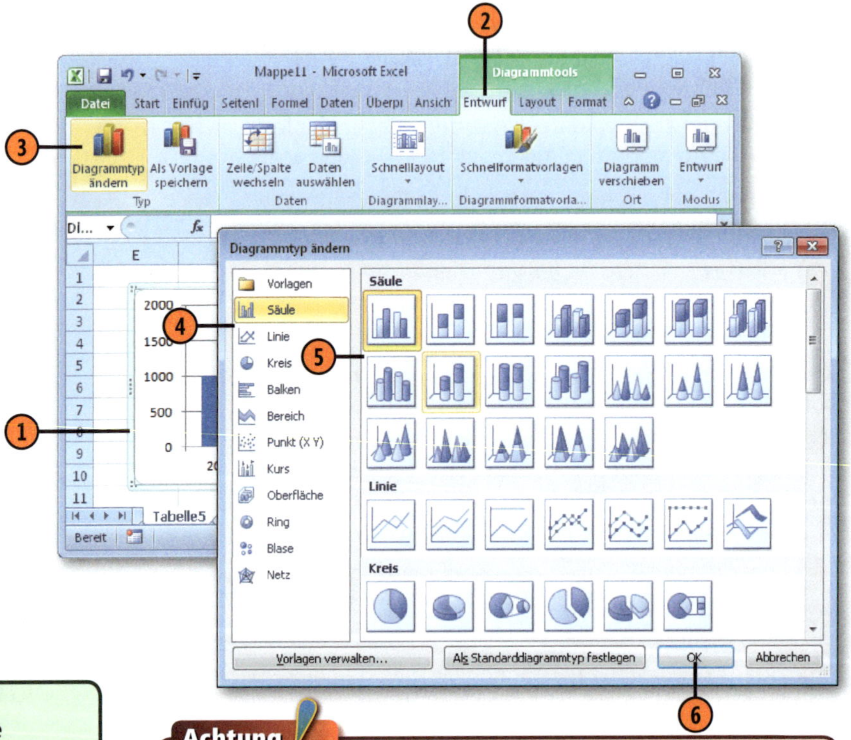

Tipp

Wenn Sie nach Wahl eines Typs und Untertyps auf die Schaltfläche *Als Standarddiagrammtyp festlegen* klicken, wird diese Form des Diagramms als Standardform eingerichtet. Der so festgelegte Typ wird dann verwendet, wenn Sie nach dem Markieren der Daten in der Tabelle die Taste F11 drücken und so das Diagramm in einem separaten Blatt erstellen.

Achtung

Nicht alle Typen lassen sich in beliebige andere Typen umwandeln. Das liegt beispielsweise daran, dass sich einige Diagrammtypen nur zur Darstellung einer einzelnen Datenreihe eignen – so können Sie ein Säulendiagramm mit mehreren Datenreihen nicht in ein Kreisdiagramm umwandeln.

Die Elemente im Diagramm markieren

Wenn Sie ein spezielles Element im Diagramm bearbeiten wollen, müssen Sie es markieren. Das tun Sie, indem Sie das jeweilige Element anklicken. Nach dem Markieren dieser Elemente können Sie sie beispielsweise verschieben und – bei Textelementen – auch die Schriftparameter einstellen.

Die Zeichnungsfläche markieren

1. Wenn Sie die gesamte Zeichnungsfläche markieren wollen, klicken Sie auf eine freie Stelle im zentralen Bereich des Diagramms.
2. Sie können dann alle Elemente auf der Zeichnungsfläche innerhalb der Diagrammrahmens gemeinsam in ihrer Größe ändern, indem Sie einen der Ziehpunkte mit gedrückter Maustaste in die betreffende Richtung ziehen.

Einzelne Diagrammelemente markieren

1. Um eine im Diagramm dargestellte Datenreihe zu markieren, klicken Sie auf ein beliebiges Element dieser Reihe – beispielsweise auf eine Säule. Alle zu dieser Datenreihe gehörenden Säulen werden markiert.
2. Nachdem Sie eine Datenreihe markiert haben, können Sie auch einen einzelnen Datenpunkt darin markieren, indem Sie darauf klicken. Bei Kreisdiagrammen können Sie damit beispielsweise ein Segment aus dem Kreis herausziehen und so ein »explodierendes« Kreisdiagramm erzeugen. Verschieben Sie dazu das Segment in die gewünschte Richtung.
3. Auch alle anderen Bestandteile des Diagramms können so markiert werden. Ein Klick auf eine Achse markiert diese.
4. Dasselbe trifft beispielsweise auf die angezeigten Legenden zu. Sie können dieses Feld anschließend mit den üblichen Methoden vergrößern oder verschieben.

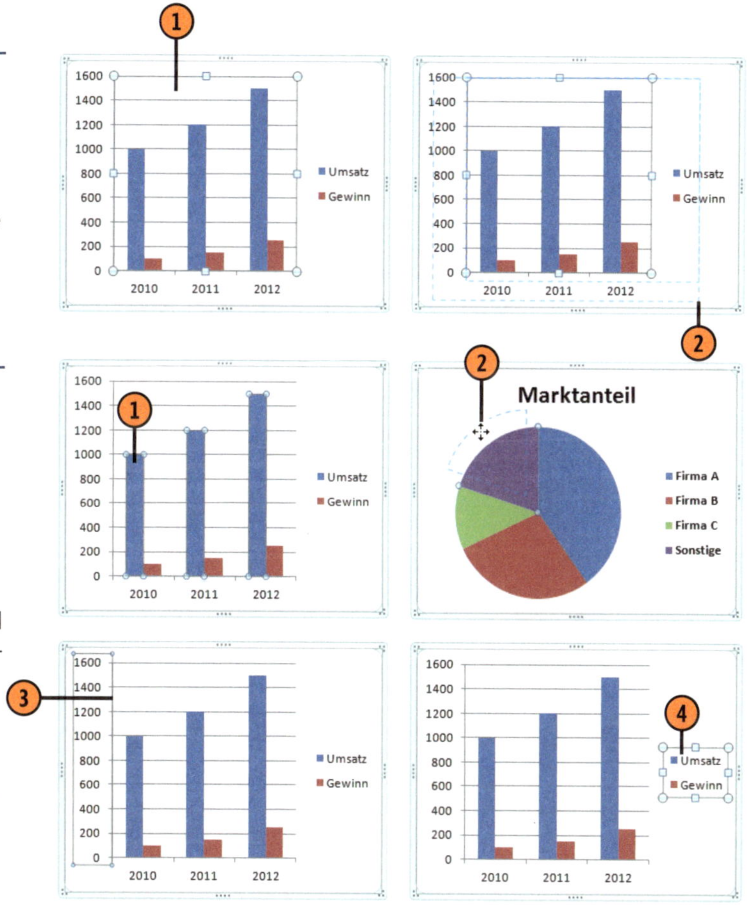

Diagrammelemente formatieren

Nachdem Sie ein Element des Diagramms markiert haben, können Sie die Werkzeuge auf der Registerkarte *Diagrammtools/Format* benutzen, um dieses Element zu formatieren. Je nach gerade markiertem Element stehen Ihnen unterschiedliche Möglichkeiten zur Verfügung.

Die Diagrammflächen formatieren

1. Wenn Sie die gesamte Diagrammfläche formatieren wollen, markieren Sie sie durch einen Klick auf ihren Rahmen.
2. Wenn Sie nur die Zeichnungsfläche formatieren wollen, klicken Sie auf eine leere Stelle darin.
3. Wählen Sie die Registerkarte *Diagrammtools/Format*.
4. Öffnen Sie den Katalog in der Gruppe *Formenarten* und wählen Sie einen Effekt in dem Katalog aus.

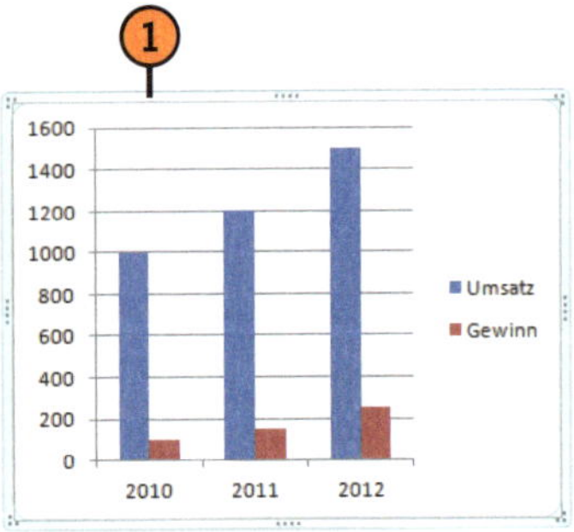

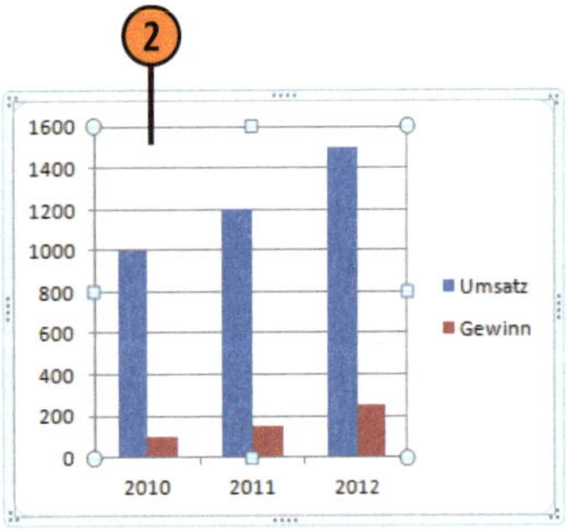

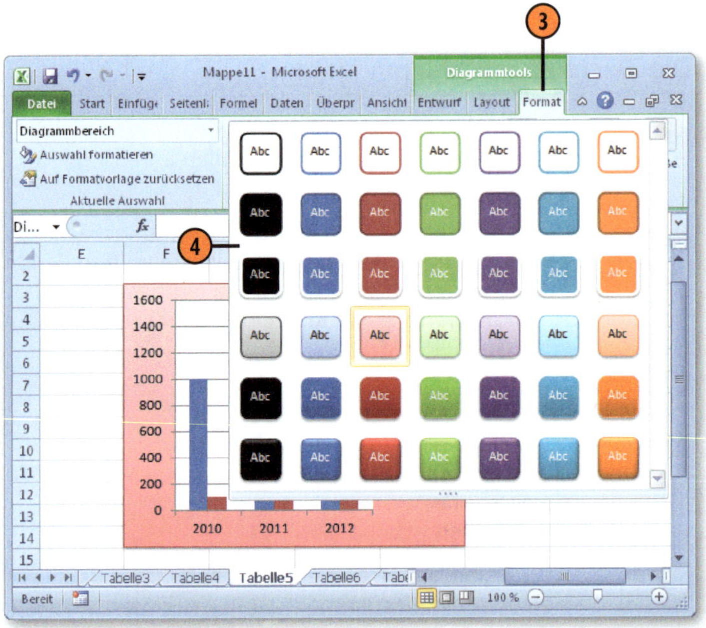

Tipp

Zum Markieren eines Diagrammelements können Sie auch die betreffende Dropdownliste oben links in der Gruppe *Aktuelle Auswahl* auf der Registerkarte *Diagrammtools/Format* benutzen.

Tipp

Alle Diagramme besitzen einen Hintergrund – Diagrammfläche genannt – und eine oder mehrere Zeichnungsflächen. 2D-Diagramme verfügen über eine einzige Zeichnungsfläche, 3D-Diagramme über zwei Wände und eine Bodenfläche.

Einzelne Datenpunkte formatieren

1. Markieren Sie das Diagramm durch einen Klick auf seinen Rahmen.
2. Klicken Sie ggf. zweimal auf das zu formatierende Element, um es separat zu markieren.
3. Klicken Sie mit der rechten Maustaste auf das Element und wählen Sie *Datenpunkt formatieren* im Kontextmenü. Das gleichnamige Dialogfeld wird angezeigt.
4. Wenn Sie dem Element eine andere Farbe geben wollen, wählen Sie *Füllung*.
5. Wählen Sie *Einfarbige Füllung*.
6. Wählen Sie die gewünschte Farbe aus.
7. Klicken Sie auf *Schließen*.

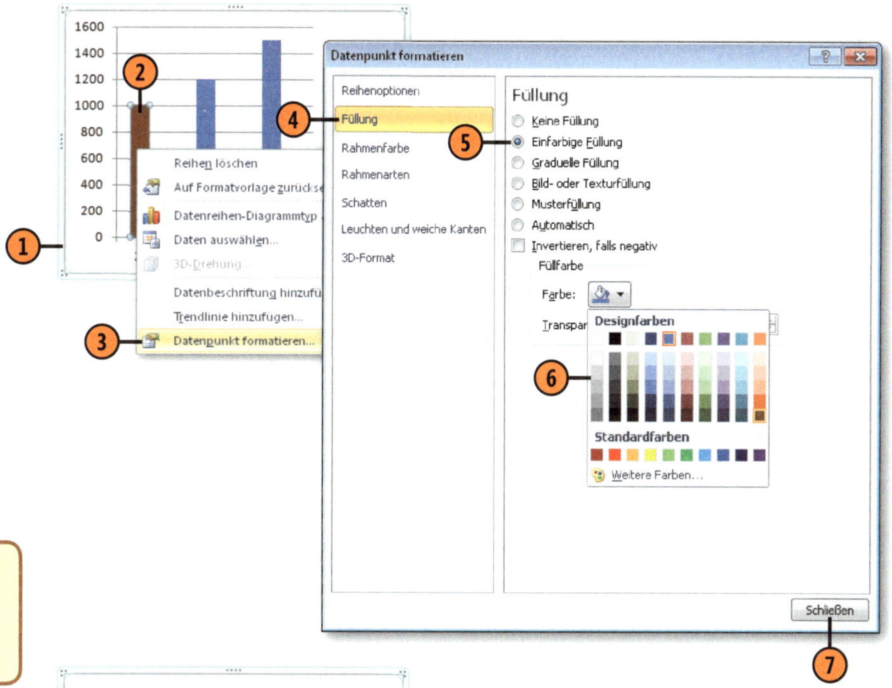

Gewusst wie

Um die Hervorhebung eines Datenpunkts wieder zurückzusetzen, wählen Sie *Auf Formatvorlage zurücksetzen* im Kontextmenü zum Element.

Die Schriftparameter einstellen

1. Markieren Sie das Element, für das Sie die Schrifteinstellungen ändern wollen, und klicken Sie mit der rechten Maustaste darauf.
2. Benutzen Sie die Schaltflächen der Minisymbolleiste, um die Schriftparameter festzulegen.

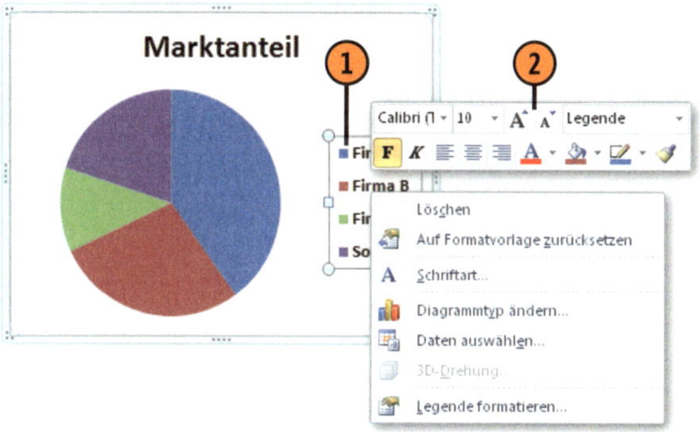

Trends aufzeigen mit Sparklines

Sparklines sind neu in Excel 2010. Eine Sparkline ist ein sehr kleines Diagramm in einer Zelle des Arbeitsblatts, das Daten visuell darstellt. Mit Sparklines können Sie beispielsweise Trends für eine Wertereihe aufzeigen. Um eine größtmögliche Wirkung zu erzielen, sollten Sie eine Sparkline in der Nähe der zugehörigen Daten positionieren. Sie können auch in eine Zelle Text eingeben und eine Sparkline als Hintergrund verwenden.

Sparklines erstellen

1. Markieren Sie die Zelle, in der die Sparkline erscheinen soll.
2. Wählen Sie die Registerkarte *Einfügen*.
3. Wählen Sie in der Gruppe *Sparklines* eine Form.
4. Klicken Sie im Dialogfeld *Sparklines erstellen* in das Feld *Datenbereich* und markieren Sie dann in der Tabelle den Bereich, der als Grundlage für das kleine Diagramm dienen soll.
5. Kontrollieren im Feld *Positionsbereich* die Adresse der Zelle, in der die Sparkline erscheinen soll.
6. Bestätigen Sie über *OK*.

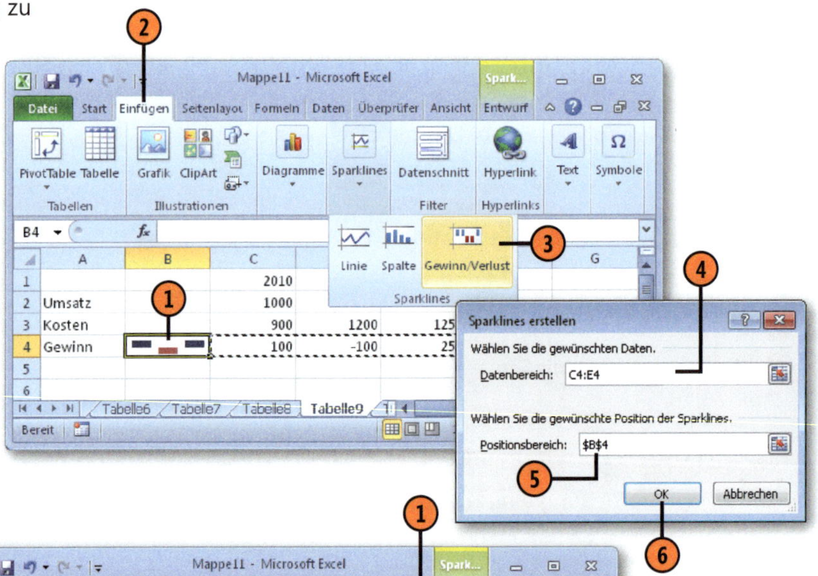

Sparklines verfeinern

1. Solange die Zelle mit der Sparkline markiert ist, wird die Registerkarte *Sparklinetools/Entwurf* angezeigt.
2. Sie können darüber die Sparkline abwandeln oder verfeinern. Benutzen Sie beispielsweise den Katalog zu *Formatvorlage*.

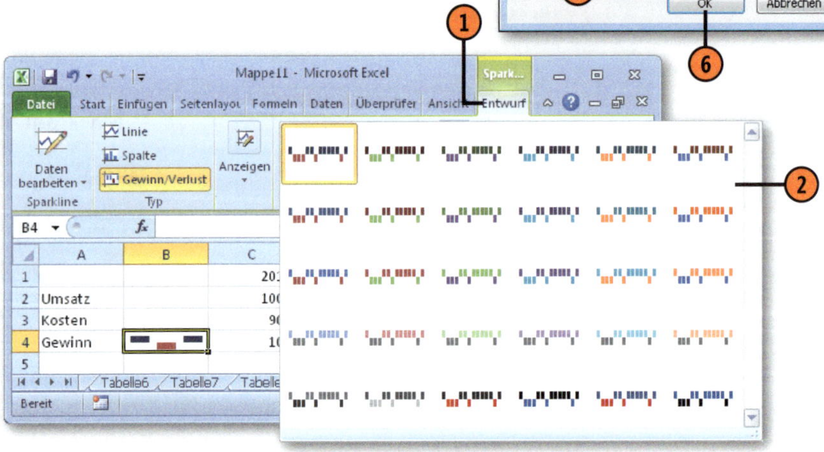

12 Zusätzliche Elemente einfügen

In diesem Kapitel:

- Bilder und andere Grafikdateien
- Screenshots
- Bilder verfeinern
- Geometrische Formen
- Clips
- Textfelder
- WordArt
- Objekte aus anderen Programmen
- SmartArt
- Formeln
- Hyperlinks

Das Kommunizieren von Ideen mithilfe von Excel beschränkt sich nicht auf die Anzeige von Zahlen oder Diagrammen. Sie können diverse Formen von grafischen Objekten in Ihre Tabellen oder Diagramme einfügen und damit Ihre Dokumente interessanter gestalten. Zu diesen Objekten gehören beispielsweise Grafikdateien oder Clips, geometrische Formen, verschiedene Formen von Diagrammen oder auch grafisch aufbereiteter Text. Die Befehle dazu sind zum größten Teil in der Gruppe *Illustrationen* auf der Registerkarte *Einfügen* angesiedelt.

Sie müssen nicht Grafikdesigner sein, um professionell und elegant aussehende Bilder in Tabellenblätter einzubinden. An den eingefügten Bildern können Sie sehr einfach Korrekturen vornehmen und künstlerische Effekte darauf anwenden. Beispielsweise können Sie die Farbintensität und den Farbton von Bildern optimieren oder deren Helligkeit, Kontrast oder Schärfe anpassen, ohne ein zusätzliches Bildbearbeitungsprogramm verwenden zu müssen.

Bilder und andere Grafikdateien

Um persönliche Bilder – beispielsweise Fotos – in einem Dokument anzuzeigen, können Sie auf Ihrem lokalen System gespeicherte Bilddateien hinzufügen. Eingefügte Bilder können Sie anschließend frei in der Tabelle zum gewünschten Ort verschieben und auch die Größe und den Drehwinkel einstellen.

Ein Bild einfügen

1. Wählen Sie die Registerkarte *Einfügen*.
2. Klicken Sie in der Gruppe *Illustrationen* auf *Grafik*.
3. Stellen Sie den Ordner ein, in dem die Grafikdatei gespeichert ist.
4. Markieren Sie die gewünschte Grafikdatei.
5. Klicken Sie auf *Einfügen*.

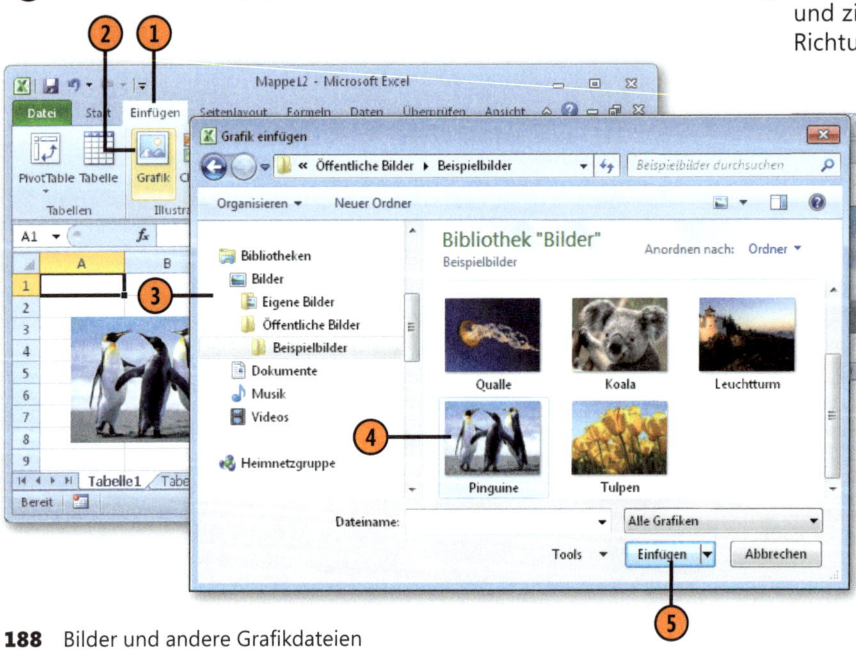

Bild verschieben, Größe ändern oder drehen

1. Zum Verschieben setzen Sie den Mauszeiger in das Bild und ziehen es dann mit gedrückter Maustaste zur gewünschten Stelle.
2. Zum Ändern der Größe setzen Sie den Mauszeiger auf einen der acht Ziehpunkte und ziehen ihn mit gedrückter Maustaste in die gewünschte Richtung.
3. Zum Drehen setzen Sie den Mauszeiger auf den Drehpunkt und ziehen ihn mit gedrückter Maustaste in die gewünschte Richtung.

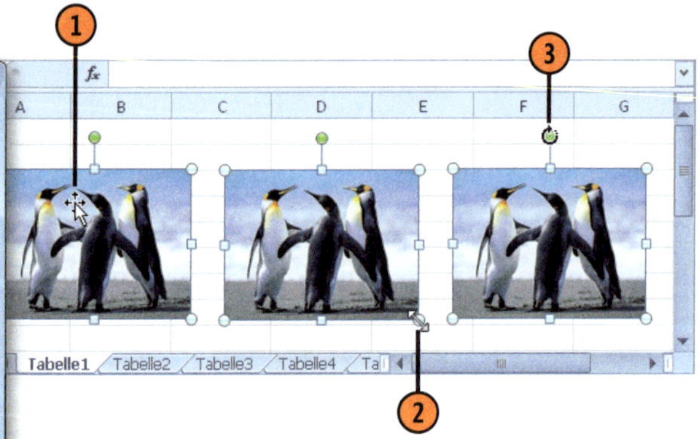

Siehe auch

Wie man andere Speicherorte einstellt, erfahren Sie auf Seite 37.

Screenshots

Besonders für Dokumentationszwecke eignet sich die neue Screenshotfunktion, mit deren Hilfe Sie eine Abbildung des Bildschirms erstellen und diese zur Arbeitsmappe hinzufügen können.

Einen Screenshot von einem Fenster erstellen

1. Sorgen Sie dafür, dass das Fenster, von dem Sie einen Screenshot erstellen wollen, nicht minimiert ist, und wählen Sie in Excel die Registerkarte *Einfügen*.
2. Klicken Sie in der Gruppe *Illustrationen* auf *Screenshot*. Die Fenster, von denen Sie einen Screenshot erstellen können, werden aufgelistet.
3. Klicken Sie auf das betreffende Fenstersymbol.
4. Ein Abbild des Fensters wird als Grafik eingefügt.

Einen Bildschirmausschnitt einfügen

1. Wenn Sie im Katalog zum Befehl *Screenshot* auf *Bildschirmausschnitt* klicken, wird der Bildschirmkontrast reduziert und der Mauszeiger wird als Kreuz angezeigt.
2. Ziehen Sie mit gedrückter Maustaste über den Bereich auf dem Bildschirm, den Sie abbilden wollen.
3. Wenn Sie die Maustaste loslassen, wird der betreffende Bereich als Abbildung im Arbeitsblatt eingefügt.

Gewusst wie

Um bei mehreren geöffneten Programmfenstern ein bestimmtes für einen Bildschirmausschnitt auszuwählen, minimieren Sie die anderen.

Anschließend verwenden Sie die Tools auf der Registerkarte *Bildtools/Format* zum Bearbeiten und Optimieren der Abbildung.

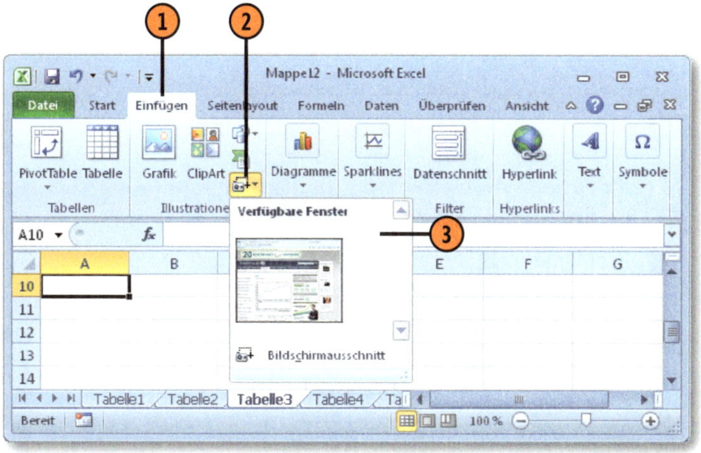

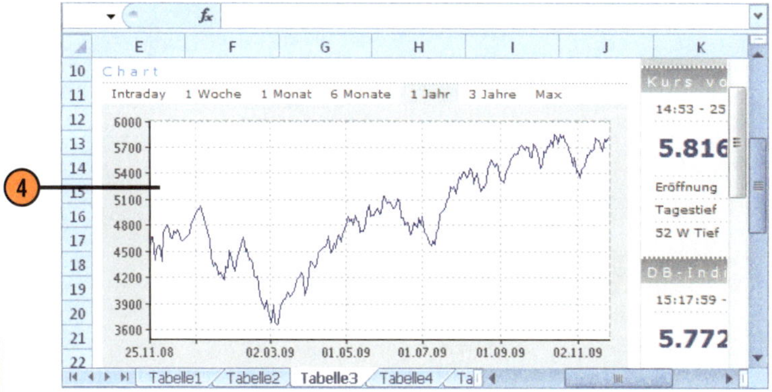

Bilder verfeinern

Solange eine eingefügte Grafik markiert ist, wird im Menüband die Registerkarte *Bildtools/Format* angezeigt. Diese beinhaltet viele Werkzeuge zum Bearbeiten des Bildes. Sie können darüber diverse Bildparameter einstellen oder auch einzelne Teile im Bild ausblenden.

Helligkeit und Kontrast anpassen

1. Klicken Sie auf das eingefügte Bild, wählen Sie die Registerkarte *Bildtools/Format*, öffnen Sie in der Gruppe *Anpassen* den gewünschten Katalog und wählen Sie eine Option.
2. Zum Einstellen von Helligkeit und Kontrast benutzen Sie den Katalog *Korrekturen*.
3. Zum Verfremden bedienen Sie sich der Optionen im Katalog *Künstlerische Effekte*.
4. Zum Ändern der Farbeinstellungen verwenden Sie den Katalog *Farbe*.

2

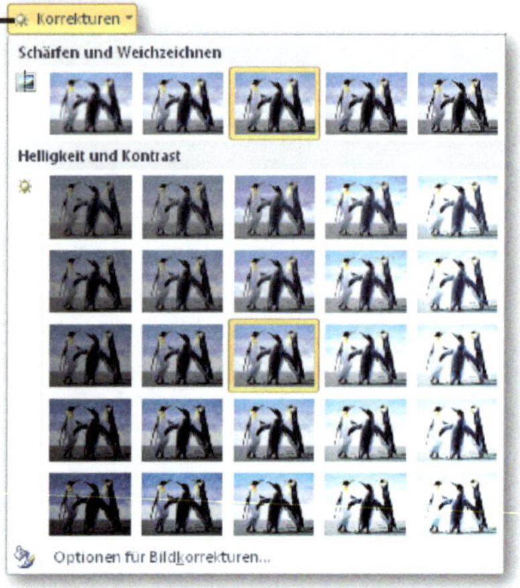

3

4

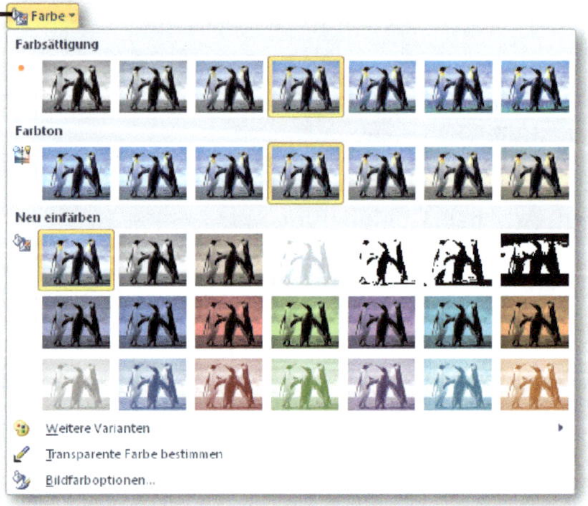

Gewusst wie

Um das Bild nach einer Änderung der Einstellungen wieder auf den Ausgangszustand zurückzusetzen, markieren Sie es und klicken dann auf der Registerkarte *Bildtools/Format* in der Gruppe *Anpassen* auf *Grafik zurücksetzen*.

Bildelemente freistellen

1. Klicken Sie auf das eingefügte Bild.
2. Wählen Sie die Registerkarte *Bildtools/Format*.
3. Klicken Sie in der Gruppe *Anpassen* auf *Freistellen*.
4. Legen Sie fest, welche Bildelemente angezeigt und welche ausgeblendet werden sollen.
   - Um einen Bereich auszublenden, klicken Sie auf *Zu entfernenden Bereich markieren* und dann auf den betreffenden Bereich. Der Bereich wird mit einem Kreis und einem Minuszeichen darin gekennzeichnet.
   - Um einen Bereich beizubehalten, klicken Sie auf *Zu behaltenen Bereich markieren* und dann auf den gewünschten Bereich. Der Bereich wird mit einem Kreis und einem Pluszeichen darin gekennzeichnet.
5. Klicken Sie anschließend auf *Änderungen beibehalten*.
6. Das Bild wird Ihren Angaben entsprechend freigestellt.

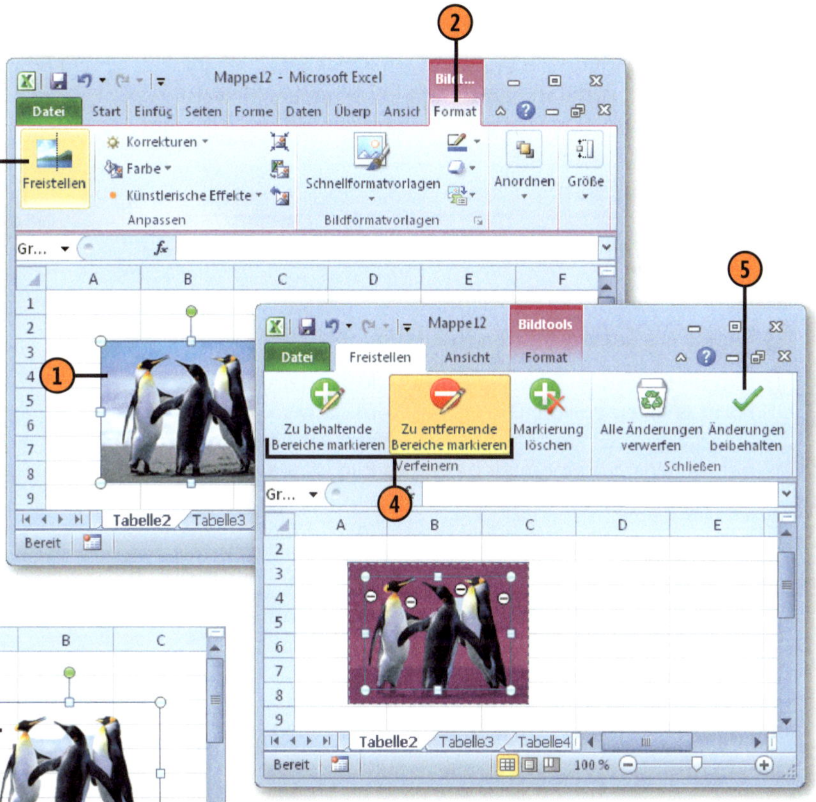

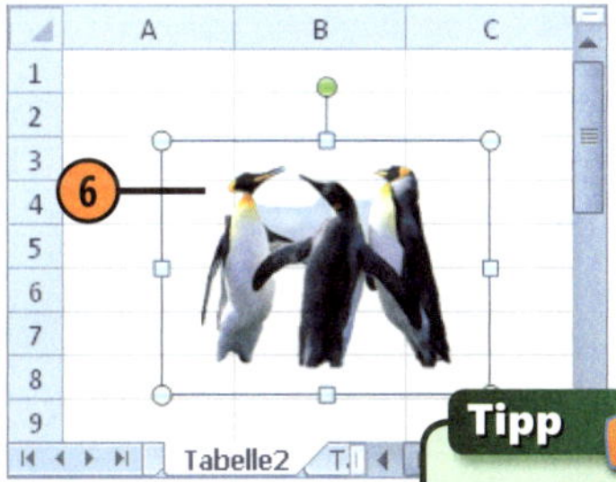

Tipp

Nachdem Sie auf *Markierung löschen* geklickt haben, können Sie auf die Kreissymbole klicken, um diese wieder einzeln zu entfernen.

Tipp

Über die *Schnellformatvorlagen* in der Gruppe *Bildformatvorlagen* auf der Registerkarte *Bildtools/Format* können Sie Bilder mit einem Rahmen versehen. Die Farbe des Rahmens können Sie anschließend über den Befehl *Grafikrahmen* in der Gruppe *Bildformatvorlagen* einstellen.

Geometrische Formen

Mithilfe von geometrischen Formen können Sie eine Tabelle beleben und auf bestimmte Stellen darin besonders hinweisen. Die Formen werden zunächst mit Standardeinstellungen für die Farben eingefügt. Sie können diese Farben und auch die Position oder die Proportionen der Form nachträglich gezielt ändern.

Eine Form einfügen

1. Wählen Sie die Registerkarte *Einfügen.*
2. Klicken Sie in der Gruppe *Illustrationen* auf *Formen.*
3. Klicken Sie auf die gewünschte Form.
4. Klicken Sie in der Tabelle an die Stelle, an der die Form erscheinen soll. Das Objekt wird dann in der Standardgröße, -form und -farbe in der Tabelle eingefügt. Wie bei einem eingefügten Bild können Sie das Erscheinungsbild ändern.
   - Zum Verschieben setzen Sie den Mauszeiger in die Form und bewegen sie mit gedrückter Maustaste.
   - Zum Ändern der Größe setzen Sie den Mauszeiger auf einen der acht Ziehpunkte und verschieben diesen mit gedrückter Maustaste.
   - Zum Ändern des Drehwinkels setzen Sie den Mauszeiger auf den Drehpunkt und verschieben ihn mit gedrückter Maustaste.
   - Um die Proportionen der Form zu ändern, benutzen Sie die kleine gelbe Raute. Sie können sie mit gedrückter Maustaste bewegen.

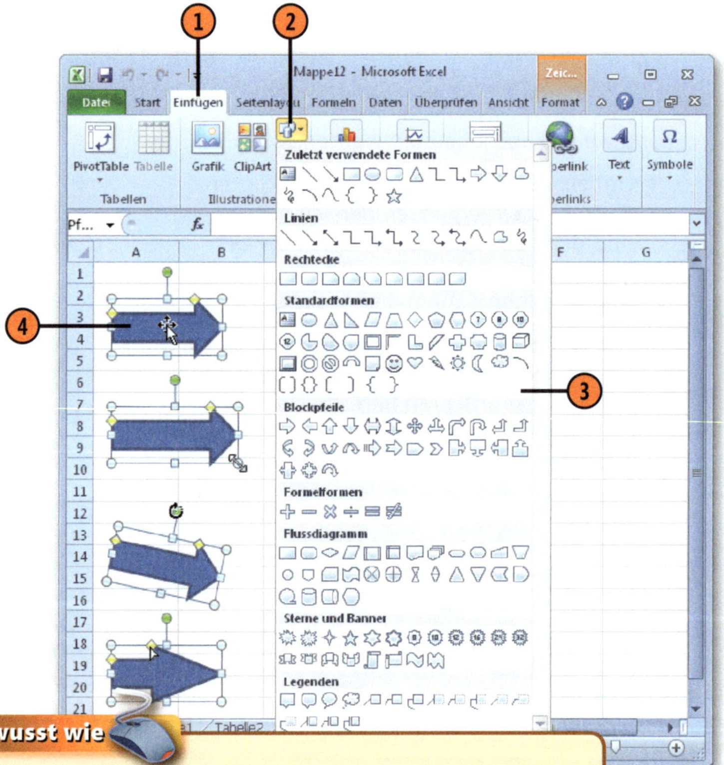

Gewusst wie

Sie können zum Einfügen einer Form auch die Methode des »Aufziehens« benutzen: Klicken Sie im Katalog auf das Symbol der gewünschten Form und ziehen Sie dann die Form mit gedrückter Maustaste in der gewünschten Größe im Arbeitsblatt auf.

Die Flächen einer Form mit Farbe füllen

1. Markieren Sie die Form.
2. Wählen Sie die Registerkarte *Zeichentools/Format*.
3. Klicken Sie in der Gruppe *Formenarten* auf *Fülleffekt*.
4. Wählen Sie eine Farbe aus.

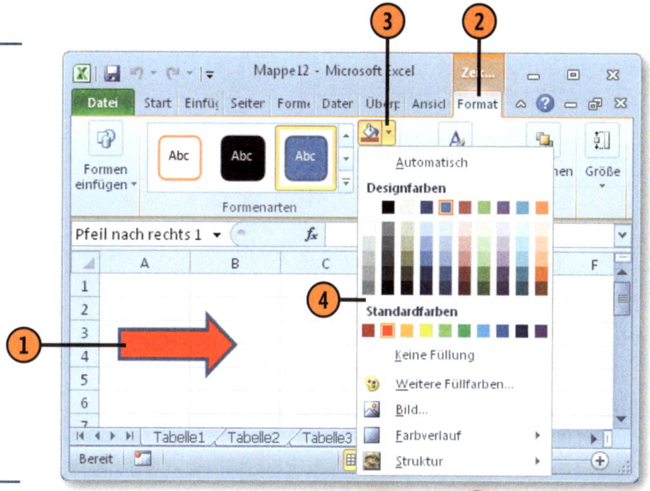

Tipp

Ebenso können Sie die Farbe für die Umrisslinien separat einstellen: Benutzen Sie dazu in der Gruppe *Formenarten* die Schaltfläche *Formkontur*.

Effekte zuweisen

1. Markieren Sie die Form.
2. Wählen Sie die Registerkarte *Zeichentools/Format*.
3. Klicken Sie in der Gruppe *Formenarten* auf *Formeffekte*.
4. Wählen Sie eine Kategorie.
5. Wählen Sie einen Effekt.

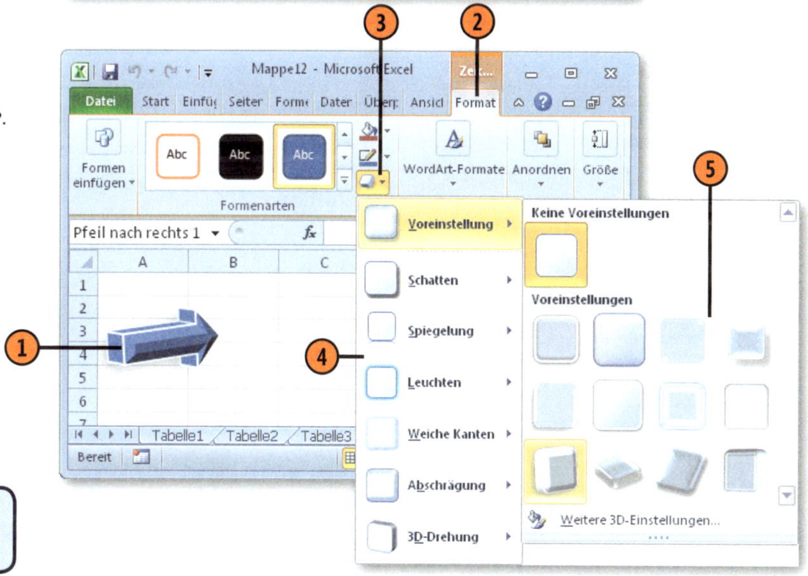

Tipp

Die standardmäßig benutzten Farben können Sie auch durch Wahl eines anderen Designs ändern. Solche Änderungen betreffen immer alle in der Tabelle vorhandenen Formen.

Siehe auch

Wie man das Design ändert, erfahren Sie auf Seite 132 f.

Clips

Wenn Ihnen keine geeigneten eigenen Bilder zur Verfügung stehen, können Sie zur Illustration Ihrer Tabelle auch Clips benutzen. Solche Clips sind vorgefertigte Grafiken etc., die zum Lieferumfang von Microsoft Office gehören.

ClipArt einfügen

1. Wählen Sie die Registerkarte *Einfügen*.
2. Klicken Sie in der Gruppe *Illustrationen* auf *ClipArt*.
3. Der Aufgabenbereich *ClipArt* wird eingeblendet.
4. Geben Sie im Feld *Suchen nach* einen Begriff ein, der den Inhalt der gesuchten Grafik beschreibt.
5. Im Dropdown-Listenfeld *Ergebnisse* können Sie angeben, nach welcher Art von Clip gesucht werden soll – beispielsweise ClipArt, Filme oder Fotos.
6. Klicken Sie auf *OK*.
7. Die gefundenen Clips werden anschließend im Aufgabenbereich aufgelistet. Doppelklicken Sie auf den gewünschten Clip, um ihn einzufügen.
8. Der Clip wird im Tabellenblatt angezeigt. Sie können den Clip mit den üblichen Methoden verschieben und seine Größe sowie den Drehwinkel einstellen (siehe Seite 188).
9. Um den Aufgabenbereich *ClipArt* auszublenden, klicken Sie auf die *Schließen*-Schaltfläche rechts oben in der Titelleiste des Aufgabenbereich.

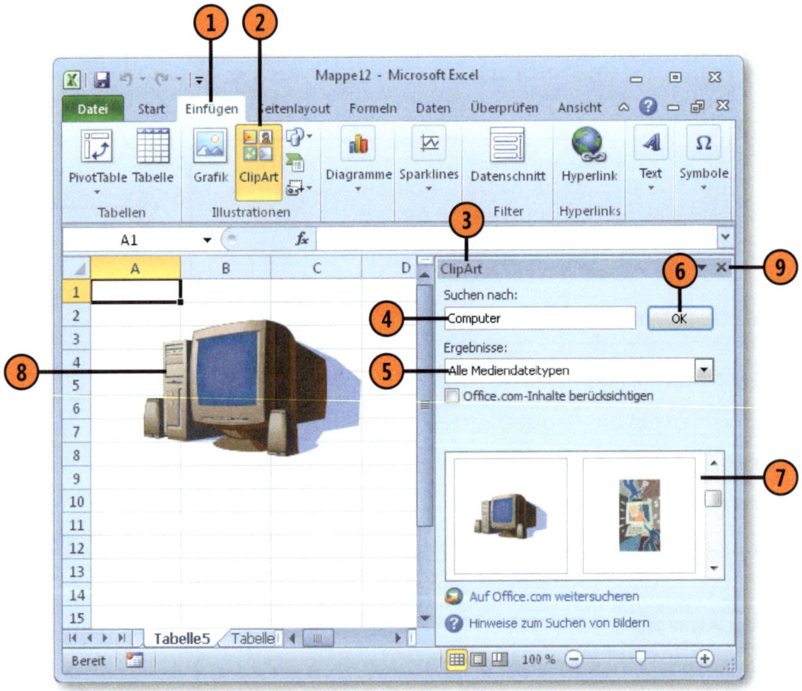

Tipp

Durch einen Klick auf *Auf Office.com weitersuchen* werden Sie mit der entsprechenden Webseite im Internet verbunden, auf der Sie weitere Clips finden.

Textfelder

Mithilfe von Textfeldern können Sie einzelne Bereiche in der Tabelle mit Text kommentieren. Textfelder können – wie eingefügte Bilder – in der Tabelle frei positioniert werden und Sie können den Inhalt nach Wunsch formatieren.

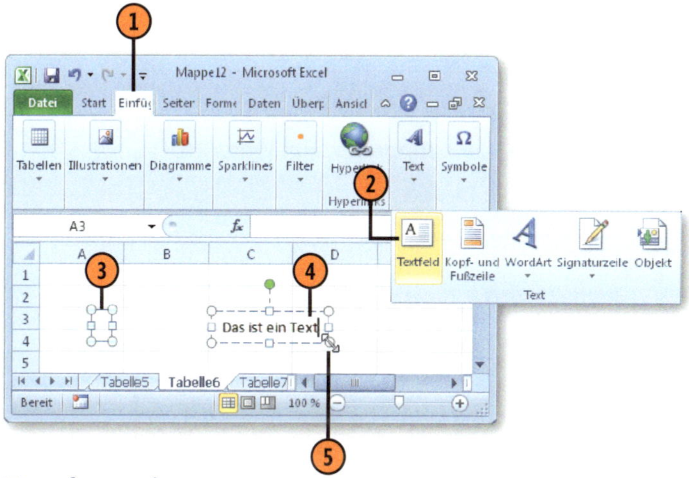

Ein Textfeld und Text darin einfügen

1. Wählen Sie die Registerkarte *Einfügen*.
2. Klicken Sie in der Gruppe *Text* auf *Textfeld*.
3. Klicken Sie in der Tabelle an die Stelle, an der das Textfeld erscheinen soll.
4. Geben Sie den gewünschten Text ein. Die Breite des Textfeldes wird während der Eingabe automatisch angepasst.
5. Um die Form des Textfeldes zu ändern, verwenden Sie die Ziehpunkte. Zum Verschieben setzen Sie den Mauszeiger auf den Rahmen und bewegen das Textfeld dann mit gedrückter Maustaste. Sie können Textfelder auch drehen.

Den Text bearbeiten

1. Klicken Sie im Textfeld an die Stelle, an der Sie Änderungen durchführen möchten.
2. Führen Sie die Änderungen durch.

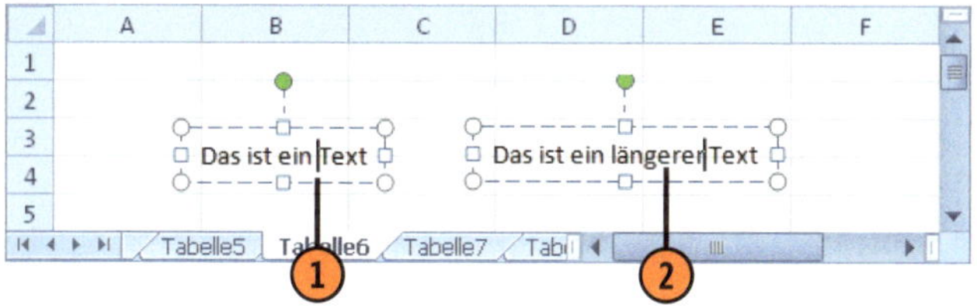

Text formatieren

1. Klicken Sie in das Textfeld und markieren Sie den zu formatierenden Text.
2. Die Minisymbolleiste wird automatisch angezeigt. Wählen Sie darin die gewünschte Formatierung – beispielsweise *Fett*. Besondere Effekte können Sie über die Gruppe *WordArt-Formate* auf der Registerkarte *Zeichentools/Format* zuweisen.

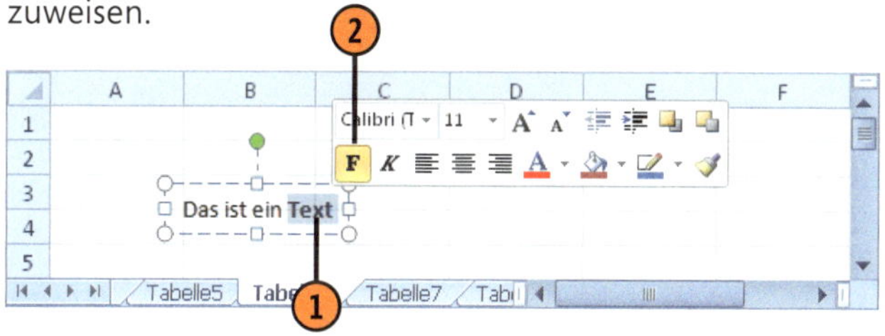

WordArt

Wenn Sie einen Schriftzug besonders hervorheben wollen, gestalten Sie ihn am besten mit WordArt. Sie können damit dem Text unterschiedliche Formen zuweisen, die mit den Werkzeugen der Textformatierung nicht verfügbar sind.

Einen Text eingeben

1. Wählen Sie die Registerkarte *Einfügen*.
2. Klicken Sie in der Gruppe *Text* auf *WordArt*.
3. Wählen Sie ein Design.
4. Der Platzhalter *Hier steht Ihr Text* erscheint. Er ist bereits markiert. Überschreiben Sie den Platzhaltertext.

Tipp

Größe, Position und Drehwinkel regeln Sie bei WordArt-Objekten wie bei einem eingefügten Bild (siehe Seite 188).

Ein Design verwenden

1. Markieren Sie den Text oder einen Teil davon.
2. Wählen Sie die Registerkarte *Zeichentools/ Format*.
3. Wählen Sie in der Gruppe *WordArt-Formate* im Schnellformatvorlagenkatalog das gewünschte Format.

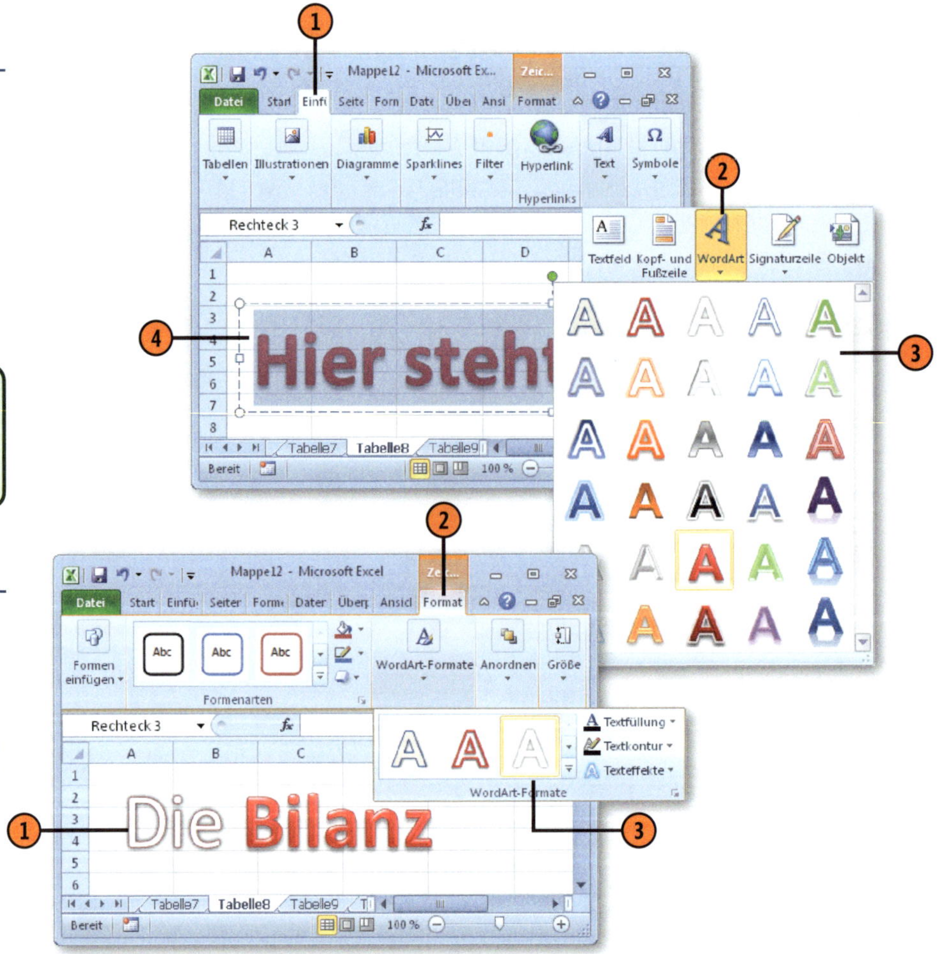

Objekte aus anderen Programmen

Abhängig von den auf Ihrem Computer installierten Programmen können Sie in diesen Programmen erstellte Objekte oder Dateien in den Blättern einer Excel-Arbeitsmappe als Objekte anzeigen lassen. Wenn Sie beispielsweise längere Kommentare zu einer Tabelle in Microsoft Word erstellt haben, können Sie dieses Dokument in einem Arbeitsblatt einfügen.

Eine Word-Datei als Objekt einfügen

1. Wählen Sie die Registerkarte *Einfügen*.
2. Klicken Sie in der Gruppe *Text* auf *Objekt*.
3. Wählen Sie im Dialogfeld *Objekt* die Registerkarte *Aus Datei erstellen*.
4. Klicken Sie auf *Durchsuchen*.
5. Stellen Sie den Ordner ein, in dem die Datei gespeichert ist.
6. Markieren Sie die Datei.
7. Klicken Sie auf *Einfügen* und anschließend im Dialogfeld *Objekt* auf *OK*.
8. Der Inhalt der Datei wird angezeigt.

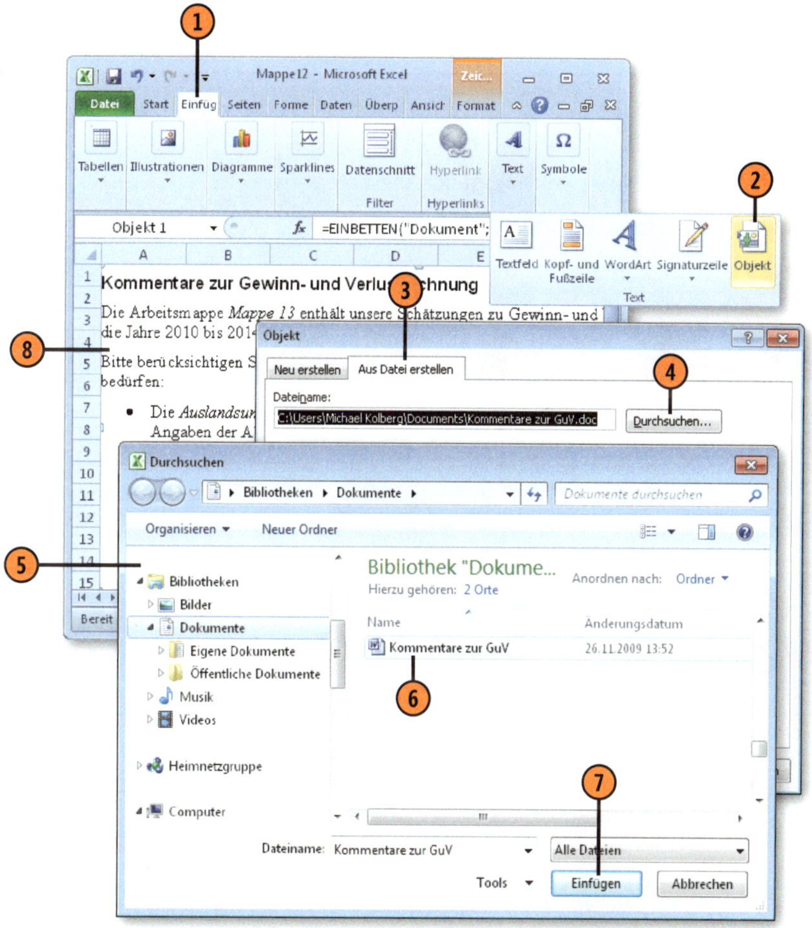

Gewusst wie

Über die Registerkarte *Neu erstellen* im Dialogfeld *Objekt* können Sie ein Objekt in einem der auf Ihrem Rechner installierten Programme erstellen und anschließend mit Inhalten füllen. Wählen Sie dazu im Listenfeld den einzufügenden Objekttyp aus. Welche Typen hier angezeigt werden, hängt von den auf dem System installierten Anwendungen ab.

SmartArt

Eine SmartArt-Grafik ist eine visuelle Darstellung Ihrer Informationen. Sie können damit Ideen und Fakten anschaulicher präsentieren und Tabellen lebendiger gestalten. Fast alle dieser Grafiken sind nach dem Einfügen mit Platzhaltern für Texte versehen, die Sie durch Ihre eigenen Texte ersetzen müssen, um eine sinnvolle Aussage zu übermitteln.

Eine SmartArt-Grafik einfügen

1. Wählen Sie die Registerkarte *Einfügen* und klicken Sie in der Gruppe *Illustrationen* auf *SmartArt*.
2. Wählen Sie links im Dialogfeld eine Kategorie.
3. Wählen Sie eine Form.
4. Hinweise zum Einsatz der Form werden rechts in Dialogfeld angezeigt.
5. Klicken Sie auf *OK*.

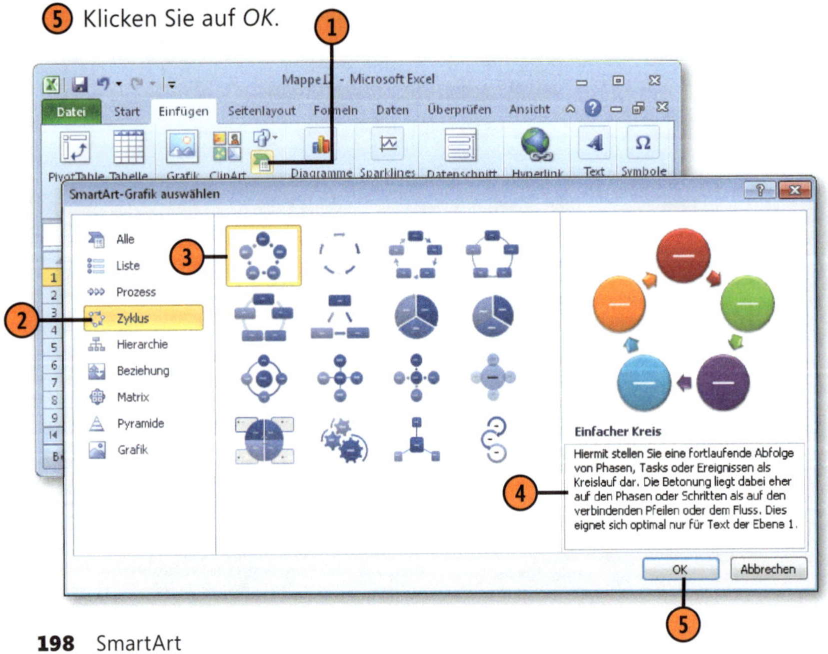

Texte eingeben

1. Standardmäßig werden Platzhalter für Texte in der Grafik angezeigt. Klicken Sie auf das Element der Grafik, in dem Sie Text eingeben wollen. Der Platzhalter wird gelöscht. Geben Sie den gewünschten Text ein.
2. Den zusätzlich einblendbaren Textbereich können Sie ebenfalls zur Texteingabe benutzen.

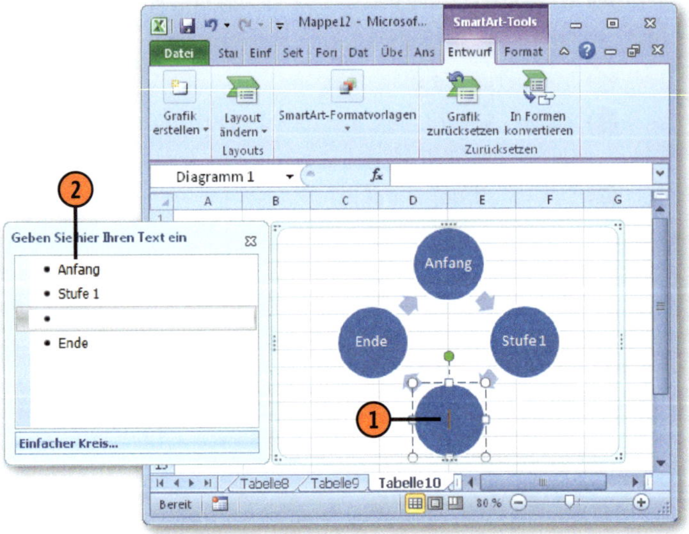

SmartArt formatieren

1. Markieren Sie die SmartArt-Grafik, indem Sie darauf klicken.
2. Lassen Sie die Registerkarte *SmartArt-Tools/Entwurf* anzeigen.
3. Wählen Sie in der Gruppe *SmartArt-Formatvorlagen* im Schnellformatvorlagenkatalog das gewünschte Format.

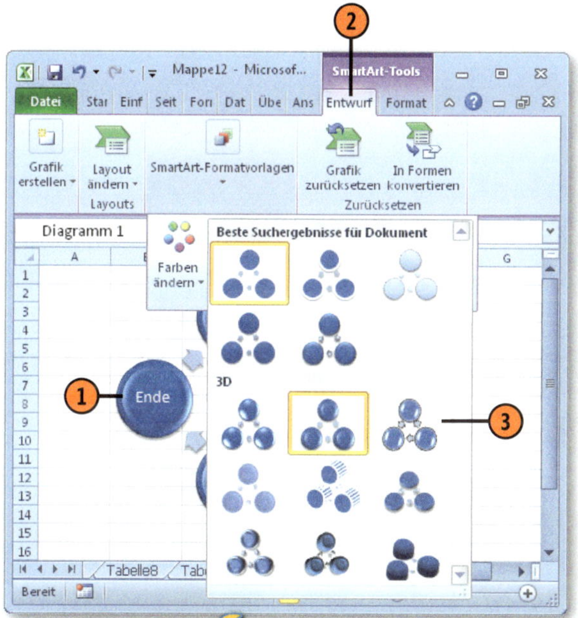

Tipp

Über die Registerkarte *SmartArt-Tools/Format* stehen etwa dieselben Befehle zur Verfügung wie nach dem Einfügen von einfachen Formen auf der Registerkarte *Zeichentools/Format* (siehe Seite 193).

Die Farben ändern

1. Markieren Sie die SmartArt-Grafik, indem Sie darauf klicken.
2. Lassen Sie die Registerkarte *SmartArt-Tools/Entwurf* anzeigen.
3. Klicken Sie in der Gruppe *SmartArt-Formatvorlagen* auf *Farben ändern*.
4. Wählen Sie die gewünschte Option aus.

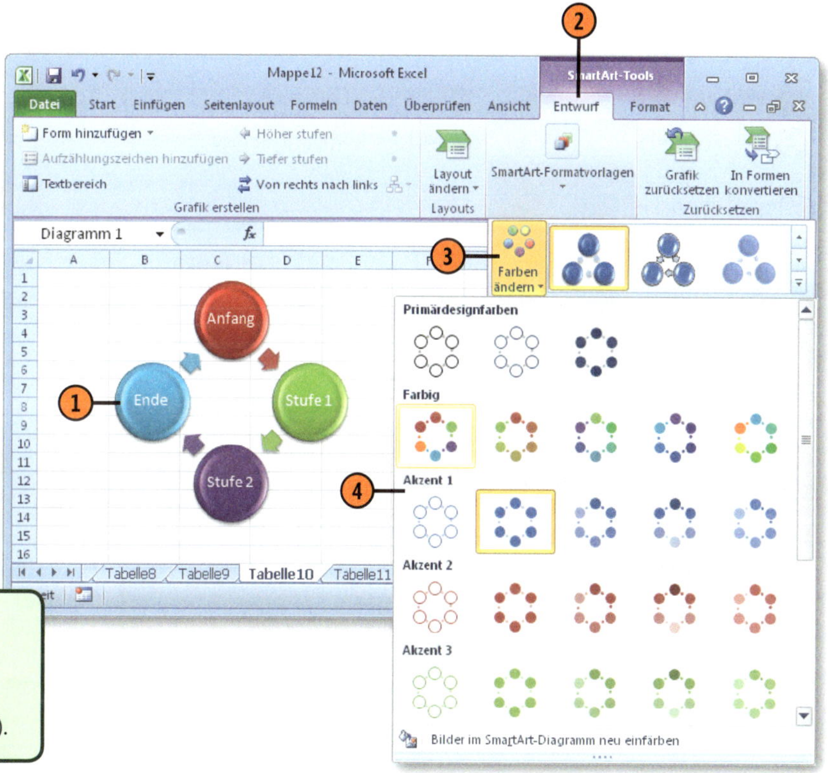

Formeln

Um anderen, die sich zwar etwas in der Mathematik, nicht aber in Excel, auskennen, zu verdeutlichen, wie eine Formel zu interpretieren ist, können Sie die Formel zusätzlich in Form einer Gleichung auf dem Blatt als Text anzeigen lassen. Excel stellt dafür eine spezielle Funktion bereit, die auch die Darstellung von komplizierten mathematischen Zusammenhängen in einer grafisch ansprechenden Form ermöglicht. Die Technik hat aber keinerlei Bezug zur Berechnung, sondern dient nur der Illustration.

Vorgefertigte Formel einfügen

1. Lassen Sie die Registerkarte *Einfügen* anzeigen.
2. Öffnen Sie in der Gruppe *Symbole* den Katalog zum Befehl *Formeln*.
3. Wählen Sie eine Formel.
4. Die Formel wird in einem Textfeld im Blatt angezeigt.

Formel bearbeiten

1. Klicken Sie auf die eingefügte Formel, um die Registerkarte *Formeltools/Entwurf* im Menüband anzuzeigen.
2. Klicken Sie in der Gruppe *Tools* auf die Schaltfläche *Linear*.
3. Die Formel wird dann in einer Form angezeigt, die ein Bearbeiten ermöglicht.
4. Um nach dem Bearbeiten zurückzuschalten, klicken Sie in der Gruppe *Tools* auf die Schaltfläche *Professionell*.

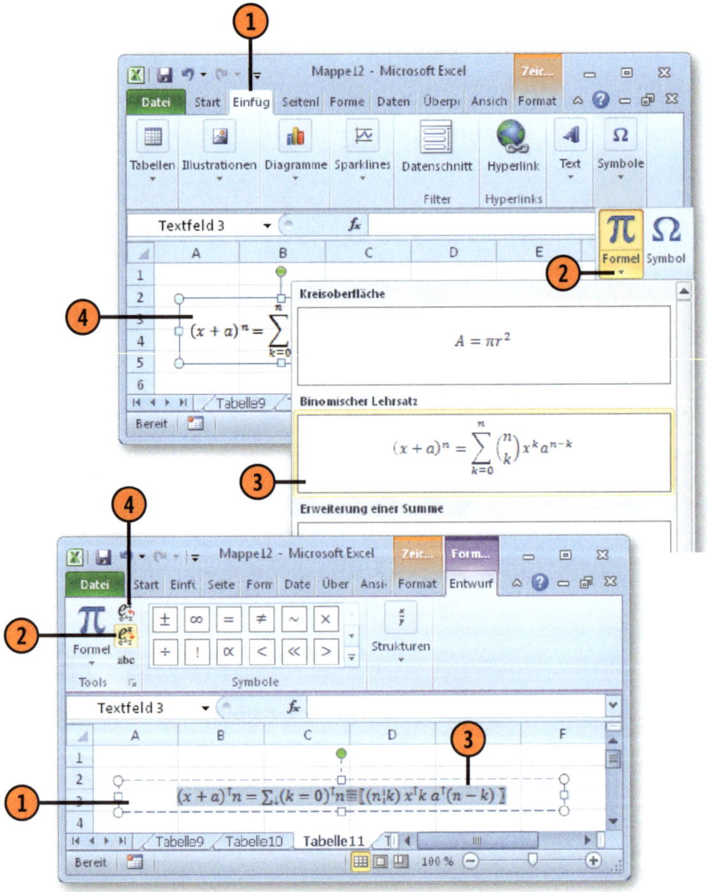

Gewusst wie

Wahrscheinlich beinhaltet der Katalog nicht gerade die Formel, die Sie benötigen. In vielen Fällen empfiehlt es sich aber, diese Liste erst einmal durchzusehen. Möglicherweise finden Sie darin eine Formel, die der gewünschten zumindest ähnelt. Sie können sie dann nach dem Einfügen bearbeiten.

Einfache Formeln selbst erstellen

1. Klicken Sie auf der Registerkarte *Einfügen* auf die Schaltfläche *Formel*.
2. In der Mehrzahl der Fälle beginnen Sie die Formel mit einem Ausdruck, dem ein Gleichheitszeichen folgt.
3. Schreiben Sie den Formelausdruck wie in einem Textverarbeitungsprogramm.
4. Schalten Sie dann über die betreffende Schaltfläche auf der Registerkarte *Formeltools/Entwurf* zur Ansicht *Professionell* um.
5. Zum Formatieren markieren Sie das entsprechende Element in der Formel und benutzen die automatisch angezeigte Minisymbolleiste.

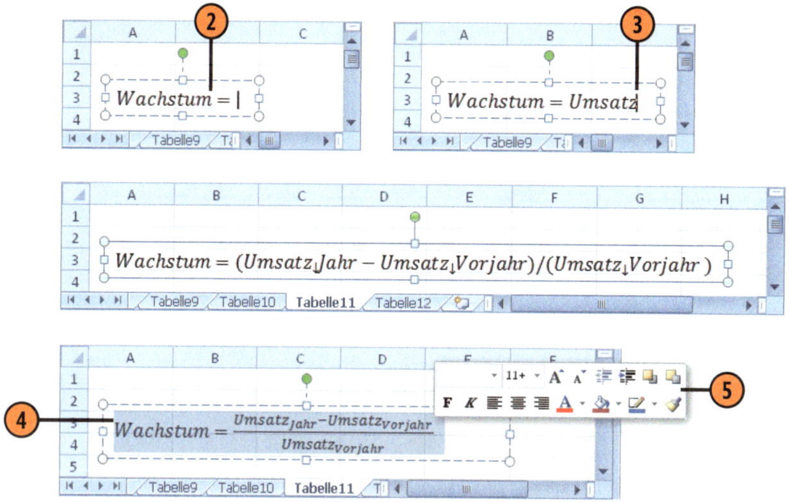

Gewusst wie

Um einen Index einzufügen, benutzen Sie den Unterstrich, für einen Exponenten das Zeichen ^.

Komplexere Formeln selbst erstellen

1. Öffnen Sie über die Registerkarte *Formeltools/Entwurf* den betreffenden Katalog in der Gruppe *Strukturen*.
2. Legen Sie die Form des Ausdrucks fest.
3. Die gewählte Struktur wird mit Platzhaltern in das Textfeld eingefügt.
4. Klicken Sie auf einen Platzhalter und ersetzen Sie ihn durch den gewünschten Ausdruck.

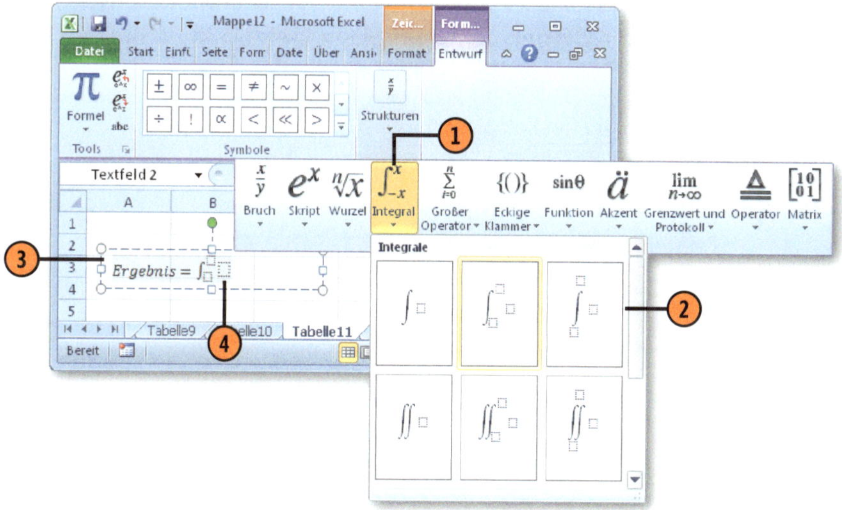

Hyperlinks

Hyperlinks können zum Navigieren zwischen den einzelnen Bestandteilen eines Dokuments sowie zu anderen Dokumenten etc. verwendet werden. Sie können durch einen Klick auf einen solchen Link beispielsweise zu einer bestimmten Tabelle in einer Arbeitsmappe springen oder aber auch andere Dateien öffnen.

Hyperlink zur Navigation zu einem anderen Blatt

1. Markieren Sie die Zelle, in der der Hyperlink erscheinen soll.
2. Wählen Sie die Registerkarte *Einfügen*.
3. Klicken Sie in der Gruppe *Hyperlinks* auf *Hyperlink*.
4. Wählen Sie im Dialogfeld *Hyperlink einfügen* die Kategorie *Aktuelles Dokument*.
5. Markieren Sie das Blatt, zu dem der Hyperlink führen soll.
6. Klicken Sie auf *OK*. Der Hyperlink erscheint in der Zelle. Wenn Sie darauf klicken, wird die gewählte Stelle angezeigt.

Hyperlink zum Öffnen einer anderen Datei

1. Wählen Sie im Dialogfeld *Hyperlink einfügen* die Kategorie *Datei oder Webseite*.
2. Wählen Sie *Aktueller Ordner*.
3. Markieren Sie die Datei, auf die der Hyperlink verweisen soll.
4. Klicken Sie auf *OK*. Der Hyperlink erscheint in der Zelle. Wenn Sie darauf klicken, wird die gewählte Datei geöffnet.

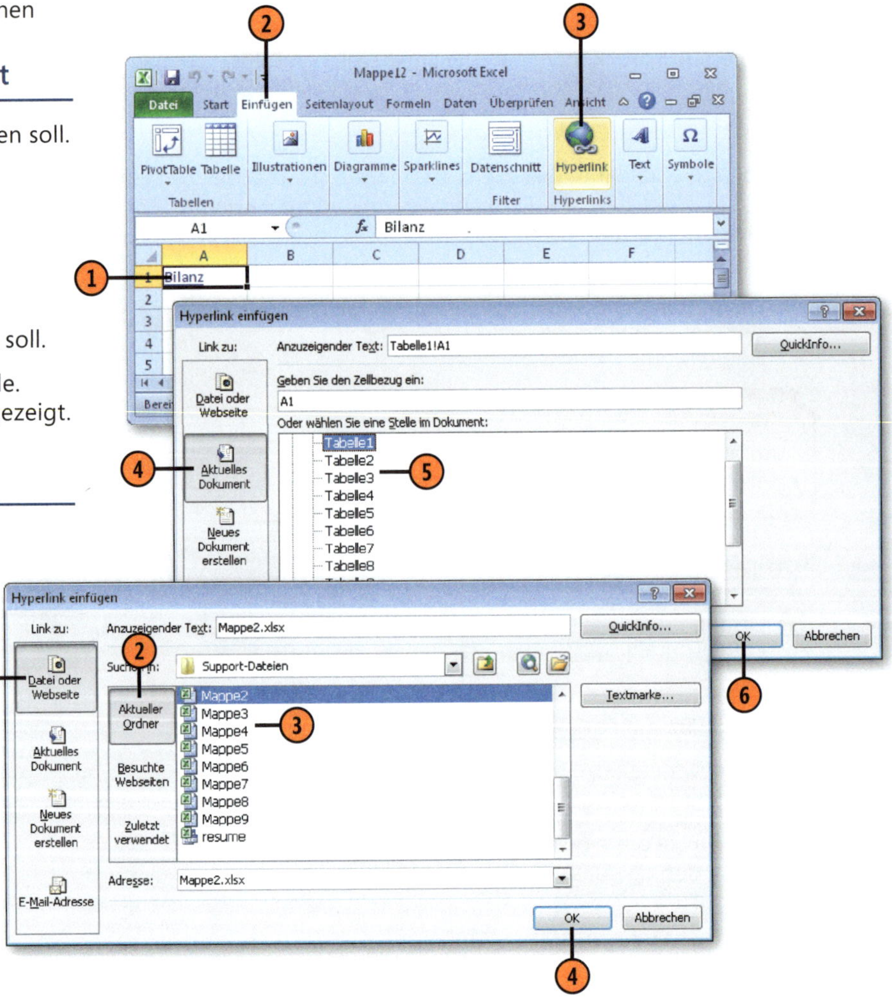

13 Drucken

In diesem Kapitel:

- Druckaufgaben
- Die Einstellungen für einzelne Blätter festlegen
- Drucktitel angeben
- Den Umbruch gestalten
- Die Kontrolle des Seitenlayouts
- Kopf- und Fußzeilen einrichten
- Weitere Optionen

Alle Elemente einer Arbeitsmappe – also Arbeitsblätter – können Sie natürlich ausdrucken. Oft werden Sie gleich zum Ausdruck schreiten können, ohne weitere Einstellungen vornehmen zu müssen. Die Kategorie *Drucken* auf der Registerkarte *Datei* liefert Ihnen die Möglichkeit dazu. Sie können darüber entweder die gesamte Mappe oder einzelne Blätter mit Standardeinstellungen ausdrucken.

Wenn Sie aber nur bestimmte Bereiche eines Blattes drucken wollen oder wenn Sie verschiedene Seiteneinstellungen für die einzelnen Blätter wünschen, müssen Sie diese vorher auf der Ebene der einzelnen Blätter festlegen. Sie können dann das Papierformat, die Orientierung und die Seitenränder für die einzelnen Blätter bestimmen.

Daneben sind für den Ausdruck viele zusätzliche Möglichkeiten zur Verfeinerung verfügbar: Sie können beispielsweise den Umbruch gezielt festlegen oder die einzelnen Blätter mit unterschiedlichen Kopf- und Fußzeilen versehen. Sie sollten aber auf jeden Fall vor dem Ausdruck das zu erwartende Ergebnis kontrollieren – das spart Papier.

Übersicht zu den Druckaufgaben

Die Registerkarte *Datei* hält eine Kategorie bereit, in dem die wesentlichsten Einstellungen für den Ausdruck vorgenommen werden können. Alle wichtigen Befehle sind hier zusammengefasst. Für bestimmte Anpassungen ist es aber besser, wenn Sie zum Festlegen der Einstellungen die Tabelle selbst vor sich haben (siehe hierzu weiter hinten in diesem Kapitel).

Ein Excel-Dokument auf dem Standarddrucker drucken

1. Öffnen Sie die Registerkarte *Datei*.
2. Wählen Sie *Drucken*.
3. Rechts sehen Sie eine Vorschau auf das zu erwartende Druckergebnis. Kontrollieren Sie die Vorschau vor dem Ausdruck.
4. Bei mehrseitigen Dokumenten können Sie über die Navigationselemente zu anderen Seiten wechseln.
5. Wenn Sie mehrere Drucker installiert haben, können Sie über die Dropdownliste den gewünschten Drucker auswählen.
6. Legen Sie hier die gewünschten Einstellungen fest (siehe auch nächste Seite).
7. Zur Angabe der zu druckenden Exemplare benutzen Sie das Feld *Exemplare*.
8. Wenn Sie den Ausdruck starten wollen, klicken Sie auf *Drucken*.

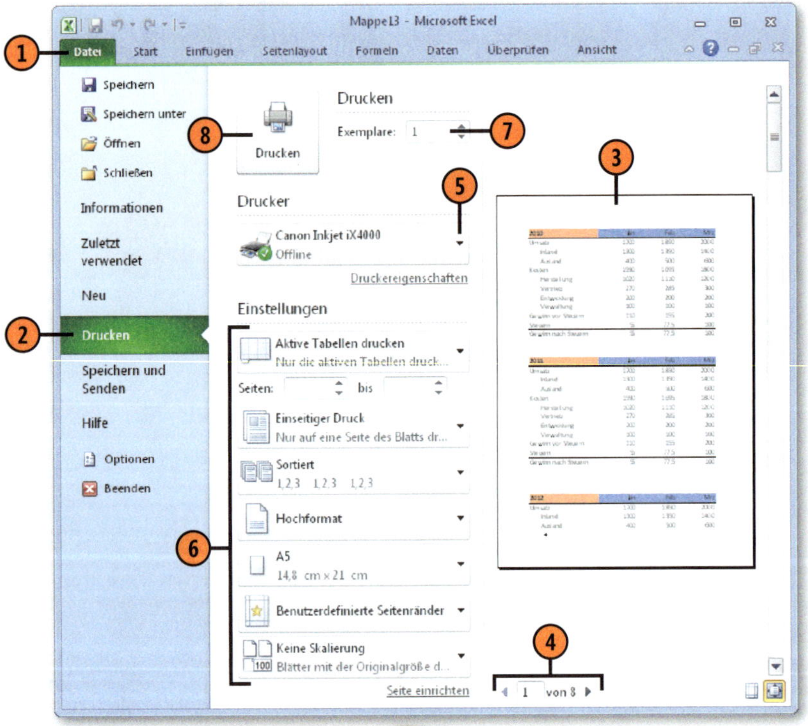

Siehe auch

Auf das Arbeiten mit anderen Druckern wird auf Seite 206 eingegangen.

Gewusst wie

Den Standarddrucker können Sie über *Geräte und Drucker* im Startmenü von Windows einstellen.

Die wichtigsten Einstellungen zum Ausdruck

① Sie können entscheiden, welche Inhalte der aktiven Arbeitsmappe gedruckt werden sollen. Wenn Sie nur einen bestimmten Bereich drucken wollen, markieren Sie ihn vorher.

② Wenn Sie beide Seiten des Papiers bedrucken wollen, wählen Sie *Beidseitiger Druck* und legen gegebenenfalls das Papier nach dem Bedrucken der Vorderseite nochmals umgekehrt in den Drucker.

③ Wenn Sie mehrere Exemplare eines mehrseitigen Dokuments drucken wollen, können Sie festlegen, wie die Kopien ausgegeben werden sollen. Durch Wahl von *Sortiert* werden zuerst alle Seiten des ersten Exemplars vollständig gedruckt, bevor das nächste ausgegeben wird.

④ Tabellen können im Hoch- oder im Querformat ausgedruckt werden – entscheiden Sie je nachdem, wie lang oder breit die zu druckende Tabelle ist.

⑤ Standardmäßig geht Excel davon aus, dass Sie den Ausdruck auf Papier im Format DIN A4 vornehmen wollen. Wenn Sie ein anderes Format wünschen, müssen Sie das zuerst festlegen. Das Programm liefert Ihnen dazu eine Liste der gängigsten Alternativen.

⑥ Mit den Seitenrändern legen Sie den Abstand zwischen dem Rand des Papiers und dem bedruckten Bereich fest. Dafür liefert Ihnen Excel zunächst einmal mit den Einstellungen *Normal*, *Breit* und *Schmal* drei Alternativen.

⑦ Wenn Sie feststellen, dass eine Tabelle beim Ausdruck nicht ganz auf das Papier passt, können Sie den Skalierungsfaktor ändern.

①

②

③
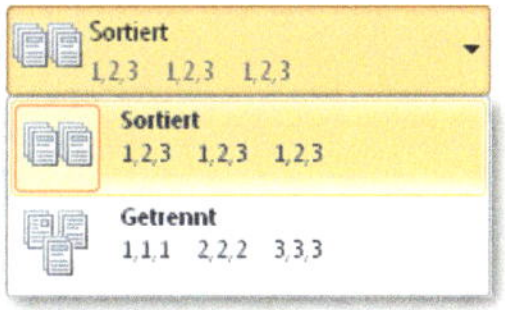

④
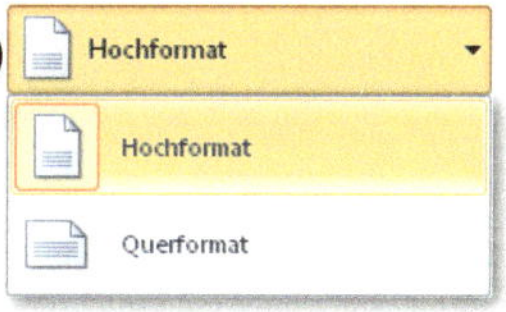

⑤
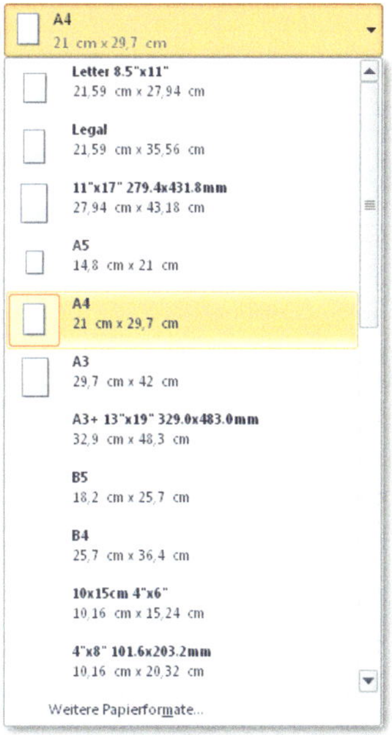

⑥
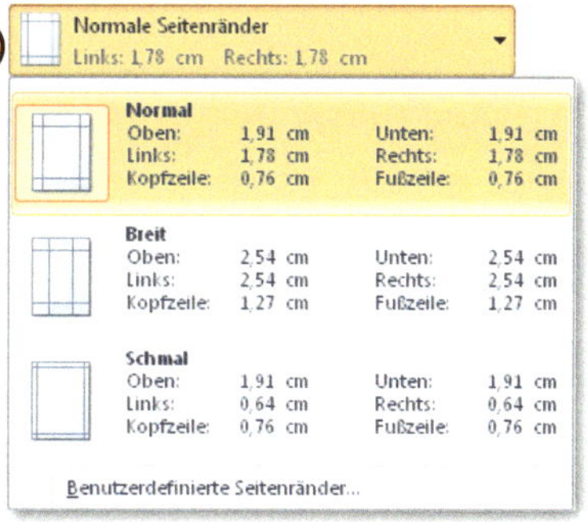

⑦
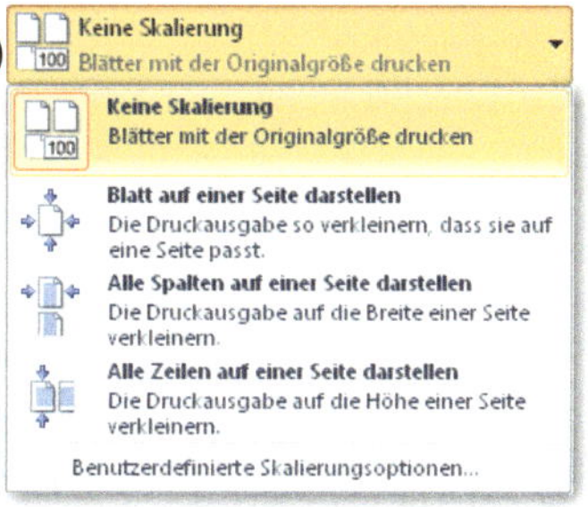

Andere Drucker benutzen

1. Öffnen Sie die Registerkarte *Datei* und dann in der Kategorie *Drucken* die Dropdownliste mit den verfügbaren Druckern.
2. Wählen Sie einen Drucker aus.

Besondere Drucker

- Wenn das Programm *OneNote 2010* auf Ihrem Rechner installiert ist, können Sie über die Option *An OneNote 2010 senden* bewirken, dass der Inhalt des Dokuments an dieses Programm als Notiz gesendet wird. Meist müssen Sie dann noch angeben, in welchem Abschnitt oder auf welcher Seite das Ergebnis erscheinen soll.
- *Fax* überträgt den Inhalt des Dokuments an das Programm *Windows-Fax und -Scan*. Das Programm wird automatisch geöffnet und Sie können Ihre Daten an einen Faxempfänger senden.
- *Microsoft XPS Document Writer* erzeugt ein Dokument, das andere auf dem Bildschirm anzeigen lassen können, ohne Excel installiert haben zu müssen. Sie müssen dieser Datei noch einen Namen geben und sie speichern.

Siehe auch

Nach der Wahl eines anderen Druckers starten Sie den Ausdruck wie auf Seite 204 beschrieben.

Druckereigenschaften

1. Durch einen Klick auf den Link *Druckereigenschaften* öffnen Sie ein Dialogfeld, über das Sie die Parameter des aktuell gewählten Druckers festlegen können.

   Was Sie dort einstellen können, hängt vom jeweiligen Drucker ab. In der Regel finden Sie hier die Möglichkeit zur Wahl des Papierformats und der Ausrichtung des Papiers. Die hier vorgenommenen Einstellungen gelten dann als Grundeinstellung für den Betrieb des Druckers in Excel.

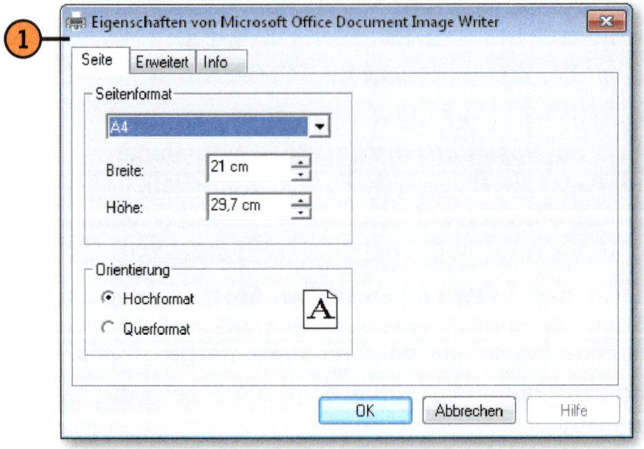

Die Einstellungen für einzelne Blätter festlegen

Standardmäßig druckt Excel eine Tabelle immer ganz aus – angefangen von der Zelle *A1* in der oberen linken Ecke bis zu der letzten Zelle unten rechts, die Eingaben enthält. Wenn Sie das nicht wünschen, müssen Sie die zu druckenden Bereiche auf der Ebene der einzelnen Blätter vorher festlegen. Auch wenn Sie verschiedene Seiteneinstellungen – beispielsweise eine unterschiedliche Ausrichtung – für die einzelnen Blätter wünschen, müssen Sie diese vorher auf der Ebene der einzelnen Blätter festlegen. Wenn Sie mehrere Blätter einer Mappe ausdrucken wollen, müssen Sie diese Auswahl für jedes Blatt der Arbeitsmappe einzeln vornehmen.

Den ersten zu druckenden Bereich festlegen

1. Klicken Sie auf die Registerkarte *Seitenlayout*.
2. Markieren Sie in der Tabelle den Bereich, der gedruckt werden soll.
3. Klicken Sie in der Gruppe *Seite einrichten* auf *Druckbereich* und wählen Sie *Druckbereich festlegen*.
4. Der zu druckende Bereich wird mit einem gestrichelten Rahmen versehen.

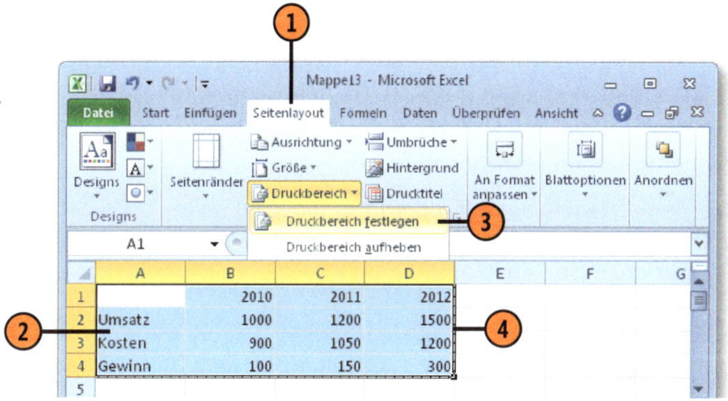

Einen weiteren Bereich für den Druck festlegen

1. Markieren Sie den nächsten Bereich, der gedruckt werden soll.
2. Klicken Sie auf der Registerkarte *Seitenlayout* auf *Druckbereich*.
3. Wählen Sie *Zum Druckbereich hinzufügen*.

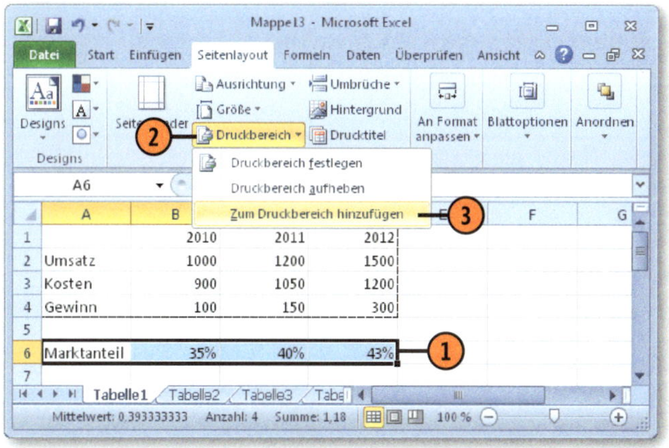

Achtung

Über den Befehl *Druckbereich aufheben* im Menü zur Schaltfläche *Druckbereich* entfernen Sie alle auf dem Blatt festgelegten Druckbereiche! Es spielt keine Rolle, welche Zelle Sie vorher markiert haben.

Die Seiteneinstellungen bestimmen

1. Wählen Sie das Blatt, für das die Einstellungen gelten sollen.
2. Klicken Sie auf die Registerkarte *Seitenlayout*.
3. Legen Sie in der Gruppe *Seite einrichten* die Einstellungen für die Seite fest. Bestimmen Sie die *Größe*, die *Ausrichtung* und die *Seitenränder*.
4. Wenn Sie die Seitenränder individuell festlegen möchten, klicken Sie auf *Benutzerdefinierte Seitenränder* unten im Dropdownmenü.
5. Die Registerkarte *Seitenränder* im Dialogfeld *Seite einrichten* wird angezeigt. Legen Sie hier die vier Ränder der Seite einzeln fest.
6. Klicken Sie auf *OK*.

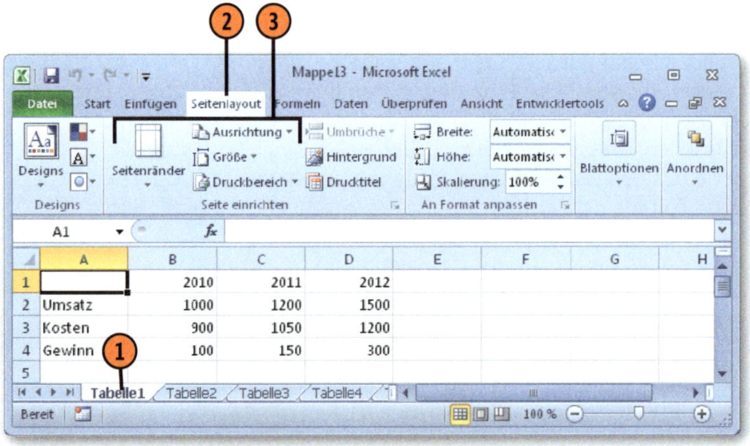

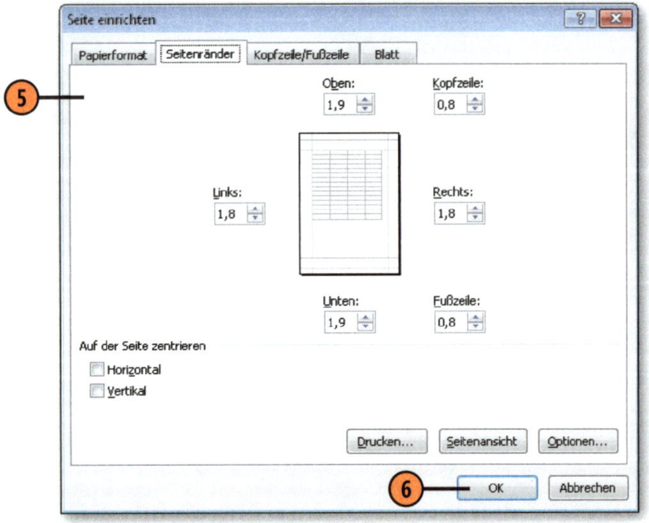

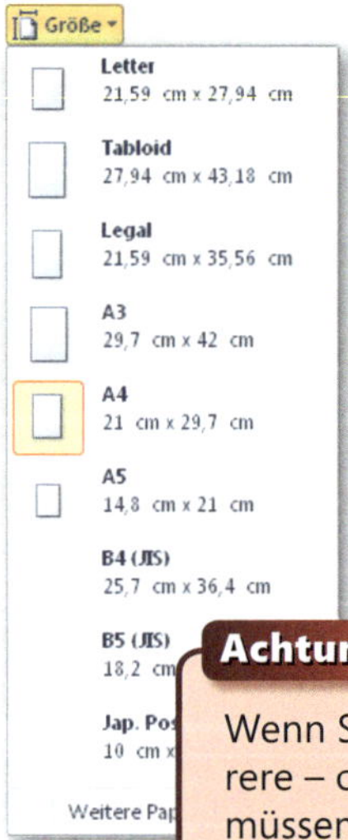

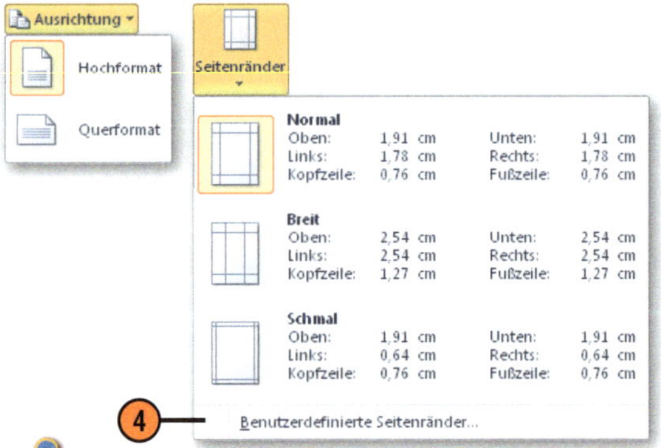

Achtung

Wenn Sie wünschen, dass die Einstellungen für mehrere – oder alle – Blätter der Tabelle gelten sollen, müssen Sie zuerst die gewünschten Blätter gemeinsam auswählen: Klicken Sie mit gedrückter Strg-Taste auf die betreffenden Blattregisterkarten.

Drucktitel angeben

Wenn Tabellen so lang sind, dass sie nicht mehr auf eine Papierseite passen, erscheinen die Spaltenüberschriften beim Ausdruck nur auf der ersten Seite. Der Leser weiß auf den Folgeseiten dann eventuell nicht mehr, was die Daten in den einzelnen Spalten bedeuten. Das können Sie vermeiden, indem Sie die Überschriften auf allen Seiten automatisch wiederholen lassen.

Zeilen wiederholen lassen

1. Wählen Sie das Blatt, für das die Einstellungen gelten sollen.
2. Klicken Sie auf die Registerkarte *Seitenlayout*.
3. Klicken Sie in der Gruppe *Seite einrichten* auf *Drucktitel*. Die Registerkarte *Blatt* im Dialogfeld *Seite einrichten* wird angezeigt.
4. Klicken Sie in das Feld *Wiederholungszeilen oben*.
5. Klicken Sie auf den Kopf der Zeile, die auf allen Druckseiten wiederholt gedruckt werden soll.
6. Klicken Sie auf *OK*.

Spalten wiederholen lassen

7. Auf dieselbe Weise können Sie auch dafür sorgen, dass bei sehr breiten Tabellen die erste(n) Spalte(n) der Tabelle auf den Folgeseiten mit ausgedruckt werden: Klicken Sie im Dialogfeld *Seite einrichten* auf der Registerkarte *Blatt* in das Feld *Wiederholungsspalten links* und dann auf die Überschriften der betreffenden Spalten.

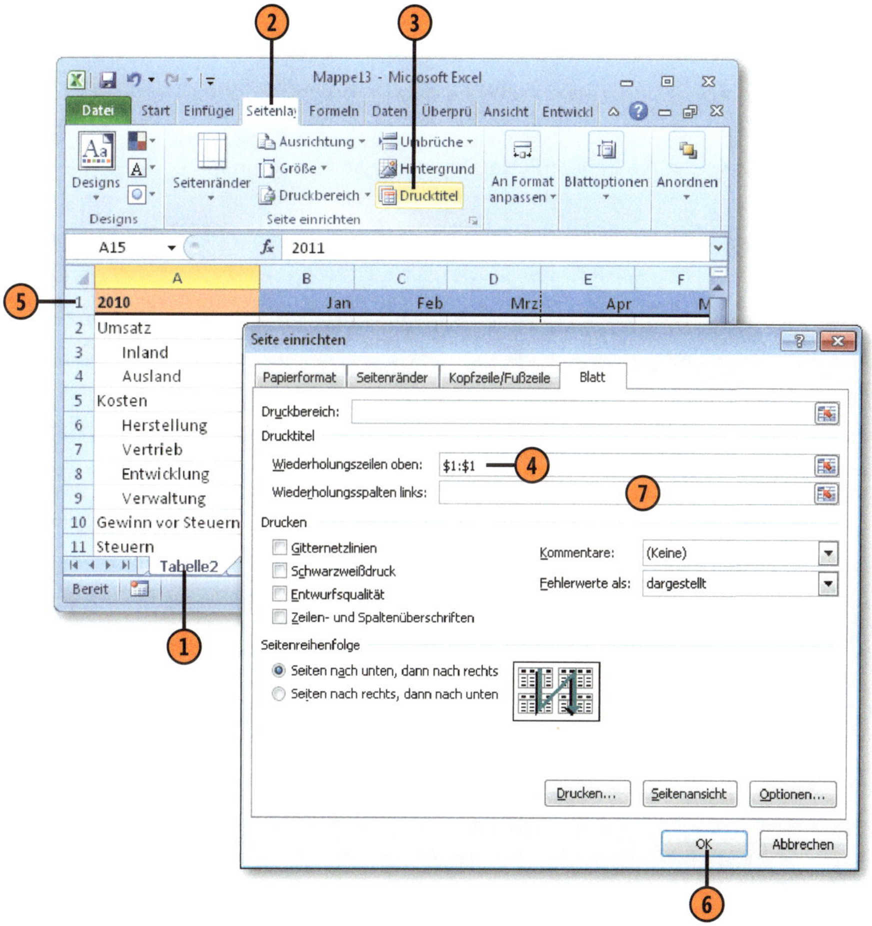

Den Umbruch gestalten

Wenn ein Blatt für den Ausdruck mehrere Seiten benötigt, kommt es vor, dass eine neue Seite an einer von Ihnen nicht gewünschten Stelle beginnt. Diesen Seitenwechsel können Sie aber steuern.

Den Umbruch festlegen

1. Markieren Sie das Blatt, für das Sie den Umbruch festlegen wollen.
2. Markieren Sie die Zelle, mit der eine neue Seite beginnen soll.
3. Wählen Sie die Registerkarte *Seitenlayout*.
4. Klicken Sie in der Gruppe *Seite einrichten* auf *Umbrüche*.
5. Wählen Sie *Seitenumbruch einfügen*. Die Stelle des Umbruchs wird markiert.

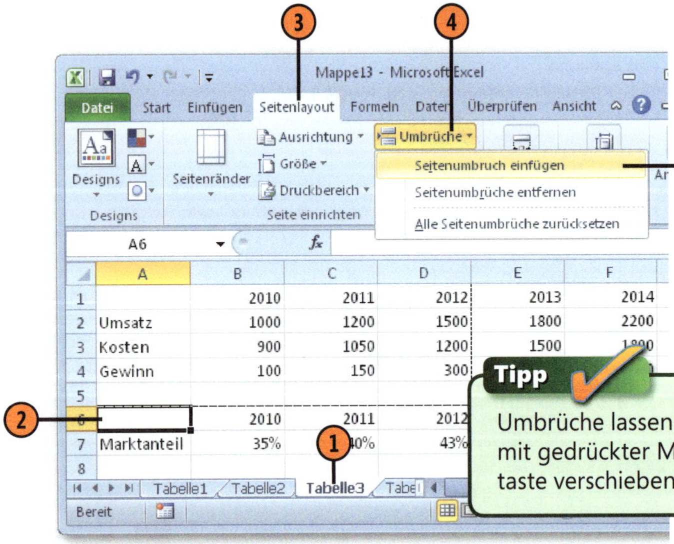

Tipp

Umbrüche lassen sich mit gedrückter Maustaste verschieben.

Die Umbruchvorschau können Sie verwenden, um Seitenumbrüche schnell anzupassen. Sie können in dieser Ansicht die Position der Seitenumbrüche ändern, indem Sie sie mit der Maus verschieben.

Den Umbruch steuern

1. Lassen Sie die Registerkarte *Ansicht* anzeigen.
2. Klicken Sie in der Gruppe *Arbeitsmappenansichten* auf *Umbruchvorschau*.
3. Manuell eingefügte Seitenumbrüche werden als durchgehende Linien angezeigt.
4. Mit gestrichelten Linien wird angegeben, wo automatisch ein Seitenumbruch erfolgt.
5. Durch einen Klick auf *Normal* kehren Sie zur gewohnten Ansicht zurück.

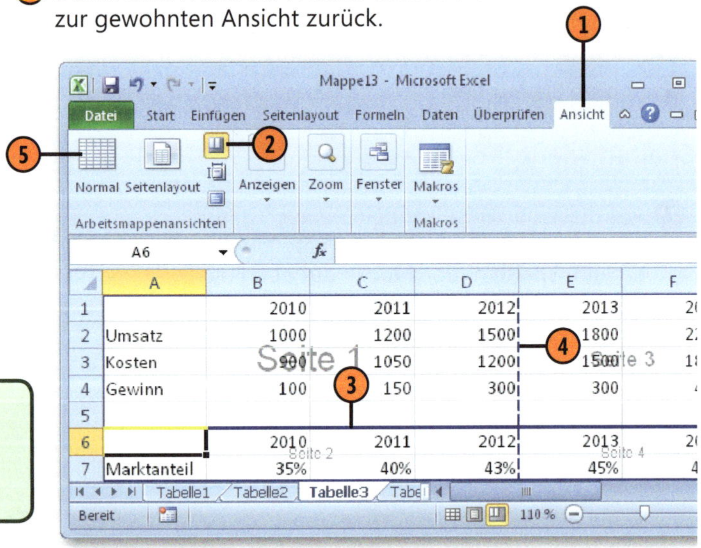

Die Kontrolle des Seitenlayouts

Die Ansicht *Seitenlayout* von Excel ermöglicht es Ihnen, das Erscheinungsbild einer Seite zu kontrollieren. Diese Ansicht erlaubt es Ihnen auch, die Breite von Spalten und die Höhe von Zeilen zu ändern. Auch die Seitenränder können in dieser Ansicht direkt über die Maus geändert werden.

Die Seitenlayoutansicht

1. Klicken Sie auf die Registerkarte *Ansicht*.
2. Klicken Sie in der Gruppe *Arbeitsmappenansichten* auf Seitenlayout und nehmen Sie die gewünschten Änderungen vor:
   - Zum Ändern der Spaltenbreite klicken Sie unter dem waagerechten Lineal auf die betreffende Spalte. Setzen Sie den Mauszeiger auf die Trennlinie zur nächsten Spalte. Der Zeiger wird als Doppelpfeil angezeigt. Ziehen Sie mit gedrückter Maustaste in horizontaler Richtung.
   - Zum Ändern der Zeilenhöhe klicken Sie rechts vom senkrechten Lineal auf die Bezeichnung der betreffenden Zeile. Setzen Sie den Mauszeiger auf die Trennlinie zur nächsten Zeile. Der Zeiger wird als Doppelpfeil angezeigt. Ziehen Sie mit gedrückter Maustaste in vertikaler Richtung.
   - Zum Ändern der Ränder setzen Sie den Mauszeiger im Lineal auf die Stelle, an der der obere oder der untere Seitenrand beginnt. Der Zeiger wird als Doppelpfeil angezeigt. Ziehen Sie mit gedrückter Maustaste in horizontaler Richtung.
3. Klicken Sie auf *Normal*, um zur gewohnten Ansicht zurückzukehren.

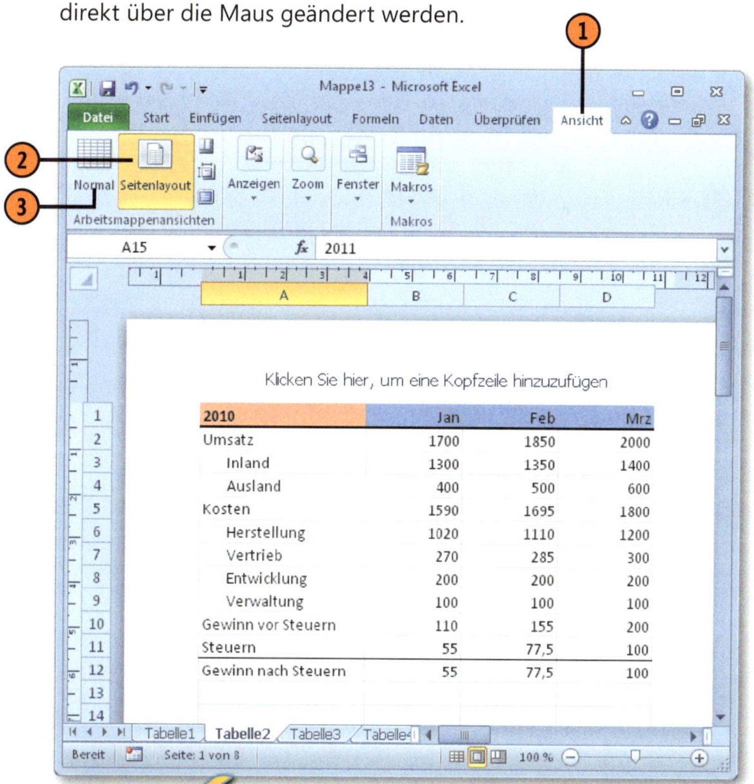

Tipp

Wenn Sie einen eingefügten Umbruch wieder entfernen wollen, markieren Sie zunächst die Zelle und wählen dann auf der Registerkarte *Seitenlayout* im Menü zur Schaltfläche *Umbrüche* den Befehl *Seitenumbrüche entfernen*.

Kopf- und Fußzeilen einrichten

Die Ansicht *Seitenlayout* erlaubt es Ihnen auch, Kopf- und Fußzeilen einzufügen. Solche Zeilen beherbergen meist konstante Angaben wie den Dateinamens oder automatisch wechselnde Angaben für die Seitenzahlen oder das Druckdatum.

Einen Texteintrag für eine Kopfzeile festlegen

1. Klicken Sie in der Ansicht *Seitenlayout* auf den Bereich der Kopfzeile, für den Sie einen Eintrag festlegen wollen.
2. Geben Sie den gewünschten Text ein.

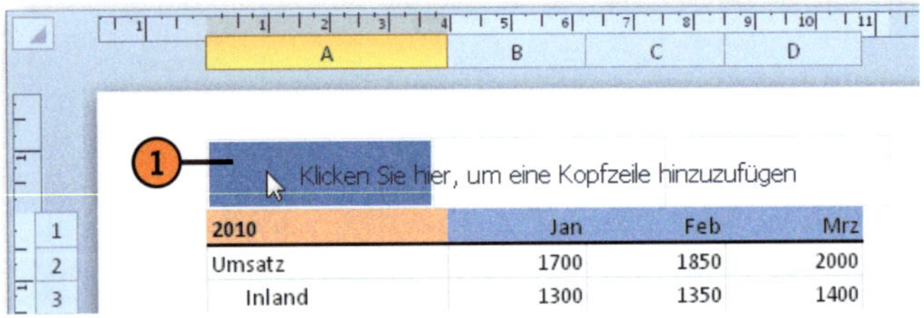

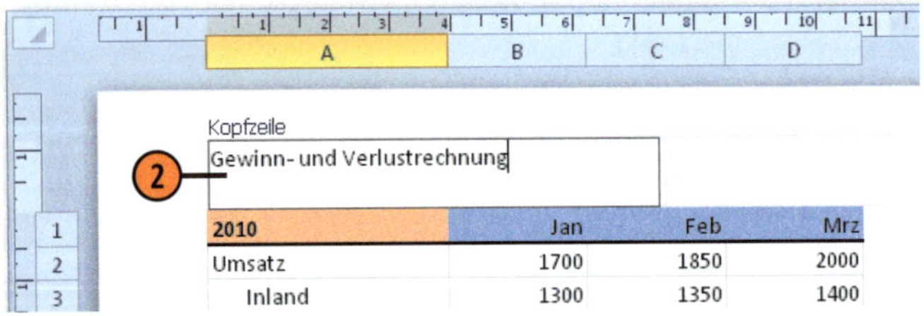

Tipp

Um von der Kopfzeile zur Fußzeile zu wechseln, klicken Sie in der Gruppe *Navigation* der *Kopf- und Fußzeilentools* auf *Zu Fußzeile wechseln*. Um wieder zurück zur Kopfzeile zu wechseln, klicken Sie auf *Zu Kopfzeile wechseln*.

Die Kopf- und Fußzeilen von Excel-Tabellen verfügen immer über drei Abschnitte – einen linksbündigen, einen zentrierten und einen rechtsbündigen. Für jeden dieser Abschnitte können Sie entweder Text eingeben oder einen Standardeintrag wählen.

Einen Standardeintrag verwenden

1. Klicken Sie in der Ansicht *Seitenlayout* auf den Bereich der Kopfzeile, für den Sie einen Eintrag festlegen wollen. Wählen Sie dann die Registerkarte *Kopf- und Fußzeilentools/Entwurf*.
2. Öffnen Sie in der Gruppe *Kopf- und Fußzeile* den Katalog zu *Kopfzeile*.
3. Wählen Sie einen Eintrag aus.

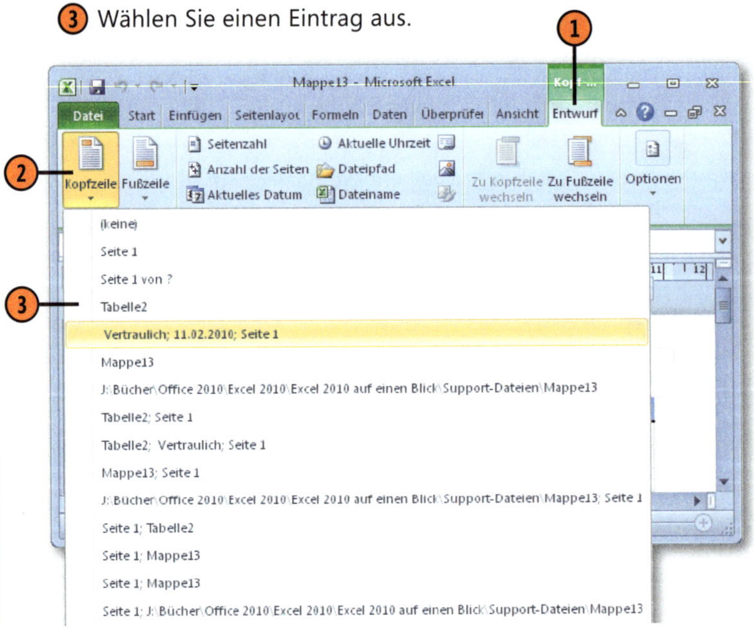

Eine komplexe Kopfzeile gestalten

1. Klicken Sie in der Ansicht *Seitenlayout* auf den Bereich der Kopfzeile, für den Sie einen Eintrag festlegen wollen.
2. Klicken Sie auf der Registerkarte *Kopf- und Fußzeilentools/Entwurf* in der Gruppe *Kopf- und Fußzeilenelemente* auf das gewünschte Element, z.B. *Seitenzahl*.
3. Der Platzhalter *&[Seite]* erscheint im Bereich der Kopfzeile. Fügen Sie ein Leerzeichen und dann den Text **von** ein. Fügen Sie noch ein Leerzeichen hinzu.
4. Klicken Sie in der Gruppe *Kopf- und Fußzeilenelemente* auf *Anzahl der Seiten*.
5. Damit erreichen Sie, dass beispielsweise bei einem achtseitigen Dokument auf der ersten Seite die Angabe *Seite 1 von 8* steht, auf der zweiten Seite die Angabe *Seite 2 von 8* usw.

Tipp

Um die Bearbeitung der Kopf-/Fußzeile abzuschließen, klicken Sie einfach außerhalb des Kopf-/Fußzeilenbereichs.

Siehe auch

Wenn Sie den Eintrag in einer Kopf- oder Fußzeile formatieren wollen, markieren Sie den gewünschten Bereich in der Zeile und benutzen dann die üblichen Formatiermethoden. Hinweise zum Formatieren finden Sie auf Seite 134.

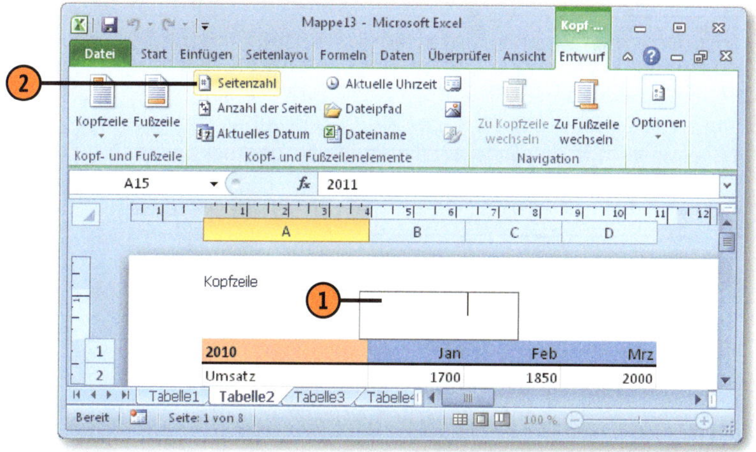

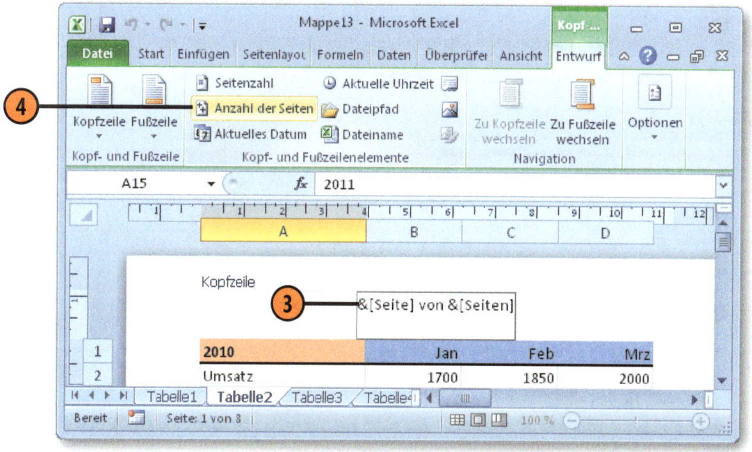

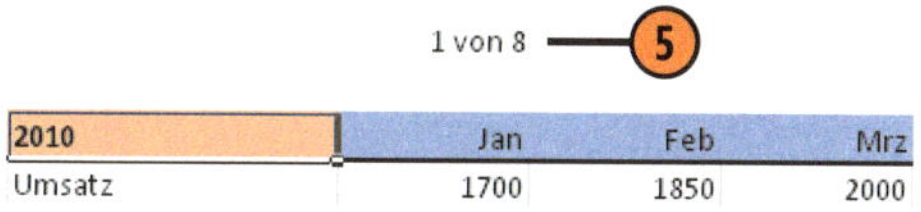

Weitere Optionen

Sie können noch weitere Optionen für den Ausdruck festlegen. Beispielsweise können Sie dafür sorgen, dass die gewohnten Spaltenüberschriften – also *A*, *B* usw. – und Zeilenüberschriften – also *1*, *2* usw. – sowie die Gitternetzlinien mit ausgedruckt werden.

Gitternetzlinien und Überschriften drucken lassen

1. Wählen Sie das Blatt oder die Blätter aus, für das/die die Einstellungen gelten sollen.
2. Klicken Sie auf die Registerkarte *Seitenlayout*.
3. Schalten Sie in der Gruppe *Blattoptionen* unter *Überschriften* das Kontrollkästchen *Drucken* ein, um die Spalten- und Zeilenüberschriften mit auszudrucken.
4. Schalten Sie in der Gruppe *Blattoptionen* unter *Gitternetzlinien* das Kontrollkästchen *Drucken* ein, um das Gitternetz mit auszudrucken.

Skalieren

1. Aktivieren Sie das gewünschte Blatt oder die entsprechenden Blätter.
2. Lassen Sie die Registerkarte *Seitenlayout* anzeigen.
3. Im Feld *Skalierung* in der Gruppe *An Format anpassen* legen Sie fest, ob Sie das Tabellenblatt beim Drucken vergrößern oder verkleinern wollen.

Tipp

Alternativ zur Eingabe der Skalierung können Sie über die Felder *Breite* und *Höhe* in der Gruppe *An Format anpassen* die Ausgabe so skalieren, dass sie auf eine angegebene Anzahl von Seiten passt.

Wenn Sie feststellen, dass eine Tabelle beim Ausdruck nicht ganz auf die Seite passt, können Sie den Skalierungsfaktor ändern, sodass die Schrift etwas verkleinert wird.

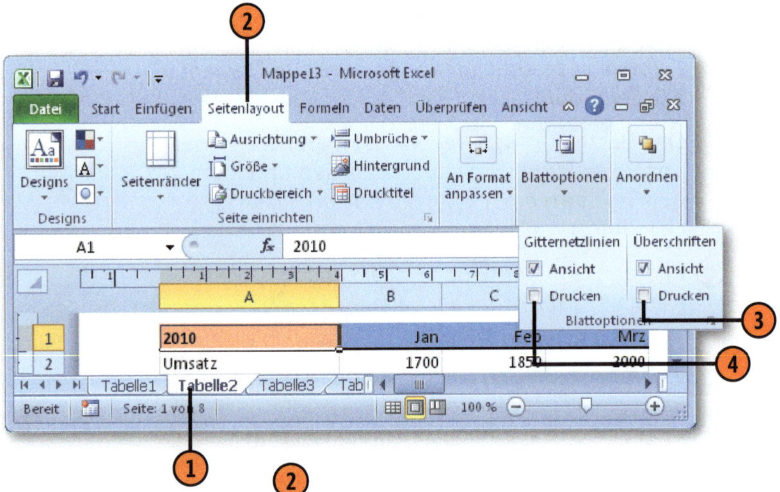

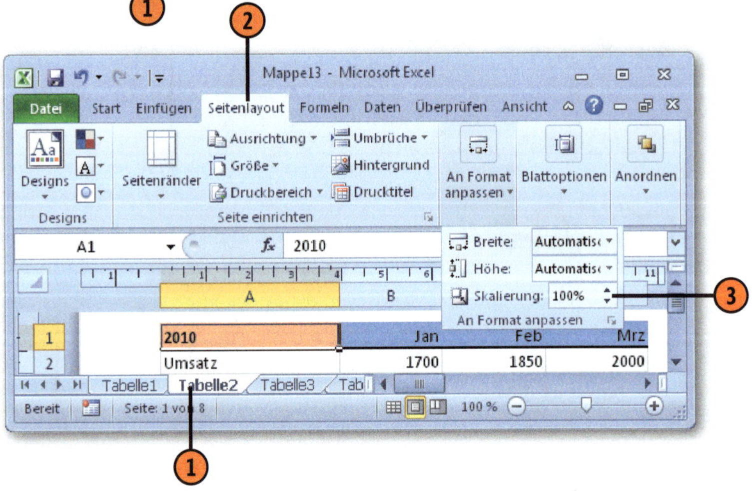

14 Arbeiten in Teams

In diesem Kapitel:

- Tabellenbereiche kommentieren
- Änderungen aufzeichnen lassen
- Änderungen bearbeiten
- Blätter schützen
- Arbeitsmappe schützen
- Die Eigenschaften einer Arbeitsmappe festlegen
- Arbeitsmappe vor der Verteilung überprüfen
- Das Dateiformat ändern
- Arbeitsmappe im Web speichern
- Arbeitsmappe versenden
- Abschließende Arbeiten an einer Arbeitsmappe

Wenn Ihre Dokumente bei der Entwicklung nicht nur durch Ihre, sondern auch durch die Hände anderer Benutzer gehen, kommen meist zusätzliche Excel-Funktionselemente ins Spiel. Dazu gehören zunächst einmal die Möglichkeiten zum Kommentieren von Daten und das Nachverfolgen von durchgeführten Änderungen. Kommentare erlauben es, Bemerkungen direkt an die betreffenden Zellen zu binden. Das Änderungsprotokoll zeichnet die von einzelnen Personen durchgeführten Korrekturen auf und erlaubt es, diese wieder rückgängig zu machen.

Außerdem geht es natürlich um die Sicherheit der Arbeit und der in den Mappen enthaltenen Daten. Für den Schutz Ihrer Arbeit stehen Ihnen diverse Möglichkeiten zur Verfügung: Sie können einzelne Blätter oder auch die gesamte Arbeitsmappe schützen. Einzelne Bereiche im Blatt können aber vom Schutz ausgenommen werden.

Schließlich dreht es sich beim Bearbeiten von Excel-Dokumenten in Teams auch um technische Fragen der Verteilung. Sie sollten beispielsweise wissen, wie man Mappen vor der Verteilung überprüft, gegebenenfalls das Dateiformat ändert und schließlich auch wie man die Dateien für andere Personen freigibt.

Tabellenbereiche kommentieren

Sie können einzelne Bereiche in einer Tabelle mit Kommentaren versehen, die beispielsweise auf noch zu klärende Fragen aufmerksam machen. Ein anderer Bearbeiter kann dann die Kommentare anzeigen und auch nacheinander durcharbeiten.

Kommentare eingeben

1. Markieren Sie die Zelle, zu der ein Kommentar eingefügt werden soll.
2. Wählen Sie im Menüband die Registerkarte *Überprüfen*.
3. Klicken Sie in der Gruppe *Kommentare* auf *Neuer Kommentar*.
4. Geben Sie den Kommentar in dem dann angezeigten Textfeld ein. Der Name des Bearbeiters wird automatisch vorangestellt – sofern in den Excel-Optionen hinterlegt.
5. Nach der Eingabe klicken Sie auf eine beliebige andere Stelle im Tabellenblatt, um das Kommentarfeld zu schließen.

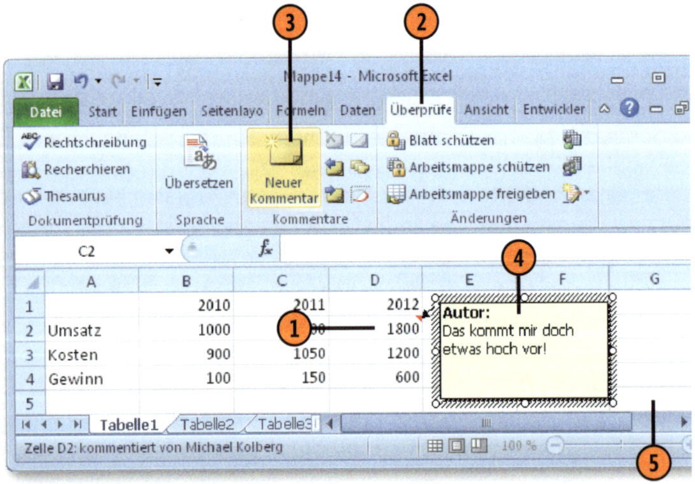

Vorhandene Kommentare anzeigen und ausblenden

1. Dass in einer Zelle ein Kommentar vorhanden ist, erkennen Sie an dem Indikator – einem kleinen roten Dreieck – in der oberen rechten Ecke der Zelle.
2. Wenn Sie einen bestimmten Kommentar anzeigen lassen wollen, brauchen Sie nur den Mauszeiger auf die Zelle zu bewegen, ein Markieren ist nicht erforderlich.

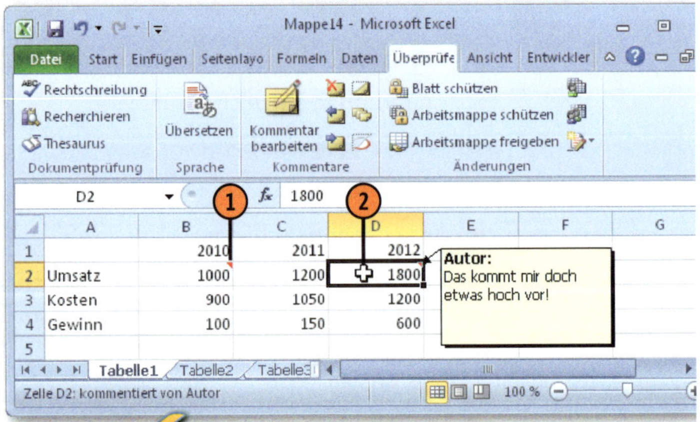

Tipp

Um einen Kommentar permanent anzuzeigen, markieren Sie die Zelle und klicken in der Gruppe *Kommentare* auf *Kommentar einblenden/ausblenden*. Sie können auch *Alle Kommentare anzeigen* benutzen. Klicken Sie erneut auf die Schaltfläche, um den/die Kommentare wieder auszublenden.

Die Kommentare durchsehen

1. Wenn Sie alle Kommentare in der Mappe der Reihe nach überprüfen wollen, markieren Sie am besten zunächst die Zelle *A1* der ersten Tabelle.
2. Um den ersten Kommentar anzuzeigen, klicken Sie auf der Registerkarte *Überprüfen* in der Gruppe *Kommentare* auf *Weiter*. Klicken Sie erneut auf *Weiter*, um den nächsten Kommentar anzuzeigen.
3. Um zum vorher angezeigten Kommentar zurückzuwechseln, klicken Sie auf *Vorheriger*.

Tipp

Beim Durchsehen der Kommentare werden diese ausgeblendet, sobald Sie eine Zelle ohne Kommentar markieren.

Kommentare bearbeiten

1. Um den Text zu einem Kommentar abzuändern, markieren Sie die entsprechende Zelle.
2. Klicken Sie dann auf der Registerkarte *Überprüfen* in der Gruppe *Kommentare* auf *Kommentar bearbeiten*.
3. Führen Sie die Änderungen im Kommentarfeld durch.

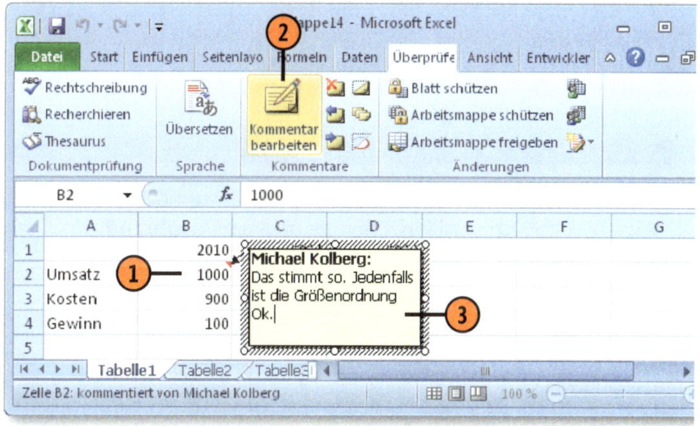

Kommentare löschen

1. Markieren Sie die Zelle, zu der der Kommentar gehört.
2. Klicken Sie auf der Registerkarte *Überprüfen* in der Gruppe *Kommentare* auf die Schaltfläche *Löschen*.

Änderungen aufzeichnen lassen

Wenn mehrere Personen an einer Mappe Änderungen durchführen, empfiehlt es sich, diese Änderungen zu protokollieren. Später können Sie dann die Änderungen überprüfen und individuell annehmen oder ablehnen. Der erste Schritt dafür besteht darin, ein Änderungsprotokoll einzuschalten. Danach werden die Änderungen, die Sie oder andere an der Mappe durchführen, protokolliert.

Das Änderungsprotokoll einschalten

1. Wählen Sie im Menüband die Registerkarte *Überprüfen*.
2. Klicken Sie in der Gruppe *Änderungen* auf *Änderungen nachverfolgen*.
3. Wählen Sie *Änderungen hervorheben*.
4. Stellen Sie sicher, dass im dann angezeigten Dialogfeld das Kontrollkästchen *Änderungen während der Eingabe protokollieren* aktiviert ist.
5. Legen Sie über die darunter liegenden Listenfelder die Details zum Protokoll fest:
   - *Wann*: Legen Sie fest, über welchen Zeitraum die Liste der Änderungen gepflegt werden soll.
   - *Wer*: Bestimmen Sie, wessen Änderungen protokolliert werden sollen.
   - *Wo*: Regeln Sie, für welchen Bereich der Arbeitsmappe Änderungen protokolliert werden sollen. Wenn Sie hier nichts angeben, werden alle Änderungen in der Arbeitsmappe protokolliert.
6. Bestätigen Sie über *OK*.
7. Bestätigen Sie auch die Nachfrage zum Speichern. Anschließend durchgeführte Änderungen werden protokolliert.

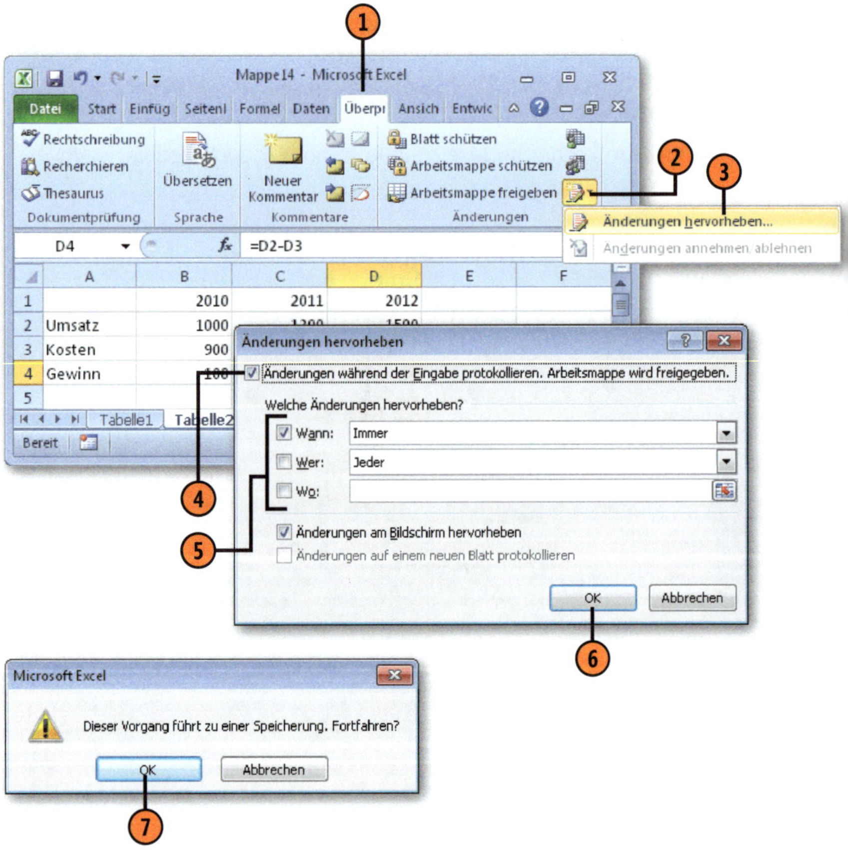

Was protokolliert wird

- Am Inhalt von Zellen vorgenommene Änderungen werden verfolgt, andere Änderungen – beispielsweise Änderungen am Format – hingegen nicht.
- Das Änderungsprotokoll wird nur für eine begrenzte Zeit geführt. Standardmäßig sind das 30 Tage. Sie können jedoch im Dialogfeld *Änderungen hervorheben* einen Zeitraum einstellen. Der Teil des Änderungsprotokolls, der älter ist, als der von Ihnen angegebene Zeitraum, wird beim Speichern oder Schließen der Mappe regelmäßig gelöscht.
- Wenn Sie die Änderungsnachverfolgung deaktivieren oder die Freigabe der Arbeitsmappe beenden, wird der gesamte Änderungsverlauf endgültig gelöscht!

Änderungen anzeigen

1. Die Zelle, in der eine Änderung durchgeführt wurde, wird mit einem kleinen blauen Dreieck in der linken oberen Ecke gekennzeichnet.
2. Wenn Sie den Mauszeiger auf die Zelle bewegen, wird der Name des Bearbeiters – sofern in den Excel-Optionen hinterlegt – zusammen mit dem Zeitpunkt und dem Inhalt der Änderung angezeigt.

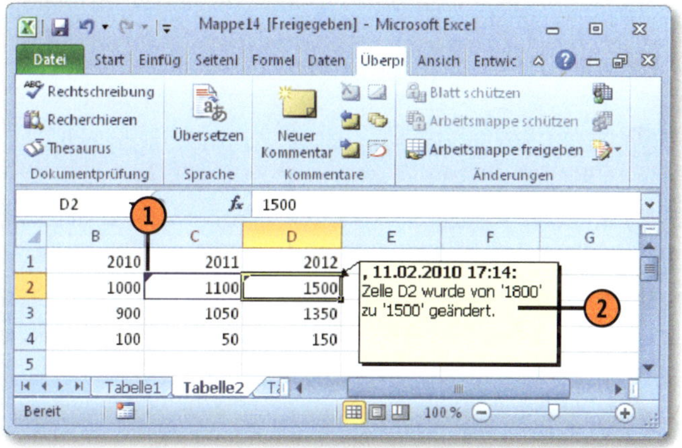

Achtung

Die Arbeitsmappe wird gleichzeitig freigegeben – mehrere Benutzer in einem Netzwerk können die Arbeitsmappe gleichzeitig anzeigen und ändern. Jeder Benutzer, der die Arbeitsmappe speichert, sieht die Änderungen, die von anderen Benutzern vorgenommen wurden.

Änderungen bearbeiten

Solange das Änderungsprotokoll vorhanden ist, können Sie die darin vermerkten Änderungen kontrollieren und dann annehmen oder ablehnen. Alternativ können Sie auch ein separates Arbeitsblatt einrichten lassen, in dem alle Änderungen in der Mappe zusammengefasst werden. Das ist aber erst möglich, nachdem Sie Änderungen haben aufzeichnen lassen.

Änderungen annehmen oder ablehnen

1. Wählen Sie im Menüband die Registerkarte *Überprüfen*.
2. Klicken Sie in der Gruppe *Änderungen* auf *Änderungen nachverfolgen*.
3. Wählen Sie den Befehl *Änderungen annehmen/ablehnen*.
4. Bestätigen Sie gegebenenfalls die Nachfrage nach einer Speicherung durch einen Klick auf *OK*.
5. Im dann angezeigten Dialogfeld können Sie auswählen, welche Änderungen überprüft werden sollen.
6. Nach der Bestätigung über *OK* werden die vorhandenen Änderungen automatisch abgearbeitet. Die Zellen mit Änderungen werden markiert.
7. Über ein Dialogfeld können Sie entscheiden, ob Sie die Änderung annehmen oder ablehnen möchten. Nachdem alle Änderungen durchlaufen sind, wird das Dialogfeld automatisch geschlossen.

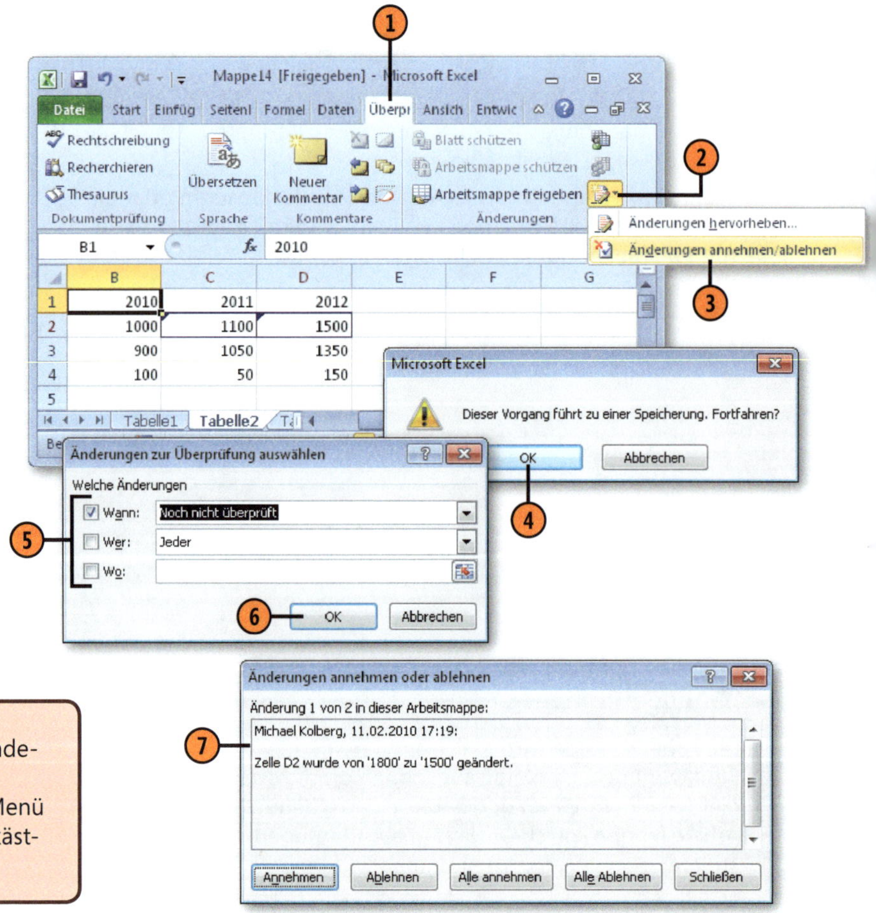

Achtung

Das Änderungsprotokoll ist jetzt wieder leer, aber weitere Änderungen werden noch aufgezeichnet. Wenn Sie die Funktion abschalten wollen, wählen Sie *Änderungen hervorheben* im Menü zu *Änderungen nachverfolgen* und deaktivieren das Kontrollkästchen *Änderungen während der Eingabe protokollieren*.

Änderungen über ein Verlaufsarbeitsblatt protokollieren

1. Nachdem Sie das Änderungsprotokoll aktiviert und zumindest eine Änderung durchgeführt haben, klicken Sie erneut auf der Registerkarte *Überprüfen* in der Gruppe *Änderungen* auf *Änderungen nachverfolgen.* Wählen Sie wieder *Änderungen hervorheben.*
2. Schalten Sie das Kontrollkästchen *Änderungen auf einem neuen Blatt protokollieren* ein.
3. Bestätigen Sie über *OK*.
4. Ein neues Blatt wird erstellt, in dem die Änderungen aufgelistet werden.

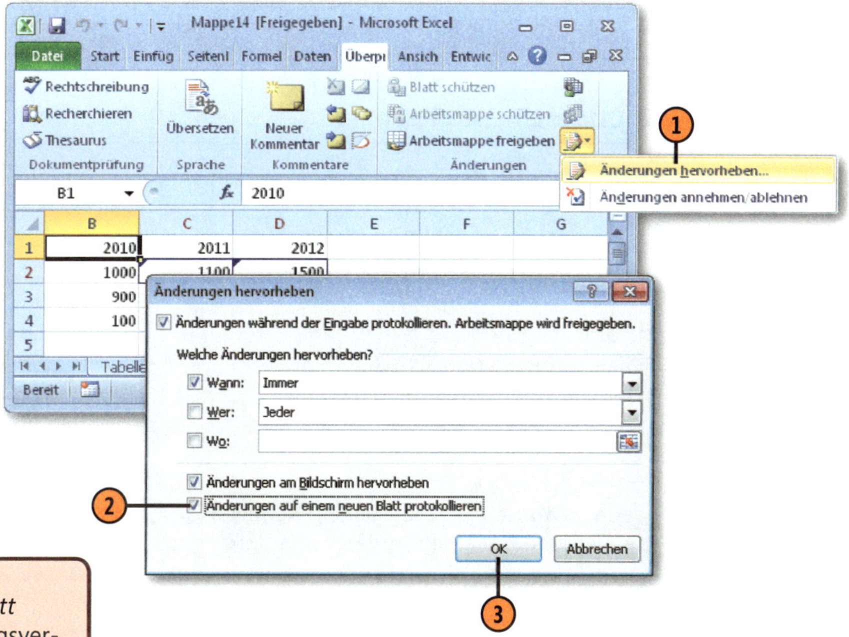

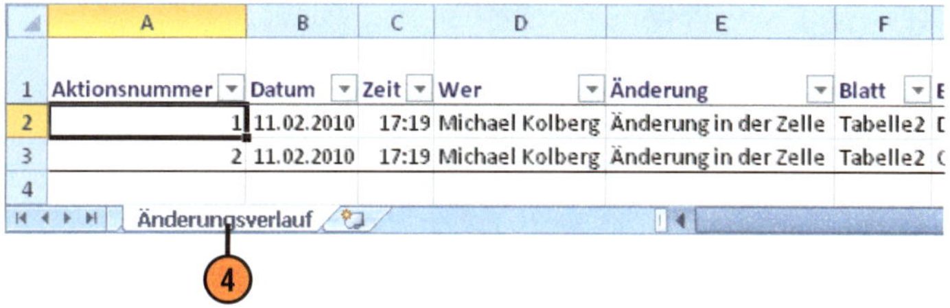

Achtung

Das Kontrollkästchen *Änderungen auf einem neuen Blatt protokollieren* ist erst verfügbar, wenn Sie die Änderungsverfolgung aktiviert und die Datei mit mindestens einer nachverfolgbaren Änderung gespeichert haben.

Tipp

Um das Blatt *Änderungsverlauf* wieder auszublenden, klicken Sie erneut in der Gruppe *Änderungen* auf *Änderungen nachverfolgen/Änderungen hervorheben* und schalten das Kontrollkästchen *Änderungen während der Eingabe protokollieren* ab.

Blätter schützen

Sie können Blätter oder Teile davon generell gegen Änderungen schützen. Diese Schutzfunktionen können Sie zusätzlich über ein Kennwort sichern. Bestimmte Aktionen können Sie aber auch zulassen. Sie können die Schutzfunktion vor dem Einschalten für einzelne Zellen oder Zellbereiche abschalten und diese damit bearbeitbar lassen.

Ein Arbeitsblatt insgesamt schützen

1. Markieren Sie das Blatt, für das Sie die Schutzfunktion einstellen wollen.
2. Wählen Sie im Menüband die Registerkarte *Überprüfen*.
3. Klicken Sie in der Gruppe *Änderungen* auf *Blatt schützen*. Das gleichnamige Dialogfeld wird angezeigt.
4. Stellen Sie sicher, dass das Kontrollkästchen *Arbeitsblatt und Inhalt gesperrter Zelle schützen* eingeschaltet ist.
5. Aktivieren Sie die Bearbeitungsaktionen, die erlaubt sein sollen.
6. Legen Sie – wenn gewünscht – zusätzlich ein Kennwort fest, das eingegeben werden muss, um Änderungen durchführen zu können.
7. Bestätigen Sie über *OK*.
8. Wenn Sie ein Kennwort eingegeben haben, müssen Sie dieses zur eigenen Sicherheit wiederholen.
9. Bestätigen Sie nochmals über *OK*. Das Blatt ist jetzt geschützt.

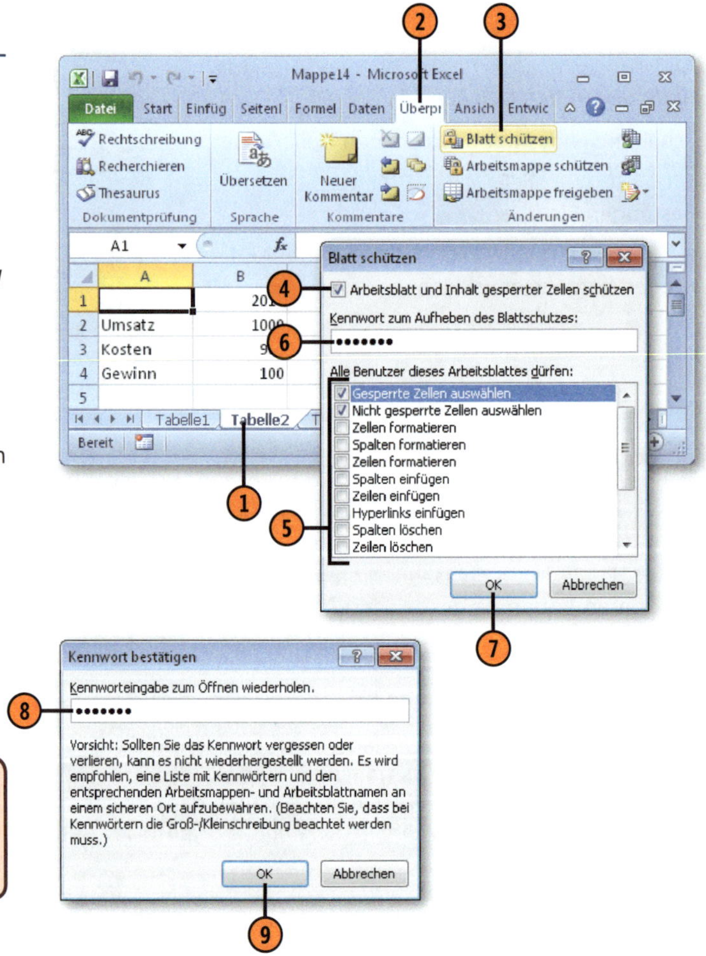

Achtung

Danach ist das Arbeitsblatt geschützt. Beim Versuch einer Änderung meldet sich ein Dialogfeld, das entsprechend darauf hinweist. Vergessen Sie das Kennwort nicht!

Den Schutz für ein Arbeitsblatt aufheben

1. Markieren Sie das Blatt, für das Sie die Schutzfunktion abschalten wollen.
2. Wählen Sie im Menüband die Registerkarte *Überprüfen*.
3. Klicken Sie in der Gruppe *Änderungen* auf *Blattschutz aufheben*.
4. Wenn Sie für den Schutz ein Kennwort festgelegt hatten, geben Sie dieses ein.
5. Bestätigen Sie über *OK*. Der Schutz ist dann wieder aufgehoben.

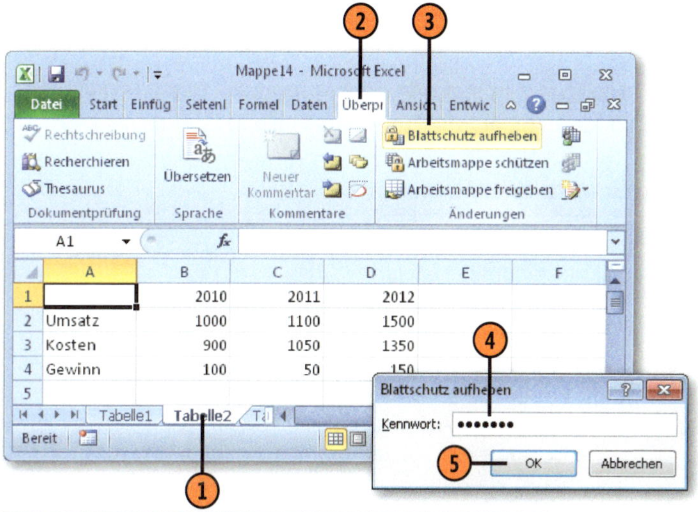

Einzelne Bereiche vom Schutz ausnehmen

1. Klicken Sie in einem nicht geschützten Blatt auf der Registerkarte *Überprüfen* in der Gruppe *Änderungen* auf *Benutzer dürfen Bereiche bearbeiten*.
2. Das Dialogfeld *Benutzerberechtigungen* wird angezeigt. Klicken Sie dort auf *Neu*.
3. Legen Sie den Bereich fest.
4. Klicken Sie auf *OK*. Anschließend wird der gewählte Bereich im Dialogfeld *Benutzerberechtigungen* angezeigt.
5. Sie müssen dann noch dafür sorgen, dass die restlichen Bereiche des Arbeitsblatts geschützt werden. Dazu klicken Sie auf die Schaltfläche *Blattschutz* und legen die Form des Schutzes fest.
6. Nach einem Klick auf *OK* ist das Blatt mit Ausnahme des definierten Bereichs geschützt.

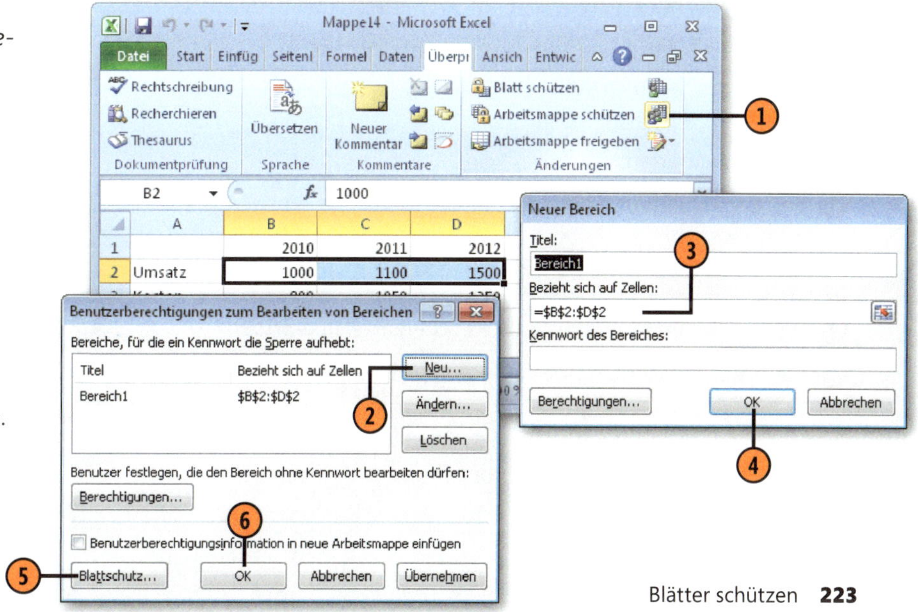

Arbeitsmappe schützen

Sie können auch die gesamte Arbeitsmappe schützen. Dieser Schutz bezieht sich aber nicht auf individuelle Daten in den Blättern, sondern nur auf die Struktur und die Fenster der Mappe.

Den Schutz einschalten

1. Wählen Sie im Menüband die Registerkarte *Überprüfen*.
2. Klicken Sie in der Gruppe *Änderungen* auf *Arbeitsmappe schützen.*
3. Das Dialogfeld *Struktur und Fenster schützen* wird angezeigt. Geben Sie an, was in der Arbeitsmappe geschützt werden soll: Ist *Struktur* aktiviert, können keine Blätter gelöscht, eingefügt, verschoben, ausgeblendet oder umbenannt werden. *Fenster* verhindert Änderungen an der Fenstergestaltung.
4. Geben Sie – wenn gewünscht – ein Kennwort ein.
5. Bestätigen Sie über *OK*.
6. Wenn Sie ein Kennwort eingegeben haben, müssen Sie dieses bestätigen.
7. Bestätigen Sie durch Klicken auf *OK*.

Den Arbeitsmappenschutz aufheben

1. Wählen Sie im Menüband die Registerkarte *Überprüfen*.
2. Klicken Sie in der Gruppe *Änderungen* auf *Arbeitsmappe schützen.*
3. Wenn Sie ein Kennwort festgelegt haben, geben Sie dieses im Dialogfeld *Arbeitsmappenschutz aufheben* ein und klicken dann auf *OK*.

Wenn Sie einen Datenschutz wünschen, müssen Sie mit *Blatt schützen* arbeiten (siehe vorhergehende Seiten).

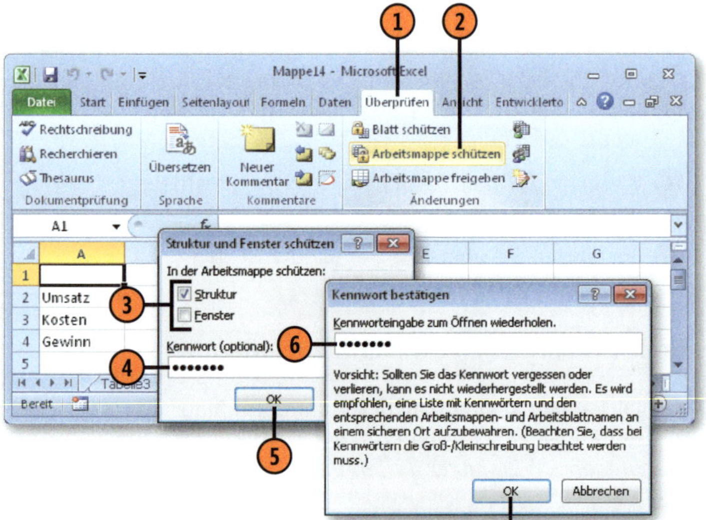

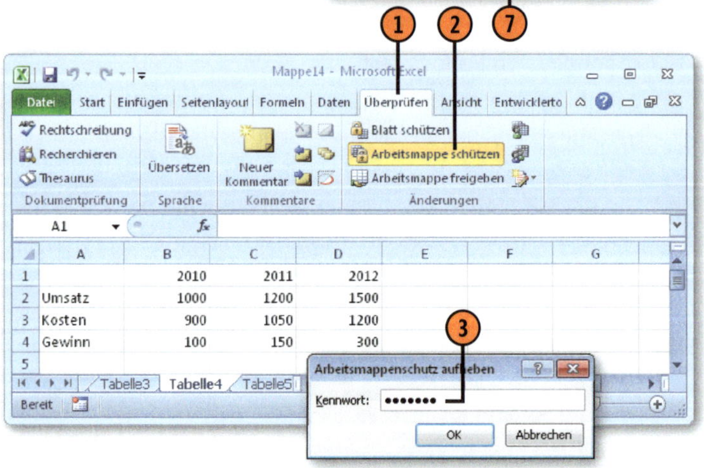

Die Eigenschaften einer Arbeitsmappe festlegen

Zu den Eigenschaften gehören Details wie der Titel, der Name des Autors, das Thema und Stichwörter, mit denen das Thema oder der Inhalt des Dokuments angegeben wird. Ein Festlegen dieser Daten kann später zum Identifizieren der Datei dienlich sein.

Grundlegende Eigenschaften eingeben

1. Öffnen Sie im Menüband die Registerkarte *Datei*.
2. Klicken Sie auf *Informationen*.
3. Klicken Sie rechts unterhalb der Vorschau auf *Eigenschaften*.
4. Wählen Sie *Dokumentbereich anzeigen*.
5. Der Dokumentinformationsbereich wird unterhalb des Menübands angezeigt. Darin sind einige Eigenschaften – beispielsweise *Autor* – bereits eingetragen. Geben Sie die gewünschten sonstigen Eigenschaften ein.
6. Durch einen Klick auf *Dokumentinformationsbereich schließen* können Sie die Anzeige der Dokumenteigenschaften wieder deaktivieren.

Gewusst wie

Wenn Sie die Eigenschaften vor dem Speichern kontrollieren wollen, verschieben Sie den unteren Rand des Dialogfeldes *Speichern unter* mit gedrückter Maustaste nach oben (bzw. nach unten, wenn *Ordner durchsuchen* nicht aktiviert ist). Die Eigenschaften werden dann aufgelistet und können auch geändert werden.

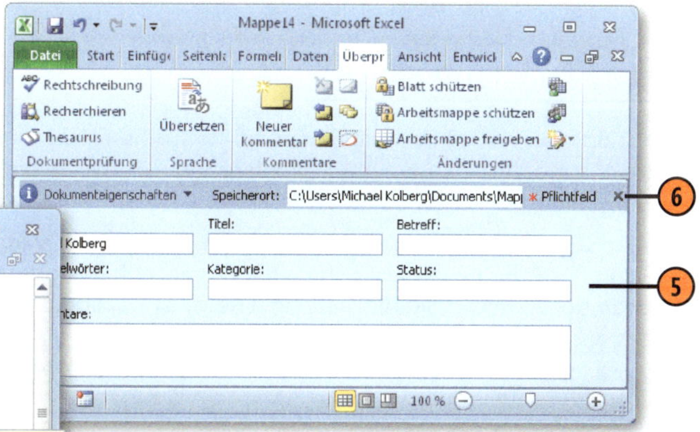

Tipp

Sie können weitere Eigenschaften angeben, indem Sie im Dropdownmenü zu *Eigenschaften* die Option *Erweiterte Eigenschaften* wählen.

Arbeitsmappe vor der Verteilung überprüfen

Wenn Sie eine Arbeitsmappe freigeben möchten, sind bestimmte Daten unter den Eigenschaften aber manchmal nicht erwünscht, da diese Informationen beispielsweise Details über Ihr Unternehmen preisgeben können. Sie sollten darum vor der Weitergabe das Dokument auf ausgeblendete Daten oder persönliche Informationen prüfen, die im Dokument selbst oder in den Dokumenteigenschaften gespeichert sein könnten.

Dokumentprüfungsarten

1. Speichern Sie das Dokument. Öffnen Sie dann die Registerkarte *Datei*.
2. Klicken Sie auf *Informationen*.
3. Klicken Sie auf *Auf Probleme überprüfen*.
4. Wählen Sie *Dokument prüfen*.

Weitere Prüfungsoptionen

- Mit *Barrierefreiheit überprüfen* können Sie prüfen lassen, ob die Mappe für Personen mit Behinderungen schwer zu lesen ist.
- Mit *Kompatibilität überprüfen* können Sie herausfinden, ob Sie in der Arbeitsmappe Einstellungen benutzt haben, die verloren gehen, wenn Sie die Datei in einem Format speichern, das auch von früheren Excel-Versionen lesbar ist.

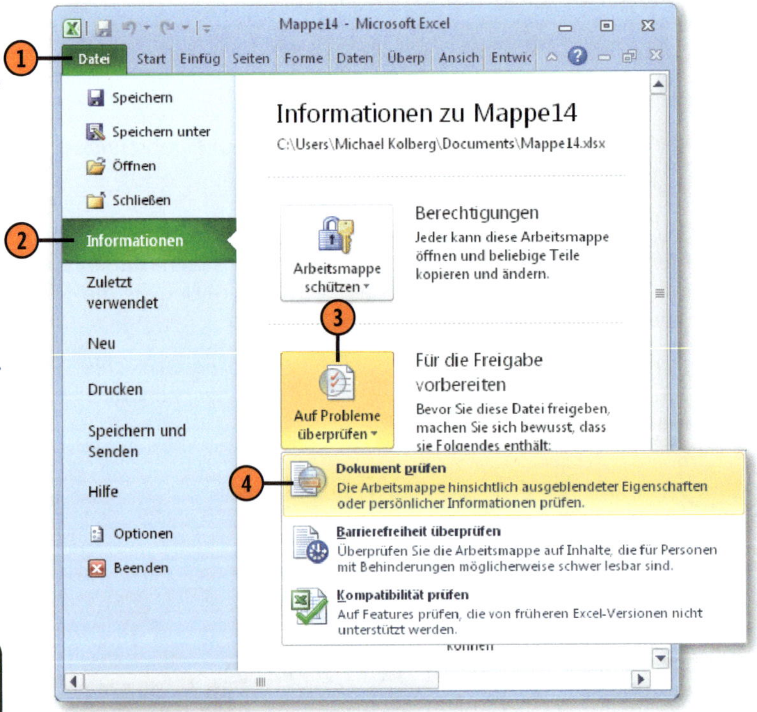

Tipp

Barrierefreiheit überprüfen bemängelt beispielsweise, wenn Sie ein Bild ohne einen Alternativtext in ein Blatt eingefügt haben. Ein Alternativtext kann sehbehinderten Personen mittels geeigneter Geräte vorgelesen werden. Zur Eingabe eines solchen Textes wählen Sie *Grafik formatieren* im Kontextmenü zu dem betreffenden Bild und wählen dann *Alternativtext*.

Siehe auch

Wie man Arbeitsmappen in einem Format speichert, das von früheren Excel-Versionen lesbar ist, erfahren Sie auf Seite 228 f.

Das Dokument überprüfen

1. Aktivieren Sie im Dialogfeld *Dokumentprüfung* die Elemente, die überprüft werden sollen.
2. Klicken Sie auf *Prüfen*.
3. Das Ergebnis der Prüfung wird angezeigt. Kontrollieren Sie es.
4. Wenn Sie auf die Schaltfläche *Alle entfernen* klicken, werden die bemängelten Elemente kommentarlos aus der Mappe entfernt.
5. Beenden Sie die Prüfung durch Klicken auf *Schließen*.

Die wichtigsten Prüfergebnisse

- *Kommentare und Anmerkungen*: Anhand dieser Informationen können gegebenenfalls die Personen, die an der Mappe gearbeitet haben, identifiziert werden.
- *Dokumenteigenschaften und persönliche Informationen*: Dazu gehören zunächst einmal Informationen, die von Excel automatisch verwaltet werden, wie der Name der Person, die die Mappe zuletzt gespeichert hat, sowie das Datum der Speicherung. Außerdem gehören dazu Details zur Arbeitsmappe wie *Autor*, *Betreff* und *Titel*.
- *Kopf- und Fußzeilen*: Arbeitsmappen können auch sensible Informationen in Kopf- und Fußzeilen enthalten.
- *Ausgeblendete Zeilen, Spalten und Arbeitsblätter*: Wenn Sie Elemente ausgeblendet haben, können andere Personen diese wieder einblenden und die darin enthaltenen Daten anzeigen.

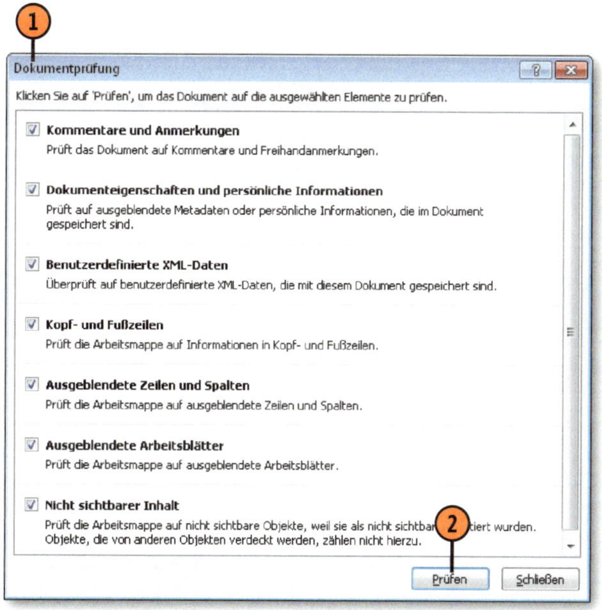

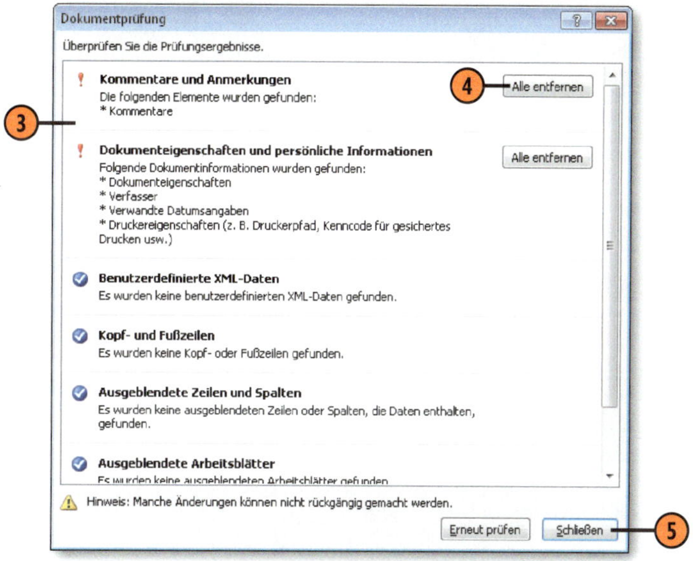

Das Dateiformat ändern

Für den Fall, dass die Personen, mit denen Sie Ihre Arbeitsmappe gemeinsam bearbeiten wollen, nicht über die Excel-Version 2010 oder 2007 verfügen, können Sie ihnen das Dokument in einem anderen Dateiformat zukommen lassen.

Ein anderes Format wählen

1. Öffnen Sie die Registerkarte *Datei*.
2. Wählen Sie *Speichern und Senden*.
3. Klicken Sie auf *Dateityp ändern*.
4. Wählen Sie einen Dateityp aus und klicken Sie dann unterhalb der Liste auf die Schaltfläche *Speichern unter*.
5. Prüfen Sie die Einstellungen im Dialogfeld *Speichern unter*.
6. Klicken Sie auf *Speichern*. Die Datei wird im gewählten Format am festgelegten Ort gespeichert.

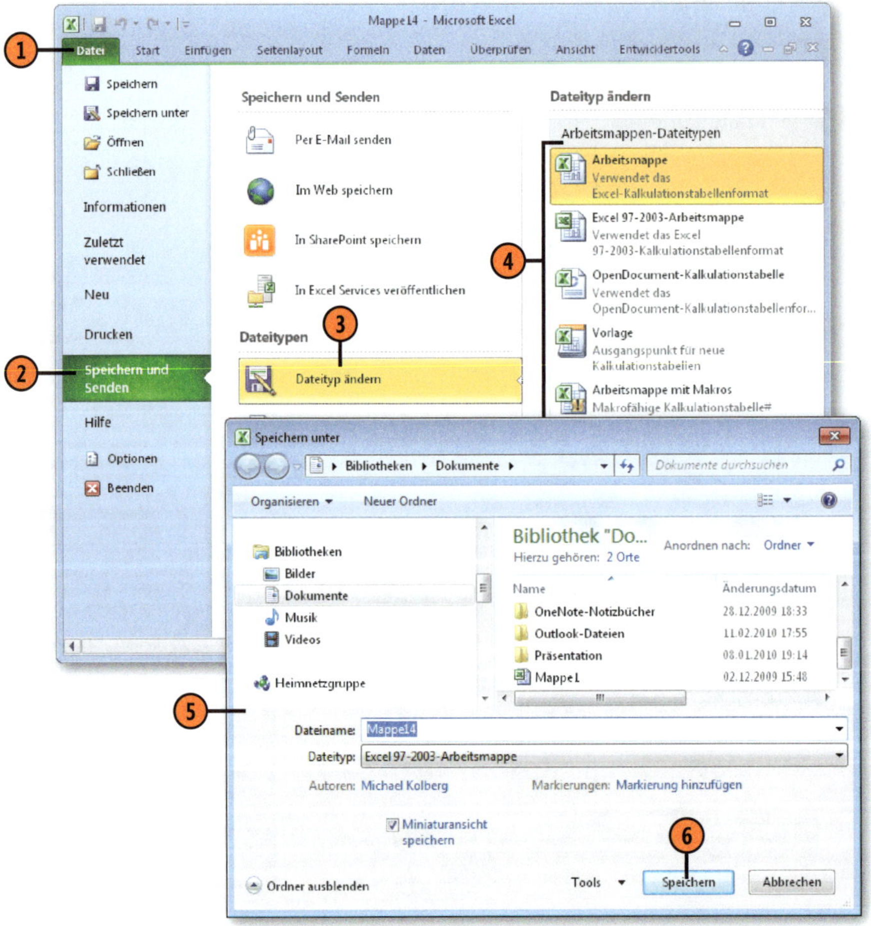

> **Tipp**
>
> Den Dateinamen brauchen Sie nicht zu ändern. Windows kann anhand der verschiedenen Dateinamenserweiterungen zwischen den unterschiedlichen Formaten unterscheiden.

Die wichtigsten Dateiformate

Excel-Arbeitsmappe (.xlsx) ist das Standardformat für Excel 2007- und 2010-Dateien, die keine Makros oder anderen VBA-Code enthalten.

Excel-Arbeitsmappe mit Makros (.xlsm) ist das Standardformat von Excel 2007- und 2010-Dateien, die Makros oder anderen VBA-Code enthalten.

Excel 97-2003-Arbeitsmappe (.xls) ist das Format für die Excel-Versionen 97 bis 2003. Beim Speichern in diesem Format können einige Gestaltungsdetails verloren gehen.

Excel Vorlage (.xltx) ist das Standarddateiformat für eine Excel 2007- und 2010-Vorlage. Sie kann weder Makros noch anderen VBA-Code enthalten.

Excel Vorlage mit Makros (.xltm) ist das Format für eine Excel 2007- und 2010-Vorlage mit Makros oder anderem VBA-Code.

OpenDocument-Kalkulationstabelle (.ods) speichert in einem Format, das in Tabellenkalkulationsanwendungen geöffnet werden kann, die dieses Format verwenden, beispielsweise OpenOffice.org Calc.

Excel-Binärarbeitsmappe (.xlsb) ist das Binärdateiformat für Excel 2010 und Excel 2007 – zum schnellen Laden und Speichern optimiert.

Text (Tabstopp-getrennt) (.txt) und *CSV (Trennzeichen-getrennt)* (.csv) speichert eine Arbeitsmappe als tabulatorgetrennte Textdatei für die Verwendung unter einem anderen Betriebssystem. Speichert nur das aktive Blatt.

Achtung

Beim Speichern in einem anderen Dateiformat gehen bestimmte – für die Excel-Version 2007 und 2010 eigene – Merkmale verloren. Es empfiehlt sich also immer, eine Arbeitsmappe zuerst einmal im aktuellen Excel-Format zu speichern, um später eine Masterkopie zur Verfügung zu haben.

Einige Funktionen, die von früheren Excel-Versionen nicht unterstützt werden

- Seit Excel 2007 besteht ein Arbeitsblatt aus 16.384 Spalten und 1.048.576 Zeilen, in früheren Versionen von Excel enthält ein Arbeitsblatt jedoch nur 256 Spalten und 65.536 Zeilen. Daten, die sich außerhalb dieser Zeilen- und Spaltenbeschränkungen befinden, gehen in früheren Versionen von Excel verloren.
- Viele Formatierungen – beispielsweise solche, die auf Designs beruhen, aber auch bei bedingten Formatierungen – können beim Verwenden eines anderen Formats verloren gehen.
- Es können auch manchmal Genauigkeitsverluste bei einigen Funktionen, bei Excel-Tabellen und bei PivotTables auftreten.

Tipp

Unter der Option *Als anderen Dateityp speichern* finden Sie noch weitere Formate für Ihre Excel-Datei. Stellen Sie dann im Dialogfeld *Speichern unter* über das Dropdown-Listenfeld *Dateityp* das Format ein.

Arbeitsmappe im Web speichern

Wenn Sie die Daten in Ihrer Mappe anderen Personen zugänglich machen wollen, müssen Sie die Mappe an einem Speicherort ablegen, auf den die betreffenden Personen Zugriff haben. Wenn Sie Ihre Dateien beispielsweise auf Windows Live SkyDrive speichern, können Sie oder andere Benutzer über das Internet darauf zugreifen. Sie müssen sich dazu nur bei diesem Dienst anmelden. Die Berechtigung dazu haben Sie, wenn Sie über eine Windows Live ID verfügen.

Bei SkyDrive anmelden

1. Öffnen Sie die Registerkarte *Datei*.
2. Wählen Sie *Speichern und Senden*.
3. Klicken Sie auf *Im Web speichern*.
4. Klicken Sie auf *Anmelden*.
5. Geben Sie Ihren Benutzernamen und das Kennwort ein.
6. Bestätigen Sie mit *OK*. Ihr Konto wird angezeigt. Wählen Sie den gewünschten Ordner.

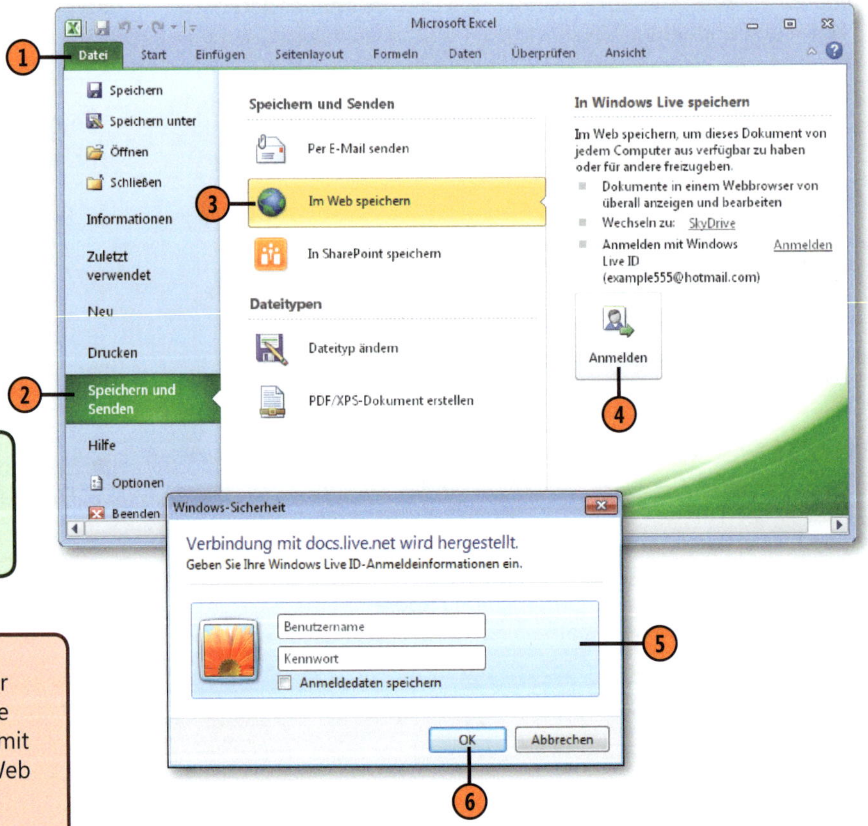

Tipp

Wenn Sie noch nicht über eine Windows Live ID verfügen, können Sie sich über den Link *Für Windows Live anmelden* registrieren.

Achtung

SkyDrive stellt Ihnen zwei Ordner zur Verfügung: Der Ordner *Eigene Dateien* ist nur für Sie freigegeben. Sie können darin Ihre Dateien online aufbewahren und mit praktisch jedem Computer oder mobilen Gerät im Web darauf zugreifen. Der Ordner *Öffentlich* ist auch für andere Personen freigegeben.

Auf SkyDrive speichern

1. Öffnen Sie die Registerkarte *Datei*.
2. Wählen Sie *Speichern und Senden*.
3. Klicken Sie auf *Im Web speichern*.
4. Klicken Sie auf das Symbol für den Ordner, in dem Sie die Datei speichern wollen.
5. Klicken Sie auf *Speichern unter*. Die Verbindung wird dann hergestellt. Meist müssen Sie Ihren Benutzernamen und das Kennwort eingeben. Bestätigen Sie mit *OK*.
6. Ihr Speicherort wird im Dialogfeld *Speichern unter* angezeigt. Wählen Sie gegebenenfalls den gewünschten Ordner.
7. Klicken Sie auf *Speichern*.

Gewusst wie

Wenn Sie wünschen, dass mehrere Anwender gleichzeitig auf eine im Netz gespeicherte Mappe zugreifen können, müssen Sie sie freigeben. Klicken Sie dazu auf der Registerkarte *Überprüfen* in der Gruppe *Änderungen* auf *Arbeitsmappe freigeben*. Aktivieren Sie im gleichnamigen Dialogfeld die Option *Bearbeitung von mehreren Benutzern zur selben Zeit zulassen* und bestätigen Sie mit *OK*. Sie können zur Freigabe auch den Befehl *Arbeitsmappe schützen und freigeben* benutzen.

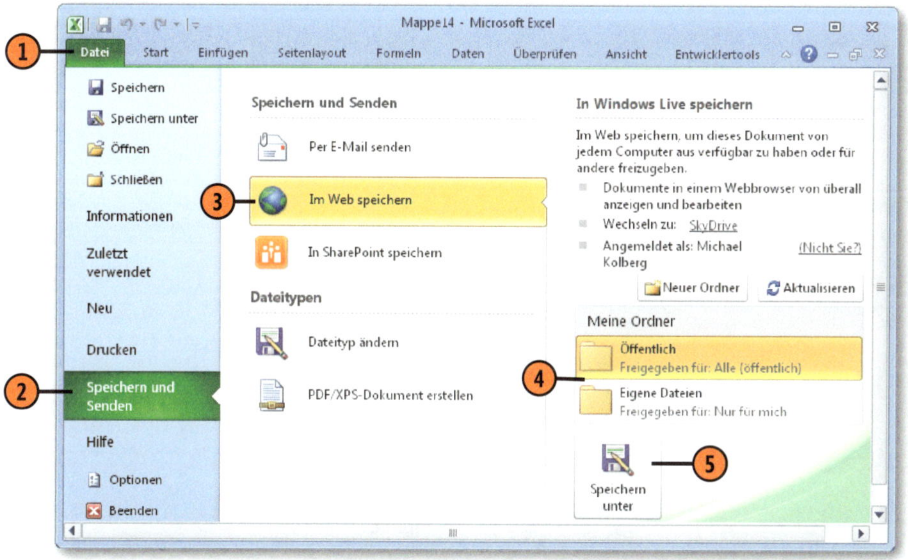

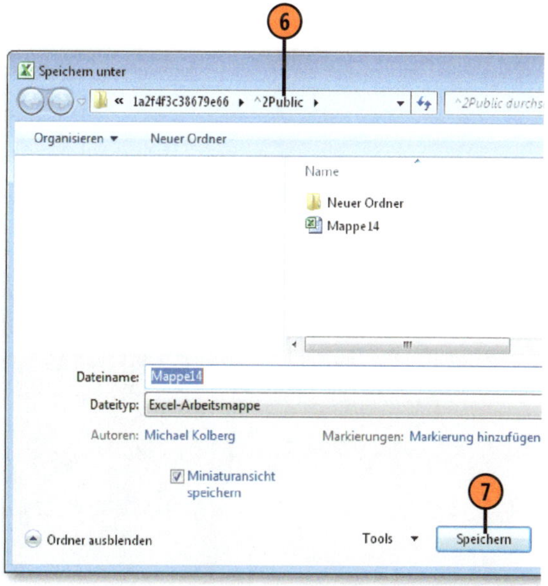

Arbeitsmappe versenden

Anstatt einen allgemein zugänglichen Speicherort zu verwenden, können Sie anderen Personen Ihre Daten auch in unterschiedlichen Formaten per E-Mail-Nachricht zukommen lassen. Dafür stehen Ihnen mit Excel mehrere Möglichkeiten zur Verfügung.

Die Datei als Anhang zu einer E-Mail-Nachricht anfügen

1. Öffnen Sie die Registerkarte *Datei*.
2. Klicken Sie auf *Speichern und Senden*.
3. Klicken Sie auf *Per E-Mail senden*.
4. Wählen Sie rechts im Fenster die gewünschte Option für das Format. Wenn die Datei als Anhang gesendet werden soll, klicken Sie auf *Als Anlage senden*.

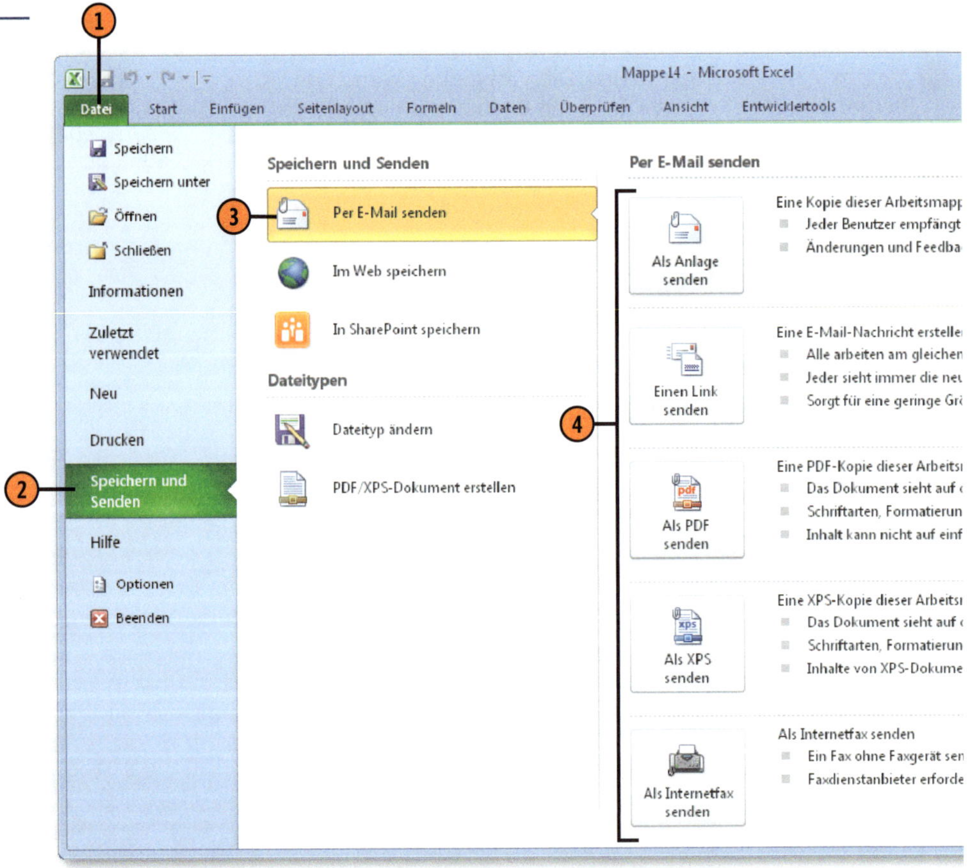

Die E-Mail abschicken

1. Ihr Mailprogramm – z.B. Microsoft Outlook 2010 – wird geöffnet. Darin wird das Formular für eine neue Nachricht angezeigt.
2. Die Arbeitsmappe ist im vorher festgelegten Format bereits als Anhang eingefügt.
3. Geben Sie die Empfängeradresse ein.
4. Klicken Sie auf *Senden*, um die Nachricht abzuschicken.

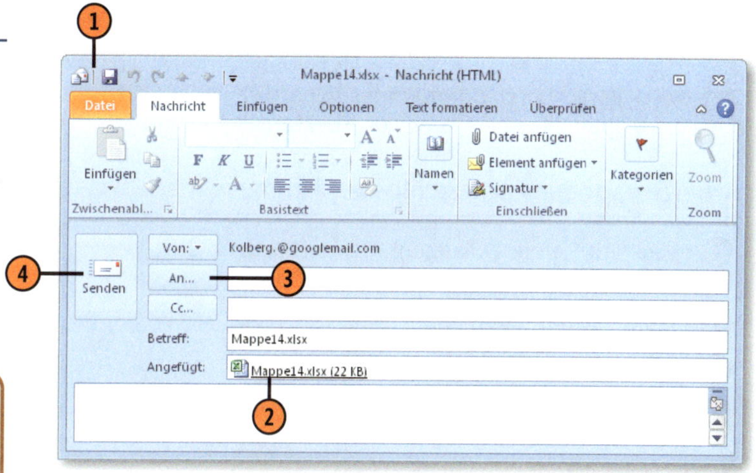

Gewusst wie

Ihre Arbeitsmappen können Sie auch im XPS- oder PDF-Format speichern, ohne sie als Anhang zu einer E-Mail zu versenden. Öffnen Sie die Registerkarte *Datei* und klicken Sie auf *Speichern und Senden*. Klicken Sie anschließend auf *PDF/XPS-Dokument erstellen* und dann nochmals auf die gleichnamige Schaltfläche. Das Dialogfeld *Speichern unter* wird angezeigt. Wählen Sie darin im Feld *Dateityp* das gewünschte Format. Sie können außerdem über den Bereich *Optimieren für* zwischen zwei Qualitäten wählen. Klicken Sie dann auf *Veröffentlichen*. Damit erstellen Sie im aktuellen Ordner eine Datei des festgelegten Formats.

Andere Formate zum Senden

- Mit der Option *Als PDF senden* erstellen Sie eine Datei aus den Daten Ihrer Arbeitsmappe, die der Empfänger mithilfe eines geeigneten Viewers anzeigen lassen kann. Die von Ihnen gewählten Formate bleiben erhalten, ein Ändern von Daten ist aber nur mit Spezialwerkzeugen möglich. Die Datei wird als Anhang zu einer E-Mail verschickt. Den Empfänger müssen Sie noch angeben.
- Praktisch genauso funktioniert die Option *Als XPS senden*. Die Daten können mit dem XPS-Viewer angezeigt werden, der zu den Standardprogrammen von Windows gehört.
- *Einen Link senden* erzeugt keinen Anhang zu einer E-Mail mit den Daten der Arbeitsmappe, sondern informiert den Empfänger mit einem entsprechenden Link über den Speicherort der Datei. Sie sollten vorher die Arbeitsmappe an einem Ort abgelegt haben, auf den der Empfänger über diesen Link zugreifen kann. Beispielsweise könnten Sie die Mappe in einem SkyDrive-Ordner ablegen (siehe Seite 230 f.).
- Wenn Sie Zugriff auf einen Internetfaxdienst haben, können Sie auch die Option *Als Internetfax senden* verwenden.

Abschließende Arbeiten an einer Arbeitsmappe

Wenn Sie die Arbeit an einer Mappe als beendet ansehen, können Sie sie als *Abgeschlossen kennzeichnen*. Zusätzlich können Sie auch die Mappe mit einem Kennwort schützen. Ein Benutzer muss dann dieses Kennwort eingeben, um die Mappe öffnen zu können. Sie können die Mappe außerdem mit einem digitalen Zertifikat versehen.

Arbeitsmappe als abgeschlossen kennzeichnen

1. Speichern Sie das Dokument. Öffnen Sie dann die Registerkarte *Datei*.
2. Klicken Sie auf *Informationen*.
3. Klicken Sie auf *Arbeitsmappe schützen*.
4. Wählen Sie *Als abgeschlossen kennzeichnen*.

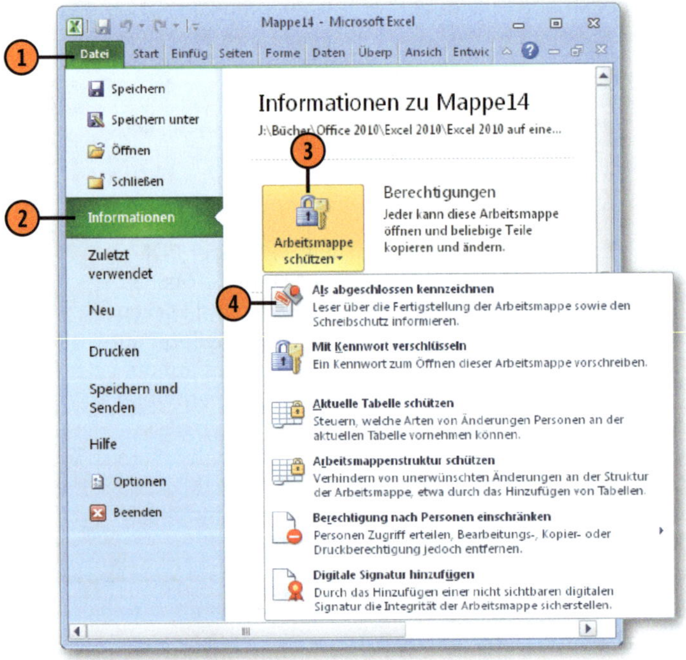

Weiter abschließende Aktionen

- Über *Mit Kennwort verschlüsseln* sorgen Sie dafür, dass die Inhalte der Mappe auch mit Spezialprogrammen nur sehr schwer einsehbar sind. Jeder Benutzer – auch Sie – muss das Kennwort eingeben, um die Mappe wieder öffnen zu können.
- Mit *Digitale Signatur hinzufügen* bestätigen Sie die Gültigkeit und Echtheit der Mappe. Zertifikate werden von einer Zertifizierungsstelle ausgestellt und können ähnlich wie ein Personalausweis ablaufen oder auch gesperrt werden.

Siehe auch

Wie man ein Tabellenblatt oder die gesamte Arbeitsmappe schützt, wird auf den Seiten 222 ff. beschrieben.

Achtung

Wenn Sie eine Arbeitsmappe als abgeschlossen kennzeichnen, wird der Schreibschutz für die Mappe eingeschaltet. Ein so gekennzeichnetes Dokument erkennen Sie an einem zusätzlichen Symbol in der Statusleiste.

15 Excel anpassen und automatisieren

In diesem Kapitel:

- Die erweiterten Einstellungen
- Das Menüband anpassen
- Die Symbolleiste für den Schnellzugriff anpassen
- Die Registerkarte »Entwicklertools«
- Makros aufzeichnen und ausführen
- Das Sicherheitscenter
- Programmieren mit VBA

In diesem letzten Kapitel dreht es sich zunächst einmal um die Möglichkeiten zur Anpassung von Excel an Ihre persönlichen Vorlieben der Bedienung. Die Einstellungen dafür nehmen Sie im Dialogfeld *Excel-Optionen* vor. Einige dieser Optionen haben wir schon in den vorherigen Kapiteln im jeweiligen Zusammenhang angesprochen. Die verbleibenden wichtigen Optionen wollen wir hier abhandeln. Dabei dreht es sich besonders um die Einstellungen in der Kategorie *Erweitert*, um die Anpassung des Menübands und der Symbolleiste für den Schnellzugriff sowie um das Sicherheitscenter.

Außerdem wollen wir in diesem Kapitel auf die Möglichkeiten zur Automatisierung eingehen; denn wer mit Excel arbeitet, hat nach dem Überwinden der typischen Anfangsschwierigkeiten sicherlich den Wunsch, die bereits vorhandene Funktionsvielfalt des Programms weiter zu steigern und auch bestimmte Vorgänge automatisch ablaufen lassen zu können. Dafür stehen Ihnen zwei Werkzeuge zur Verfügung: die Makros und die Programmiersprache Visual Basic for Applications – abgekürzt mit VBA. Über diese Werkzeuge können Sie praktisch alle Befehle ansprechen, die Sie normalerweise über Tastatur oder Maus aufrufen.

Die erweiterten Einstellungen

Im Dialogfeld *Excel-Optionen* finden Sie in der Kategorie *Erweitert* eine Vielzahl von Optionen. Einige davon beziehen sich auf Excel insgesamt, andere nur auf die aktuelle Arbeitsmappe oder das aktive Tabellenblatt. Die Mehrzahl der hier aufgelisteten Optionen erklärt sich selbst, auf einige müssen wir aber noch besonders hinweisen.

Die erweiterten Einstellungen anzeigen und ändern

1. Öffnen Sie die Registerkarte *Datei*.
2. Klicken Sie auf *Optionen*.
3. Wählen Sie die Kategorie *Erweitert*.
4. Nehmen Sie die gewünschten Einstellungen vor.
5. Bestätigen Sie mit *OK*.

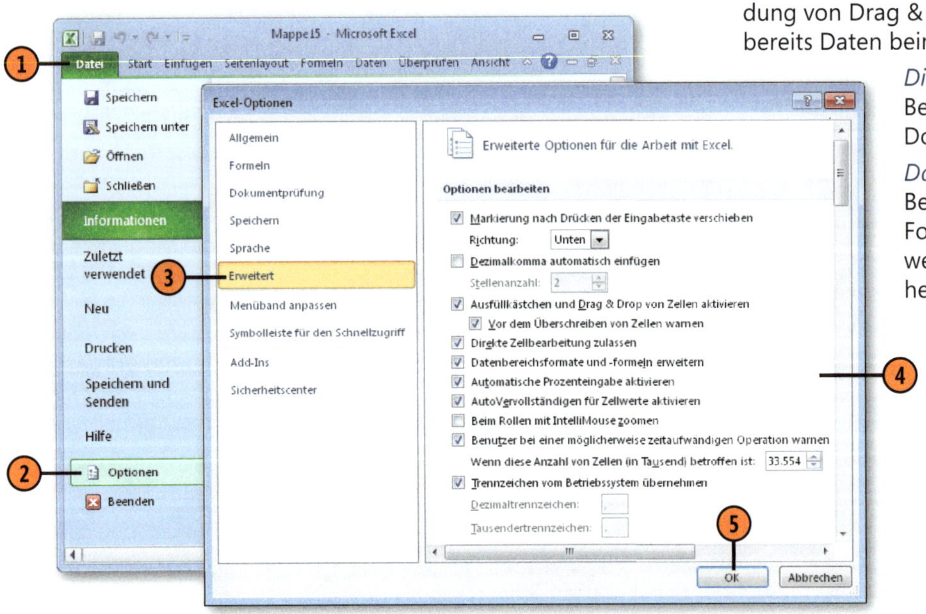

Optionen bearbeiten

Markierung nach Drücken der Eingabetaste verschieben: Wählen Sie im Feld *Richtung*, wohin verschoben werden soll, wenn Sie die Taste Eingabe zur Bestätigung drücken.

Ausfüllkästchen und Drag & Drop von Zellen aktivieren: Das Verschieben und Kopieren von Zellinhalten durch Ziehen mit der Maus wird ermöglicht.

Vor dem Überschreiben von Zellen warnen: Wenn bei der Anwendung von Drag & Drop der Inhalt in Zellen abgelegt wird, die bereits Daten beinhalten, wird eine Meldung eingeblendet.

Direkte Zellbearbeitung zulassen: Das direkte Bearbeiten innerhalb einer Zelle selbst wird durch Doppelklicken auf die Zelle ermöglicht.

Datenbereichsformate und -formeln erweitern: Bei Eingaben in eine neue Zeile einer Liste werden Formate und Formeln automatisch übernommen, wenn diese mindestens dreimal in den vorhergehenden fünf Zeilen verwendet wurden.

Anzeige

Diese Anzahl zuletzt verwendeter Dokumente anzeigen: Bewirkt, dass eine bestimmte Zahl von Dokumenten im Bereich *Zuletzt verwendet* in der Backstage-Ansicht der Registerkarte *Datei* gelistet wird.

Linealeinheiten: Bestimmt die Maßeinheiten, die für das Lineal benutzt werden sollen.

QuickInfos für Funktionen anzeigen: Eine kurze Beschreibung der in der Liste ausgewählten Funktion wird angezeigt.

Für Zellen mit Kommentaren Folgendes anzeigen: Wählen Sie aus, wie Kommentare im Arbeitsblatt angezeigt werden.

Optionen für die Arbeitsmappe anzeigen

Horizontale Bildlaufleiste anzeigen: Zeigt die horizontale Bildlaufleiste unter dem Arbeitsblatt an.

Vertikale Bildlaufleiste anzeigen: Zeigt die vertikale Bildlaufleiste rechts neben dem Arbeitsblatt an.

Blattregisterkarten anzeigen: Zeigt die Registerkarten der Arbeitsblätter an, damit Sie zwischen den einzelnen Arbeitsblättern wechseln und diese auswählen können.

Objekte anzeigen als: *Alle* zeigt alle Grafikobjekte, Schaltflächen, Textfelder, Zeichnungsobjekte und Bilder an; *Nichts (Objekte ausblenden)* blendet alle Objekte aus.

Tipp

Die Optionen unter *Formeln* beziehen sich auf die verwendete Hardware. Sie sind eigentlich nur interessant, wenn Sie mit extrem formelintensiven Arbeitsblättern arbeiten und parallel dazu andere Arbeiten am Rechner durchführen möchten.

Optionen für dieses Arbeitsblatt anzeigen

Anstelle der berechneten Werte Formeln in Zellen anzeigen: Zeigt die Formeln in Zellen an, nicht die Werte, die durch diese Formeln berechnet werden.

In Zellen mit Nullwert eine Null anzeigen: Zeigt in entsprechenden Zellen den Wert 0 an.

Gitternetzlinien einblenden: Zeigt Gitternetzlinien für Zellen an. Stellen Sie sicher, dass das Kontrollkästchen *Drucken* unter *Gitternetzlinien* in der Gruppe *Blattoptionen* auf der Registerkarte *Seitenlayout* aktiviert ist, damit Gitternetzlinien gedruckt werden können.

Gitternetzlinienfarbe: Legt die Gitternetzlinienfarbe fest. Bei *Automatisch* wird die in der Systemsteuerung vorgegebene Gitternetzlinienfarbe verwendet.

Allgemein

Feedback mit Sound: Gibt verfügbare Sounds wieder, die Microsoft Office-Programmereignissen, wie dem Öffnen, Speichern, Drucken von Dateien und dem Anzeigen von Fehlermeldungen, zugeordnet sind.

Feedback mit Animation: Zeigt Verschiebungen und Änderungen auf dem Arbeitsblatt beim Einfügen oder Löschen von Zellen, Zeilen oder Spalten an. Damit kann die Grafikleistung bei einigen Systemen reduziert werden.

Das Menüband anpassen

Die Programme der Office-Version 2010 bieten die Möglichkeit, die Registerkarten des Menübands und deren Inhalte an Ihre Wünsche anzupassen. Sie können neue Registerkarten mit eigenen Namen erstellen, diese mit Gruppen versehen und in diesen Gruppen Befehle anordnen.

Eine neue Registerkarte erstellen

1. Wählen Sie im Dialogfeld *Excel-Optionen* die Kategorie *Menüband anpassen.*
2. Klicken Sie auf *Neue Registerkarte.*
3. Eine neue Registerkarte wird mit einer ersten Gruppe erstellt. Sie trägt zunächst den Namen *Neue Registerkarte (Benutzerdefiniert)* und beinhaltet auch schon eine Gruppe mit dem Namen *Neue Gruppe (Benutzerdefiniert).*

Tipp

Über die Dropdownliste *Befehle auswählen* können Sie angeben, welche Befehle im Listenfeld darunter angezeigt werden sollen.

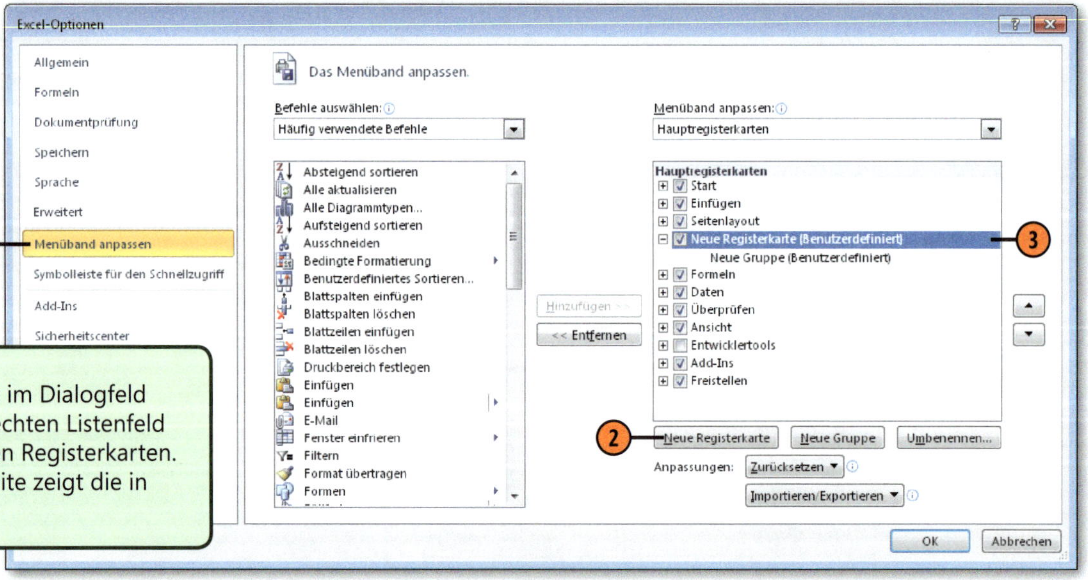

Tipp

Unter *Das Menüband anpassen* im Dialogfeld *Excel-Optionen* finden Sie im rechten Listenfeld die in Excel bereits vorhandenen Registerkarten. Das Listenfeld auf der linken Seite zeigt die in Excel verfügbaren Befehle.

Eine neue Registerkarte benennen

1. Markieren Sie die neue Registerkarte, der Sie einen Namen geben wollen.
2. Klicken Sie auf *Umbenennen*.
3. Geben Sie der Registerkarte den gewünschten Namen.
4. Bestätigen Sie mit *OK*.

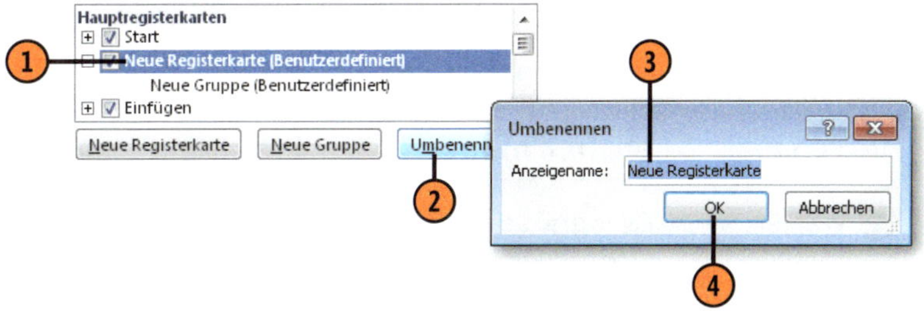

Eine weitere Gruppe hinzufügen

1. Markieren Sie die Registerkarte, zu der Sie eine weitere Gruppe hinzufügen wollen.
2. Klicken Sie auf *Neue Gruppe*.
3. Es wird eine neue Gruppe erstellt, die Sie anschließend nach Ihren Wünschen benennen können.

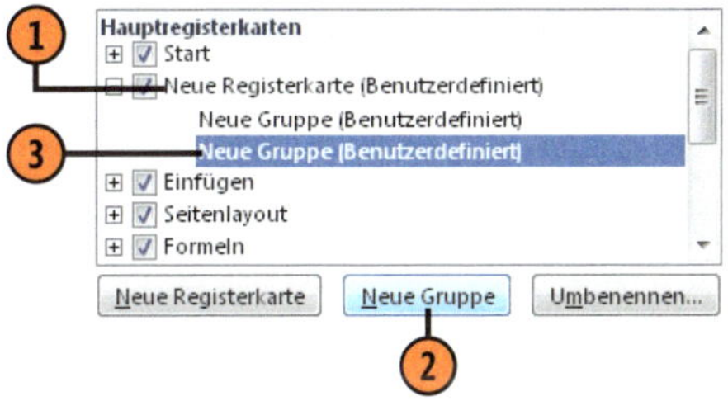

Befehle zu einer Gruppe hinzufügen

1. Markieren Sie die Gruppe, der Sie Befehle hinzufügen wollen.
2. Markieren Sie im linken Listenfeld den Befehl, den Sie hinzufügen wollen.
3. Klicken Sie auf *Hinzufügen*.

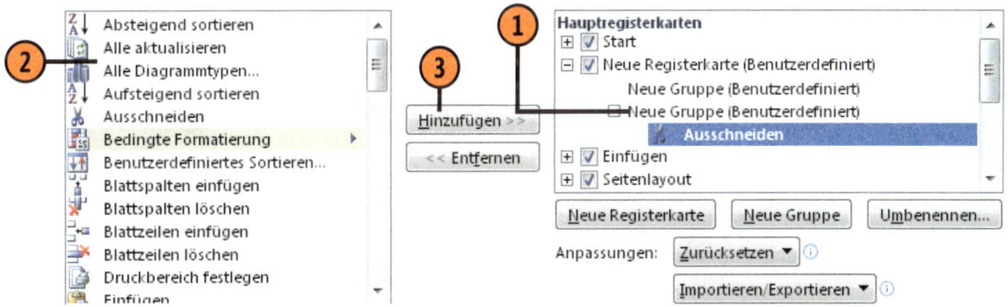

Gewusst wie

Wenn Sie benutzerdefinierte Anpassungen wieder entfernen möchten, klicken Sie auf *Zurücksetzen*. Wählen Sie *Alle Anpassungen zurücksetzen* und bestätigen Sie nochmals.

Gewusst wie

Durch Deaktivieren des Kontrollkästchens einer Registerkarte oder einer Gruppe können Sie diese vorübergehend ausblenden.

Siehe auch

Wie man das Dialogfeld *Excel-Optionen* aufruft, erfahren Sie auf Seite 30.

Die Symbolleiste für den Schnellzugriff anpassen

Sie können jeden Befehl des Programms Excel auch als Schaltfläche in der Symbolleiste für den Schnellzugriff ansiedeln. Sie sollten aber diese Symbolleiste nicht überladen. Beschränken Sie sich auf die für Sie wirklich wichtigen Befehle.

Einen neuen Befehl hinzufügen

1. Wählen Sie im Dialogfeld *Excel-Optionen* die Kategorie *Symbolleiste für den Schnellzugriff*.
2. Wählen Sie hier, ob die Anpassung für alle Arbeitsmappen oder nur für die gerade aktuelle übernommen werden soll.
3. Markieren Sie einen Befehl, den Sie in die Symbolleiste aufnehmen wollen.
4. Klicken Sie auf *Hinzufügen*.
5. Bestätigen Sie durch einen Klick auf *OK*.

Gewusst wie

Im rechten Listenfeld finden Sie die bereits in der Symbolleiste angezeigten Befehle. Das Listenfeld auf der linken Seite zeigt die in Excel verfügbaren Befehle. Über die Dropdownliste *Befehle auswählen* links können Sie angeben, welche Befehle im Listenfeld darunter angezeigt werden sollen.

Wenn Sie die Symbolleiste wieder auf die Standardeintragungen zurücksetzen wollen, klicken Sie auf *Zurücksetzen*.

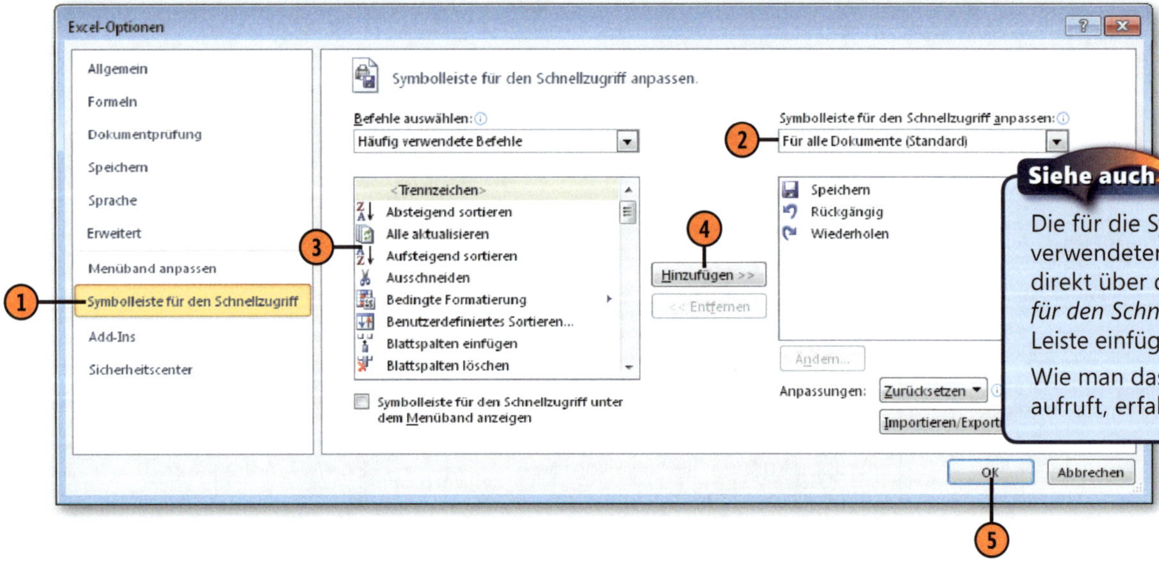

Siehe auch

Die für die Symbolleiste am häufigsten verwendeten Befehle können Sie auch direkt über die Schaltfläche *Symbolleiste für den Schnellzugriff anpassen* in die Leiste einfügen; siehe hierzu Seite 28.

Wie man das Dialogfeld *Excel-Optionen* aufruft, erfahren Sie auf Seite 30.

Die Registerkarte »Entwicklertools«

Zum Automatisieren und für ähnliche Aufgaben werden die Werkzeuge in der Registerkarte *Entwicklertools* benutzt, die jedoch nicht standardmäßig im Menüband angezeigt wird. Um damit arbeiten zu können, müssen Sie diese Registerkarte also erst auf den Bildschirm bringen.

Die Entwicklertools anzeigen

1. Wählen Sie im Dialogfeld *Excel-Optionen* die Kategorie *Menüband anpassen*.
2. Aktivieren Sie im rechten Listenfeld im Bereich *Hauptregisterkarten* das Kontrollkästchen *Entwicklertools*.
3. Klicken Sie auf *OK*.
4. Die Registerkarte wird im Menüband angezeigt.

Die Aufgaben der Entwicklertools

- In der Gruppe *Code* finden Sie den Zugang zu allen Werkzeugen, die Sie zum Erstellen von Makros und zum Arbeiten mit VBA benötigen.
- Mit den Werkzeugen der Gruppe *Steuerelemente* können Sie beispielsweise Schaltflächen im Arbeitsblatt erstellen, die mit bestimmten Aktionen verbunden sind.
- Die Gruppe *XML* ist etwas für Experten auf diesem Gebiet.

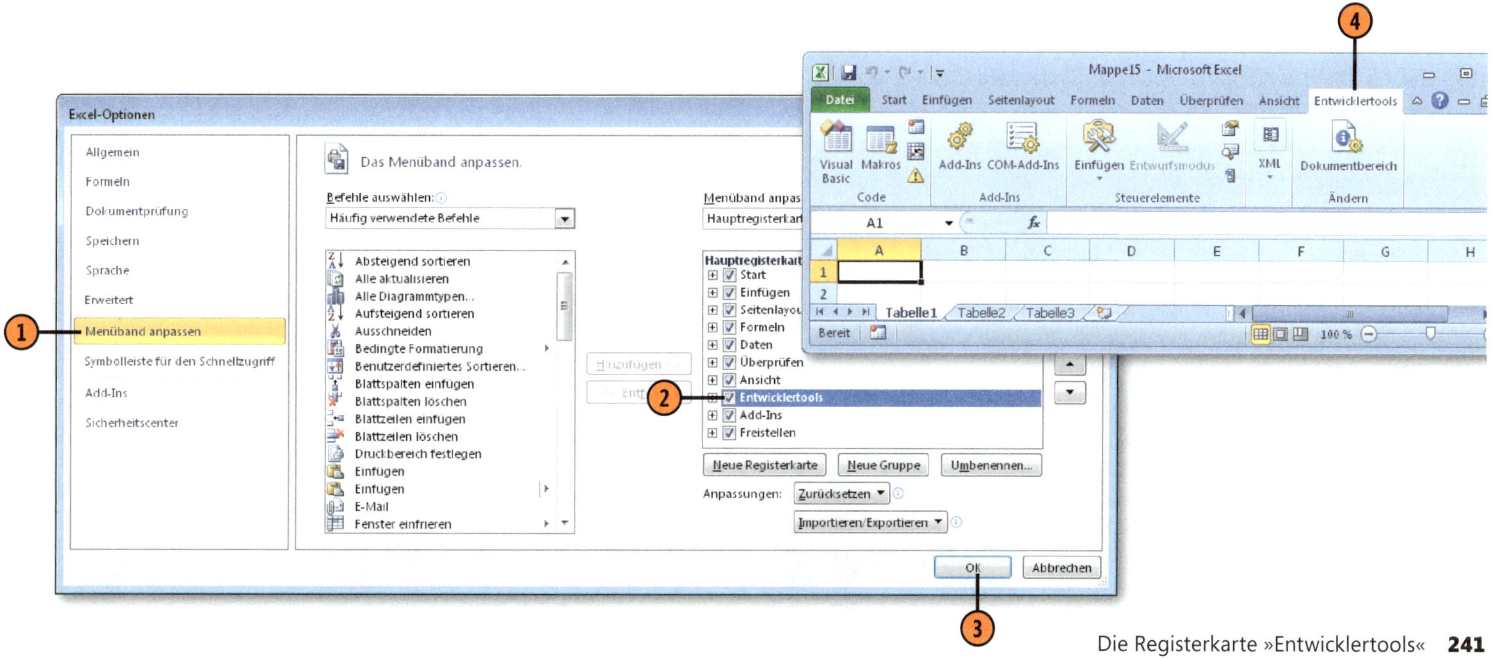

Makros aufzeichnen und ausführen

Die einfachste Methode, ein Makro zu erstellen, besteht bei Excel in der Verwendung des Makrorekorders. Dieser Makrorekorder arbeitet wie ein Kassettenrekorder: Ihre Aktionen werden aufgezeichnet, um jederzeit wieder abgespielt bzw. ausgeführt werden zu können.

Ein absolutes Makro aufzeichnen

1. Wählen Sie die Registerkarte *Entwicklertools*.
2. Klicken Sie in der Gruppe *Code* auf *Makro aufzeichnen*.
3. Geben Sie im Dialogfeld *Makro aufzeichnen* im Feld *Makroname* dem Makro einen eigenen Namen.
4. Wenn Sie im Feld *Tastenkombination* einen Buchstaben oder eine Ziffer eingeben, können Sie später das Makro durch gleichzeitiges Drücken dieser Taste und der Taste Strg starten.
5. Geben Sie unter *Makros speichern in* an, wo das Makro gespeichert werden soll.
6. Klicken Sie auf *OK* und führen Sie dann die Aktionen durch, die Sie aufzeichnen wollen.
7. Klicken Sie in der Gruppe *Code* auf *Aufzeichnung beenden* (diese ersetzt die Schaltfläche *Makro aufzeichnen*).

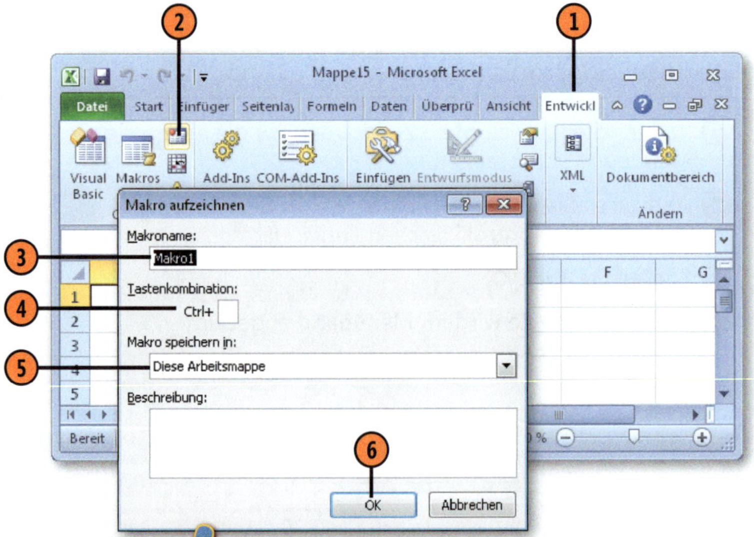

Achtung

Wenn Sie in der Dropdownliste *Makro speichern in* die Option *Diese Arbeitsmappe* wählen, steht das Makro später immer nur in der aktuellen Mappe zur Verfügung.

Gewusst wie

Wenn Sie zum Starten der Aufzeichnung statt *Makro aufzeichnen* die Schaltfläche *Relative Aufzeichnung* benutzen, wird bei der späteren Wiedergabe der Aktionen immer von der aktuell markierten Zelle ausgegangen.

Symbole in der Statusleiste

Solange eine Makroaufzeichnung läuft, wird links in der Statusleiste der Arbeitsmappe ein Symbol mit einem kleinen blauen Rechteck angezeigt. Sie können darauf klicken, um die Aufzeichnung zu beenden.

Läuft keine Aufzeichnung, finden Sie in der Statusleiste ein Symbol mit einer kleinen Tabelle. Wenn Sie darauf klicken, wird das Dialogfeld *Makro aufzeichnen* angezeigt und Sie können eine Aufzeichnung vornehmen.

Besonderheit beim Speichern von Mappen mit Makros

- Hatten Sie die Mappe zuvor noch nicht gespeichert, wird beim Speichern automatisch das Format *Excel-Arbeitsmappe mit Makros* eingestellt.
- Hatten Sie die Arbeitsmappe bereits vorher gespeichert und dann erst ein Makro aufgezeichnet, werden Sie aufgefordert, die Mappe in einem Format zu speichern, das Makros enthalten darf.

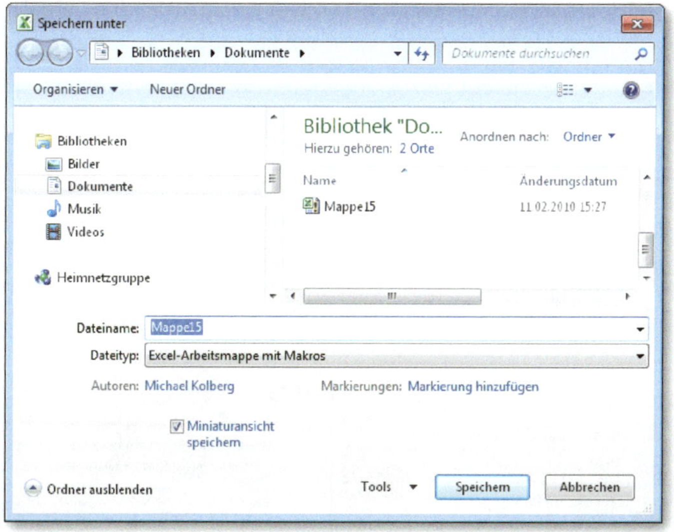

> **Tipp**
>
> Das Dateisymbol für eine Excel-Arbeitsmappe mit Makros ist mit einem zusätzlichen Ausrufezeichen versehen.

Makros ausführen

1. Wählen Sie die Registerkarte *Entwicklertools*.
2. Klicken Sie in der Gruppe *Code* auf die Schaltfläche *Makros*.
3. Im Dialogfeld *Makros* werden die Namen aller definierten Makros angezeigt. Markieren Sie das gewünschte.
4. Klicken Sie auf *Ausführen*. Die zuvor im Makro aufgezeichneten Schritte werden erneut durchgeführt.

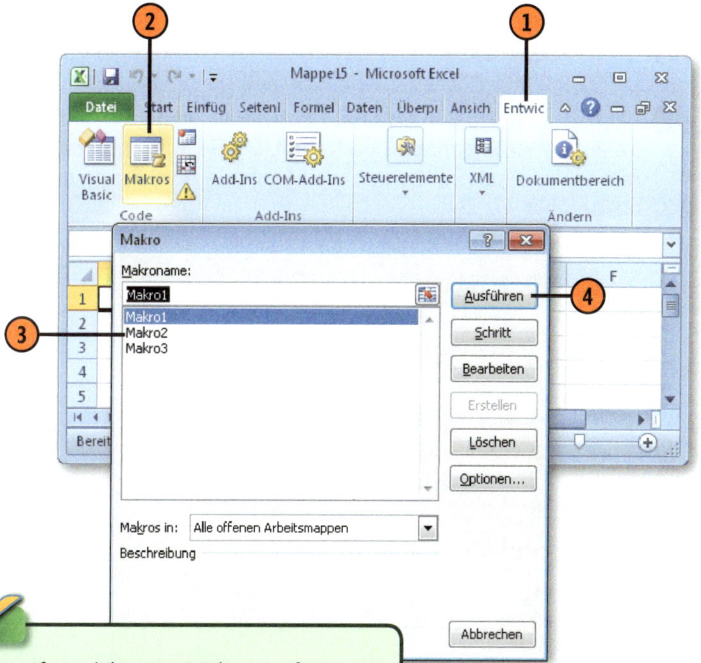

> **Tipp**
>
> Wenn Sie ein aufgezeichnetes Makro entfernen wollen, markieren Sie es im Dialogfeld *Makro* und klicken dann auf die Schaltfläche *Löschen*.

Das Sicherheitscenter

Makros und VBA-Code stellen potenzielle Sicherheitsrisiken dar. Hacker können ein bösartiges Makro durch ein Dokument einschleusen, das nach dem Öffnen des Dokuments ausgeführt wird und möglicherweise einen Virus oder Ähnliches auf dem Computer verbreitet.

Verantwortlich für die Prüfung auf möglicherweise unsichere Elemente in einer Datei ist das *Sicherheitscenter.* Sie sollten sich mit einigen der dort vorhandenen Möglichkeiten zum Steuern der Sicherheitsfunktionen vertraut machen.

Besonderheit beim Öffnen einer Mappe mit Makros

1. Beim Öffnen einer Arbeitsmappe, die Makros oder anderen VBA-Code enthält, wird standardmäßig unterhalb des Menübands eine Sicherheitswarnung eingeblendet.
2. Klicken Sie nur dann auf *Inhalt aktivieren*, wenn Sie dem Inhalt der Arbeitsmappe vertrauen. Bis Sie auf *Inhalt aktivieren* geklickt haben, können die Makros in der Mappe nicht ausgeführt werden.

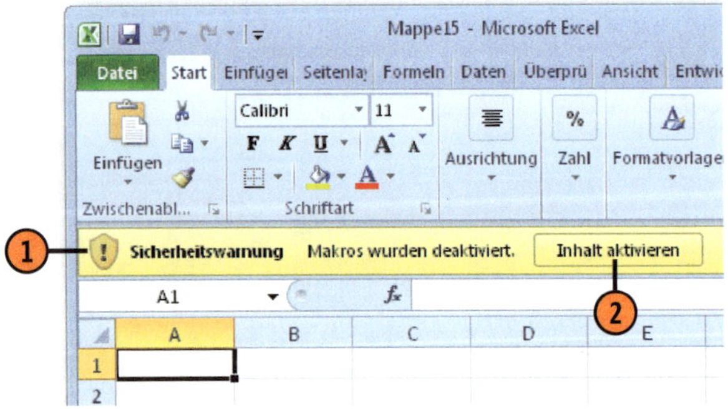

Achtung

Die Anzeige dieser Sicherheitswarnung können Sie über die Kategorie *Statusleiste* im Sicherheitscenter abschalten.

Die Makroeinstellungen im Sicherheitscenter festlegen

1. Klicken Sie auf der Registerkarte *Datei* auf *Optionen* und dann im Dialogfeld *Excel-Optionen* auf *Sicherheitscenter.*
2. Klicken Sie auf *Einstellungen für das Sicherheitscenter.*
3. Klicken Sie im *Sicherheitscenter* auf die Kategorie *Einstellungen für Makros.*
4. Legen Sie die Einstellungen für Makros fest.
5. Klicken Sie in beiden Dialogfeldern auf *OK.*

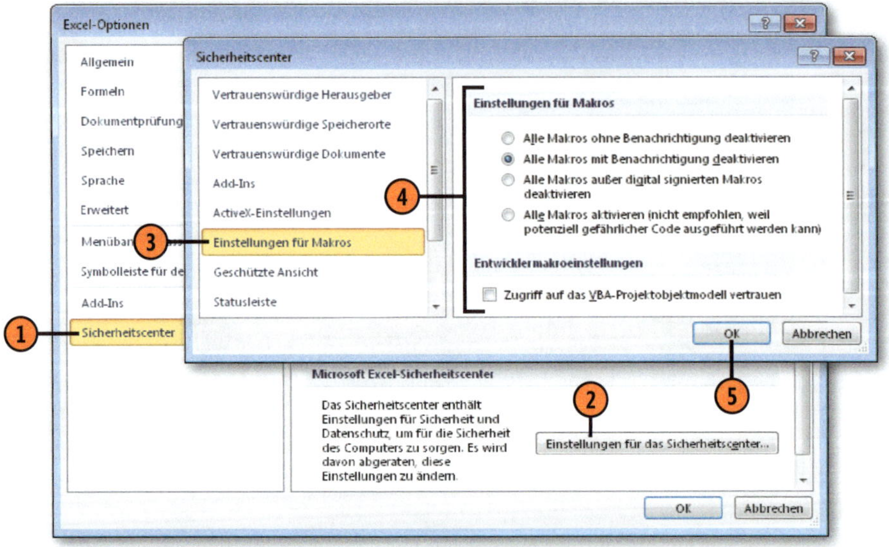

Die Einstellungen zur Makrosicherheit

- Aktivieren Sie *Alle Makros ohne Benachrichtigung deaktivieren*, wenn Sie Makros generell nicht vertrauen.
- *Alle Makros mit Benachrichtigung deaktivieren* ist die Grundeinstellung. Makros sind deaktiviert, Sie werden jedoch benachrichtigt, falls Makros vorhanden sind.
- Mit *Alle Makros außer digital signierten Makros deaktivieren* werden Makros nur ausgeführt, wenn sie von einem vertrauenswürdigen Herausgeber signiert wurden.
- Mit der Option *Alle Makros aktivieren (nicht empfohlen)* wird die Ausführung aller Makros zugelassen.

Vertrauenswürdigen Speicherort festlegen

1. Wählen Sie im Sicherheitscenter die Kategorie *Vertrauenswürdige Speicherorte*.
2. Es werden die bereits vorhandenen vertrauenswürdigen Speicherorte angezeigt.
3. Klicken Sie auf *Neuen Speicherort hinzufügen*.
4. Geben Sie im Feld *Pfad* den Pfad zu dem vertrauenswürdigen Speicherort ein.
5. Aktivieren Sie gegebenenfalls das Kontrollkästchen *Unterordner dieses Speicherorts sind ebenfalls vertrauenswürdig*.
6. Klicken Sie auf *OK*, um das Dialogfeld zu schließen.
7. Klicken Sie auf *OK*, um das Sicherheitscenter zu schließen. Schließen Sie dann auch noch das Dialogfeld *Excel-Optionen*.

Tipp

Um einen von Ihnen erstellten vertrauenswürdigen Speicherort wieder zu löschen, markieren Sie ihn in der Liste und klicken dann auf *Entfernen*.

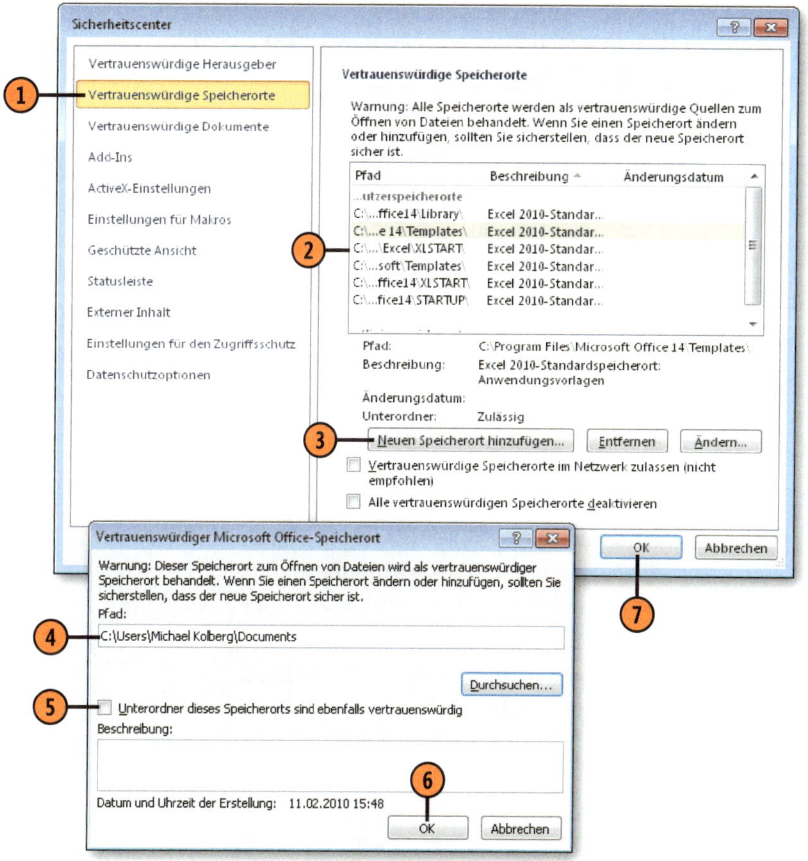

Programmieren mit VBA

Sie können Code nicht nur aufzeichnen, sondern auch selbst im VBA-Editor erstellen. Einfach Dinge können Sie auch ohne tief gehende Kenntnisse erledigen. Sie können mit VBA Funktionen definieren, die Sie anschließend in einem Excel-Arbeitsblatt nutzen können. Eine Funktion könnte beispielsweise die Mehrwertsteuer berechnen.

Wissenswertes zu VBA

- Code wird in *Modulen* abgelegt. Module dienen eigentlich nur als Behälter für Code und erlauben es, größere Mengen von Codebestandteilen übersichtlicher zu organisieren. Beispielsweise werden Ihre Makros immer im selben Modul abgelegt.
- Innerhalb dieser *Prozeduren* wird Visual Basic-Code immer in Prozeduren geschrieben. Eine Prozedur ist ein Block von Visual Basic-Anweisungen, die von einer Deklarations- und einer Abschlussanweisung umschlossen sind.
- Es gibt verschiedene Arten von Prozeduren für unterschiedliche Aufgaben:
  - *Sub-Prozeduren* führen Aktionen aus, sie können aber keine Werte zurückgeben. Makros, die Sie aufgezeichnet haben, sind Beispiele für Sub-Prozeduren.
  - *Function-Prozeduren* geben Werte an die Stelle zurück, von der aus sie aufgerufen wurden. Mit einer Function-Prozedur können Sie beispielsweise eigene Berechnungsfunktionen erzeugen, die Sie dann von einem Tabellenblatt aus aufrufen können.
  - Außerdem gibt es noch *Property-Prozeduren*, mit deren Hilfe Sie Eigenschaften einstellen können – beispielsweise den Namen eines Blattes.

Ein Modul im VBA-Editor anlegen

1. Wählen Sie die Registerkarte *Entwicklertools* und klicken Sie in der Gruppe *Code* auf die Schaltfläche *Visual Basic*.
2. Der VBA-Editor wird angezeigt.
3. Öffnen Sie das Menü *Einfügen* und wählen Sie den Befehl *Modul*.
4. Ein leeres Modulfenster wird angezeigt.

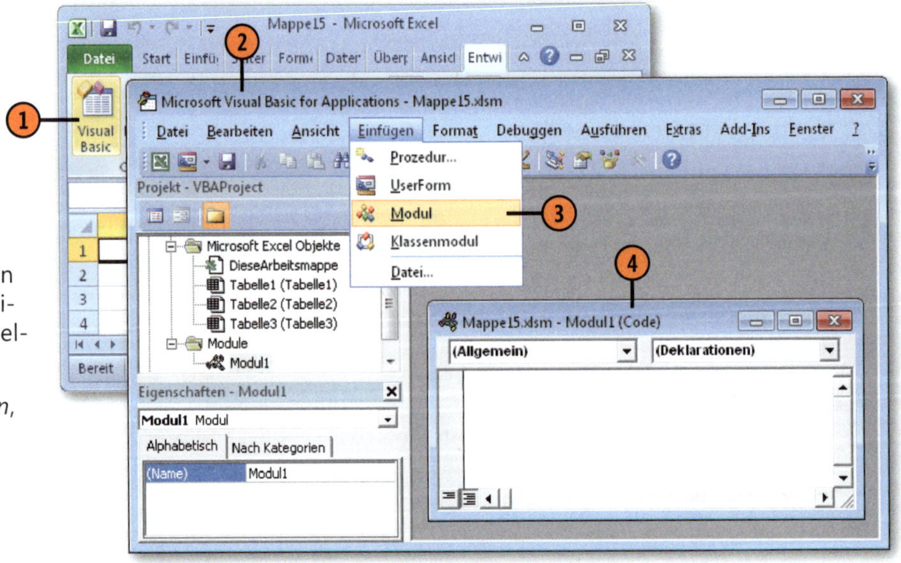

Eine Function-Prozedur erstellen

1. Öffnen Sie im VBA-Editor das Menü *Einfügen* und wählen Sie darin den Befehl *Prozedur*.
2. Wählen Sie im Dialogfeld *Prozedur hinzufügen* unter *Typ* die Option *Function*.
3. Geben Sie im Feld *Name* der Prozedur einen Namen – beispielsweise **Steuer**.
4. Klicken Sie auf *OK*.
5. Automatisch wird ein Coderahmen erstellt, der den Anfang und das Ende der Prozedur kennzeichnet.
6. Setzen Sie die Einfügemarke innerhalb der runden Klammern in die Zeile nach dem Namen der Prozedur und geben Sie einen Namen für den Ausdruck ein, von dem die Steuer berechnet werden soll – beispielsweise **Wert**.
7. Setzen Sie die Einfügemarke in die leere Zeile zwischen Deklarations- und Endanweisungen und geben Sie ein, was berechnet werden soll. Soll die Funktion beispielsweise die Mehrwertsteuer – z.B. 19% – von *Wert* berechnen, geben Sie **Steuer = 0.19 * Wert** ein.

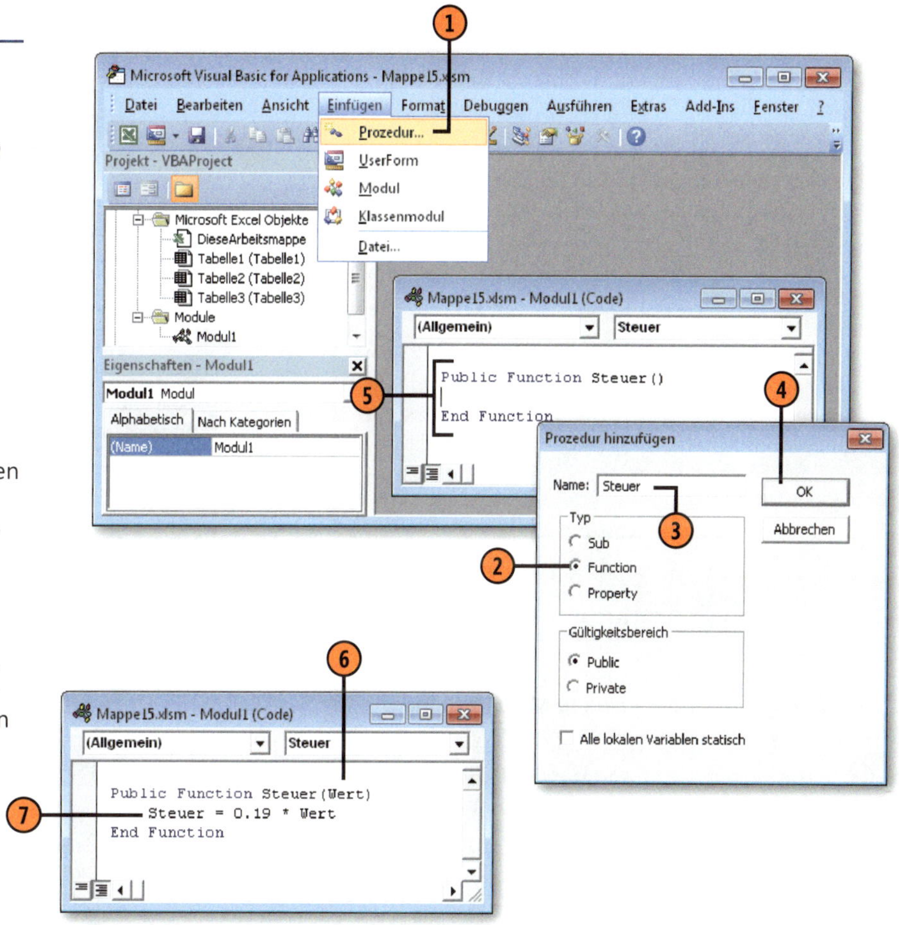

Speichern und zurück zu Excel

① Um den eingegebenen Code zu speichern, klicken Sie im VBA-Editor auf die entsprechende Schaltfläche.

② Wenn Sie vom Editor wieder zum Excel-Programmfenster wechseln wollen, klicken Sie hier.

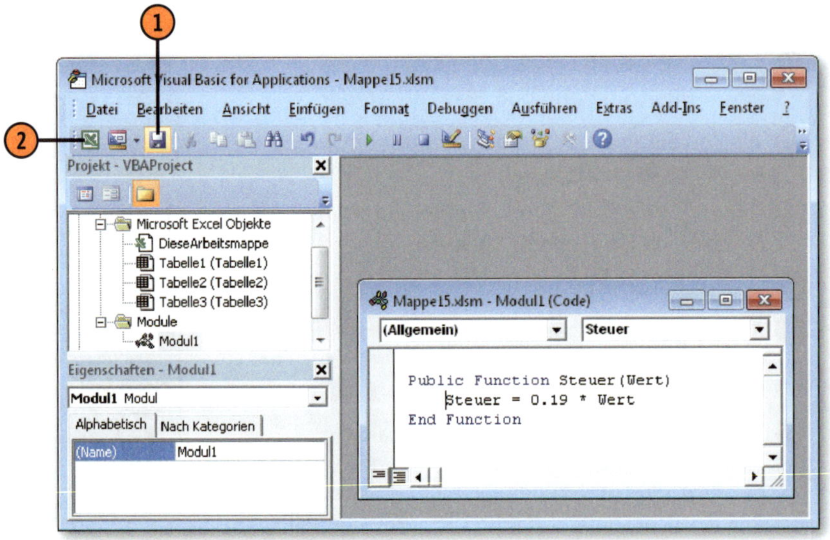

Tipp

Wenn Sie im VBA-Editor auf *Speichern* klicken, werden damit auch die Änderungen in den Blättern der Arbeitsmappe gespeichert. Das gilt auch umgekehrt: das Speichern vom Excel-Programmfenster aus speichert auch den eingegebenen VBA-Code.

Die Function-Prozedur in Excel nutzen

① Geben Sie in einer Zelle des Tabellenblatts den Betrag ein, zu dem Sie die Mehrwertsteuer berechnen wollen.

② Geben Sie in einer anderen Zelle die Funktion ein, die die Mehrwertsteuer berechnen soll.

③ Die Funktion selbst sehen Sie – wie üblich – in der Bearbeitungsleiste; die Zelle zeigt das Berechnungsergebnis.

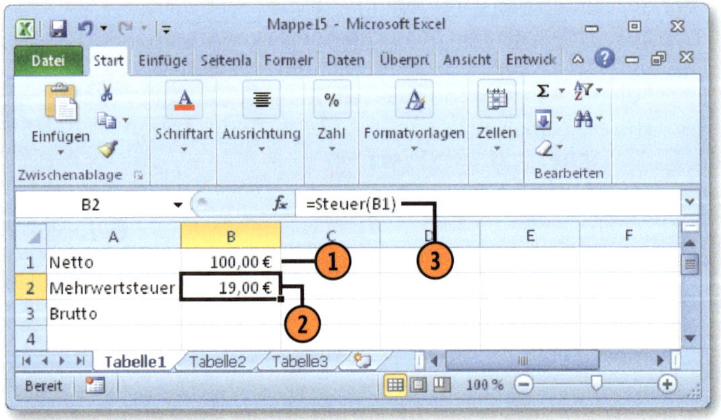

Stichwortverzeichnis

C

D

T

U

V

W

Z